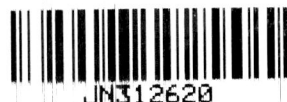

ケンタロウ
1003
レシピ

ケンタロウ

講談社

はじめに

　ものすごく仲のよい友達のトリンコは、よく電話をかけてきて、「いまうちの冷蔵庫にキャベツと鶏肉が少しといんげんがあります、さてこれで何ができるでしょう？」と聞く。ついでに「嫁も子供ももうお腹がすいてます」と言う。

　そこでこっちはあわてて、ご飯のおかずがいいのか、それとも麺類という選択肢もあるのか、と聞く。

「ご飯は炊いてある」と言われたらおかずを、「パスタが食べたい」と言われたらその材料で作れるパスタを考えて、レシピを口頭やメールや場合によってはファックスで教える。

　たしかに自分自身も、冷蔵庫を開けてそこから「さて何を作ろうか、何が作れるかな」と考えることも多い。

「これを作ろう」と最初から決めて、それに合わせて食材を買いに行って料理するときもあるけれど、いまある食材で何ができるか、どんなものが食べたいかを考えて作るほうが案外多いかもしれない。だからトリンコが冷蔵庫を開けて少し困っているのがよくわかる。

それにしても、どんなに忙しいときでもトリンコはそんなこと知らないから、電話してきて「いまうちの冷蔵庫には」と言う。まったく、と思いながらも、そういう関係は楽しい。そうやって垣根なくいつでも電話できる間柄でいたいと思う。

まあでもなあ、だからといってこれからも必ず毎回トリンコの電話に応えられるとも限らないし、まして世の中の読者の方全員からの「いまうちの冷蔵庫には」という電話を受けるわけにもなかなかいかないよなあと思っていたら、ある日トリンコが、「たとえば家にキャベツがあって『キャベツ』って引いたら、もうとにかくキャベツを使った料理が次から次へとばーっと出てる本があったらすぐ買うのに」と言った。

だから作ったよ。

「キャベツ」って引いたらキャベツを使った料理が次から次へとばーっと出てくる本を。

ケンタロウ

もくじ

魚介

調理のABC

基本の切り方

料理の本を読むと出てくる素材の切り方。名前は難しそうでも、じつは簡単！
大きさをそろえて切るだけで、料理の腕は1ランクUP

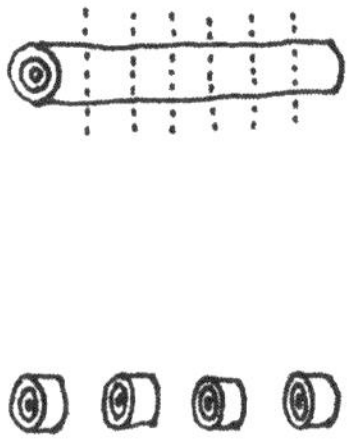

❶小口切り

ねぎなどの細い筒状のものを薄い輪切りにするのが小口切り。薬味などのねぎのあれ。

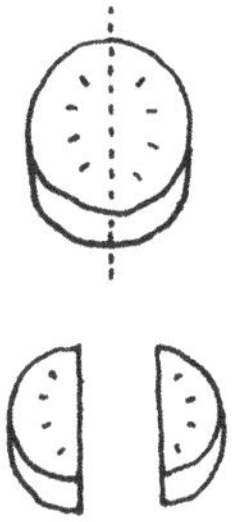

❷半月切り

輪切りを半分に切った形。輪切りにしてから半分に切る場合と先に縦に切ってからスライスしていく場合がある。

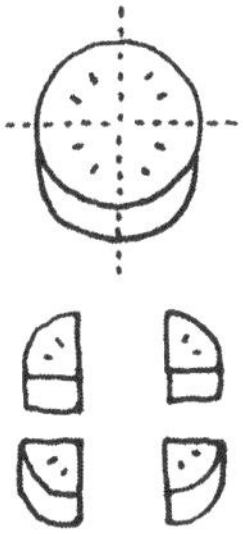

❸いちょう切り

半月切りのさらに半分。いちょうの葉っぱの形だからいちょう切り。大根やにんじんなどで使うことが多い。

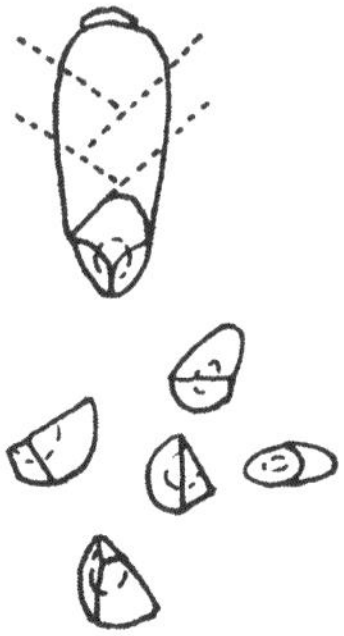

❹乱切り

字の通り、乱れていればなんでもいい。とも思うけれど、大きさはそろってなければいけない。カレーのにんじんなんかによく使う切り方。

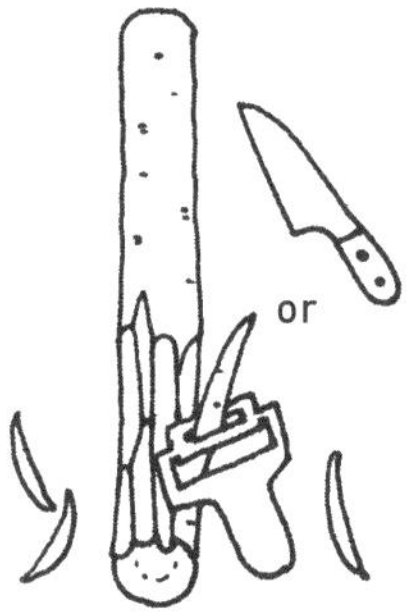

❺ささがき

ごぼうを薄く削るように切るのがささがき。包丁でやる場合には鉛筆を削るように切る。ピーラーなら簡単にできる。酢水を入れたボウルで受けながらやる。

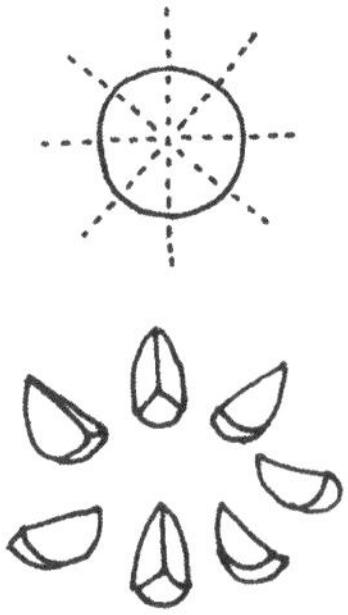

❻くし形切り

球に近い形の野菜や果物を切るときによく使う切り方。代表的なのはりんご。球じゃないけれどたけのこを切るときにも薄いくし形に切ることがある。

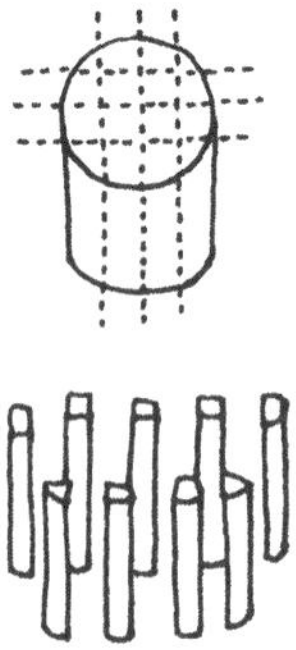

❼拍子木切り

拍子木に似ているから拍子木切り。「ひょうしぎり」といわれることもあるけれど、正確には「ひょうしぎぎり」。板状に切り出してから厚みと同じ幅で切る。

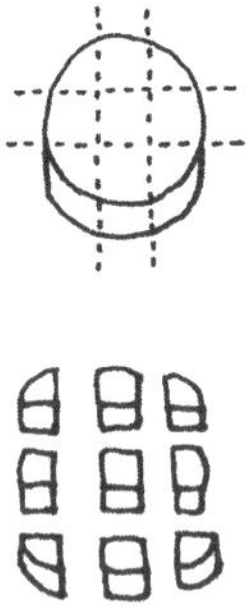

❽角切り

辺の長さがどこも同じようになるように切るのが角切り。とはいえ、野菜の形は四角ではないので、だいたいでいい。

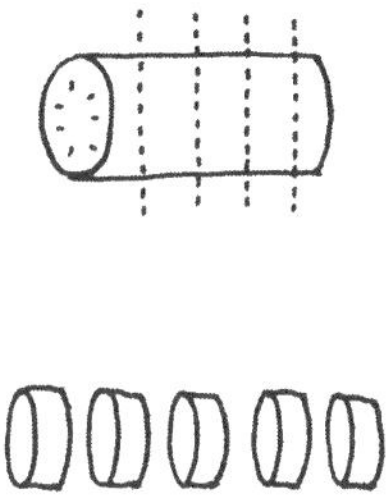

❾ 輪切り

その名の通り、まっすぐ輪っかに切る。筒状・球状の野菜に広く使われる切り方。

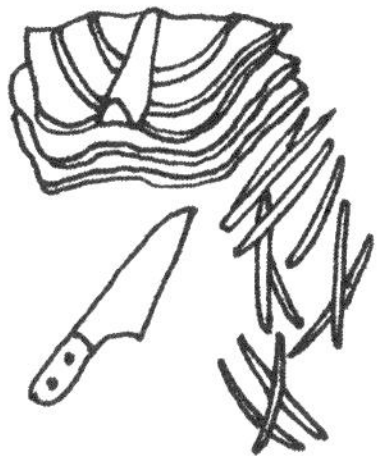

❿ せん切り

とにかく細く切るのがせん切り。場合によってはレシピに「太めのせん切り」と書くこともあって、そういうときはもちろん少し太めに切る。

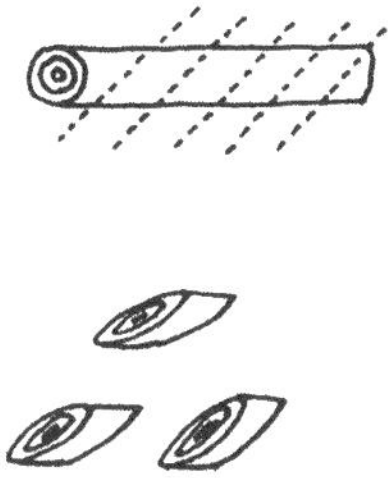

⓫ 斜め切り

鍋に入れるねぎなどを切るときによく使う切り方。鋭角に長く切ったり、コロコロ切ったり。

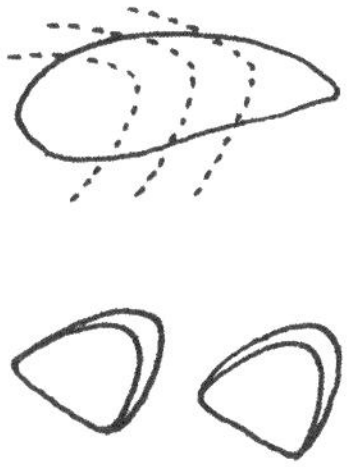

⓬ そぎ切り

白菜の軸の部分などを薄く切るときの切り方。包丁をねかせて引きながら切る。

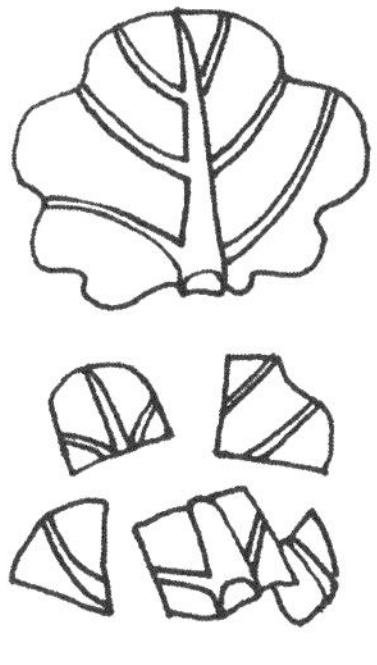

⓭ ザク切り

ザクザク切るからザク切り。むずかしい定義はたぶんない。思いのままにザクザク切ればよろしい。

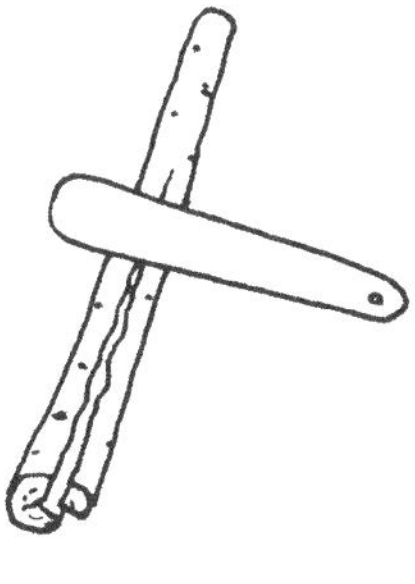

⓮ たたき切り

ごぼうやきゅうりなどをめん棒やすりこぎなどでひびが入るようにたたく。瓶などでもよい。

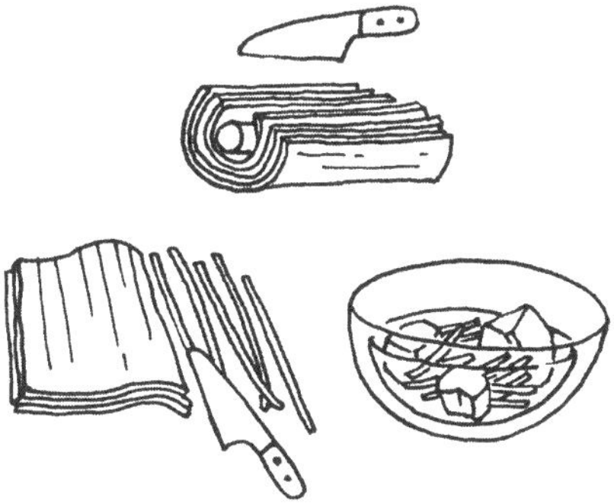

⓯ 白《しら》髪《が》ねぎの作り方

約5cm長さに切った長ねぎに縦に切り込みを入れる。直径の半分くらいの深さが目安。芯を取り除いて、平らに重ねる。このとき内側の薄ーい皮をはがしておくと切りやすくなる。重ねた長ねぎをなるべく細くせん切りにする。氷水に3～5分さらしてシャッキリさせる。

魚と肉の下ごしらえ

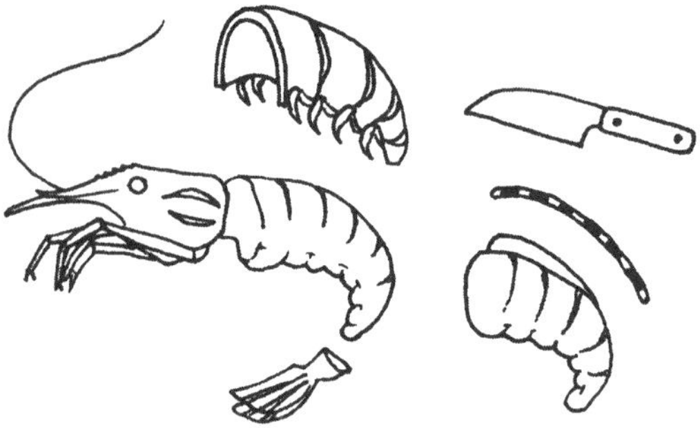

えびの背開き、背わた取り

頭を抜き取る。腹側から足と殻をむく。竹串で背わたを取り除く。背開きにする場合は背中にまっすぐ1本切り込みを入れて、背わたを取り除く。

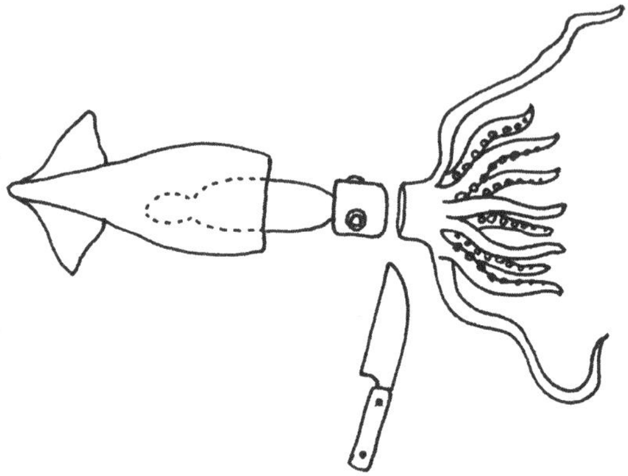

いかの下ごしらえ

胴に手を突っ込んで、くっついているところをプチップチッとはずす。足と内臓を引き抜く。内臓が残っていたらかき出す。内臓を切り落として胴と足はよく洗って水けをふく。

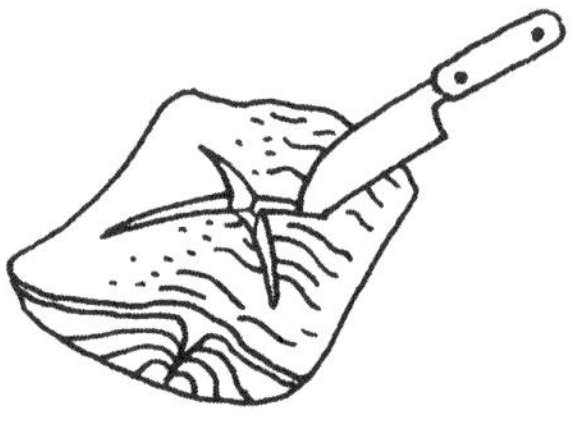

魚の皮に入れる切り込み（飾り包丁）

肉と違って、あまり切り込みの深さなどは気にせずに、皮に斜めに1本か、×印に2本入れる。

貝類の砂抜き

貝がすんでいたところと同じくらいか少し薄いくらいの塩水につけておくと勝手に砂をはく。しじみは淡水（湖など塩分のほとんどない水）か汽水（海水と淡水が混ざったところ）にいるので、塩を入れずに真水で。ボウルに入れて一晩おく。ボウルは暗いところにおいておくこと。潮干狩りなどに行ったときは、そこの海水を一緒に汲んできて使うといい。

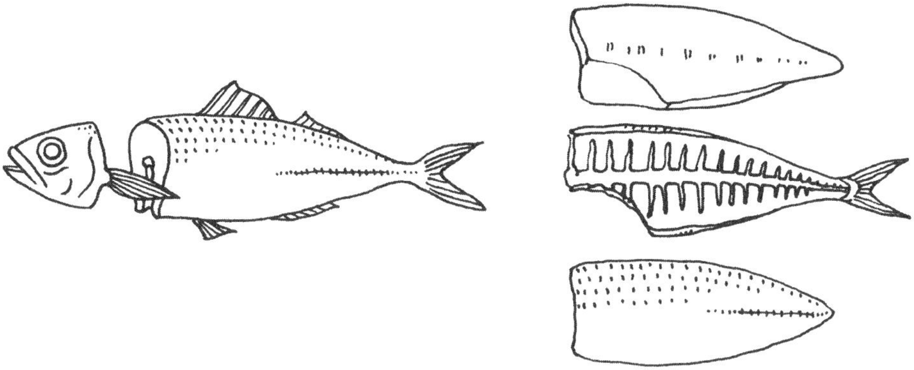

魚の三枚おろし

ウロコがあれば、ウロコひきかスプーンなどでガリガリひいて（取って）洗う。胸ビレ（いうなれば「手」の部分のヒレね）のすぐ後ろから斜めに包丁を入れて頭を切り離す。腹を切り開いて内臓を取り除く。よく洗う。背中のほうから骨に当たるまで切り込みを入れて、腹側からも骨まで切る。尾から頭のほうにむかって骨にくっついている部分を切って1枚に切り出す。切り出したら腹についている骨をそぐように切り取る。裏側も同じように切る。身×2枚、骨×1枚で3枚。魚売り場でやって見せてもらうのがいちばんだと思う。何回もやればすぐに慣れる。

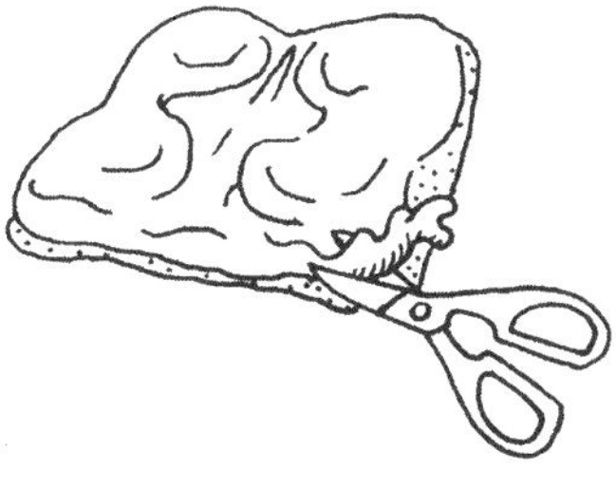

鶏肉の脂身の取り方

もも肉についている黄色い脂身は加熱してもグニュグニュ残っておいしくないので取り除く。皮の裏や筋肉のすきまにある。包丁でもできるけれど、キッチンバサミを使うのが楽。どんなすきまでも切りやすい。

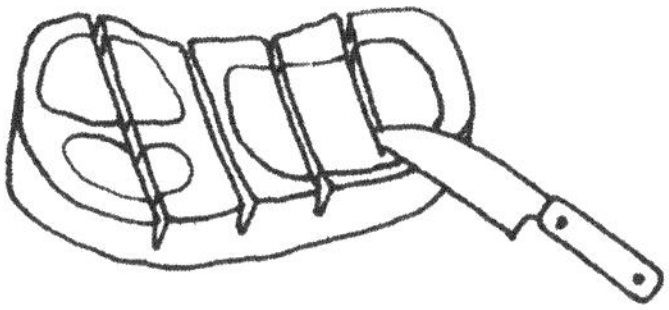

肉の切り込みの入れ方

肉が厚いときは、火の通りをよくするために切り込みを入れる。深さは肉の厚さの1/4〜1/3くらい。一方向だけ、まっすぐの格子、斜めの格子いろいろある。

その他の下ごしらえ

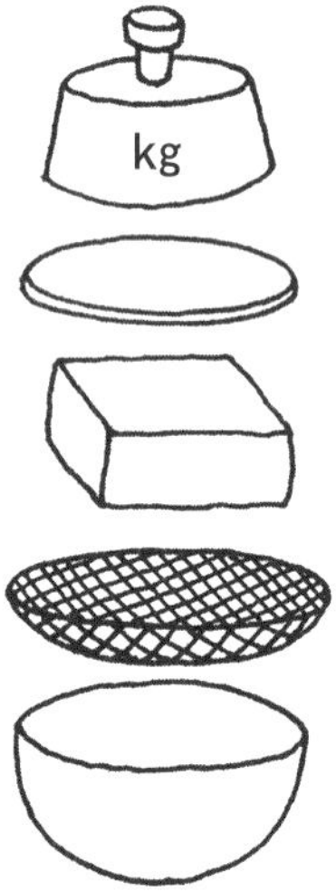

あくを抜く（酢水）

ごぼう、れんこんなどのあくが強い野菜は酢水であくを抜く。ただ、絶対に酢水じゃないとあくが抜けないというわけではない。酢がなければ真水でもいい。酢の量は適当でいいが、あんまり濃いと酢漬けになってしまうので注意。

あくを抜く（真水、塩水）

じゃがいもなどは真水につけてあくを抜く。切り方にもよるけれど3〜5分もつければじゅうぶん。なす、さつまいもは塩水であくを抜く。濃度はなめてちょっと塩けを感じる程度。

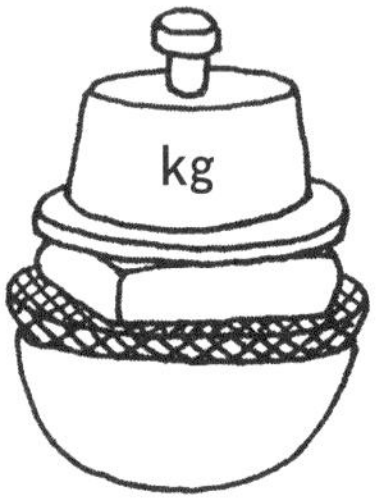

豆腐の水きり

豆腐はざるにのせて上に皿などの重しをのせて15〜20分おき、水きりをする。豆腐をキッチンペーパーなどで包むこともある。

こんにゃく、しらたきの下ゆで

あくと臭みを取り除くために、こんにゃくとしらたきは下ゆでする。沸騰している湯に入れて2〜3分ゆでるだけ。

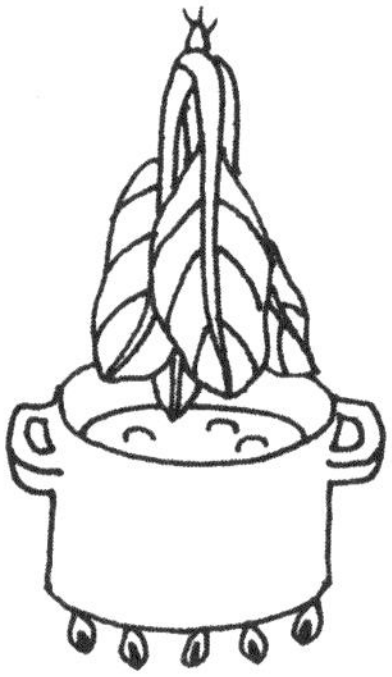

野菜のゆで方

たっぷりの湯に2〜3つまみの塩を入れる（ゆであがりの色をより美しくするため）。沸騰してグラグラしてきたら、葉物をゆでるときは、葉を下にして、葉先からゆでるとシャッキリゆであがる。

だしのとり方　かつお節

沸騰した湯に入れて、弱火にして1〜2分煮る。湯が色づいたら網じゃくしですくって軽く絞る。

だしのとり方　昆布

大きければ適当に切って、ふくか洗うかして表面の汚れを取る。鍋に水と昆布を入れて15〜30分おく。火にかけて、沸騰する直前、細かい泡が出はじめたくらいで取り出す。

だしのとり方　煮干し

頭とわた（腹にある黒いかたまり）を取り除く。鍋に水と煮干しを入れ、しばらくおいて火にかける。沸騰してちょっと煮たら取り出してもいいし、入れたままでもいい。

材料のはかり方

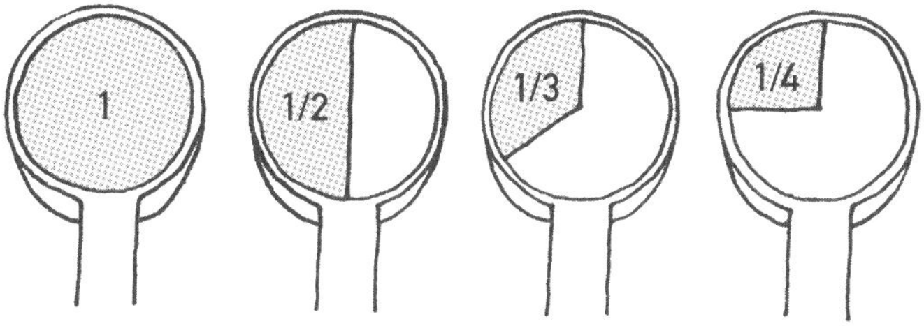

計量スプーン
塩などの固体物

塩などの固体のものは、いったん1杯すくってから減らすと楽。ちなみに小さじ3が大さじ1。

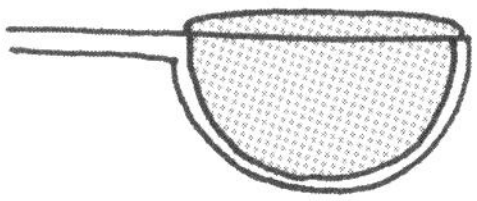

計量スプーン
しょうゆなどの液体物

塩などの固体はすりきりではかる。しょうゆなどの液体は表面張力でふくらむくらいが1杯。

本書の使い方

材料から作りたい料理を調べる

あいうえお順の素材ごと
野菜：アボカド→いんげん→枝豆……（五十音順）

ひと目でわかる
メニューの順番、調理法

主菜 → **副菜** → **ごはんもの**

主菜

- 生　生、刺身など
- 焼　焼き物
- 炒　炒め物
- 煮　炒め煮、煮物
- ゆで　ゆで物
- 鍋　鍋
- 蒸　蒸し物
- 揚　揚げ物
- ソース　ソースなど
- その他　上記カテゴリーに含まれないもの

副菜

- 生　そのまま
- おひたし　おひたし
- 和え　和え物
- サラダ　サラダ
- 漬け　漬物など
- 煮　煮物
- ゆで　ゆで物
- 焼　焼き物
- 炒　炒め物
- 揚　揚げ物
- ソース　ソースなど
- その他　上記カテゴリーに含まれないもの

ごはんもの

- 米　カレー、炊き込みご飯、混ぜご飯、チャーハン、ピラフなど
- 麺　うどん、そうめん、そば、パスタ、中華麺など
- パン　パン
- 粉　餃子、お好み焼きなど
- 汁　みそ汁、スープなどの汁物
- その他　上記カテゴリーに含まれないもの

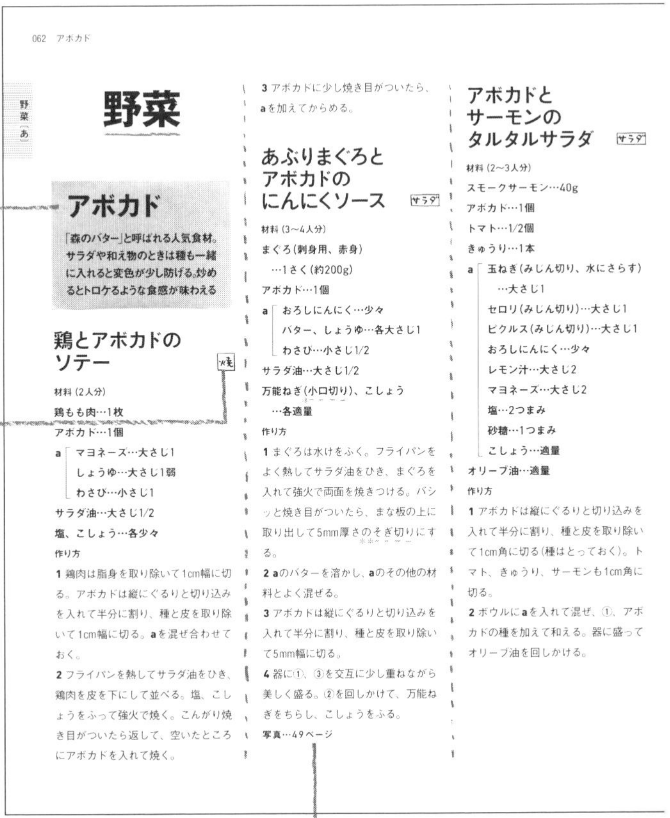
062　アボカド

野菜［あ］

野菜

アボカド

「森のバター」と呼ばれる人気食材。サラダや和え物のときは種も一緒に入れると変色が少し防げる。炒めるとトロケるような食感が味わえる

鶏とアボカドのソテー　焼

材料（2人分）
鶏もも肉…1枚
アボカド…1個
a［マヨネーズ…大さじ1
　しょうゆ…大さじ1弱
　わさび…小さじ1
サラダ油…大さじ1/2
塩、こしょう…各少々

作り方
1 鶏肉は脂身を取り除いて1cm幅に切る。アボカドは縦にぐるりと切り込みを入れて半分に割り、種と皮を取り除いて1cm幅に切る。aを混ぜ合わせておく。
2 フライパンを熱してサラダ油をひき、鶏肉を皮を下にして並べる。塩、こしょうをふって強火で焼く。こんがり焼き目がついたら返して、空いたところにアボカドを入れて焼く。
3 アボカドに少し焼き目がついたら、aを加えてからめる。

あぶりまぐろとアボカドのにんにくソース　サラダ

材料（3〜4人分）
まぐろ（刺身用、赤身）
…1さく（約200g）
アボカド…1個
a［おろしにんにく…少々
　バター、しょうゆ…各大さじ1
　わさび…小さじ1/2
サラダ油…大さじ1/2
万能ねぎ（小口切り）、こしょう
…各適量

作り方
1 まぐろは水けをふく。フライパンをよく熱してサラダ油をひき、まぐろを入れて強火で両面を焼きつける。パシッと焼き目がついたら、まな板の上に取り出して5mm厚さのそぎ切りにする。
2 aのバターを溶かし、aのその他の材料とよく混ぜる。
3 アボカドは縦にぐるりと切り込みを入れて半分に割り、種と皮を取り除いて5mm幅に切る。
4 器に①、③を交互に少し重ねながら美しく盛る。②を回しかけて、万能ねぎをちらし、こしょうをふる。
写真…49ページ

アボカドとサーモンのタルタルサラダ　サラダ

材料（2〜3人分）
スモークサーモン…40g
アボカド…1個
トマト…1/2個
きゅうり…1本
a［玉ねぎ（みじん切り、水にさらす）
　…大さじ1
　セロリ（みじん切り）…大さじ1
　ピクルス（みじん切り）…大さじ1
　おろしにんにく…少々
　レモン汁…大さじ2
　マヨネーズ…大さじ2
　塩…2つまみ
　砂糖…1つまみ
　こしょう…適量
オリーブ油…適量

作り方
1 アボカドは縦にぐるりと切り込みを入れて半分に割り、種と皮を取り除いて1cm角に切る（種はとっておく）。トマト、きゅうり、サーモンも1cm角に切る。
2 ボウルにaを入れて混ぜ、①、アボカドの種を加えて和える。器に盛ってオリーブ油を回しかける。

巻頭に写真のあるメニューは、レシピの最後に写真ページを記してあります

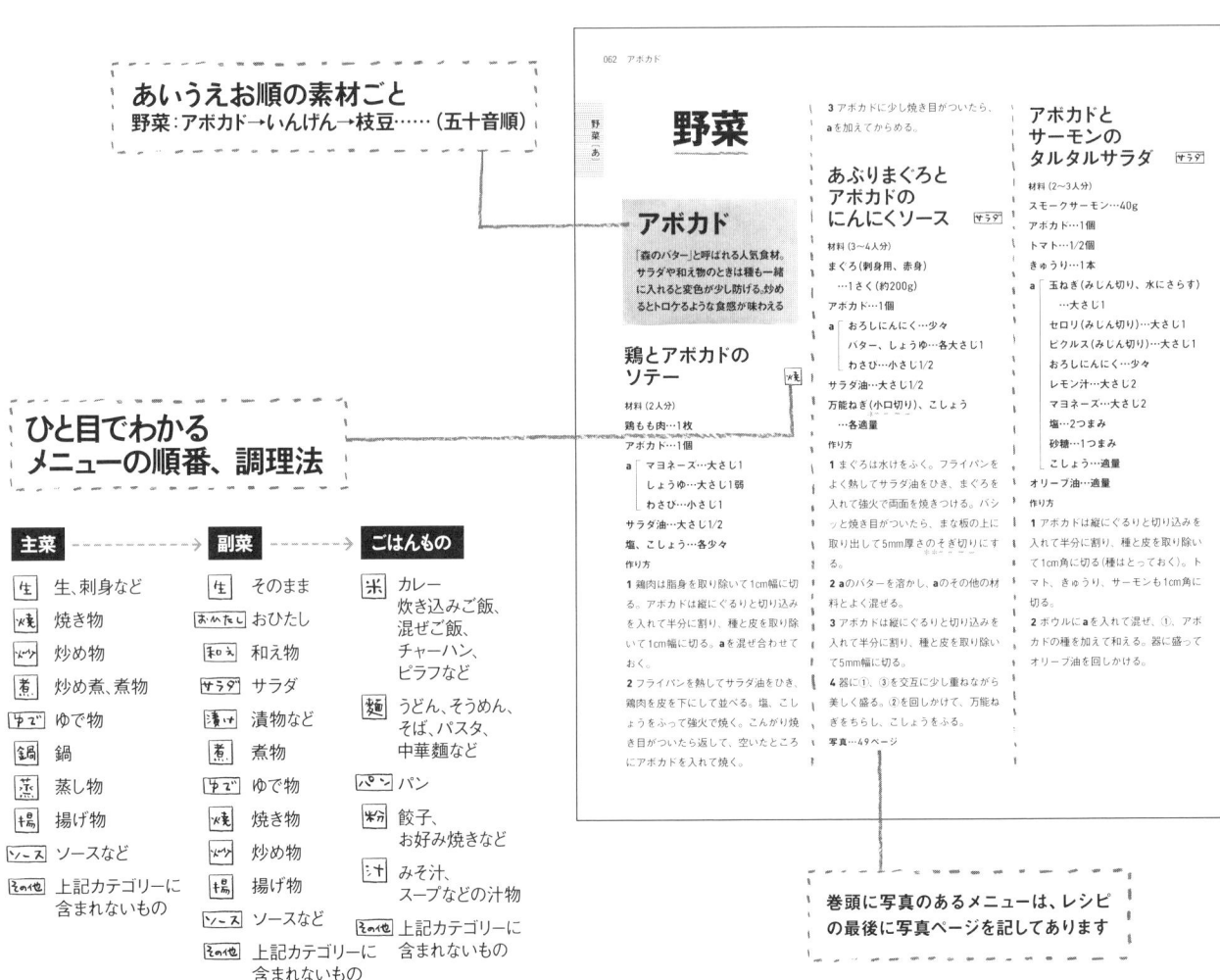

野菜・きのこ・肉・魚介・その他・
ごはんもののカテゴリー別

野菜
い

いんげん

昔は、すじは固くて食べられなかったいんげん。品種改良されてやわらかくなったおかげで、いまでは、すじもあまり気にせず食べられる

いんげんの梅マヨ和え

和え

材料（2人分）
いんけん…1/2袋
梅干し…1個
マヨネーズ…大さじ1

作り方
1 いんげんはへたを切り落として、塩を加えた湯でゆでる。長さを半分に切る。
2 梅干しは種を取って細かく刻む。ボウルに入れてマヨネーズ、いんげんを加えて和える。

いんげんのおかか和え

和え

材料（2人分）
いんげん…1/2袋
削り節（ソフトパック）…1パック（5g）
しょうゆ、みりん…各小さじ1
ごま油…少々

作り方
1 いんげんはへたを切り落として、塩を加えた湯でゆでる。長さを半分に切る。
2 ボウルに①、削り節、**a**を入れて和える。

いんげんのごま和え

和え

材料（2人分）
いんけん…1/2袋
a［ すりごま（白）…大さじ1
サラダ油…小さじ1/2
砂糖…2つまみ
塩…1つまみ

作り方
1 いんげんはへたを切り落として、塩を加えた湯でゆでる。長さを半分に切る。
2 ボウルに**a**を合わせて、①を加えて和える。

いんげんののり和え

和え

材料（2〜3人分）
いんけん…1袋
焼きのり…2枚
a［ しょうゆ、みりん…各小さじ1
ごま油…少々

作り方
1 いんげんはへたを切り落として、塩を加えた湯でゆでる。のりはちぎっておく。
2 ボウルに①、**a**を入れて和える。

いんげんのゆで時間どれくらい
ポリポリした歯応えを楽しみたいから、ゆで時間は10秒〜20秒。

いんげんの明太子和え

和え

材料（2〜3人分）
いんげん…1袋
明太子…1/2腹
a［ マヨネーズ…小さじ1
ごま油…少々

作り方
1 いんげんはへたを切り落として、塩を加えた湯でゆでる。斜め切りにする。明太子は薄皮を取り除いてほぐす。
2 ボウルに**a**を合わせて、①を加えて和える。

いんげんとトマトのサラダ

サラダ

材料（2〜3人分）
いんげん…1袋
トマト…1/2個
玉ねぎ…1/4個
a［ オリーブ油、酢…各大さじ1
マヨネーズ…小さじ1
塩…2つまみ
こしょう…適量

作り方
1 いんげんはへたを切
を加えた湯でサッとゆ
5mm角に切る。玉ねぎ
して水に3分さらし、
2 ボウルに**a**を合わせ
トマト、玉ねぎを加え

調理のコツや料理についての
ケンタロウひとことメモ

アボカドのにんにくソース

サラダ

材料（3〜4人分）
まぐろ（刺身用、赤身）
…1さく（約200g）
アボカド…1個
a［ おろしにんにく…少々
バター、しょうゆ…各大さじ1
わさび…小さじ1/2
サラダ油…大さじ1/2
万能ねぎ（小口切り）、こしょう
…各適量

作り方

＊- - - - はレシピの最後に書かれたページの調理のABCに詳細を記してあります

決まりごと

材料、分量

- ●材料は基本は2人分。その他は、おいしくできるベストな分量を表示しています
- ●大さじ1＝15cc、小さじ1＝5cc、カップ1＝200cc、米は1合＝180cc
- ●缶詰の1缶の量は、メーカーによって多少差があります
- ●トースター、オーブンの加熱時間、加熱温度はあくまでも目安です。機種によって様子を見ながら加減してください
- ●しょうゆ、みそは特にことわりのない場合、濃口しょうゆ、好みのみそです。みそは種類によって塩分量が違うので、味をみながら加減してください
- ●じゃがいもは特にことわりのない場合、男爵です
- ●少々は字の通り少しだけ、適量は味をみながら最適な量を加える、ということです。1つまみは3本指でつまんだ量です。にんにく1かけはにんにく1ピースのことで、しょうが1かけもにんにく1かけに準じた大きさです

調理の手順

- ●野菜を洗う、米を洗う手順は原則として省略しています
- ●野菜の下ごしらえは、必ず行うこと（へたを落とすなど）は原則として省略しています
- ＊必ずやってほしい作業はレシピに記してあります
- ●野菜やパスタをゆでるときの塩や肉、魚などの下ゆでをするときの酒、塩は、原則として材料分量外のため省略しています

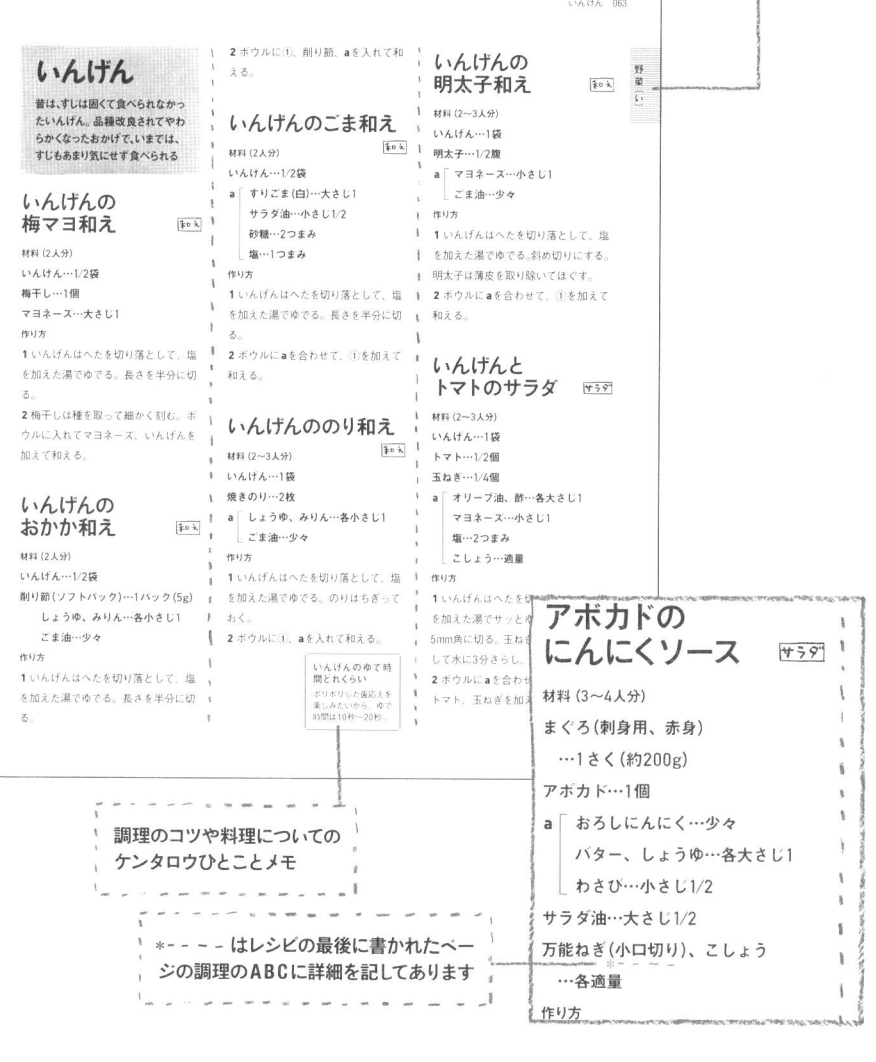

鶏肉のおかず

鶏の唐揚げ → P232

鶏とキャベツのみそ炒め → P227

豚肉のおかず

豚のしょうが焼き → P238

豚ときのこのクリーム煮 → P243

ハヤシライス → P222

牛肉のおかず

プルコギ→ P219

魚介のおかず

さんまの玉ねぎソース → P283

エビマヨ → P272

魚介のおかず

さばのみそ煮 → P281

かじきのタルタル丼 → P277

家宝の肉じゃが
おいしい作り方

1 肉じゃがを作るなら、じゃがいもは男爵いもを用意!

2 皮をむいたら水にさらす。このひと手間が肉じゃがをおいしくする

3 玉ねぎをサッと炒めたら、端に寄せて牛肉投入!

4 牛肉の色が変わったら、玉ねぎと一緒に調味料を混ぜ合わせよう

5 じゃがいもはいちばん上。高さの2/3まで水を加え、ふたをして強火

6 汁けを少し残し、じゃがいもがやわらかければOK。やさしく混ぜて

完成 >>

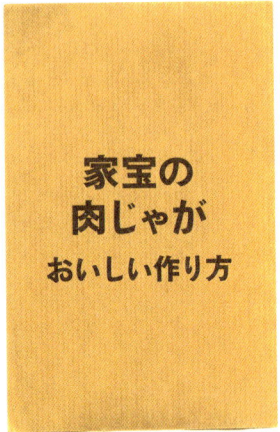

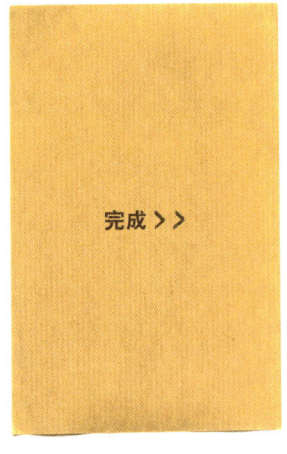

和食のおかず

家宝の肉じゃが→ P114

和食のおかず

きんめの煮つけ（金目だい）→ P286

大根の浅漬け → P142

豚の角煮 → P245

ねぎと桜えびのかき揚げ → P173

小松菜の煮びたし → P109

焼き餃子
おいしい作り方

1 野菜を混ぜ合わせたら、片栗粉をつなぎに投入!

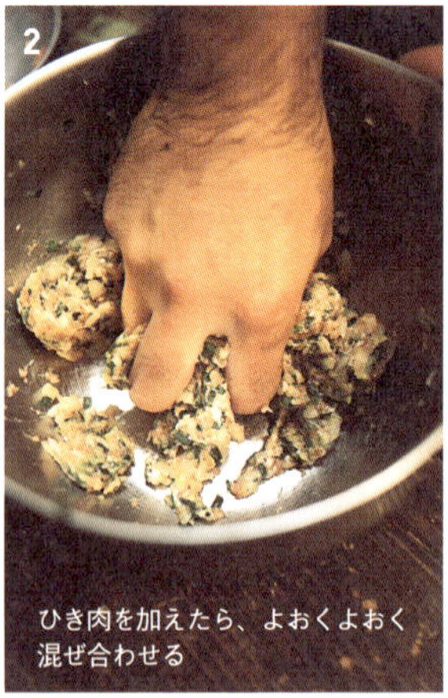

2 ひき肉を加えたら、よおくよおく混ぜ合わせる

3 先に餃子の具を等分にしておこう! 中途半端にあまらせない

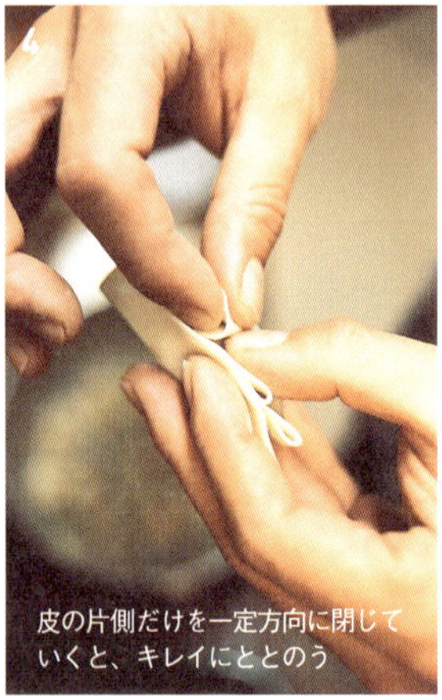

4 皮の片側だけを一定方向に閉じていくと、キレイにととのう

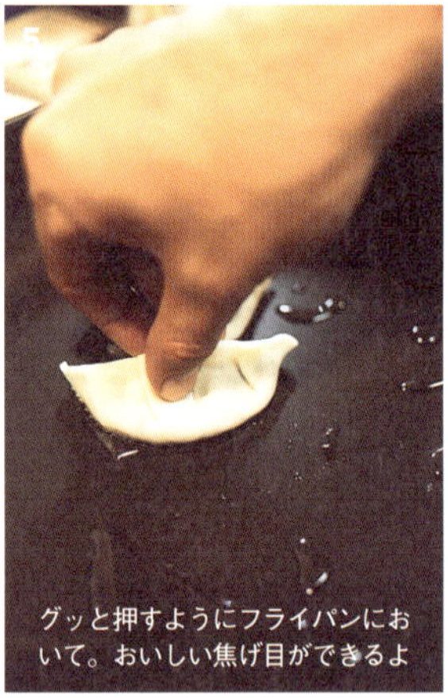

5 グッと押すようにフライパンにおいて。おいしい焦げ目ができるよ

6 餃子の高さの半分まで水を注ぐ。ふたをして強めの中火で蒸し焼き

7 水けがこの程度になったら、ごま油を投入! カリッと仕上げるコツ

8 水けがなくなったら、焼き目を確認! いい色になっていればOK!

完成＞＞

中華のおかず

焼き餃子1 → P87

中華のおかず

えびとチンゲンサイの炒め物 → P150

麻婆豆腐 → P258

鶏肉と野菜の中華みそ煮込み → P228

棒棒鶏（バンバンジー）→ P231

なすのからし中華炒め → P161

ハンバーグ
おいしい作り方

1
パン粉を牛乳と溶き卵に浸して、
つなぎを先に合わせておこう

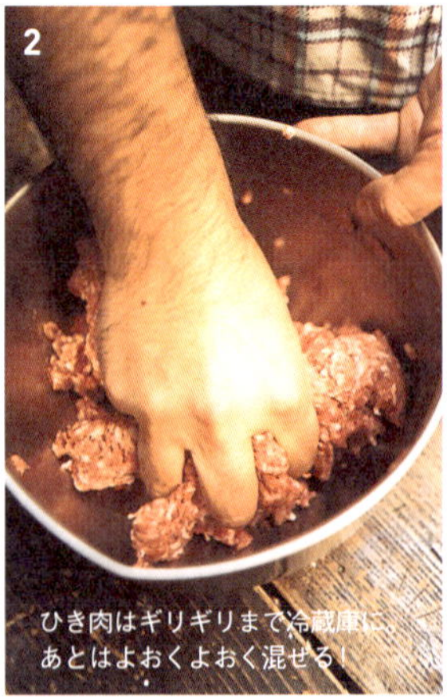

2
ひき肉はギリギリまで冷蔵庫に。
あとはよおくよおく混ぜる！

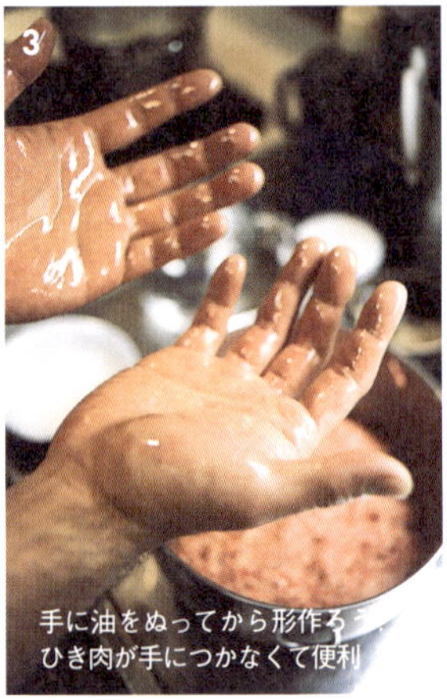

3
手に油をぬってから形作ろう。
ひき肉が手につかなくて便利

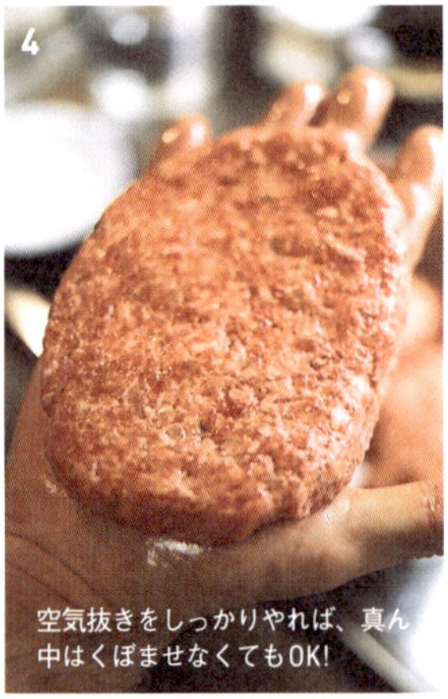

4
空気抜きをしっかりやれば、真ん
中はくぼませなくてもOK!

5
先に焼き目をつけたら、ハンバー
グの高さの半分まで水を入れて

6
にごった汁が出なくなったら焼き
OK！　余分な油をふき取って

7
調味料を次々加えてなじませてい
く。火は中火

8
ちょっと煮詰めてとろみがついた
らできあがり！

完成＞＞

洋食のおかず

ハンバーグ → P250

洋食のおかず

ポテトオムレツ → P319

ミートソース → P353

コロッケ → P116

鮭のムニエル → P279

マカロニグラタン → P237

緑野菜のおかず

まるまるキャベツのコンビーフ煮

おいしい下ごしらえ

茎は厚めに皮をむけば、おいしく食べられる。

小房に切りわける…花を食べやすい大きさに切りわけること

ブロッコリーのアーリオオーリオ→P186

レタスとチキンの炒め物→P201

白菜のアツアツドレッシングサラダ→P177

おいしい下ごしらえ

まず、葉と軸に切りわけてから、食べやすい形に切りそろえる

豚肉と小松菜のおかずナムル→P107

おいしい下ごしらえ

青菜は、葉っぱから入れて約15秒！　シャキッと仕上がる

ほうれんそうのキッシュ→P191

根菜のおかず

鶏と大根のこってり中華煮 → P138

しんなり大根の作り方

大根を横に切って輪切りを作ってから、細切りにすると繊維を断つのでしんなりに

大根のしなしなサラダ→P141

大根としらすの
シャキシャキサラダ→P297

シャキシャキ大根の作り方

大根を縦に切ってから、縦に細切りにすると繊維に沿って切るのでシャキシャキに

かぶのマリネ→P72

おいしい下ごしらえ

真ん中の根っこが少しついた茎の部分を切り、茎(葉)の部分と根っこで使いわけると便利

焼きれんこん→P205

にんじんポタージュ→P171

ごぼうとチキンのクリーム煮
→P100

おいしい下ごしらえ

ごぼうはたわしで洗って泥を落とせば、皮をこそげ落とさなくても使える

おいも・かぼちゃのおかず

じゃがいものガレット → P118

さつま芋の甘露焼き→P110

おいしい下ごしらえ

じゃがいもは切り分けたあと、水にさらすと余分なでんぷんが落ちておいしくなる

ジャーマンポテト→P119

かぼちゃのドライカレー→P75

里芋とひき肉の煮っころがし→P112

おいしい下ごしらえ

里芋は皮をむいてから塩でもむと、ぬめりが取れて調理しやすくなる

おいしい下ごしらえ

かぼちゃの固い皮は面を安定させて、皮を削るように切ると簡単、安全

かぼちゃのマッシュ→P75

里芋のみそグラタン→P112

その他野菜のおかず

トースター焼きなす → P161

ミニトマトのはちみつ漬け→P153

なすのチーズ焼き→P160

おいしい下ごしらえ

な[illegible]ら塩水に3分さらしてあく抜きをすると、味、色の仕上がりがよくなる

牛肉と厚揚げのトマト炒め
→P152

セロリと豆腐の和え物→P134

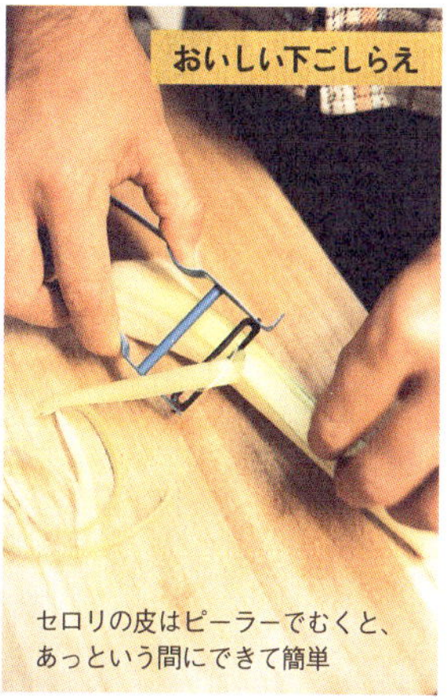

おいしい下ごしらえ

セロリの皮はピーラーでむくと、あっという間にできて簡単

きのこのおかず

きのこのアーリオオーリオ → P209

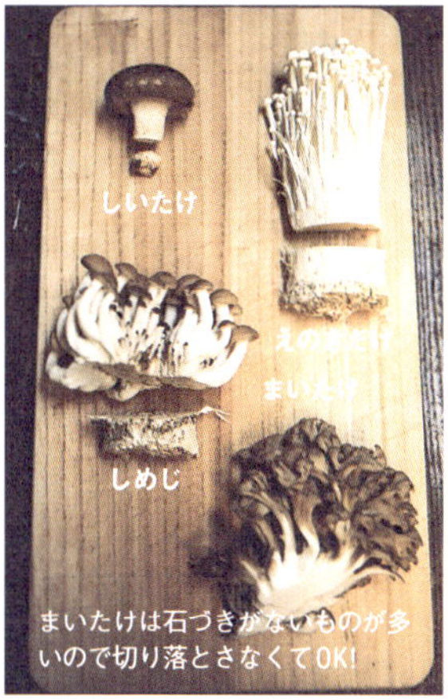
しいたけ
えのきだけ
まいたけ
しめじ
まいたけは石づきがないものが多いので切り落とさなくてOK!

豚こまときのこの煮物→P215

きのこのマリネ→P209

スペイン風マッシュルームの炒め煮→P216

きのこピラフ→P340

きのこフライ→P216

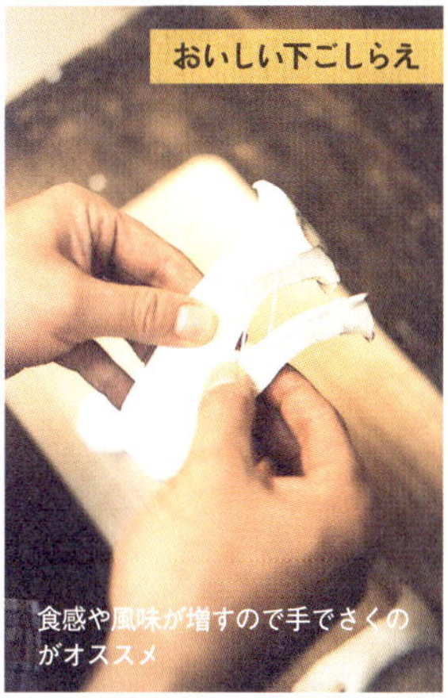
おいしい下ごしらえ
食感や風味が増すので手でさくのがオススメ

きのこのおかかのサラダ→P213

卵のおかず

だし巻きたまご → P318

トマたま炒め→P152

煮たまご→P319

だし巻きたまご
おいしい作り方

1
熱いフライパンに油をしっかりひき、卵液を入れたら手前に巻いて

2
巻いた卵は奥に戻し、卵液を再び入れる。箸で持ち上げ、まんべんなく広げる

3
卵焼きが大きくなってきたら、フライ返しを使って手前にパタンパタンと巻いて

煮干しだしのたまごスープ
→P320

オムライス→P320

豆腐のおかず

豆腐チャンプル → P312

ほうれんそうの白和え → P189

納豆宝袋 → P308

みそねぎ焼き厚揚げ → P306

豚と納豆の和えそうめん → P316

ごはんもの

正しいチャーハン → P339

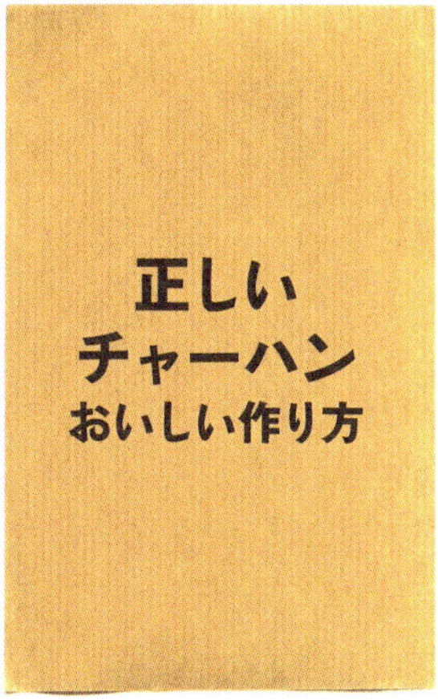

いなりずし→P309

親子丼→P234

1
具材の大きさをそろえるのは、おいしいチャーハンにする第一歩

2
具が炒まったらフライパンの端に寄せ、卵、ご飯を次々入れる

3
ご飯に卵をからませたら、じっくり炒めるのがパラパラにする秘訣

フレンチトースト→P362

豚にら焼きそば→P167

ごはんもの

カルボナーラ → P263

ケンタロウ
1003
レシピ

ケンタロウ

野菜

アボカド

ディップや和え物のときは種も一緒に入れると変色が防げるといわれる。真偽は定かではないが入れている

鶏とアボカドのソテー

焼

材料（2人分）

鶏もも肉…1枚

アボカド…1個

a　マヨネーズ…大さじ1
　　しょうゆ…大さじ1弱
　　わさび…小さじ1

サラダ油…大さじ1/2

塩、こしょう…各少々

作り方

1 鶏肉は脂身を取り除いて1cm幅に切る。アボカドは縦にぐるりと切り込みを入れて半分に割り、種と皮を取り除いて1cm幅に切る。**a**を混ぜ合わせておく。

2 フライパンを熱してサラダ油をひき、鶏肉を皮を下にして並べる。塩、こしょうをふって強火で焼く。こんがり焼き目がついたら返して、空いたところにアボカドを入れて焼く。

3 アボカドに少し焼き目がついたら、**a**を加えてからめる。

あぶりまぐろとアボカドのにんにくソース

その他

材料（3〜4人分）

まぐろ（刺身用、赤身）
　…1さく（約200g）

アボカド…1個

a　おろしにんにく…少々
　　バター、しょうゆ…各大さじ1
　　わさび…小さじ1/2

サラダ油…大さじ1/2

万能ねぎ（小口切り*）、こしょう
　…各適量

作り方

1 まぐろは水けをふく。フライパンをよく熱してサラダ油をひき、まぐろを入れて強火で両面を焼きつける。バシッと焼き目がついたら、まな板の上に取り出して5mm厚さのそぎ切り**にする。

2 **a**のバターを溶かし、**a**のその他の材料とよく混ぜる。

3 アボカドは縦にぐるりと切り込みを入れて半分に割り、種と皮を取り除いて5mm幅に切る。

4 器に①、③を交互に少し重ねながら美しく盛る。②を回しかけて、万能ねぎをちらし、こしょうをふる。

＊14ページ❶参照　＊＊15ページ⓬参照

アボカドとサーモンのタルタルサラダ

サラダ

材料（2〜3人分）

スモークサーモン…40g

アボカド…1個

トマト…1/2個

きゅうり…1本

a　玉ねぎ（みじん切り、水にさらす）
　　　…大さじ1
　　セロリ（みじん切り）…大さじ1
　　ピクルス（みじん切り）…大さじ1
　　おろしにんにく…少々
　　レモン汁…大さじ2
　　マヨネーズ…大さじ2
　　塩…2つまみ
　　砂糖…1つまみ
　　こしょう…適量

オリーブ油…適量

作り方

1 アボカドは縦にぐるりと切り込みを入れて半分に割り、種と皮を取り除いて1cm角に切る（種はとっておく）。トマト、きゅうり、サーモンも1cm角に切る。

2 ボウルに**a**を入れて混ぜ、①、アボカドの種を加えて和える。器に盛ってオリーブ油を回しかける。

まぐろとアボカドのタルタル1

サラダ

材料（2人分）

まぐろ（刺身用、赤身）…小1さく（120g）
アボカド…1個
玉ねぎ…1/8個
a おろしにんにく…少々
　レモン汁、マヨネーズ
　　…各大さじ1
　オリーブ油…大さじ1/2
　塩…小さじ1/3
　こしょう、タバスコ…各適量

作り方

1 まぐろは1cm角に切る。アボカドは縦にぐるりと切り込みを入れて半分に割り、種と皮を取り除いて1cm角に切る（種はとっておく）。玉ねぎはみじん切りにして水に5分さらし、水けをきる。

2 ボウルにaを混ぜ合わせて、①、アボカドの種を加えて和える。

アボカドディップ

その他

材料（2人分）

アボカド…1個
カッテージチーズ…カップ1/4
塩…小さじ1/4
こしょう…少々
a おろしにんにく…少々
　レモン汁…大さじ2
　マヨネーズ…大さじ2
　オリーブ油…大さじ1
　塩…小さじ1/4
　砂糖…1つまみ

作り方

1 アボカドは縦にぐるりと切り込みを入れて半分に割り、種と皮を取り除く（種はとっておく）。

2 ボウルにアボカド、チーズ、aを入れて、フォークの背でつぶしながら混ぜる。ペースト状になったら、アボカドの種を加えて混ぜ、味をみて塩、こしょうでととのえる。

アボカド帆立て

和え

材料（2〜3人分）

帆立て貝柱水煮缶…大1缶（約135g）
アボカド…1個
マヨネーズ…大さじ1
みそ…小さじ1

作り方

1 アボカドは縦にぐるりと切り込みを入れて半分に割り、種と皮を取り除く（種はとっておく）。

2 ボウルに帆立てを入れて缶汁大さじ1〜2を加える。マヨネーズ、みそ、アボカドの種を加えて混ぜる。

3 アボカドをスプーンで一口大にすくいながら②に加えて和える。

まぐろとアボカドのポキ

和え

材料（3〜4人分）

まぐろ（刺身用、赤身）…小1さく（120g）
アボカド…1個
青唐辛子、赤唐辛子（ともに生）…各1本
a おろしにんにく…少々
　しょうゆ…大さじ2
　レモン汁…大さじ1強
　ごま油…大さじ1

作り方

1 まぐろは1.5cm角くらいに切る。アボカドは縦にぐるりと切り込みを入れて半分に割り、種と皮を取り除いて1.5cm角に切る（種はとっておく）。唐辛子は小口切りにする。

2 ボウルにaを混ぜ合わせて、①、アボカドの種を加えて和える。

＊14ページ❶参照

まぐろとアボカドのちらし寿司

米

材料（4人分）

温かいご飯…茶わん5杯
まぐろ（刺身用、赤身）…1さく（200g）
えび…8尾
アボカド…1個
玉ねぎ…1/4個
レモン汁…大さじ1
a しょうゆ…大さじ3
　サラダ油…大さじ1
b 酢…カップ1/4
　砂糖…大さじ1
　塩…小さじ1/2
万能ねぎ（小口切り）、いりごま（白）
　…各適量

作り方

1 玉ねぎはみじん切りにして水に5分さらす。まぐろは2cm角に切る。ボウルに水けをきった玉ねぎ、まぐろ、**a**を合わせて和える。

2 えびは殻をむいて背わたを取り除き＊＊、塩、酒を加えた湯でゆでる。厚さを半分に切る。

3 アボカドは縦にぐるりと切り込みを入れて半分に割り、種と皮を取り除いて横5mm幅に切る。レモン汁をからめておく。

4 器にご飯を平らに盛って、**b**をよく混ぜ合わせて回しかける。①、②、③を美しくのせ、万能ねぎといりごまをちらす。

＊14ページ❶参照　＊＊16ページ参照

焼きまぐろの混ぜちらし寿司

米

材料（4人分）

温かいご飯…茶わん5杯

まぐろ（刺身用、赤身）

…1〜2さく（約300g）

アボカド…1個

レモン汁…小さじ1〜2

a ┌ しょうゆ…大さじ2
　└ みりん…大さじ1

b ┌ 酢…カップ1/4
　│ 砂糖…大さじ1
　└ 塩…小さじ1/2

サラダ油…大さじ1/2

万能ねぎ（小口切り）＊…適量

作り方

1 フライパンを熱してサラダ油をひき、まぐろを水けをふいて並べ、強火で両面を焼きつける。バシッと焼き目がついたらまな板の上に取り出して5mm厚さのそぎ切り＊＊にする。

2 ボウルに**a**を混ぜ合わせて、①を加えて3分くらいつける。

3 アボカドは縦にぐるりと切り込みを入れて半分に割り、種と皮を取り除いて1.5cm角に切る。レモン汁をからめておく。

4 別のボウルにご飯を入れ、**b**をよく混ぜ合わせて回しかけ、ぬらしたしゃもじで切るようにサックリと混ぜる。さらに②を加えてザッと混ぜる。器に盛って、③、万能ねぎをちらす。

＊14ページ❶参照　＊＊15ページ⓬参照

その他のアボカドのレシピ

- タコライスのレタス包み…P202
- タコス…P224
- まぐろとアボカドのタルタル2…P302
- アボカドとエビのマヨサンド…P359
- アボカドとかにのホットサンド…P359

いんげん

昔はへたと一緒に必ずすじも取っていたが、最近のものはほとんど固いすじがない。なので下ごしらえはへたを切り落とすだけ

いんげんの梅マヨ和え

和え

材料（2人分）

いんげん…1/2袋

梅干し…1個

マヨネーズ…大さじ1

作り方

1 いんげんはへたを切り落として、塩を加えた湯でゆでる。長さを半分に切る。

2 梅干しは種を取って細かく刻む。ボウルに入れてマヨネーズ、いんげんを加えて和える。

いんげんのおかか和え

和え

材料（2人分）

いんげん…1/2袋

削り節（ソフトパック）…1パック（5g）

a ┌ しょうゆ、みりん…各小さじ1
　└ ごま油…少々

作り方

1 いんげんはへたを切り落として、塩を加えた湯でゆでる。長さを半分に切る。

2 ボウルに①、削り節、**a**を入れて和える。

いんげんのごま和え

和え

材料（2人分）

いんげん…1/2袋

a
- すりごま（白）…大さじ1
- サラダ油…小さじ1/2
- 砂糖…2つまみ
- 塩…1つまみ

作り方

1 いんげんはへたを切り落として、塩を加えた湯でゆでる。長さを半分に切る。

2 ボウルに**a**を合わせて、①を加えて和える。

いんげんののり和え

和え

材料（2〜3人分）

いんげん…1袋

焼きのり…2枚

a
- しょうゆ、みりん…各小さじ1
- ごま油…少々

作り方

1 いんげんはへたを切り落として、塩を加えた湯でゆでる。のりはちぎっておく。

2 ボウルに①、**a**を入れて和える。

いんげんのゆで時間
ポリポリした歯応えを楽しみたいから、ゆで時間は10〜20秒。

いんげんの明太子和え

和え

材料（2〜3人分）

いんげん…1袋

明太子…1/2腹

a
- マヨネーズ…小さじ1
- ごま油…少々

作り方

1 いんげんはへたを切り落として、塩を加えた湯でゆでる。斜め切りにする。明太子は薄皮を取り除いてほぐす。

2 ボウルに**a**を合わせて、①を加えて和える。

いんげんとトマトのサラダ

サラダ

材料（2〜3人分）

いんげん…1袋

トマト…1/2個

玉ねぎ…1/4個

a
- オリーブ油、酢…各大さじ1
- マヨネーズ…小さじ1
- 塩…2つまみ
- こしょう…適量

作り方

1 いんげんはへたを切り落として、塩を加えた湯でサッとゆでる。トマトは5mm角に切る。玉ねぎはみじん切りにして水に3分さらし、水けをきる。

2 ボウルに**a**を合わせて、いんげん、トマト、玉ねぎを加えて和える。

焼き野菜のサラダ

サラダ

材料（3〜4人分）

いんげん…1/2袋

じゃがいも…2個

ズッキーニ…1本

赤パプリカ、黄パプリカ
…合わせて1個

なす…1本

オリーブ油、こしょう…各適量

塩…少々

チーズソース
- クリームチーズ…50g
- アンチョビ…3切れ
- にんにく…1かけ
- オリーブ油…大さじ1
- ワイン（白）…大さじ1
- 生クリーム、牛乳…各カップ1/2
- バジル（乾燥）…小さじ1
- 塩、こしょう…各適量

作り方

1 じゃがいもとなすはそれぞれ皮をむいて1cm厚さの輪切りにし、水に3分さらす。いんげんはへたを切り落とす。ズッキーニは1cm厚さの輪切りにする。パプリカは縦8等分に切る。

2 天パンにオリーブ油大さじ1をひく。①を並べてオリーブ油少々を回しかけ、塩、こしょうを少々ふる。200℃に温めたオーブンで13〜15分焼き、250℃に上げて様子を見ながらさらに5分焼く。

3 チーズソースを作る。アンチョビは粗みじん切りにする。にんにくはみじん切りにする。クリームチーズは細かく刻む。

4 小鍋を熱してオリーブ油をひき、にんにくを弱火で炒める。少し色づいてきたらアンチョビ、ワインを加えてザッと炒め、クリームチーズ、生クリーム、牛乳、バジルを加えて、泡立て器で混ぜながら中火で煮詰める。少しとろみがついたら、味をみて塩、こしょうでととのえる。

5 器に②を盛って④をかけ、オリーブ油少々を回しかけてこしょうをふる。

いんげんのバターソテー

材料（2人分）

いんげん…1/2袋

バター、サラダ油…各小さじ1

塩、こしょう…各少々

作り方

1 いんげんはへたを切り落とす。

2 フライパンを熱してサラダ油をひいてバターを入れる。いんげんを加えて塩、こしょうをふり、強火で焼き目がつくまで炒める。

いんげんと赤パプリカのアーリオオーリオ

材料（2〜3人分）

いんげん…1袋

赤パプリカ…1個

にんにく…3かけ

オリーブ油…大さじ1と1/2

塩、こしょう…各適量

作り方

1 いんげんはへたを切り落とす。赤パプリカは縦細切りにする。にんにくは木べらでつぶす。

2 フライパンを熱してオリーブ油をひき、塩小さじ1/4を入れて混ぜ、にんにくを弱火で炒める。少し色づいてきたら、いんげん、赤パプリカの順に強めの中火で炒める。

3 いんげんに少し焼き目がついてしんなりしたら、味をみて塩、こしょうでととのえる。

いんげんとマッシュルームのアンチョビソテー

材料（2人分）

いんげん…1袋

マッシュルーム…1パック

アンチョビ…3切れ

にんにく…1かけ

オリーブ油…大さじ2

塩、こしょう…各適量

作り方

1 いんげんはへたを切り落とす。マッシュルームは縦半分に切る。にんにくは縦薄切りにする。アンチョビはみじん切りにする。

2 フライパンを熱してオリーブ油をひき、にんにくを弱火で炒める。少しきつね色になってきたら、アンチョビ、マッシュルーム、いんげんの順に加えて、強火にして炒める。いんげんに焼き目がついたら味をみて塩、こしょうでととのえる。

ひき肉カレーチャーハン

材料（2人分）

温かいご飯…茶わん2杯

合いびき肉…80g

いんげん…1/2袋

にんにく…1かけ

卵…2個

ごま油…大さじ1

a ［しょうゆ…小さじ2
**　 カレー粉…小さじ1**

万能ねぎ（小口切り）…適量

塩…適量

作り方

1 いんげんはへたを切り落として1cm幅に切る。にんにくはみじん切りにする。卵は溶いておく。

2 フライパンを熱してごま油をひき、にんにくを弱火で炒める。いい匂いがしてきたら、ひき肉を加えてほぐしながら強火で炒める。

3 肉の色が変わったらいんげんを加えてザッと炒め、具をフライパンの端に寄せる。空いたところに溶き卵を流し入れ、すぐに卵の上にご飯を加える。木べらで卵とご飯をよく混ぜ合わせる。混ざったら全体をよおく炒める。

パラッとしてきたらaを加えて炒め合わせ、味をみて塩でととのえる。

4 器に盛って、万能ねぎをちらす。

＊14ページ❶参照

その他のいんげんのレシピ

- 牛肉となすの炒め物…P158
- 根菜ドライカレー…P207
- ミートローフ…P253
- 和風ミートローフ…P255
- 三色そぼろご飯…P257
- 鮭のソテー粒マスタードしょうゆソース…P278
- 納豆宝袋…P308
- 納豆汁…P316

枝豆

夏の風物詩、枝豆。農法や流通が発達したいまでも基本的に夏しか出回らない。ゆでるときは水を少なくして蒸すようにするとおいしい

コーンと枝豆のかき揚げ

揚

材料（2〜3人分）

冷凍枝豆またはゆで枝豆（さやつき）…200g

粒コーン缶…小1缶（130g）

ハム…3枚

a 薄力粉…カップ3/4
水…大さじ5と1/2
塩…1つまみ

揚げ油、塩…各適量

作り方

1 コーンは缶汁をきる。枝豆は袋の表示通りに解凍し、さやから取り出し、水けをきる。ハムは1cm角に切る。

2 ボウルにaを合わせて泡立て器でよく混ぜ、①を加えて混ぜる。

3 フライパンに揚げ油を深さ2cmくらい入れて中温に熱する。②を木べらですくって菜箸ですべらせ、フライパンにギッチリ入れて中火で揚げる。衣が固まってきたら、たまに返しながらじっくり揚げる。

4 全体がきつね色になってカリッとしてきたら、火を強めてカラッと仕上げる。油をよくきってバットに取り出す。器に盛って塩を添える。

枝豆の塩ゆで

ゆで

材料（1束分）

枝豆…1束

塩…適量

作り方

1 枝豆は枝からはずして鍋に入れ、水カップ1を加えて塩小さじ1をふり、ふたをして中火〜強火で5分ゆでる。

2 火を止めてザッと混ぜ、すぐにふたをしてそのまま1〜2分蒸らす。ざるにあげて塩少々をふる。

枝豆とかにの冷やし麺

麺

材料（2人分）

冷やし中華麺…2玉

かに缶…小1缶（55g）

冷凍枝豆またはゆで枝豆（さやつき）…200g

セロリ…1本

セロリの葉…適量

長ねぎ…10cm

a おろししょうが…少々
レモン汁…大さじ1と1/2
ごま油…大さじ1
しょうゆ、オイスターソース…各大さじ1/2

しょうゆ…適量

作り方

1 枝豆は袋の表示通りに解凍し、さやから取り出す。セロリはピーラーで皮をむいて斜め薄切りにする。セロリの葉は数枚をみじん切りにする。長ねぎは白《しら》髪《が》ねぎにする。

2 ボウルにaを合わせて混ぜる。

3 麺は袋の表示通りにゆで、流水でもみ洗いしてから氷水に入れて冷やす。よく水けをきって②のボウルに加えて和える。さらに枝豆、セロリ、かにを缶汁ごと加えて和える。味をみて薄ければしょうゆを加えてととのえる。器に盛って、セロリの葉と白髪ねぎをちらす。

＊15ページ⓯参照

枝豆の冷たいポタージュ

汁

材料 (3〜4人分)

冷凍枝豆またはゆで枝豆(さやつき)
…200g

牛乳…カップ1と1/2

生クリーム…カップ1/2

塩…小さじ1/2

砂糖…小さじ1

こしょう…少々

作り方

1 枝豆は袋の表示通りに解凍してさやから取り出す。

2 ミキサーに①、牛乳カップ1/2、塩、砂糖を入れてスイッチを入れる。なめらかになったら残りの牛乳を加えて、再びスイッチを入れる。

3 ボウルに移して生クリームを加えて混ぜ、冷やす。

4 器に盛って、こしょうをふる。

オクラ

ねばねばとした食感で栄養たっぷり。生のままでも食べられるが青臭さが苦手な人はサッとゆでるといい。日本以外でも広く食べられている

オクラと牛肉のみそ炒め

ソテー

材料 (2人分)

牛肩ロース薄切り肉…120g

オクラ…1袋

a
- おろししょうが…少々
- みりん、すりごま(黒)、水…各大さじ1
- みそ…大さじ1/2
- しょうゆ…小さじ1
- 砂糖…小さじ1/2

万能ねぎ(小口切り)*…適量

ごま油…大さじ1

作り方

1 オクラはへたを切り落とし、斜め半分に切る。牛肉は一口大に切る。**a**を混ぜ合わせておく。

2 フライパンを熱してごま油をひき、牛肉を入れて強火で炒める。肉の色が変わったらオクラを加えて炒める。

3 オクラに少し焼き目がついたら**a**を加えて炒め合わせる。

4 器に盛って万能ねぎをちらす。

＊14ページ❶参照

夏野菜の炊き合わせ

煮

材料 (2〜3人分)

オクラ…1/2袋

なす…2本

赤パプリカ…1/2個

セロリ…1/2本

ミニトマト…10個

かつお節…2つかみ

a
- みりん…大さじ1強
- しょうゆ…小さじ1
- 塩…小さじ1/2

作り方

1 なすはピーラーで皮をむいて縦4等分に切り、塩水に3分さらす。赤パプリカは縦4〜6等分に切る。セロリはピーラーで皮をむいて5cm幅に切り、太いものは2〜3等分に切る。オクラはへたの先を少し切り落とす。ミニトマトはへたを取る。

2 鍋に水カップ2と1/2を入れて沸かし、かつお節を入れて弱火で3分煮る。かつお節をすくい取って、**a**を加えて混ぜる。

3 水けをきったなす、赤パプリカ、セロリを入れ、ふたをして中火で5分煮る。たまに混ぜる。

4 オクラ、ミニトマトを加えて混ぜ、再びふたをして2分煮る。

いかとオクラの明太和え

和え

材料（2人分）

いかの刺身…60g

オクラ…5〜6本

明太子…1/2腹

ごま油…小さじ1

しょうゆ…適量

> オクラのゆで時間
>
> オクラはやわらかいのが好きな人は30秒。しゃっきり好きは15〜20秒で。

作り方

1 オクラは塩を加えた湯でサッとゆで、へたを切り落として小口切りにする。

2 明太子は薄皮を取り除いてボウルに入れてほぐし、①、いか、ごま油を加えて和える。味をみて、しょうゆでととのえる。

＊14ページ❶参照

オクラのじゃこ和え

和え

材料（2〜3人分）

オクラ…1袋

ちりめんじゃこ…大さじ3

a
- めんつゆ（濃縮タイプ）…小さじ1
- いりごま（白）…大さじ2
- おろししょうが…少々

一味唐辛子…少々

作り方

1 じゃこはトースターでこんがり焼く。オクラは塩を加えた湯でサッとゆで、へたを切り落として小口切りにする。

2 ボウルに①、**a**を混ぜ合わせて、器に盛って一味唐辛子をふる。

＊14ページ❶参照

ネバネバ丼

米

材料（2人分）

温かいご飯…どんぶり2杯

オクラ…4本

山芋…7〜8cm

納豆…1〜2パック

なめたけ（瓶詰）…大さじ4

うずらの卵…2個

しょうゆ…適量

作り方

1 山芋は皮をむいてすりおろす。オクラは2〜3mm幅の小口切りにしてサッとゆでる。

2 どんぶりにご飯を盛って、納豆、山芋、オクラ、なめたけをのせ、うずらの卵を割ってのせ、しょうゆをかける。

＊14ページ❶参照

チキンインドカレー

米

材料（6人分）

温かいご飯…6人分

鶏もも肉…3枚

オクラ…1袋

トマト…1個

赤パプリカ…1個

ピーマン…2個

カレーペースト
- 玉ねぎ…2個
- にんにく…5かけ
- しょうが…1かけ
- サラダ油…大さじ2
- アーモンド…カップ1/2
- **a**
  - カレー粉…大さじ3
  - カルダモン（粒）…12個
  - クミンパウダー、コリアンダパウダー…各大さじ1
  - ガラムマサラ…大さじ1/2〜1
  - チリペッパー…小さじ1/2

プレーンヨーグルト…カップ1/2

サラダ油…適量

バター…大さじ2

砂糖…小さじ2

塩…適量

作り方

1 鶏肉は脂身を取り除いて4cm角に切る。鍋を熱してサラダ油大さじ1をひき、鶏肉の皮を下にして並べ、強火で焼く。全体に焼き目がついたら水カップ7を加え、沸いたら弱火にして、あくを取りながら40分煮る。

2 カレーペーストを作る。玉ねぎは縦薄切りにする。にんにく、しょうがはみじん切りにする。トマトは2cm角に切る。フライパンを熱してサラダ油をひき、玉ねぎ、にんにく、しょうがを炒める。玉ねぎに少し焼き目がついたらアーモンドを加えてザッと炒め、さらに**a**を加えて混ぜる。

3 ミキサー（フードプロセッサー）に②、トマト、プレーンヨーグルト、①のゆで汁お玉1杯を入れ、なめらかになるまで回す。水分が足りなかったら①のゆで汁を足す（ミキサーが小さかったら2回にわける）。

4 ①の鍋に③、塩大さじ1、砂糖を加える。たまに混ぜながら弱めの中火で10分煮る。味をみて薄ければ塩を加え、バターを加えて混ぜて火を止める。

5 オクラはへたを切り落とす。赤パプリカは縦8等分に切り、ピーマンは縦4等分に切る。フライパンを熱してサラダ油大さじ1をひき、オクラ、赤パプリカ、ピーマンを入れて、少し焼き目がつくまで強火で炒める。

6 器にご飯を盛って④をかけ、⑤をのせる。

納豆オクラの冷や麦

麺

材料（2人分）

冷や麦…150g

オクラ…1/2袋

納豆…小2パック

なめたけ（瓶詰）…大さじ2

おろししょうが…少々

めんつゆ（つけつゆの濃さ）
…カップ1と1/4

作り方

1 オクラは塩を加えた湯でゆでて、2mm幅の小口切り*にする。

2 冷や麦は袋の表示通りにゆで、流水で洗って氷水に入れ、しっかり冷やす。

3 器に水けをきった②を盛ってめんつゆをかけ、①、納豆、なめたけ、おろししょうがをのせる。

＊14ページ❶参照

冷たいみそ汁

汁

材料（4人分）

だし汁…カップ3

みそ…大さじ2と1/2〜3

オクラ…4本

なす…1本

塩…小さじ1/2

万能ねぎ（小口切り*）…適量

作り方

1 鍋にだし汁を温め、みそを溶き入れる。ボウルに移してしっかり冷やす。

2 オクラは塩を加えた湯でサッとゆで、3mm幅の小口切りにする。

3 なすは薄い半月切り**にして塩をふってもむ。10分くらいおいて、水けをしっかり絞る。

4 器に①を盛って②、③を加え、万能ねぎをちらす。

＊14ページ❶参照　＊＊14ページ❷参照

その他のオクラのレシピ

- 鶏スープ（洋風）…**P238**
- キーマカレー…**P252**
- オクラのたらこ和え…**P298**

かぶ

白い根も葉っぱも、生でも加熱してもおいしい。和洋中どんな味にも合うし、下ごしらえ不要で火の通りも早いので、とても重宝する

かぶとコンビーフのオイスター煮

煮

材料（2人分）

コンビーフ缶…1缶（100g）

かぶ…3〜4個

しょうが…1かけ

a
水…カップ1/2
みりん…大さじ2
酒、オイスターソース、しょうゆ…各大さじ1

ラー油、いりごま（白、黒）…各適量

作り方

1 かぶは茎（葉）を切り落として皮つきのまま6〜8等分のくし形*に切る。かぶの茎（葉）は2〜3本みじん切りにする。しょうがはせん切りにする。

2 鍋に**a**、かぶ、しょうが、コンビーフをほぐして入れ、ふたをして中火で5分煮る。たまに混ぜる。

3 器に盛ってラー油をたらし、いりごま、かぶの茎（葉）をちらす。

＊14ページ❻参照

ぶりとかぶの煮物 煮

材料（2人分）

ぶり…2切れ

かぶ…2個

しょうが…1かけ

a
- 水…カップ3/4
- みりん…大さじ2
- しょうゆ…大さじ1と1/2〜2
- 砂糖…大さじ1と1/2
- ごま油…小さじ1

作り方

1 ぶりは水けをふく。かぶは茎(葉)を切り落として皮つきのまま6〜8等分のくし形に切る。かぶの茎(葉)1/3量を3cm幅に切る。しょうがは薄切りにする。

2 フライパンにaを合わせて煮立てる。ぶり、しょうがを入れ、ふたをして弱めの中火で10分煮る。

3 空いているところにかぶを入れ、さらに5分煮る。かぶに竹串がスーッと通ったらかぶの茎(葉)を加えてサッと煮る。

＊14ページ❻参照

白身魚のカルパッチョ1 生

材料（2〜3人分）

好みの白身魚の刺身…100g

かぶ…1個

a
- おろしにんにく…ほんの少々
- 塩…2〜3つまみ
- オリーブ油、レモン汁、こしょう…各適量

作り方

1 かぶは茎(葉)を切り落として皮つきのまま縦薄切りにする。かぶの茎(葉)は2〜3本をみじん切りにする。刺身はキッチンペーパーで水けをふく。

2 ボウルにかぶ、刺身、オリーブ油大さじ1、aを入れて和える。

3 器に盛ってレモン汁、オリーブ油をかける。かぶの葉をちらし、こしょうをふる。

蒸し野菜、みそ辛子マヨディップ その他

材料（2人分）

じゃがいも(メークイン)…1個

かぶ…2個

にんじん…5cm

ブロッコリー…1/2株

a
- マヨネーズ…大さじ3
- 牛乳…大さじ1
- みそ…小さじ1
- からし…小さじ1/2
- こしょう…適量

塩…適量

作り方

1 じゃがいもは皮つきのまま1cm厚さの輪切りにし、水に3分さらして水けをきる。かぶは茎(葉)を切り落として皮つきのまま縦半分に切る。かぶの茎は葉つきのまま根元だけ切り落とす。にんじんは縦4等分に切る。ブロッコリーは小房に切りわける。

2 aを混ぜ合わせる。味をみて薄ければ塩を加えてととのえる。

3 蒸し器に、じゃがいも、にんじんを入れて強火で10分蒸す。かぶ、ブロッコリーを加えてさらに3〜5分蒸す。

4 じゃがいもに竹串を刺してスーッと通ったら、かぶの茎(葉)を加えて30秒蒸す。器に盛って②を添える。

かぶの梅和え 和え

材料（2〜3人分）

かぶ…4個

梅干し…3個

a
- 塩…小さじ1/4
- 砂糖…1つまみ
- ごま油…少々

作り方

1 かぶは茎(葉)を切り落として皮つきのまま12等分のくし形に切る。梅干しは種を取り除いて粗く刻む。

2 ボウルに①、aを合わせて和え、5分ほどおいてなじませる。

＊14ページ❻参照

かぶと明太の春色和え 和え

材料（2〜3人分）

かぶ…4個

明太子…1/2腹

塩…小さじ1/2

ごま油…小さじ1

野菜 か

砂糖…少々

作り方

1 かぶは皮つきのまま6等分のくし形に切り、茎(葉)は粗みじん切りにする。ボウルに入れて塩を加えて混ぜ、10分おく。

2 明太子は薄皮を取り除き、ほぐして別のボウルに入れる 。ごま油、砂糖を加えて混ぜる。水けをきった①を加えて和える。

＊14ページ❻参照

かぶの葉の塩もみ

和え

材料(2〜3人分)

かぶの茎(葉)…4個分

塩…小さじ1/3

a おろししょうが…1/2かけ分
　いりごま(白)…大さじ2

ラー油…適量

作り方

1 かぶの茎(葉)は刻んでボウルに入れ、塩を加えて混ぜて10分おく。

2 ①の水けを絞ってからaを加えて混ぜる。好みでラー油をたらす。

かぶのサラダ

サラダ

材料(2人分)

かぶ…2個

a 酢…大さじ2
　オリーブ油…大さじ1
　マヨネーズ…小さじ1/2〜1
　塩…1〜2つまみ
　こしょう…適量

作り方

1 かぶは茎(葉)を切り落として皮つきのまま縦5mm厚さに切る。茎(葉)は細かく刻む。

2 ボウルにaを混ぜ合わせ、①を加えて和える。

かぶの浅漬け

漬け

材料(2〜3人分)

かぶ…4個

塩…小さじ1/2

a 水…大さじ2
　ごま油…小さじ1
　砂糖…小さじ1/4

作り方

1 かぶは茎(葉)を切り落として皮つきのまま縦12〜16等分のくし形に切る。かぶの茎(葉)は1/3量を5mm幅に切る。

2 ボウルに①と塩を入れて混ぜ、10分おく。

3 ②の水けをきって、aを加えて和える。

＊14ページ❻参照

かぶとゆずの中華風漬物

漬け

材料(2〜3人分)

かぶ…4個

塩…小さじ1/2

ゆずの皮…5×3cm

a 酒、ごま油、みりん…各大さじ1
　オイスターソース…少々

作り方

1 かぶは茎(葉)を切り落として、皮つきのまま5mm厚さのくし形に切る。ボウルに入れて塩を加えて混ぜ、5分おく。

2 ゆずの皮はせん切りにする。

3 ①の水けをきって、aと②を加えて和える。ラップをして冷蔵庫で20分以上つける。

＊14ページ❻参照

かぶのピクルス

漬け

材料(2人分)

かぶ…2個

a 酢…大さじ3
　オリーブ油…大さじ1/2
　塩、砂糖…各1つまみ
　こしょう…適量

作り方

1 かぶは茎(葉)を切り落とし、皮つきのまま12等分に切る。かぶの茎は粗みじん切りにする。

2 ボウルに①とaを合わせて和え、ラップをして冷蔵庫で15分くらいつける。

かぶのマリネ

漬け

材料(2〜3人分)

かぶ…4個

塩…小さじ1/2

a オリーブ油…大さじ1
　酢…大さじ1/2

カレー粉…小さじ1/4
こしょう…少々

作り方

1 かぶは茎（葉）を切り落として皮つきのまま8〜10等分のくし形に切る。ボウルに入れ塩を加えて混ぜて5分おく。

2 ボウルに**a**を混ぜ合わせ、水けをきった①を10〜15分つけ込む。

＊14ページ❻参照

写真…47ページ

かぶのトマトソーススパゲッティ　麺

材料（2人分）

スパゲッティ…150g
かぶ…2〜3個
ウインナソーセージ…4本
にんにく（みじん切り）…1かけ
ワイン（白）…大さじ1
ホールトマト缶…1缶（400g）
オレガノ（乾燥）…小さじ1〜1と1/2
塩、こしょう…各適量
塩…適量
オリーブ油…大さじ1と1/2

作り方

1 かぶは茎（葉）を切り落として皮をむき、8等分のくし形に切る。かぶの茎（葉）は適量を粗みじん切りにする。ソーセージは1cm厚さの斜め切りにする。

2 パスタは塩を加えた湯で表示時間より30秒〜1分短めにゆでる。

3 フライパンを熱してオリーブ油をひき、にんにくを弱火で炒める。少し色づいたらソーセージ、かぶを加えて強火にして炒める。

4 かぶが少し透き通ったら、ワインを加えてザッと炒め、ホールトマト、オレガノを加え、木べらでトマトをつぶしながら中火で約3分煮る。

5 味をみて塩、こしょうでととのえる。ゆであがった②を加えて混ぜる。器に盛って①のかぶの葉をちらす。

＊14ページ❻参照

春野菜のスープ煮　煮

材料（2人分）

かぶ…2個
にんじん…1/2本
菜の花…1/2束
玉ねぎ…1/2個
にんにく…1かけ
ベーコン…3枚
固形スープの素…1/2個
ローリエ…1枚
バター…小さじ1
塩、こしょう…各適量

作り方

1 かぶは茎（葉）を切り落として皮つきのまま4等分のくし形に切る。にんじんは縦4等分に切る。菜の花は根元を切り落とす。玉ねぎは縦薄切りにする。にんにくは半分に切る。ベーコンは2cm幅に切る。

2 鍋ににんじん、玉ねぎ、ベーコンを入れ、水カップ1と1/2を注ぐ。固形スープの素、にんにく、ローリエ、バター、塩小さじ1/4、こしょう少々を加え、ふたをして弱めの中火で8分煮る。

3 にんじんに竹串がスーッと通ったらかぶ、菜の花を加えて5分煮る。味をみて薄ければ塩、こしょうでととのえる。

＊14ページ❻参照

かぼちゃ

固いかぼちゃの皮をむくときは、まな板に安定させて削るように少しずつむく。軽くチンしてからむくと楽という話も聞く

かぼちゃのソテー煮　煮

材料（2人分）

かぼちゃ…1/8個
サラダ油
…大さじ1/2
砂糖、バター
…各小さじ1
塩…1つまみ

作り方

1 かぼちゃは種とわたを取って、縦1cm厚さに切る。

2 フライパンを熱してサラダ油をひき、①を並べて強火で焼く。両面に焼き目をつけたら水カップ1/2、砂糖、バター、塩を加える。ふたをして中火で3〜5分煮る。かぼちゃに竹串がスーッと通ったらできあがり。

かぼちゃとえびの炒め物

ソテー

材料（2人分）

えび…6尾

かぼちゃ…1/4個

パセリ（乾燥）…小さじ1

バター…大さじ1

サラダ油、塩、こしょう…各適量

作り方

1 かぼちゃは種とわたを取って、8mm厚さに切る。えびは殻をむいて背開きにして背わたを取り除く*。

2 フライパンを熱してサラダ油少々をひき、バターを入れ、かぼちゃを並べてふたをして弱めの中火で焼く。両面を焼いて竹串がスーッと通ったら取り出す。

3 フライパンをサッとふいてサラダ油大さじ1/2をひき、えびを入れて塩、こしょう各少々をふって強火で炒める。えびの色が変わったら②を戻し入れ、パセリを加えて混ぜ、味をみて塩、こしょうでととのえる。

*16ページ参照

鶏とかぼちゃのバターじょうゆ煮

煮

材料（2人分）

鶏もも肉…1枚

かぼちゃ…1/4個

サラダ油…大さじ1

a［水…カップ1
　酒、しょうゆ…各大さじ1と1/2
　みりん…大さじ1
　砂糖…小さじ1

バター…大さじ1強

作り方

1 かぼちゃは種とわたを取って、皮をところどころむき、3cm角に切る。鶏肉は脂身を取り除いて3cm角に切る。

2 鍋を熱してサラダ油をひく。鶏肉を皮を下にして並べ、強火で焼き目をつける。焼き目がついたらかぼちゃを加えて、ザッと炒める。

3 aを加え、ふたをする。たまに混ぜながら弱めの中火で15分煮る。最後にバターを加えてザッと混ぜる。

肉かぼちゃの炒め煮

煮

材料（2人分）

牛肩ロース薄切り肉…250g

かぼちゃ…1/4個

玉ねぎ…1個

ごま油…大さじ1

a［しょうゆ…大さじ2
　みりん、砂糖…各大さじ1
　カレー粉…大さじ1/2

作り方

1 かぼちゃは種とわたを取って、4cm角に切る。玉ねぎは縦薄切りにする。牛肉は一口大に切る。

2 フライパンを熱してごま油をひき、玉ねぎを中火で炒める。しんなりしたらフライパンの端に寄せ、空いたところに牛肉を入れて強火で炒める。肉の色が変わったらaを次々と加えて全体を炒め合わせる。

3 調味料がなじんだら、かぼちゃを加えて平らにする。かぼちゃが半分つかる程度の水を加えて、かぼちゃがやわらかくなるまでふたをして強火で煮る。

かぼちゃの酢豚風

揚

材料（2人分）

豚肩ロースかたまり肉…200g

かぼちゃ…小1/4個

a［しょうが（せん切り）…1/2かけ
　水…カップ1/2
　しょうゆ…大さじ1と1/2〜2
　砂糖…大さじ1と1/2
　酢…大さじ1
　片栗粉…大さじ1/2

塩、こしょう…各少々

片栗粉、揚げ油…各適量

ごま油…少々

作り方

1 かぼちゃは種とわたを取って皮をむき、2cm角に切る。豚肉は3cm角に切り、塩、こしょうをふる。

2 フライパンに揚げ油を深さ2cm入れてかぼちゃを入れる。中火にかけ、油が温まってきたら、たまに返しながら竹串がスーッと通るまで揚げて取り出す。

3 続いて①の豚肉に片栗粉をまぶし、ギュッとにぎってから揚げ油に次々と入れる。中火。まわりが固まってきたら、たまに返しながらきつね色になるまで揚げて取り出す。

4 鍋に**a**を混ぜ合わせて中火にかける。混ぜながらとろみがついたら火を止めて、②、③、ごま油を加えてからめる。

かぼちゃのほっくり煮 煮

材料（2〜3人分）

かぼちゃ…1/4個

a
- **水…カップ3/4**
- **しょうゆ、砂糖、みりん…各大さじ1**

作り方

1 かぼちゃは種とわたを取って大きめに切る。

2 鍋に**a**、①を入れる。ふたをして強めの中火で約10分煮る。竹串がスーッと通ったらできあがり。

かぼちゃのナムル 和え

材料（2〜3人分）

かぼちゃ…1/4個

a
- **砂糖…大さじ1/2**
- **塩…2つまみ**

作り方

1 かぼちゃは種とわたを取って皮をむき、3cm角に切る。竹串がスーッと通るまでゆでる。

2 ボウルに①、**a**を合わせて和える。

かぼちゃのマッシュ ゆで

材料（2〜3人分）

かぼちゃ…1/4個

生クリーム…カップ1/4

ラム酒…小さじ1

シナモン…少々

砂糖…大さじ2〜2と1/2

塩…2〜3つまみ

作り方

1 かぼちゃは種とわたを取って皮をむき、3cm角に切る。鍋に入れてひたひたの水を加え、ふたをしてやわらかくなるまで強火でゆでる。やわらかくなったらゆで汁を捨て、再び強火にかけて水分をとばす。

2 ボウルに①を入れてマッシャーでつぶし、生クリーム、ラム酒、シナモンを加えて混ぜる。味をみながら、砂糖と塩を加えて混ぜる。

写真…49ページ

かぼちゃとクリームチーズのサラダ サラダ

材料（2〜3人分）

かぼちゃ…1/4個

クリームチーズ…80g

メープルシロップ…大さじ3〜4

シナモン…少々

作り方

1 かぼちゃは種とわたを取って3cm角に切る。鍋に入れてひたひたの水を加え、ふたをしてやわらかくなるまで強火でゆでる。やわらかくなったらゆで汁を捨て、再び強火にかけて水分をとばす。

2 クリームチーズは電子レンジ弱で1分くらいかけてやわらかくする。

3 ボウルに①、②、メープルシロップを混ぜ合わせる。器に盛ってシナモンをふる。

かぼちゃのハニーマヨネーズサラダ サラダ

材料（2〜3人分）

かぼちゃ…1/4個

a
- **マヨネーズ…大さじ1**
- **はちみつ…小さじ2**
- **粒マスタード…小さじ1**
- **こしょう…少々**

作り方

1 かぼちゃは種とわたを取って皮をむき、2cm角に切る。鍋に入れてひたひたの水を加え、ふたをしてやわらかくなるまでゆでる。

2 ボウルに**a**を混ぜ合わせ、①を加えて和える。

かぼちゃのドライカレー 米

材料（4人分）

温かいご飯…4人分

豚ひき肉…200g

かぼちゃ…1/4個

玉ねぎ…1/2個

にんにく、しょうが…各1かけ

オリーブ油…大さじ1

a
- **カレー粉…大さじ1**
- **ウスターソース…小さじ2**
- **しょうゆ…小さじ1**
- **シナモン…少々**

塩、こしょう…各適量

パセリ(乾燥)、ピクルス…各適量

作り方

1 かぼちゃは種とわたを取って皮をむき、1.5cm角に切る。玉ねぎ、にんにく、しょうがはみじん切りにする。

2 フライパンを熱してオリーブ油をひき、にんにく、しょうがを弱火で炒める。いい匂いがしてきたら玉ねぎを加えて強火にして炒める。きつね色になったらひき肉を加え、塩、こしょう各少々をふって、ほぐしながら炒める。

3 肉の色が変わったらかぼちゃを加えてザッと炒め、水カップ1と1/2を加えてふたをする。かぼちゃがやわらかくなるまで弱めの中火で煮る。やわらかくなったら**a**を加え、水分をとばしながら炒め合わせる。味をみて塩、こしょうでととのえる。

4 器にご飯を盛って③をかけ、パセリをちらし、ピクルスを添える。

写真…49ページ

かぼちゃとチキンのグラタン

焼

材料 (2〜3人分)

鶏もも肉…1枚

かぼちゃ…1/4個

サラダ油…大さじ1

ワイン(白)…大さじ1

カレー粉…大さじ1

生クリーム…カップ1

砂糖…小さじ1

塩、こしょう…各適量

ピザ用チーズ…カップ1強

作り方

1 かぼちゃは種とわたを取って3〜4cm角に切る。鍋に入れてひたひたの水を加え、やわらかくなるまでゆでる。

2 鶏肉は脂身を取り除いて一口大に切る。

3 フライパンを熱してサラダ油をひき、鶏肉を皮を下にして並べる。中火で両面をこんがり焼いて、ワイン、カレー粉を加えてザッと炒める。

4 生クリーム、砂糖を加え、たまに混ぜながら中火で煮詰める。少しとろみがついたら、味をみながら、塩、こしょうでととのえる。①を加えてザッと混ぜる。

5 耐熱容器を水でサッとぬらして④を入れる。ピザ用チーズをかけて250℃のオーブンで様子を見ながら8〜10分焼く。チーズが溶けて焼き色がついたらできあがり。

かぼちゃの冷たいポタージュ

汁

材料 (4人分)

かぼちゃ…1/4個

牛乳…カップ2

生クリーム…適量

塩、こしょう…各適量

砂糖…1つまみ

シナモン…少々

作り方

1 かぼちゃは種とわたを取って皮をむき、2cm角に切る。

2 鍋に①と水カップ2を入れてふたをする。中火にかけて煮くずれるまで煮る。

3 ボウルに②を移してフォークでかぼちゃをつぶす。塩小さじ1/3〜1/2、砂糖を加えて混ぜる。ペースト状になったら牛乳を少しずつ加えてよく溶き混ぜ、さらに生クリームカップ1/2を加えて混ぜる。

4 ラップをして冷蔵庫でしっかり冷やす。味をみて薄ければ塩、こしょうでととのえる。

5 器に盛って生クリーム少々を回しかけ、こしょう、シナモンをふる。

＊**3**の工程はもちろんミキサーでやればあっという間。

かぼちゃのニョッキ

その他

材料 (4人分)

ニョッキ
- **かぼちゃ…1/8個**
- **卵黄…1個分**
- **粉チーズ…大さじ1と1/2**
- **塩…小さじ1/4**
- **薄力粉…カップ2〜2と1/2**

ゴルゴンゾーラチーズソース

- ゴルゴンゾーラチーズ…50g
- ベーコン…2〜3枚
- にんにく…2かけ
- オリーブ油…大さじ1
- a 生クリーム…カップ1
- 　牛乳…カップ1/2
- 塩、こしょう…各適量

強力粉…適量

塩、こしょう…各適量

作り方

1 ニョッキを作る。かぼちゃは種とわたを取って蒸し器に入れ、竹串がスーッと通るまで蒸す。皮を取り除く。

2 ボウルに①を入れてマッシャーやフォークでつぶし、卵黄、粉チーズ、塩を加えてよく混ぜる。さらに薄力粉を様子を見ながら加え、手で混ぜていく。生地が手につかなくなるまで薄力粉を加えながら混ぜ、さらに全体をねるように混ぜる。なめらかになったら、ラップをして10分くらい休ませる。

3 ゴルゴンゾーラチーズソースを作る。にんにくはみじん切りにする。ベーコンは5mm幅に切る。フライパンを熱してオリーブ油をひき、にんにくを弱火で炒める。少し色づいたら**a**を加え、ゴルゴンゾーラチーズを小さくちぎって加える。木べらでチーズをつぶしながら溶かす。味をみて塩、こしょうでととのえて火を止める。

4 調理台に強力粉をふり、②を直径2cmくらいに丸め、真ん中より少し片側を指で押さえてへこませる。

5 鍋にたっぷりの湯を沸かして塩を加える。④を7〜8分ゆでる。ざるにあげて水けをきり、③に加えてザッと和える。味をみて薄ければ塩、こしょうでととのえる。器に盛ってこしょうをふる。

その他のかぼちゃのレシピ

- 夏野菜のグリル…P126
- ラタトゥイユ…P129

カリフラワー

もとはブロッコリーと同じ品種の野菜。ゆでたり焼いたり生でつけたり、何をしてもおいしい

カリフラワーのマリネ（ハーブ風味）

漬け

材料（2人分）

カリフラワー…1/2株

- a おろしにんにく…少々
- 　酢…大さじ2
- 　オリーブ油…大さじ1
- 　マヨネーズ…小さじ1
- 　バジル（乾燥）…小さじ1/2
- 　塩…3つまみ
- 　こしょう…少々

作り方

1 カリフラワーは小さめの小房に切りわけ、塩を加えた熱湯でサッとゆでる。

2 ボウルに**a**を混ぜ合わせて、水けをきった①を加えて和える。粗熱がとれたらラップをして冷蔵庫で10分くらいつける。

カリフラワーのマリネ（カレー風味）

漬け

材料（2人分）

カリフラワー…1/2株

- a 酢…大さじ3
- 　オリーブ油…大さじ1
- 　カレー粉…小さじ1/2
- 　塩…2つまみ

作り方

1 カリフラワーは小さめの小房に切りわけ、塩を加えた熱湯でサッとゆでる。

2 小鍋に**a**を合わせて煮立てボウルに入れる。水けをきった①を加えて和える。粗熱がとれたらラップをして冷蔵庫で20分くらいつける。

カリフラワーのマリネ（中華風）

漬け

材料（2人分）

カリフラワー…1/2株

- a おろししょうが…少々
- 　酢…大さじ3
- 　ごま油、オイスターソース
- 　　…各大さじ1/2

作り方

1 カリフラワーは小さめの小房に切りわけ、塩を加えた熱湯でサッとゆでる。

2 ボウルに**a**を混ぜ合わせて、水けをきった①を加えて和える。粗熱がとれたらラップをして冷蔵庫で20分くらいつける。

焼きカリフラワーのごままぶし

和え

材料（4人分）

カリフラワー…1株
サラダ油…大さじ1
すりごま（白）…大さじ2
塩、砂糖…各2つまみ

作り方

1 カリフラワーは小さめの小房に切りわける。

2 フライパンを熱してサラダ油をひき、①を強めの中火でしっかり焼く。焼き目がついたら、すりごま、塩、砂糖を加えて混ぜる。

焼きカリフラワーとサーモンのサラダ

サラダ

材料（2〜3人分）

スモークサーモン…4枚
カリフラワー…1/2株
クレソン…1束
オリーブ油…大さじ1
塩、こしょう…各少々

a
- **オリーブ油、酢…各大さじ1**
- **塩…3つまみ**
- **こしょう…適量**

作り方

1 カリフラワーは小さめの小房に切りわける。スモークサーモンは1cm幅に切る。クレソンは4等分に切る。

2 フライパンを熱してオリーブ油をひく。カリフラワーを入れて塩、こしょうをふって強めの中火で焼き目がつくまで焼く。

3 ボウルに**a**を混ぜ合わせ、②、スモークサーモン、クレソンを加えて混ぜる。

ミックスピクルス

漬け

材料（4人分）

カリフラワー…1株
赤パプリカ、黄パプリカ…各1個
きゅうり…2本
玉ねぎ…1/2個
塩…小さじ1
赤唐辛子…1本

a
- **酢…大さじ3**
- **オリーブ油…大さじ2**
- **砂糖…小さじ1**
- **塩…1つまみ**
- **粒こしょう、カレー粉…各少々**

作り方

1 カリフラワーは小さめの小房に切りわけ、塩を加えた熱湯でサッとゆでる。

2 パプリカは2cm角に切る。きゅうりは2cm幅の輪切りにする。玉ねぎは縦薄切りにする。ボウルに入れて塩を加えて混ぜ、10分おく。水けが出てきたら捨てる。

3 別のボウルに**a**を混ぜ、赤唐辛子をへたと種を取って加える。水けをきった①、②を加えて和え、ラップをして冷蔵庫で30分くらいつける。

カリフラワーソテー

焼

材料（4人分）

カリフラワー…1株
サラダ油…大さじ1
塩、こしょう…各適量

作り方

1 カリフラワーは小さめの小房に切りわける。

2 フライパンを熱してサラダ油をひき、カリフラワーを入れて中火で焼く。焼き目がついたら塩、こしょうで味をととのえる。

カリフラワーのフリット

揚

材料（4人分）

カリフラワー…1株

a
- **薄力粉…120〜130cc**
- **ビール…カップ1/2**
- **塩…小さじ1/4**
- **こしょう…適量**

揚げ油、塩…各適量

作り方

1 カリフラワーは小房に切りわける。

2 ボウルに**a**を合わせて泡立て器で混ぜる。

3 フライパンに揚げ油を深さ2cm入れて中温に熱する。①を②にくぐらせて衣をつけ、フライパンに入れる。いじらず中火で揚げ、衣が固まってきたらたまに返しながら色がつくまでじっくり揚げる。

4 好みで塩につけながら食べる。

カリフラワーのサブジ

米

材料（2〜3人分）

温かいご飯…2〜3人分

カリフラワー…1/2株

じゃがいも…2個

にんにく…1かけ

ツナ缶…小1缶（約60〜80g）

サラダ油…大さじ1

カレー粉…大さじ1

砂糖…2つまみ

塩、こしょう…各適量

> サブジってどんな料理？
>
> サブジはインドの野菜の炒め煮のような料理。インドは野菜料理が本当にたくさんある。

作り方

1 じゃがいもは1.5cm角に切り、水に5分さらす。カリフラワーも同じくらいの大きさに切る。にんにくはみじん切りにする。

2 フライパンを熱してサラダ油をひき、にんにくを弱火で炒める。いい匂いがしてきたらじゃがいも、カリフラワーを加えて強火にして炒める。全体に焼き目がついたらツナを缶汁をきって加えてザッと炒める。

3 カレー粉を加えて炒め、なじんだら水カップ2、塩小さじ1/2、砂糖を加える。たまに混ぜながら弱めの中火で8〜10分加熱する。

4 水分が少なくなってきたら、味をみて塩、こしょうでととのえる。

5 器にご飯を盛って④をかける。

カリフラワーとベーコンのパスタ

麺

材料（2人分）

スパゲッティ…150g

カリフラワー…1/2株

ベーコン…3枚

にんにく…2かけ

オリーブ油…大さじ1

粉チーズ…大さじ2〜3

イタリアンパセリ（粗みじん切り）、塩、こしょう…各適量

作り方

1 カリフラワーは5mm角に刻む。ベーコンは1cm幅に切る。にんにくはみじん切りにする。

2 パスタは塩を加えた湯で表示時間より1分短めにゆでる。

3 フライパンを熱してオリーブ油をひき、にんにくを弱火で炒める。いい匂いがしてきたらカリフラワー、ベーコンを加えて強火でよおく炒める。ベーコンに焼き目がついたら火を止める。

4 ②のゆで汁お玉2杯を③に加えて混ぜる。

5 ゆであがった②を④に入れ粉チーズを加えて、強火でからめる。味をみて塩、こしょうでととのえる。

6 器に盛ってパセリをちらす。

カリフラワーのスープ

汁

材料（4人分）

手羽元…5本

カリフラワー…1/2株

にんにく…1かけ

オリーブ油…大さじ1

オートミール…大さじ4〜5

しょうゆ…小さじ1

万能ねぎ（小口切り）*、塩…各適量

こしょう…少々

作り方

1 カリフラワーは粗く刻む。にんにくはみじん切りにする。

2 鍋を熱してオリーブ油をひき、手羽元を入れて強火で焼く。全体に焼き目がついたら①を加えて炒める。油がまわったら水カップ4を加える。沸いてきたら火を弱めて、あくを取りながら15分煮る。

3 ②にオートミールを加えて5分煮る。味をみてしょうゆ、塩でととのえる。器に盛って、万能ねぎ、こしょうをふる。

*14ページ❶参照

カリフラワーのポタージュ

汁

材料（2〜3人分）

カリフラワー…1株

玉ねぎ…1/2個

ローリエ…1枚

牛乳…カップ1と1/2

生クリーム…カップ1/2

塩…適量

こしょう…少々

作り方

1 カリフラワーは小房に切りわける。玉ねぎは縦薄切りにする。鍋に水カップ1と1/2、カリフラワー、玉ねぎ、ローリエを入れ、ふたをして中火で10分煮る。

2 ローリエを取り除き、ミキサーに入れる。牛乳カップ1/2、塩小さじ1/2を加えて、なめらかになるまでミキサーにかける。

3 鍋に移し、残りの牛乳、生クリームを加え、たまに混ぜながら温める。味をみて塩でととのえる。器に盛ってこしょうをふる。

その他のカリフラワーのレシピ

- 温野菜のサラダ…P94
- じゃがいもとカリフラワーのカレー…P335

キャベツ

超メジャー野菜。包丁で切るだけじゃなく、手でちぎるのもおすすめ。香りが出て味がしみやすくなるし、何よりも手軽

キャベツと桜えびのオイスター炒め

材料（2人分）

キャベツ…小1/4個

桜えび…大さじ2強

にんにく、しょうが…各1かけ

ごま油、酒…各大さじ1

オイスターソース…大さじ1/2

塩、こしょう…各適量

作り方

1 キャベツは一口大にちぎる。にんにく、しょうがはみじん切りにする。

2 フライパンを熱してごま油をひき、にんにく、しょうがを弱火で炒める。いい匂いがしてきたらキャベツを加えて塩少々をふり、強火にして炒める。

3 しんなりしたら桜えびを加える。酒を加えてザッと炒め、オイスターソースを加えて炒め合わせる。味をみて薄ければ、塩、こしょうでととのえる。

ホイコーロー

材料（2人分）

豚ばら薄切り肉…150g

キャベツ…1/4個

にんじん…小1/2本

にんにく、しょうが…各1かけ

ごま油…大さじ1

a
- **酒…大さじ1と1/2**
- **赤みそ、砂糖…各大さじ1**
- **オイスターソース、豆板醤《トウバンジャン》…各小さじ1**

塩、こしょう…各少々

作り方

1 キャベツと豚肉は一口大に切る。にんじんは2mm厚さの短冊切り（1cm×5cmくらい）にする。にんにく、しょうがはみじん切りにする。**a**を合わせておく。

2 フライパンを熱してごま油をひき、にんにく、しょうがを弱火で炒める。いい匂いがしてきたら豚肉を加える。塩、こしょうをふって強火にして炒める。

3 肉の色が変わったら、にんじん、キャベツの順に加えて炒め、キャベツが少ししなっとしたら**a**をジャーッと加えて混ぜる。

キャベツ麻《マー》婆《ボー》

材料（2人分）

豚ばら薄切り肉…150g

キャベツ…1/4個

長ねぎ…1本

にんにく、しょうが…各1かけ

ごま油…大さじ1

a
- **酒…大さじ2**
- **赤みそ…大さじ1**

オイスターソース…大さじ1/2
水…カップ1/4
片栗粉…小さじ1

いりごま（白）…適量

作り方

1 豚ばら肉は一口大に切る。長ねぎは8cm長さの斜め切りにする。にんにく、しょうがはみじん切りにする。キャベツは一口大にちぎる。**a**をよく混ぜ合わせておく。

2 フライパンを熱してごま油をひき、にんにく、しょうが、長ねぎを加えて弱火で炒める。いい匂いがしてきたら豚肉を加えて強火で炒める。

3 肉の色が変わったらキャベツを加えて炒める。キャベツが少ししんなりしたら、**a**をもう一度よく混ぜてから加えて炒め合わせる。

4 器に盛ってごまをちらす。

豚ばらとキャベツのごまだれかけ

煮

材料（2〜3人分）

豚ばらかたまり肉…250g
キャベツ…1/4個
にんにく、しょうが…各1かけ

a
おろしにんにく、おろししょうが…各少々
ねりごま（白）、水…各大さじ1
オイスターソース、すりごま（白）…各大さじ1/2
しょうゆ、ごま油…各小さじ1
砂糖、豆板醤《トウバンジャン》…各小さじ1/2

一味唐辛子…適量

作り方

1 キャベツは芯を残したまま4等分に切る。にんにく、しょうがは半分に切る。**a**を合わせておく。

2 鍋に豚肉、にんにく、しょうが、水カップ5を入れ、火にかける。沸いてきたら火を弱め、あくを取りながら30分ゆでる。

3 肉に竹串がスーッと通ったら上にキャベツをのせ、ふたをして5分煮る。

4 器に盛って**a**をかけ、好みで一味唐辛子をふって食べる。

まるまるキャベツのコンビーフ煮

煮

材料（4人分）

キャベツ…1個
コンビーフ缶…1缶（100g）
固形スープの素…1個
塩…2つまみ
こしょう…少々
バター…大さじ2

作り方

1 キャベツは四つ割りにする。

2 鍋を水でサッとぬらし、①を入れて、間にコンビーフを詰める。水カップ1と固形スープの素を加え、塩、こしょうをふる。真ん中にバターを落としてふたをする。ふたが少し浮いてしまっても大丈夫。

3 中火にかけ、キャベツがやわらかくなるまで15〜20分煮る。途中、ふきこぼれそうになったらふたをずらす。

写真…44ページ

ロールキャベツ

煮

材料（4人分）

合いびき肉…200g
キャベツ…1個
玉ねぎ…1/2個
パン粉…カップ1/2
卵…1個

a
塩…小さじ1/2
こしょう、ナツメグ…各少々

サラダ油、バター…各大さじ1

b
デミグラスソース缶…1缶（290g）
トマトジュース…小1本（190g）
水…カップ1
固形スープの素…1個
酒、ウスターソース…各大さじ1
ローリエ…1枚
塩、こしょう…各少々

生クリーム…適宜

作り方

1 キャベツは芯の部分をくりぬき、塩を加えた湯で丸ごと3〜4分ゆでる。ボウルに水をはって、ゆでたキャベツをさらして粗熱をとる。

2 葉を1枚ずつはがす。外側の葉の芯が太い部分はそぎ落とす。ふきんで水けをふき、4等分しながら外葉から順に重ねる。

3 キャベツの中心部分、そぎ落とした芯はみじん切りにする。玉ねぎはみじん切りにする。パン粉と卵は混ぜ合わせる。

4 ボウルに合いびき肉、**a**を入れてつかむように混ぜ合わせ、③を加えてさらに混ぜる。4等分してたわら形にまとめる。

5 ④を②の葉の上において、小さい葉から1枚ずつ包む。最後にいちばん大きい葉で包んで、楊枝でとめる。

6 フライパンを熱してサラダ油をひき、バターを入れ、⑤を2個並べて強火で全体に焼き色をつける。もう2個も同様にする。

7 鍋に**b**を合わせて煮立てる。⑥を並べ、ふたをして弱火で40分煮る。たまに煮汁を回しかける。器に盛って、あれば生クリームを回しかける。

キャベツとえびのバターじょうゆ和え

和え

材料（2人分）

えび…6尾

キャベツ…1/4個

バター…大さじ1弱

a
- **おろしにんにく…少々**
- **しょうゆ…大さじ1**
- **みりん…大さじ1/2**

酒…少々

塩、こしょう…各適量

作り方

1 キャベツは一口大に切る。えびは殻をむいて背開き*にして背わたを取り除く。

2 鍋に湯を沸かして塩を加え、キャベツをサッとゆでる。少ししんなりしたら、ざるにあげて水けをきる。

3 同じ湯に酒を加え、えびをゆでる。色が変わったらざるにあげる。

4 ボウルにバターを溶かして入れ、**a**を加えて混ぜ合わせる。②、③を加えて和える。味をみて薄ければ塩、こしょうでととのえる。

＊16ページ参照

キャベツと豚の重ね蒸し

蒸

材料（2人分）

豚肩ロース薄切り肉…150g

キャベツ…1/4個

a
- **おろしにんにく、おろししょうが…各少々**
- **みそ…大さじ1弱**
- **酒、みりん、ごま油…各大さじ1**
- **オイスターソース…大さじ1/2**

七味唐辛子、いりごま（白）…各適量

作り方

1 キャベツと豚肉は一口大に切る。**a**を合わせておく。

2 フライパンに豚肉を並べて**a**の半量を回しかける。さらにその上にキャベツをのせ、残りの**a**を回しかける。

3 ふたをしてたまに混ぜながら強めの中火で6〜7分蒸し煮にする。器に盛って七味唐辛子、いりごまをふる。

ちぎりキャベツみそマヨ添え

生

材料（2人分）

キャベツ…1/8個

a
- **おろしにんにく…少々**
- **みそ…大さじ1と1/2**
- **水…大さじ1〜2**
- **マヨネーズ…大さじ1**
- **ごま油…少々**

作り方

1 キャベツは一口大にちぎって器に盛る。

2 **a**を混ぜ合わせ、①につけながら食べる。

キャベツのナムル

和え

材料（2人分）

キャベツ…1/8個

a
- **おろしにんにく…少々**
- **すりごま（白）…大さじ1**
- **塩、砂糖…各1つまみ**

作り方

1 キャベツは一口大にちぎる。塩を加えた湯でサッとゆで、ざるにあげて水けをきる。

2 ボウルに**a**を混ぜ合わせ、①を加えて和える。

アンチョビとキャベツのサラダ　サラダ

材料（2人分）

キャベツ…1/8個

アンチョビ…2切れ

a ［ オリーブ油…大さじ1
　　レモン汁…大さじ1/2

塩、こしょう…各適量

作り方

1 キャベツは一口大のザク切りにする。アンチョビはみじん切りにする。

2 ボウルにアンチョビ、**a**を混ぜ合わせ、キャベツを加えて和える。味をみながら塩、こしょうでととのえる。

キャベツとじゃこのピリ辛サラダ　サラダ

材料（2人分）

キャベツ…1/8個

ちりめんじゃこ…大さじ2

a ［ しょうゆ、みりん…各大さじ1/2
　　豆板醤《トウバンジャン》…少々

作り方

1 キャベツは一口大のザク切りにする。

2 塩を加えた湯で①をサッとゆで、ざるにあげて水けをきる。

3 トースターの天パンにアルミホイルをしき、じゃこをのせてカリカリになるまで焼く。

4 ボウルに**a**、②、③を合わせて和える。

コールスロー　サラダ

材料（3～4人分）

キャベツ…小1/4個

セロリ…1本

にんじん…1/2本

玉ねぎ…1/4個

マヨネーズ…大さじ4～5

粒マスタード…小さじ1/2

塩、こしょう…各適量

作り方

1 キャベツは細かく刻む。セロリはピーラーで皮をむいてみじん切りにする。にんじん、玉ねぎはみじん切りにして水に3分さらし、水けをきる。

2 ボウルにマヨネーズ、粒マスタードを混ぜ合わせ、セロリ、玉ねぎ、にんじん、キャベツの順に加えて和える。味をみながら塩、こしょうでととのえる。

アジアンサラダ　サラダ

材料（2人分）

豚ひき肉…100g

キャベツ…1/8個

赤パプリカ…1/2個

香菜《シャンツァイ》…1/4束

にんにく、しょうが…各1かけ

赤唐辛子…1本

春雨…20g

干しえび…大さじ2強

ピーナッツ…大さじ2

ごま油…大さじ1

a ［ 酒…大さじ1
　　オイスターソース、ナンプラー
　　　…各小さじ2
　　砂糖…1つまみ

塩、こしょう…各適量

作り方

1 キャベツはせん切り、赤ピーマンは縦細切りにして、器に盛っておく。

2 香菜は2cm長さに切る。にんにく、しょうがはみじん切りにする。赤唐辛子はへたと種を取り除く。春雨は袋の表示通りにもどしてキッチンばさみなどでザクザク切る。干しえびはぬるま湯大さじ4につけて10分ほどおき、やわらかくしてから粗みじん切りにする。もどし汁はとっておく。ピーナッツは粗くくだく。

3 フライパンを熱してごま油大さじ1/2をひき、にんにく、しょうがを弱火で炒める。いい匂いがしてきたらひき肉を加えて塩、こしょう各少々をふってほぐしながら強火で炒める。

4 肉の色が変わったら春雨、干しえび、赤唐辛子を加えてザッと炒める。油がまわったら**a**、干しえびのもどし汁を加えて炒め合わせ、味をみながら塩、こしょうでととのえる。火を止めて残りのごま油を加えてザッと混ぜる。①の野菜の上にのせて、香菜、ピーナッツをちらし、混ぜて食べる。

野菜 き

タイ風 牛しゃぶサラダ

サラダ

材料（2人分）

牛しゃぶしゃぶ用肉…200g

キャベツ…1/4個

トマト…1/2個

香菜《シャンツァイ》…2枝

紫玉ねぎ…1/4個

a［干しえび…大さじ1弱
ぬるま湯…大さじ1
酒…大さじ1/2

b［おろしにんにく、おろししょうが…各少々
酢…大さじ3〜4
ナンプラー…大さじ2強
ごま油…大さじ1
砂糖…小さじ1

酒…少々

塩…適量

作り方

1 キャベツは一口大に切る。トマトは横5mm幅に切る。香菜は3cm長さに刻む。紫玉ねぎは縦薄切りにして水に3分さらし、水けをきる。

2 **a**を合わせ、干しえびがやわらかくなったらみじん切りにする。もどし汁はとっておく。

3 鍋に湯を沸かして塩を加え、キャベツをサッとゆでてざるにあげ、水けをきる。

4 ③の湯に酒を加え、牛肉をほぐしながらゆでる。肉の色が変わったらざるにあげて水けをきる。

5 ボウルに**b**、②を混ぜ合わせ、③、④、トマト、香菜、紫玉ねぎを加えて和える。味をみて薄ければ塩でととのえる。

キャベツの浅漬け

漬け

材料（2人分）

キャベツ…1/8個

しょうが…1/2かけ

塩…適量

作り方

1 キャベツは一口大にちぎる。しょうがはせん切りにする。

2 ボウルに①を入れて塩小さじ1/2をふって混ぜる。5分おく。

3 味をみて薄ければ塩でととのえる。

ちぎりキャベツのマリネ

漬け

材料（2人分）

キャベツ…1/8個

パセリの粗みじん切り…大さじ2

a［おろしにんにく…少々
酢…大さじ2
オリーブ油…大さじ1
バジル（乾燥）、塩…各小さじ1/3
カレー粉、粒こしょう…各少々

作り方

1 キャベツは一口大にちぎる。

2 ボウルに**a**を混ぜ合わせ、①とパセリを加えて和える。ラップをして冷蔵庫で30分以上つける。

焼きキャベツ

焼

材料（2人分）

キャベツ…1/4個

オリーブ油、バター…各大さじ1

塩…少々

しょうゆ、こしょう…各適量

作り方

1 キャベツはくし形＊に切る。

2 フライパンをよおく熱してオリーブ油をひいて、キャベツを並べる。軽く塩、こしょうして、両面に焼き目がつくまで強めの中火でしっかり焼く。

3 皿に盛ってバターをのせて、しょうゆをかける。こしょうをガリガリふる。

＊14ページ❻参照

キャベツと鮭のグラタン

焼

材料（2人分）

生鮭…2切れ

キャベツ…1/4個

にんにく…1かけ

オリーブ油…大さじ1

ワイン（白）…大さじ2

a［生クリーム…カップ1
牛乳…カップ1/2

塩、こしょう…各適量

ピザ用チーズ…カップ1/2

作り方

1 キャベツは一口大のザク切りにする。にんにくはみじん切りにする。鮭は水けをふいて半分に切る。

2 フライパンを熱してオリーブ油をひき、鮭を並べて中火で焼く。焼き色がついたら返して両面をこんがり焼く。
3 鮭をフライパンの端に寄せ、空いたところににんにくを入れて炒める。にんにくが少し色づいてきたらワインを加えてザッと炒め、キャベツ、aを加えて中火で3分煮る。味をみながら塩、こしょうでととのえる。
4 耐熱皿に③を入れ、ピザ用チーズをかける。200℃のオーブンでチーズが溶けて焼き色がつくまで焼く。

キャベツとあさりのパスタ　麺

材料（2人分）

リングイネ…150g
あさり（砂抜きずみ）…200g
キャベツ…1/8個
アンチョビ…3切れ
にんにく…2かけ
赤唐辛子…2本
オリーブ油…適量
パルメザンチーズ…適量
塩、こしょう…各適量

作り方

1 あさりは殻をこすり合わせながらよく洗って水けをきる。キャベツは一口大にちぎる。にんにくは縦薄切りにする。アンチョビはみじん切りにする。赤唐辛子はへたと種を取り除く。
2 鍋に湯を沸かして塩を加え、リングイネを入れて表示時間より1分短めにゆでる。
3 フライパンを熱してオリーブ油大さじ1と1/2をひき、にんにくを弱火で炒める。いい匂いがしてきたらあさりを加えて強火で炒める。あさりの口が開いたら赤唐辛子、アンチョビ、キャベツを加えて炒める。
4 キャベツに油がまわったら、ゆであがったパスタとゆで汁お玉1杯を加えてザッと和える。味をみて塩、こしょうでととのえる。
5 器に盛ってパルメザンチーズを削ってちらし、オリーブ油少々をたらす。

＊16ページ参照

キャベツとツナの和風パスタ　麺

材料（2人分）

スパゲッティ…150g
キャベツ…1/8個
ツナ缶…小1缶（約60g）
にんにく…2かけ
サラダ油…大さじ1
みそ、バター…各大さじ1
しょうゆ…小さじ1
こしょう…少々

作り方

1 キャベツは一口大にちぎる。にんにくはみじん切りにする。ツナは缶汁をきる。
2 スパゲッティは塩を加えた湯で、表示時間より1分短めにゆでる。
3 フライパンを熱してサラダ油をひき、キャベツを入れて強火で炒める。焼き目がついたら端に寄せ、空いたところににんにくを入れて炒める。いい匂いがしてきたらツナを加えて炒める。②のゆで汁お玉1と1/2杯、みそ、しょうゆ、こしょうを加えて溶きながら混ぜる。ゆであがった②を加えて混ぜる。全体に味がなじんだら火を止め、バターを加えて混ぜる。

ソース焼きそば　麺

材料（2人分）

焼きそば用麺…2玉
豚ばら薄切り肉…120g
キャベツ…1/8個
にんじん…3cm
卵…2個
サラダ油…適量
a ［添付のソース…2食分
**　 いりごま（白）…大さじ1/2**
**　 ケチャップ…少々**
青のり、マヨネーズ…各適量

作り方

1 キャベツは一口大に切る。にんじんは薄い半月切りにする。豚肉は一口大に切る。
2 フライパンを熱してサラダ油大さじ1をひき、豚肉を強火で炒める。肉の色が変わったら、キャベツ、にんじんを加えてサッと炒める。
3 全体に油がまわったら、麺、水カップ1/4を加えて、麺をほぐしながら炒める。

4 麺がほぐれたら**a**を加えて炒め合わせる。

5 目玉焼きを作る。フライパンを熱してサラダ油少々をひき、卵を割り入れる。まわりが固まりはじめたら水少々を加え、ふたをして2〜3分蒸し焼きにする。

6 ④を器に盛り、その上に⑤をのせて、好みで青のり、マヨネーズをかける。

＊14ページ❷参照

さきいかのマヨ焼きそば　麺

材料（2人分）

焼きそば用麺…2玉
キャベツ…1/8個
さきいか…20g
しょうが…1/2かけ
ごま油…大さじ1強
酒…大さじ1
しょうゆ、みりん…各大さじ1/2
a［マヨネーズ…大さじ1
**　牛乳…大さじ1/2**
**　練りがらし…小さじ1弱**
こしょう…少々

作り方

1 さきいかは熱湯カップ1/2にひたしてやわらかくする。水けを絞って太いものはさく。もどし汁はとっておく。キャベツはせん切りにする。しょうがはみじん切りにする。**a**は混ぜ合わせる。

2 フライパンを熱してごま油をひき、しょうが、キャベツを入れて強火で炒める。少ししんなりしたら、さきいかを加えて炒める。

3 さきいかに油がまわったら、麺、さきいかのもどし汁を加え、麺をほぐしながら炒める。水分が少なくなったら酒を加えてザッと炒め、しょうゆ、みりんを加えて炒め合わせる。

4 器に盛って**a**を全体にかけ、こしょうをふる。

お好み焼き　粉

材料（2〜3人分）

豚肩ロース薄切り肉…80g
キャベツ…1/8個
こんにゃく…1/2枚
万能ねぎ…1/3束
卵…1個
a［薄力粉…カップ1/2
**　卵…1個**
**　水…大さじ1強**
**　しょうゆ…小さじ1弱**
サラダ油…大さじ1
好みのソース、マヨネーズ、かつお節、青のり…各適量

作り方

1 こんにゃくは5mm角に切って、3分ゆでる。ざるにあげて水けをきる。キャベツは太めのせん切りにする。万能ねぎは小口切りにし、仕上げ用に大さじ2〜3をわけておく。

2 ボウルに**a**を合わせて泡立て器でよく混ぜる。粉っぽさがなくなったら①を加えて混ぜる。

3 ホットプレートを220℃くらいに熱してサラダ油をひき、豚肉を並べて、上に②を丸く流し入れる。生地に焼き目がついたらひっくり返し、両面をこんがり焼く。

4 焼き目がついたら、空いているところに卵を割り入れて黄身をつぶし、その上にお好み焼きをのせてサッと焼く。

5 器に盛って、ソースとマヨネーズをかける。かつお節、青のり、残しておいた万能ねぎをちらす。

＊14ページ❶参照

広島風お好み焼き　粉

材料（2〜3人分）

焼きそば用麺…1玉
豚ばら薄切り肉…60g
キャベツ…1/8個
万能ねぎ…6本
a［薄力粉…大さじ4
**　水…カップ1/4**
天かす…大さじ3強
卵…1個
サラダ油、好みのソース、マヨネーズ、かつお節、青のり…各適量

作り方

1 キャベツは1cm幅に刻む。万能ねぎは小口切りにし、仕上げ用に大さじ2〜3をわけておく。豚肉は長ければ半分に切る。

2 ボウルに**a**を合わせて泡立て器でよ

く混ぜる。

3 ホットプレートを220℃くらいに熱してサラダ油をひき、②の2/3量を流し入れて丸く広げる。

4 上にキャベツ、天かす、万能ねぎ、豚肉をのせ、残りの②をかける。

5 キャベツのかさが減ってきたらひっくり返して、空いているところに麺を入れて水カップ1/4弱を加えてほぐす。ソース少々を加えて炒め合わせ、③の生地の大きさくらいに丸く広げてそのまま焼く。お好み焼きがなじんできたら麺の上にのせる。

6 空いたところに卵を割り入れて黄身をつぶし、⑤をのせる。

7 器に盛って、ソース、マヨネーズをかけ、かつお節、青のり、残しておいた万能ねぎをちらす。

＊14ページ❶参照

焼き餃子1　粉

材料（4人分）

豚ひき肉…150g
キャベツ…小1/4個
にら…1/2束
長ねぎ…10cm
a
- **おろししょうが、おろしにんにく…各少々**
- **片栗粉…大さじ1**
- **酒、ごま油…各大さじ1/2**
- **オイスターソース…小さじ1**
- **しょうゆ…小さじ1/2**
- **塩…3つまみ**
- **こしょう…少々**

餃子の皮…1袋（約28枚）
サラダ油…大さじ2
ごま油…大さじ1
酢、しょうゆ、ラー油…各適量

作り方

1 キャベツ、にら、長ねぎはみじん切りにしてボウルに入れる。塩をふって3分おいて、水けをしっかり絞る。**a**、ひき肉を加えて手でよく混ぜる。

2 餃子の皮の真ん中に①をスプーンでのせる。縁にぐるりと水をつけて、具を包むように半分に折って、片側にひだを寄せながらピッチリと閉じる。

3 フライパンにサラダ油大さじ1をひき、②の半量を上から押さえて底面を広げるようにしながら並べる。餃子の高さの半分くらいまで水を注ぎ、ふたをして強めの中火で蒸し焼きにする。

4 水分が少なくなって泡が大きくなり、パチパチと音がしてきたら、ふたを取ってごま油大さじ1/2を回し入れ、再びふたをして焼く。水分がなくなって裏がカリッと焼けたら完成。残りも同様に焼く。好みで酢、しょうゆ、ラー油をつけて食べる。

写真…36ページ

キャベツ水餃子　粉

材料（2人分）

鶏ひき肉…100g
キャベツ…3〜4枚
たけのこ…70g
しいたけ…3個
長ねぎ…1/2本
a
- **おろししょうが…少々**
- **片栗粉…大さじ1**
- **酒、ごま油…各大さじ1/2**
- **塩…小さじ1/3**
- **オイスターソース…少々**

餃子の皮…1/2袋（約14枚）
酢、しょうゆ、ラー油…各適量

作り方

1 キャベツ、たけのこ、しいたけ、長ねぎはみじん切りにしてボウルに入れる。**a**、ひき肉を加えて手でよく混ぜる。

2 餃子の皮は縁に水をぐるりとつけ、真ん中に①をティースプーン1杯分のせる。具を包むように半分に折って、片側にひだを寄せながらピッチリと閉じる。

3 鍋に湯を沸かして塩を加え②の半量を入れて5〜6分ゆでる。残りも同様にゆでて、ゆで汁ごと器に盛る。好みで酢、しょうゆ、ラー油をつけて食べる。

キャベツパイ　粉

材料（4人分）

キャベツ…1/8個
長ねぎ…10cm
ハム…3〜4枚
ごま油…大さじ1/2
砂糖…1つまみ
しょうゆ…小さじ1/2
塩、こしょう…各少々
冷凍パイシート…1枚（150g）

卵黄…1〜2個分

作り方

1 キャベツはせん切りにする。長ねぎ、ハムはみじん切りにする。

2 フライパンにごま油を熱して、ハム、長ねぎ、キャベツの順に入れて炒める。しんなりしたら、砂糖、しょうゆ、塩、こしょうを加えて混ぜる。皿などに広げて冷ましておく。

3 パイシートは室温で少しやわらかくする。めん棒でひと回り大きくのばし、1枚を4等分の四角形に切る。

4 ③に②をのせて縁に卵黄をぬり、対角線に三角に折ってしっかり閉じる。合わせた縁をフォークの先で押さえながら模様をつける。

5 表面にも卵黄をぬり、250℃に温めたオーブンで15〜25分焼く。

ホットサンド

パン

材料（2個分）

食パン(8〜10枚切り)…4枚

a ［薄力粉…大さじ1〜1と1/2
**　 水…大さじ1**

かに缶…小1缶(55g)

キャベツのせん切り…適量

マヨネーズ…大さじ1

塩…1つまみ

スライスチーズ…4枚

バター、からし、サラダ油
…各適量

作り方

1 **a**をよく混ぜる。

2 かには缶汁をきってボウルに入れ、マヨネーズ、塩を加えて混ぜる。

3 パンの片面にバター、からしをぬる。パン1枚の上に縁から1cmあけてチーズ1枚、キャベツ、②の半量、チーズ1枚をのせる。縁の部分に①をぐるりとぬって、もう1枚のパンではさむ。縁を押さえながらピッチリと閉じる。もう1セット同様に作る。

4 フライパンを熱してサラダ油をひいて③を並べ、ふたをして弱めの中火でじっくりと両面をこんがり焼く。

キャベツどっさりカレースープ

汁

材料（2人分）

キャベツ…小1/4個

ベーコン…3枚

にんにく…1かけ

オリーブ油…大さじ1

カレー粉…小さじ1

塩、こしょう…各適量

作り方

1 キャベツは芯を残して縦半分にくし形に切る。ベーコンは1cm幅に切る。にんにくはみじん切りにする。

2 鍋を熱してオリーブ油をひき、にんにくを弱火で炒める。いい匂いがしてきたらベーコンを加えて中火で炒める。

3 ベーコンに少し焼き目がついたら湯（または水）カップ3、カレー粉を加える。沸騰したらキャベツを加え、しんなりしてきたら味をみながら塩、こしょうを加えて調味する。

＊14ページ❻参照

あさりのキャベツスープ

汁

材料（2人分）

あさり(砂抜きずみ)…200g

キャベツ…1/4個

にんにく…1かけ

オリーブ油…大さじ1

ワイン(白)…大さじ2

オイスターソース…小さじ1

塩、こしょう…各適量

パセリの粗みじん切り…大さじ3

作り方

1 キャベツは一口大に切る。にんにくはみじん切りにする。あさりは殻をこすり合わせながら流水で洗う。

2 鍋を熱してオリーブ油をひき、にんにくを弱火で炒める。にんにくが色づいてきたら、あさりを加えて強火で炒める。あさりの口が8割開いたらワインを加えてザッと炒め、水カップ2を加える。

3 沸いてきたら火を弱めて、あくを取りながら3分煮る。オイスターソースを加えて混ぜ、味をみながら塩、こしょうでととのえる。キャベツを加えてサッと煮る。器に盛ってパセリをふる。

＊16ページ参照

その他のキャベツのレシピ

● キャベツとアスパラのパスタ…P96

- 焼き長いもとキャベツ＋みそチーズディップ…P157
- キャベツとにんじんの浅漬け…P170
- もやしとハムの塩焼きそば1…P197
- ごま焼き肉…P219
- 豚のしょうが焼き…P238
- キャベツと豚肉のピリ辛みそ炒め…P241
- 春キャベツとソーセージのお焼き…P260
- ザワークラウト…P260
- ホットドッグ…P262
- ソーセージとキャベツのスープ…P262
- ベーコンとキャベツのみそ汁…P264
- 簡単エビマヨ…P272
- 鮭のちゃんちゃん焼き2…P279
- 納豆おやき…P314
- ササミビビンバ…P324
- ツナホットサンド…P328
- 炒め野菜カレー…P334
- 焼きうどん…P341
- かにとキャベツのパスタ…P350
- キャベツとアンチョビのパスタ…P351
- キャベツとツナのみそバターパスタ…P351
- 焼きビーフン…P355
- 焼きビーフン(カレー風味)…P355
- かじきのタルタルサンド…P359
- コンビーフキャベツホットサンド…P360

きゅうり

包丁で切らずに棒などでたたいて和え物にすると、食感が少しやわらかくなって味のしみがよくなる。きゅうりは炒めてもうまい

豚ときゅうりの塩炒め

ソテー

材料 (2人分)

豚こま切れ肉…150g
きゅうり…2本
にんにく、しょうが…各1かけ
ごま油…大さじ1
塩、こしょう…各適量

> たたききゅうりのおいしいコツ
>
> きゅうりはたたくと味のしみがよくなる。めん棒やでかいスプーンの背で、スナップをきかせて。瓶でもいい。

作り方

1 きゅうりはピーラーで縞目に皮をむいて乱切りにする。にんにく、しょうがはみじん切りにする。

2 フライパンを熱してごま油をひき、にんにく、しょうがを弱火で炒める。いい匂いがしてきたら豚肉を加えて強火で炒める。肉の色が変わったらきゅうりを加えて塩、こしょう各少々をふって炒める。

3 きゅうりに油がなじんだら、味をみながら塩、こしょうでととのえる。

＊14ページ❹参照

ゆで豚ときゅうりのピリ辛和え

和え

材料 (2人分)

豚ばら薄切り肉…200g
きゅうり…2本
長ねぎ…1/2本
a ［いりごま(白)…大さじ1
　 しょうゆ…大さじ1と1/2
　 ごま油…大さじ1/2
　 ラー油…小さじ1/2
一味唐辛子…適量

作り方

1 きゅうりはピーラーで縞目に皮をむいて乱切りにする。長ねぎは斜め薄切りにして水に5分さらし、水けをきる。

2 豚肉は食べやすい大きさに切る。鍋に湯を沸かして酒、塩を入れ、豚肉を加えてゆでる。肉の色が変わったらざるにあげる。

3 ボウルに**a**を混ぜ合わせ、長ねぎを加えて混ぜる。きゅうり、豚肉を加えて和える。器に盛って一味唐辛子をふる。

＊14ページ❹参照

きゅうりとにんじんのみそディップ

生

材料 (2人分)

きゅうり…1本
にんじん…1/2本
a ［もろみみそ…大さじ2
　 おろししょうが、おろしにんにく

…各少々
ごま油…小さじ1/2

作り方

きゅうりとにんじんは1cm角のスティック状に切る。aをよく混ぜ合わせ、つけながら食べる。

たたききゅうり（和風）

和え

材料（2人分）

きゅうり…2本
しょうが…1かけ
しらす…大さじ2〜3
a いりごま（白）…大さじ1〜2
ごま油…大さじ1/2
しょうゆ…小さじ1
塩…2つまみ

作り方

1 きゅうりはへたを切り落とし、めん棒などでたたいてから一口大にちぎる。しょうがはせん切りにする。

2 ボウルに①、しらす、aを入れて混ぜる。

たたききゅうり（梅和え）

和え

材料（2人分）

きゅうり…2本
梅干し…2個
a ごま油…小さじ1
砂糖…2つまみ
塩…1つまみ

作り方

1 きゅうりはへたを切り落とし、めん棒などでたたいてから一口大にちぎる。梅干しは種を取って細かく刻む。

2 ボウルに①、aを入れて混ぜる。

たたききゅうり（さっぱり中華風）

和え

材料（4人分）

きゅうり…2本
塩…2〜3つまみ
a おろししょうが…少々
ごま油、オイスターソース
…各大さじ1/2
酢…少々

作り方

1 きゅうりはへたを切り落とし、めん棒などでたたいてから一口大にちぎる。ボウルに入れて塩をふって混ぜ、5〜10分おく。

2 きゅうりから出てきた水けをきって、aを加えて和える。

たたききゅうり（ピリ辛中華風）

和え

材料（2人分）

きゅうり…2本
a おろししょうが…1/2かけ分
おろしにんにく…少々
オイスターソース、ごま油
…各大さじ1
豆板醤《トウバンジャン》…小さじ1
塩、砂糖…各1つまみ

作り方

1 きゅうりはへたを切り落とし、めん棒などでたたいてから一口大にちぎる。

2 ボウルに①、aを混ぜ合わせる。

きゅうりともやしのごま酢和え

和え

材料（2人分）

きゅうり…1本
もやし…1/2袋
a おろししょうが…少々
いりごま（白）…大さじ1/2
酢…大さじ1
サラダ油、みりん…各小さじ1
塩…2つまみ
しょうゆ…少々

作り方

1 もやしは暇ならひげを取る。塩を加えた湯でゆで、ざるにあげて水けをきる。

2 きゅうりは3mm厚さの斜め切りにしてから縦細切りにする。

3 ボウルに①、②、aを入れて混ぜる。

きゅうりとセロリのライタ

和え

材料（2人分）

きゅうり…1本
セロリ…1/2本
a おろしにんにく…少々
プレーンヨーグルト

…大さじ4〜5
レモン汁…大さじ1
塩…2つまみ
砂糖…1つまみ

作り方

1 きゅうりはピーラーで皮をむき、長さを4等分に切ってから縦半分に切る。セロリはピーラーで皮をむいて、きゅうりの大きさに合わせて切る。

2 ボウルに①、aを入れて混ぜる。

きゅうりの塩もみ 漬け

材料（2人分）

きゅうり…1本
塩…2〜3つまみ

作り方

きゅうりは薄い輪切りにしてボウルに入れる。塩を加えて混ぜ、15分くらいおく。水けを絞って器に盛る。

きゅうりと大根の漬物 漬け

材料（3〜4人分）

きゅうり…2本
大根…7cm
a しょうゆ、ごま油…各大さじ1
みりん…大さじ1/2
塩…1つまみ
しょうゆ…適量

作り方

1 きゅうりはピーラーで縞目に皮をむく。へたを切り落とし、めん棒などでたたいて一口大にちぎる。大根は皮つきのまま7mm厚さのいちょう切り*にする。

2 ボウルまたはポリ袋に①、aを入れて混ぜ、15分以上つける。味をみて薄ければしょうゆでととのえる。

＊14ページ❸参照

きゅうりのさっぱり山椒漬け 漬け

材料（2人分）

きゅうり…2本
しょうが…1かけ
a しょうゆ、ごま油、いりごま（白）…各大さじ1
粉山椒…小さじ1/2
しょうゆ…適量

作り方

1 きゅうりはピーラーで縞目に皮をむいて4cm幅に切り、さらに縦半分に切る。しょうがはせん切りにする。

2 ボウルまたはポリ袋に①、aを入れて混ぜ、15分以上つける。味をみて薄ければしょうゆでととのえる。

きゅうりのサラダ サラダ

材料（2人分）

きゅうり…2本
a おろしにんにく…少々
オリーブ油、酢…各大さじ1
塩…2つまみ

作り方

1 きゅうりはへたを切り落とし、めん棒などでたたいてから一口大にちぎる。

2 ボウルに①、aを入れて混ぜる。

きゅうりのにんにくサラダ サラダ

材料（2人分）

きゅうり…2本
a おろしにんにく…少々
ごま油…大さじ1
塩…小さじ1/2
砂糖…1つまみ

作り方

1 きゅうりはへたを切り落とし、長さを3等分に切ってから縦半分に切る。

2 ボウルに①、aを入れて混ぜる。

きゅうりとホタテのサラダ サラダ

材料（2人分）

きゅうり…2本
帆立て貝柱水煮缶
…小1缶（約45〜65g）
a おろししょうが…少々
いりごま（白）…大さじ2
マヨネーズ、酢…各大さじ1/2
オイスターソース…小さじ1
ごま油…少々

作り方

1 きゅうりはピーラーで縞目に皮をむ

いてへたを切り落とし、めん棒などでたたいてから一口大にちぎる。

2 ボウルに①、**a**、帆立てを缶汁ごと入れて混ぜる。

きゅうりとミニトマトのタイ風サラダ

サラダ

材料（2人分）

きゅうり…1本
ミニトマト…小1パック
香菜《シャンツァイ》…2枚
干しえび…大さじ1
a［おろしにんにく…少々
**　レモン汁…1/2個分**
**　ごま油…大さじ1弱**
**　ナンプラー…小さじ1強**
**　砂糖…2つまみ**
塩…適量

作り方

1 干しえびはぬるま湯大さじ1にひたしてやわらかくし粗みじん切りにする。もどし汁はとっておく。トマトはへたを除いて縦半分に切る。きゅうりはへたを切り落とし、めん棒などでたたいてから一口大にちぎる。香菜は粗く刻む。

2 ボウルに①、**a**を入れて混ぜる。味をみて薄ければ塩でととのえる。

冷や汁

米

材料（4人分）

温かい麦ご飯…4人分
あじの干物…2枚
きゅうり…1本
なす…1本
みょうが…1個
青じそ…10枚
かつお節…2つかみ
塩…適量
みそ…大さじ2と1/2
いりごま（白）…適量
おろししょうが…少々

作り方

1 鍋に水カップ4を入れて沸かし、かつお節を入れて弱火で3分煮る。かつお節をすくい取って、粗熱がとれたら冷蔵庫に入れておく。

2 あじの干物をこんがり焼く。骨を取り除いて身をほぐす。

3 きゅうりはピーラーで縞目に皮をむき、薄い輪切りにする。なすは薄い半月切りにする。みょうが、青じそはせん切りにする。

4 ボウルにきゅうりとなすを入れ、塩小さじ1/2を加えて混ぜ、15分ほどおく。水けが出てきたらしっかり絞る。器に盛る。

5 ミキサーに②、みそ、いりごま大さじ3～4、①をお玉1杯を入れて回す。

6 ペースト状になったらボウルに移し、残りの①を少しずつ加えてよく溶き混ぜる。味をみて薄ければ塩でととのえる。ラップをして冷蔵庫でしっかり冷やす。

7 茶わんに麦ご飯を盛って⑥をかけ、④、みょうが、青じそ、おろししょうがを入れ、いりごまをふって混ぜながら食べる。

＊14ページ❷参照

ハムサンド きゅうりサンド

パン

材料（4人分）

サンドイッチ用食パン（プレーン、胚芽など）…合わせて12枚
ハム…12枚
きゅうり…1本
スライスチーズ…3枚
クリームチーズ…30g
バター、マスタード、マヨネーズ、こしょう…各適量

作り方

1 パンは耳があれば切り落とす。クリームチーズとバターは室温でやわらかくするか電子レンジ弱に1分くらいかけてやわらかくする。

2 パンの片面にバターとマスタードをぬり、2枚ひと組にする。そのうちの3組にそれぞれハム2枚、スライスチーズ1枚をはさむ。できあがったものは重ねておき、しめらせたキッチンペーパーやふきんをかける。

3 きゅうりは長さを半分に切ってから縦薄切りにする。残り3組にクリームチーズをぬり、きゅうりを等分にのせ、マヨネーズをぬり、こしょうをふってはさむ。②と同様にして、10分くらいおく。それぞれを4等分に切って器に盛る。

その他のきゅうりのレシピ

- アボカドとサーモンのタルタルサラダ…P62
- ミックスピクルス…P78
- ポテトサラダ…P118
- なすときゅうりの漬物…P160
- ゆで豚のにんにくねぎじょうゆ…P173
- ピクルス…P183
- 水菜とじゃこのサラダ2…P192
- グリーンサラダ…P198
- 豆腐の香味野菜サラダ…P198
- ささみときゅうりの梅和え…P233
- 豚肉ときゅうりの中華炒め…P242
- ごまだれしゃぶしゃぶ…P244
- 豚しゃぶ梅だれとごまだれ…P244
- いかときゅうりの炒め物…P268
- 簡単エビマヨ…P272
- 生春巻き…P274
- たらの揚げ焼きタルタルソース(たら)…P288
- ちくわときゅうりの和え物…P300
- ちくわチーズのマヨ和え…P300
- うなぎちらし寿司…P302
- うなぎ押し寿司…P303
- 大豆サラダ…P312
- コーンサラダ…P325
- マカロニツナサラダ…P327
- ごまだれ肉うどん…P342
- キムチ冷麺…P344
- 豚しゃぶみそだれそうめん…P344
- ジャージャー麺…P348
- 冷やし中華…P349

空《くう》心《しん》菜《さい》

どこでも買える野菜ではないが、他のアジア諸国ではあたりまえに出てくる。歯応えがよくクセがなく、下処理も必要ない手軽なやつです

空心菜のオイスター炒め

材料(2人分)

空心菜…1束
長ねぎ…1/2本
にんにく…1かけ
ごま油…大さじ1
オイスターソース…大さじ1/2
酒…大さじ1〜2
塩、こしょう…各適量

作り方

1 空心菜は根元を切り落として4等分に切る。長ねぎは1cm厚さの斜め切りにする。にんにくは縦薄切りにする。

2 フライパンを熱してごま油をひく。長ねぎ、にんにく、空心菜を入れて塩少々をふって強火で炒める。少ししんなりしたら、酒を加えてザッと炒め、オイスターソースを加えて炒め合わせる。味をみて塩、こしょうでととのえる。

豚肉と空心菜の炒め物

材料(2人分)

豚肩ロース薄切り肉…200g
空心菜…1束
にんにく…2かけ
ごま油…大さじ1
酒…大さじ2
オイスターソース…大さじ1
塩…少々
しょうゆ、こしょう…各適量

作り方

1 空心菜は根元を切り落として3等分に切る。にんにくは縦薄切りにする。豚肉は一口大に切る。

2 フライパンをよく熱してごま油をひき、にんにくを弱火で炒める。にんにくが色づいてきたら豚肉を広げながら加えて強火にして炒める。

3 肉の色が変わったら空心菜を加え、塩をふって炒める。空心菜がしんなりしたら酒を加えてザッと炒め、オイスターソースを加えて炒める。味をみて、しょうゆ、こしょうでととのえる。

その他の空心菜のレシピ

- 鶏肉と空心菜のカレーつけめん…P345

グリーン アスパラガス

アスパラガスは通年売られているけれど、旬(春～初夏)が当然いちばんおいしい。さらに安い。ハカマは取っても取らなくてもいい

豚肉とアスパラのオイスター炒め

材料(2人分)

豚肩ロース薄切り肉…200g

グリーンアスパラガス…1束

ごま油…大さじ1

a
- **おろししょうが…1かけ分**
- **酒…大さじ1**
- **しょうゆ、オイスターソース…各大さじ1/2**

塩、こしょう…各適量

作り方

1 アスパラガスは根元を1cmくらい切り落として、下1/3の皮をピーラーでむき、5mm厚さの斜め切りにする。豚肉は一口大に切る。**a**を混ぜ合わせる。

2 フライパンを熱してごま油をひき、豚肉を入れて強火で炒める。肉の色が変わったらアスパラガスを加えて炒める。アスパラガスが少ししんなりしたら、**a**を加えて炒め合わせる。味をみて塩、こしょうでととのえる。

豚肉とアスパラのトマトソース 煮

材料(2人分)

豚ヒレ肉…200g

グリーンアスパラガス…1束

オリーブ油…大さじ2

ワイン(白)…大さじ2

a
- **ホールトマト缶…1/2缶(200g)**
- **水…カップ1/2**
- **ローリエ…1枚**

塩、こしょう、生クリーム…各適量

作り方

1 アスパラガスは根元を1cmくらい切り落として、下1/3の皮をピーラーでむく。豚肉は7mm厚さのそぎ切り*にする。

2 フライパンを熱してオリーブ油大さじ1をひき、塩2つまみを入れる。アスパラガスを並べて強火で炒める。しっかり焼き目がついたら取り出す。

3 ②のフライパンに残りのオリーブ油を加え、豚肉を並べる。塩、こしょう各少々をして強火で焼く。両面に焼き目がついたらワインを加えてザッと炒め、**a**を加えてトマトをつぶしながら中火で3～4分煮る。少しとろみがついたら味をみて塩、こしょうでととのえる。

4 器に②、③を盛って生クリームを回しかけ、こしょうをふる。

*15ページ⑫参照

アスパラフリット 揚

材料(2人分)

グリーンアスパラガス…1束

a
- **薄力粉…カップ1/4**
- **ビール…大さじ3**

揚げ油、塩、こしょう…各適量

作り方

1 アスパラガスは根元を1cmくらい切り落として、下1/3の皮をピーラーでむく。長さを半分に切る。

2 ボウルに**a**を混ぜ合わせて、①を加えて混ぜる。

3 フライパンに揚げ油を深さ2cmくらい入れて中温に熱する。②を入れてまわりが固まってきたら、たまに返しながら、うまそうな色になるまで揚げる。器に盛って塩、こしょうを添える。

温野菜のサラダ サラダ

材料(3～4人分)

カリフラワー…小1株

グリーンアスパラガス…1束

ベーコン…4枚

にんにく…1かけ

オリーブ油…大さじ1

ワイン(白)…大さじ1

a
- **粒マスタード…小さじ1**
- **塩、砂糖、こしょう…各少々**

酢…大さじ2～3

作り方

1 カリフラワーは小房に切り分ける。アスパラガスは根元を1cmくらい切り落として、下1/3の皮をピーラーでむき、食べやすい大きさに切る。塩を加えた湯でカリフラワー、アスパラガスの順にサッとゆでる。水けをきって器に盛る。

2 ベーコンは1cm幅に切る。にんにくはみじん切りにする。フライパンを熱してオリーブ油をひき、強火でベーコンを炒める。ベーコンがカリッとしたらにんにくを加える。にんにくが少し色づいてきたらワインを加えてザッと混ぜる。**a**を加えて炒め合わせる。火を止めて酢を加えて混ぜ、①にかける。

アスパラのタルタルサラダ

サラダ

材料（2人分）

グリーンアスパラガス…1束
玉ねぎ…1/4個
ゆで卵…1個
ピクルス…1本
ケイパー…大さじ1/2
a
- **オリーブ油…大さじ1**
- **マヨネーズ…大さじ1/2**
- **粒マスタード…小さじ1**
- **ケチャップ、ウスターソース…各小さじ1/2**

塩、こしょう…各適量

作り方

1 アスパラガスは根元を1cmくらい切り落として、下1/3の皮をピーラーでむき、1cm幅に切る。塩を加えた湯でサッとゆでて水けをきる。

2 玉ねぎはみじん切りにして水に5分さらし、水けをしっかり絞る。ゆで卵は粗みじん切りにする。ピクルス、ケイパーはみじん切りにする。

3 ボウルに**a**を混ぜ合わせ、①、②の順に加えて和える。味をみて薄ければ塩、こしょうでととのえる。

アスパラソテー

焼

材料（2人分）

グリーンアスパラガス…1束
オリーブ油…大さじ1
塩…1つまみ
こしょう…適量

作り方

1 アスパラガスは根元を1cmくらい切り落として、下1/3の皮をピーラーでむき、縦半分に切る。

2 フライパンを熱してオリーブ油をひき、塩を入れる。①を並べて強火で焼きつけるように炒める。焼き目がついてしんなりしたらこしょうをふって炒め合わせる。

アスパラソテー　アンチョビソース

材料（2人分）

グリーンアスパラガス…1束
アンチョビ…3切れ
a
- **おろしにんにく…少々**
- **オリーブ油…大さじ1**
- **バジル（乾燥）…小さじ1/2**

オリーブ油…大さじ1
塩…1つまみ
こしょう…少々

作り方

1 アスパラガスは根元を1cmくらい切り落として、下1/3の皮をピーラーでむく。アンチョビは粗みじん切りにし、**a**と合わせてソースを作っておく。

2 フライパンを熱して、オリーブ油をひき、塩を入れて混ぜ、アスパラガスを並べて強火で炒める。少ししんなりして焼き目がついたら取り出す。

3 器に盛って①のソースをかけ、こしょうをふる。

アスパラのバターじょうゆ

材料（2人分）

グリーンアスパラガス…1/2束
サラダ油…大さじ1/2
しょうゆ、バター…各小さじ1/2
塩…1つまみ
こしょう…適量

作り方

1 アスパラガスは根元を1cmくらい切り落として、下1/3の皮をピーラーでむく。

2 フライパンを熱してサラダ油をひき、塩を入れる。アスパラガスを並べて強火で炒める。

3 焼き目がついたら、しょうゆ、バターを加えてからめる。器に盛ってこしょうをふる。

アスパラベーコン 焼

材料（2人分）

ベーコン…5枚
グリーンアスパラガス…1束
a ［ マヨネーズ…大さじ1
牛乳…大さじ1/2
粒マスタード…小さじ1 ］
オリーブ油…大さじ1
塩…1つまみ
こしょう…適量

作り方

1 アスパラガスは根元を1cmくらい切り落として、下1/3の皮をピーラーでむき、長さを半分に切る。ベーコンは半分に切る。アスパラガスの真ん中をベーコンでクルッと巻き、巻き終わりを楊枝でとめる。**a**を混ぜ合わせる。

2 フライパンを熱してオリーブ油をひき、塩を入れる。アスパラガスを並べて中火でじっくり焼く。たまに転がしながら全体に焼き目をつける。

3 器に盛って**a**を回しかけ、こしょうをふる。

アスパラ カルボナーラ 麺

材料（2人分）

スパゲッティ…150g
グリーンアスパラガス…1束
ベーコン…3枚
にんにく…1かけ
a ［ 卵…1個
パルメザンチーズのすりおろし…大さじ5
生クリーム…カップ1/2 ］
オリーブ油…大さじ1
ワイン（白）…大さじ1
生クリーム…カップ1/2
塩、こしょう…各適量

作り方

1 アスパラガスは根元を1cmくらい切り落として、下1/3の皮をピーラーでむき、5mm厚さの斜め切りにする。ベーコンは2cm幅に切る。にんにくはみじん切りにする。**a**を混ぜ合わせる。

2 パスタは塩を加えた湯で表示時間より1分短めにゆでる。

3 フライパンを熱してオリーブ油をひき、アスパラガスを並べて強火で炒める。少し焼き目がついたら取り出す。

4 フライパンににんにくを入れて炒める。いい匂いがしてきたらベーコンを加えて炒める。ベーコンに焼き目がついたら、ワイン、生クリームを加えて中火で煮詰める。少しとろみがついたら味をみながら塩でととのえる。

5 ゆであがった②、③を加えて混ぜる。火を止めて**a**を加えて和える。器に盛ってこしょうをふる。

キャベツと アスパラのパスタ 麺

材料（2人分）

スパゲッティ…150g
ベーコン…4枚
グリーンアスパラガス…1束
キャベツ…1/8個
にんにく…2かけ
オリーブ油…大さじ1
塩、こしょう…各適量

作り方

1 キャベツは一口大にちぎる。アスパラガスは根元を1cmくらい切り落として、下1/3の皮をピーラーでむき、縦半分に切る。ベーコンは1cm幅に切る。にんにくは木べらでつぶす。

2 パスタは塩を加えた湯で表示時間より1分～1分30秒短めにゆでる。

3 フライパンを熱してオリーブ油をひき、ベーコン、にんにくを入れて弱火で炒める。にんにくが色づいてきたらアスパラガスを加えて塩、こしょう各少々をふって中火で炒め、アスパラガスがしんなりしたらキャベツを加えて炒める。

4 キャベツがしんなりしたら、ゆであがった②と②のゆで汁お玉1/2杯を加えて和え、味をみて塩、こしょうでととのえる。

その他のグリーンアスパラガスのレシピ

- にんじんとアスパラのバターソース…P171
- 豚ヒレ肉のトマトクリームソース…P243
- かじきのみそバターソテー…P276
- かじきのタルタル丼…P277
- 焼き野菜とうなぎの香ばし丼…P303
- シーフードドリア…P304
- さわらのトマトクリームソース…P329

クレソン

いつも添え物的な扱いを受けているクレソンだけど、もっとガシガシ食べてほしい。スッとしたさわやかな風味と歯応えが最高

クレソンサラダ　サラダ

材料（3〜4人分）

クレソン…2束

a
- **おろしにんにく…少々**
- **レモン汁…大さじ2**
- **オリーブ油…大さじ1**
- **塩…2つまみ**
- **砂糖…1つまみ**
- **こしょう…適量**

作り方

クレソンは根元を切り落とす。ボウルに**a**を混ぜ合わせて、クレソンを加えて和える。

ベーコンとクレソンのサラダ　サラダ

材料（2人分）

ベーコン…2枚

クレソン…1/2束

a
- **おろしにんにく…少々**
- **オリーブ油…大さじ1**
- **酢…大さじ1弱**
- **塩、砂糖…各1〜2つまみ**
- **こしょう…少々**

作り方

1 ベーコンは1cm幅に切ってアルミホイルにのせ、トースターでカリカリに焼く。クレソンは根元を切り落として長さを半分に切る。

2 ボウルに**a**を混ぜ合わせて、①を加えて和える。

きのことクレソンのサラダ　サラダ

材料（2人分）

クレソン…1/2束

しめじ、エリンギ…各1/2パック

a
- **おろしにんにく…少々**
- **酢…大さじ1**
- **粒マスタード…小さじ1/2**
- **塩、砂糖…各2つまみ**

オリーブ油…大さじ1

塩…少々

作り方

1 しめじは根元を切り落として小房にわける。エリンギは食べやすくさく。クレソンは根元を切り落として粗く刻む。ボウルに**a**を混ぜ合わせる。

2 フライパンを熱してオリーブ油をひいて塩を入れて混ぜ、きのこを加えて強火で炒める。しんなりしたら、①のボウルに加えて混ぜ、クレソンも加えて和える。

ひき肉とクレソンのスープ　汁

材料（2人分）

豚ひき肉…70g

クレソン…1束

にんにく…2かけ

オリーブ油…大さじ1

ワイン（白）…大さじ2

バジル（乾燥）…小さじ1/2

カレー粉…少々

塩、こしょう…各適量

作り方

1 クレソンは根元を切り落として3cm長さに切る。にんにくはみじん切りにする。

2 鍋を熱してオリーブ油をひき、にんにくを弱火で炒める。いい匂いがしてきたらひき肉を加え、塩、こしょう各少々をふって強火でほぐしながら炒める。

3 肉の色が変わったら、ワイン、水カップ3とバジルを加える。沸いてきたら火を弱めて、あくを取りながら5分煮る。カレー粉を加えて混ぜ、味をみながら塩、こしょうでととのえる。最後にクレソンを加えてひと煮する。

その他のクレソンのレシピ

- 焼きカリフラワーとサーモンのサラダ…**P78**
- チキンときのこのトマトクリーム煮…**P212**
- ビーフストロガノフ…**P223**

- 大根とスペアリブの和風鍋…P246
- ミートローフ…P253
- 鮭バター炊き込みごはん…P279
- 大豆と鶏肉の煮物…P311
- スモークサーモンといり卵のサンド…P361

ゴーヤ

いまではどこでもあたりまえに買えるようになったゴーヤ。苦みこそが持ち味だけど、わたはしっかり取らないとさすがに苦すぎるので注意

ゴーヤチャンプル

材料（2人分）

豚ばら薄切り肉…80g
ゴーヤ…1/2本
もやし…1/2袋
にんじん…3cm
卵…1個
にんにく、しょうが…各1かけ
泡盛…大さじ1
しょうゆ…小さじ1
塩…適量
こしょう…少々
砂糖…1つまみ
オイスターソース…小さじ1
ごま油…大さじ1と1/2

作り方

1 ゴーヤは縦半分に切ってスプーンで種とわたを取り除き、1cm幅に切る。もやしは暇ならひげを取る。にんじんは薄い半月切り*にする。にんにく、しょうがはみじん切りにする。豚肉は一口大に切る。卵は割りほぐす。

2 フライパンを熱してごま油をひき、にんにく、しょうがを弱火で炒める。いい匂いがしてきたら豚肉を加えて強火にして炒める。肉の色が変わったら、にんじん、ゴーヤ、もやしを加えて塩、こしょう各少々をふり、しっかり炒める。

3 ゴーヤが透き通ってきたら、具をフライパンの端に寄せて、空いたところに卵を溶き入れる。木べらで卵を大きく混ぜて、卵がだいたい固まってきたら全体を混ぜ合わせる。

4 泡盛を加えてザッと炒め、しょうゆ、塩、砂糖、オイスターソースを加えて混ぜる。

＊14ページ❷参照

ゴーヤと牛肉のみそ炒め

材料（2〜3人分）

牛肩ロース薄切り肉…150g
ゴーヤ…1/2本
もやし…1/2袋
にんにく、しょうが…各1かけ
ごま油…大さじ1
a
水、みりん…各大さじ1
みそ…大さじ1弱
しょうゆ、オイスターソース…各大さじ1/2
一味唐辛子…適量

作り方

1 ゴーヤは縦半分に切ってスプーンで種とわたを取り除き、7mm幅に切る。もやしは暇ならひげを取る。牛肉は一口大に切る。にんにく、しょうがはみじん切りにする。**a**を混ぜ合わせる。

2 フライパンを熱してごま油をひき、ゴーヤと牛肉を入れて強火で炒める。ゴーヤに少し焼き目がついたら、にんにく、しょうがを加えて炒め、いい匂いがしてきたらもやしを加えて炒める。

3 もやしがしんなりしたら、**a**を加えて炒め合わせる。器に盛って一味唐辛子をふる。

ゴーヤのおひたし

おひたし

材料（2人分）

ゴーヤ…1本
かつお節、しょうゆ…各適量

作り方

1 ゴーヤは縦半分に切ってスプーンで種とわたを取り除き、3〜4mm幅に切る（苦みが気になるときは塩少々をふってもみ、洗って水けをきる）。

2 鍋に湯を沸かして塩を加え、①を歯応えが残る程度にサッとゆでて水けをきる。

3 ボウルに入れてかつお節、しょうゆを加え、和える。

ゴーヤとたこの和え物

和え

材料(2〜3人分)

ゆでたこ…150g
ゴーヤ…1/2本
青じそ…10枚
梅干し…2個
ごま油…大さじ1
塩…適量

> ゴーヤの苦みをやわらげる方法
>
> あまりにも苦かったら、塩少々をふってもんで水で洗う。塩が多いと塩もみになっちゃうので注意。

作り方

1 ゴーヤは縦半分に切ってスプーンで種とわたを取り除き、薄切りにする。鍋に湯を沸かしてサッとゆで、水けをきる。たこは小さめの乱切りにする。青じそ、梅干しは粗みじん切りにする。

2 ボウルに①、ごま油を合わせて和え、味をみながら塩でととのえる。

＊14ページ❹参照

ゴーヤの油みそ和え

和え

材料(2人分)

ゴーヤ…1/2本
赤唐辛子…1本
a みそ、すりごま(白)…各大さじ1
　みりん、砂糖、ごま油
　…各大さじ1/2
塩…2〜3つまみ

作り方

1 ゴーヤは縦半分に切ってスプーンで種とわたを取り除き、薄切りにする。塩をふってもみ、3分くらいおいてから流水でザッと洗う。

2 ①を熱湯でサッとゆでる。赤唐辛子はへたと種を取り除いて小口切りにする。

3 ボウルにaを混ぜ合わせ、②を加えて和える。

＊14ページ❶参照

その他のゴーヤのレシピ

●豚しゃぶとゴーヤのごまだれ和え…P244

ごぼう

ごぼうといえばささがき。鉛筆を削るように包丁を使うのは楽しい作業だが、ピーラーもとても楽。基本的に切ったら酢水にさらす

牛肉とごぼうの甘辛炒め

材料(2人分)

牛切り落とし肉…120g
ごぼう…15cm
わけぎ…1/2束
しょうが…1かけ
ごま油…大さじ1
a 砂糖、みりん、しょうゆ
　…各大さじ1と1/2
しょうゆ…適量
卵黄…1個分

作り方

1 ごぼうはたわしで洗って汚れを落とす。ピーラーで長めの薄切りにして、酢水に2〜3分さらし、水けをきる。わけぎは5cm長さに切る。しょうがはせん切りにする。

2 フライパンを熱してごま油をひき、しょうが、牛肉を入れて強火で炒める。肉の色が変わったら、ごぼうを加えてよく炒める。

3 ごぼうが透き通ってきてしんなりしたらaを加えて炒め合わせる。なじんだらわけぎを加えて炒め、味をみて薄ければしょうゆでととのえる。器に盛って真ん中に卵黄を落とす。

根菜ごま煮

煮

材料(4人分)

ごぼう…1本
れんこん…1節(250〜300g)
にんじん…1本
せり…1束
ごま油…大さじ1
a 水…カップ1
　酒…大さじ2
　みりん…大さじ1と1/2
　しょうゆ、ねりごま(白)
　…各大さじ1
すりごま(白)…大さじ2

作り方

1 ごぼうはたわしで洗って汚れを落とす。一口大の乱切りにする。れんこんは皮をむいて一口大の乱切りにする。ごぼうとれんこんは酢水に2〜3分さらし、水けをきる。にんじんは乱切りにする。せりは根元を切り落として5

cm長さに切る。

2 鍋を熱してごま油をひき、ごぼう、れんこん、にんじんを強火で炒める。油がまわったら**a**を加え、ふたをしてたまに混ぜながら中火で20分煮る。

3 ごぼうに竹串がスーッと通ったらせりを加えてサッと煮る。すりごまを加えて混ぜる。

＊14ページ❹参照

ごぼうとチキンのクリーム煮

煮

材料（2人分）

鶏もも肉…200g

ごぼう…1/2本

にんにく…1かけ

オリーブ油…大さじ1/2

ワイン（白）…大さじ1

生クリーム…カップ1/2

牛乳…カップ1/4

塩、こしょう…各適量

パセリのみじん切り…大さじ1

作り方

1 ごぼうはたわしで洗って汚れを落とす。めん棒などでたたいてから3cm長さに切って、酢水に2〜3分さらし、水けをきる。にんにくはみじん切りにする。鶏肉は脂身を取り除いて一口大に切る。

2 鍋を熱してオリーブ油をひき、鶏肉を皮を下にして並べ、塩、こしょう各少々をふって強火で炒める。焼き色がついたら、ごぼう、にんにくを加えて炒める。

3 いい匂いがしてきたらワインを加えてザッと炒め、生クリーム、牛乳を加える。沸いてきたら火を弱めて5分煮る。

4 味をみながら塩、こしょうでととのえる。器に盛ってパセリをふる。

写真…47ページ

キムチチゲ

鍋

材料（4人分）

豚ばら薄切り肉…400g

ごぼう…1/2本

キムチ…400g

春菊…1束

長ねぎ…2本

豆腐（絹ごし）…1丁

にんにく…4〜5かけ

しょうが…1かけ

ごま油…大さじ3

米のとぎ汁または水…適量

赤みそ…大さじ2

コチュジャン…大さじ1

しょうゆ…適量

いりごま（白）、一味唐辛子…各適量

作り方

1 ごぼうはたわしで洗って汚れを落とす。ピーラーで削るようにしてささがきにし、酢水に2〜3分さらし、水けをきる。春菊は根元を切り落として4等分に切る。長ねぎは5cm長さの斜め切りにする。豆腐は縦半分に切ってから横1cm幅に切る。にんにく、しょうがはみじん切りにする。豚肉は一口大に切る。

2 鍋を熱してごま油をひき、ねぎを強火で炒める。ねぎに焼き色がついたら豚肉を加えて炒める。肉の色が変わったら端に寄せ、空いたところににんにく、しょうがを入れて炒める。

3 いい匂いがしてきたら、鍋七分目まで米のとぎ汁を加える。沸いてきたら火を弱めて、キムチの半量、ごぼうを加え、あくを取りながら5〜7分煮る。

4 豆腐、残りのキムチを加えてザッと煮て、赤みそ、コチュジャンを溶き入れる。味をみて薄ければしょうゆでととのえる。仕上げに春菊を加えてひと煮し、いりごま、一味唐辛子をふる。

＊14ページ❺参照

すいとん鍋

鍋

材料（4人分）

a
- **薄力粉…カップ2**
- **水…カップ3/4**

豚肩ロース薄切り肉…200g

ごぼう…1/2本

大根…3cm

にんじん…5cm

わけぎ…1束

こんにゃく…1/2枚

かつお節…2つかみ

しょうゆ、みりん…各大さじ1

みそ…大さじ2

すりごま（白）…大さじ3

ごま油…少々

作り方

1 ボウルに**a**を合わせて、手でよくこねる。粉っぽさがなくなって表面がなめらかになったら、ラップをしておく。

2 大根は5mm厚さのいちょう切り*にする。にんじんは5mm厚さの半月切り**にする。わけぎは5cm長さに切る。豚肉は一口大に切る。ごぼうはたわしで洗って汚れを落とす。ピーラーで削るようにしてささがき***にし、酢水に2～3分さらし、水けをきる。

3 こんにゃくは縦半分に切ってから横5mm幅に切り、熱湯でサッとゆでる。

4 土鍋七分目まで水を入れて沸かし、かつお節を加えて弱火で2分くらい煮る。網じゃくしでかつお節をすくい取る。

5 ④に大根、にんじん、ごぼう、③を加えて弱めの中火で煮る。大根とにんじんがやわらかくなったら豚肉を加えて、あくを取りながら煮る。肉の色が変わったらしょうゆとみりんを加えて混ぜる。

6 ①を一口大にちぎって鍋に加えて5分煮る。わけぎを加えて、味をみながらみそを加えて混ぜ、仕上げにすりごまを加えてごま油をたらす。

*14ページ❸参照　**14ページ❷参照
***14ページ❺参照

基本のかき揚げ

揚

材料（4人分）

ごぼう…10～12cm
玉ねぎ…1/2個
桜えび…大さじ3～4
a
- 薄力粉…カップ1
- 水…カップ3/5
- 塩…2つまみ

揚げ油…適量
塩…適量

作り方

1 玉ねぎは縦薄切りにする。ごぼうはたわしで洗って汚れを落とす。ピーラーで長めの薄切りにして、酢水に2～3分さらし、水けをきる。

2 ボウルに**a**を混ぜ合わせ、桜えび、①を加えて混ぜる。

3 フライパンに揚げ油を深さ2cmくらい入れて、中温に熱する。②を木べらですくって直径5cmくらいの大きさに落としていく。強めの中火にして、まわりが固まってきたら返しながらうまそうな色になるまでじっくり揚げる。器に盛って塩を添える。

根菜フライ

揚

材料（4人分）

ごぼう…1/2本
れんこん…小1節（200g）
にんじん…1/2本
溶き卵…2個分
薄力粉、パン粉、揚げ油…各適量
a
- マヨネーズ…大さじ2～3
- 牛乳…大さじ1/2～1
- みそ…大さじ1/2
- 砂糖…2つまみ

作り方

1 ごぼうはたわしで洗って汚れを落とす。5cm長さに切ってから縦半分に切る。れんこんは1cm厚さの輪切りにする。ごぼうとれんこんは酢水に2～3分さらし、水けをきる。にんじんは7mm厚さの斜め切りにする。

2 フライパンに揚げ油を深さ2cmくらい入れて低温に熱する。

3 ①に薄力粉、溶き卵、パン粉の順に衣をつける。②に次々入れる。衣が固まってきたらたまに返しながら、5～6分じっくり揚げる。全体がきつね色になってきたら火を強めてカラッと揚げる。器に盛って**a**を混ぜ合わせて添える。

きんぴら風ごぼうサラダ

サラダ

材料（2～3人分）

ごぼう…15cm
a
- 赤唐辛子の粗みじん切り…1/2本分
- しょうゆ、みりん、ごま油、マヨネーズ…各小さじ2
- いりごま（白、黒）…各小さじ1

作り方

1 ごぼうはたわしで洗って汚れを落とす。5cm長さに切ってから縦細切りにして、酢水に2～3分さらす。塩を加えた湯でサッとゆでて水けをきる。

2 ボウルに**a**を混ぜ合わせ、①を加えて和える。

ごぼうの おかずきんぴら

材料（2〜3人分）

ごぼう…1/2本

れんこん…1/2節（120〜150g）

にんじん…1/2本

油揚げ…1枚

ちくわ…1本

赤唐辛子…3本

ごま油…大さじ1

酒、みりん、しょうゆ…各大さじ1

いりごま（白）…大さじ2

作り方

1 ごぼうはたわしで洗って汚れを落とす。5cm長さに切ってから縦細切りにする。れんこんは3mm厚さのいちょう切りにする。ごぼうとれんこんは酢水に2〜3分さらし、水けをきる。にんじんは縦細切りにする。油揚げは5mm幅に切る。ちくわは3mm厚さの輪切りにする。赤唐辛子はへたを取る。

2 フライパンを熱してごま油をひき、ごぼう、れんこんを加えて強めの中火で炒める。少ししんなりしたらにんじんを加えて炒める。

3 にんじんが少ししんなりしたら油揚げ、ちくわ、赤唐辛子を種ごと加えて炒め合わせる。

4 酒、みりん、しょうゆを加えて炒め、いりごまを加えてザッと混ぜる。

＊14ページ❸参照

ごぼうと豚肉の カレーきんぴら

材料（2〜3人分）

豚ひき肉…150g

ごぼう…1本

赤唐辛子…2本

ごま油…大さじ1

a ┌ みりん…大さじ2
  │ しょうゆ…大さじ1
  └ カレー粉…小さじ1

いりごま（白）…大さじ3

作り方

1 ごぼうはたわしで洗って汚れを落とす。5cm長さに切ってから縦細切りにする。酢水に2〜3分さらし、水けをきる。赤唐辛子はへたを取る。

2 フライパンを熱してごま油をひき、ごぼうを加えて中火で炒める。油がまわったら豚ひき肉と赤唐辛子を種ごと加えてよく炒める。ごぼうが透き通って火が通ったら、**a**を加えて炒め合わせる。仕上げにいりごまを加えてザッと混ぜる。

定番きんぴら

材料（2人分）

ごぼう…1本

赤唐辛子…2本

ごま油…大さじ1強

みりん…大さじ2

しょうゆ…大さじ1弱

いりごま（白）…大さじ2

作り方

1 ごぼうはたわしで洗って汚れを落とす。6〜7cm長さに切ってから縦細切りにし、酢水に2〜3分さらし、水けをきる。赤唐辛子はへたを取る。

2 フライパンを熱してごま油をひき、ごぼうを加えて強めの中火で炒める。少ししんなりしたら、赤唐辛子を種ごと加えて、さらによく炒める。

3 ごぼうが透き通って火が通ったら、みりん、しょうゆ、水大さじ1を加えて炒め合わせ、調味料がなじんだらいりごまを加えて混ぜる。

ごぼうチップ

材料（4人分）

ごぼう…1本

片栗粉…カップ1/3

揚げ油…適量

塩…適量

カレー粉…2つまみ

作り方

1 ごぼうはたわしで洗って汚れを落とす。ピーラーで長めの薄切りにして、酢水に2〜3分さらす。水けをよくきる。

2 ボウルに①を入れ、片栗粉を加えて全体にまぶす。

3 数回にわけて揚げる。フライパンに揚げ油を深さ2cm入れて中温に熱し、②を入れて弱めの中火でじっくり揚げる。きつね色になってカリッとしてきたらひきあげる。

4 揚げたてに塩、カレー粉をふる。

牛肉とごぼうの卵とじ丼

米

材料（2人分）

温かいご飯…2人分

牛肩ロース薄切り肉…80g

ごぼう…10cm

玉ねぎ…1/4個

卵…3個

a
- 水…カップ1/4
- しょうゆ…大さじ1
- みりん…大さじ1
- 砂糖…大さじ1/2

作り方

1 ごぼうはたわしで洗って汚れを落とす。ピーラーで削るようにしてささがき*にし、酢水に2〜3分さらし、水けをきる。玉ねぎは縦薄切りにする。牛肉は一口大に切る。卵は溶きほぐす。

2 フライパンに**a**を合わせて煮立て、牛肉、玉ねぎ、ごぼうを重ね、ふたをして弱めの中火で3分煮る。

3 溶き卵を回し入れてすぐにふたをし、中火で1分加熱する。

4 器にご飯を盛って③をのせる。

＊14ページ❺参照

炊き込みごはん

米

材料（4人分）

米…2合

豚ばら薄切り肉…120g

ごぼう…15cm

まいたけ…1パック

にんじん…3cm

しょうが…1かけ

a
- しょうゆ…大さじ1と1/2
- みりん、酒…各大さじ1
- 塩…2つまみ

作り方

1 まいたけは小房にわける。にんじんは薄い半月切り*にする。ごぼうはたわしで洗って汚れを落とす。ピーラーで削るようにしてささがき**にし、酢水に2〜3分さらし、水けをきる。豚肉は一口大に切る。しょうがはせん切りにする。

2 米は洗って水けをきり、炊飯器に入れる。目盛りに合わせて水を注ぐ。そこから水大さじ4と1/2を取り除き、**a**を加えて混ぜる。

3 ②に①を加え、普通に炊く。炊きあがったらぬらしたしゃもじで切るようにサックリと混ぜる。

＊14ページ❷参照　＊＊14ページ❺参照

冬野菜と大豆のカレー

米

材料（4人分）

温かいご飯…4人分

ごぼう、にんじん…各1本

大根…8cm

大豆水煮缶…小2缶（250g）

にんにく…3かけ

サラダ油…大さじ2

ローリエ…1枚

カレーペースト
- 玉ねぎ…3個
- a
  - カレー粉…大さじ2〜3
  - 赤みそ、しょうゆ、酒、ガラムマサラ…各大さじ1
  - 塩、砂糖…各小さじ1
- サラダ油…大さじ3

塩、こしょう…各適量

作り方

1 大根は長さを半分に切ってから、縦4等分に切る。にんじんは乱切り*にする。ごぼうはたわしで洗って汚れを落とす。5cm長さに切って酢水に2〜3分さらし、水けをきる。にんにくはつぶす。

2 鍋を熱してサラダ油をひき、にんにくを弱火で炒める。いい匂いがしてきたら大根、にんじん、ごぼうを加えて強火で炒める。油がまわったら水カップ10とローリエを加えて煮る。沸いてきたら火を弱め、あくを取りながら2時間煮る。

3 煮ている間にカレーペーストを作る。玉ねぎは縦薄切りにする。フライパンを熱してサラダ油をひき、玉ねぎを強火で炒める。しんなりしてきたら、火を弱めてじっくり炒める。濃いきつね色になってきたら**a**を加えて炒め合わせ、全体になじませてペースト状にする。

4 ②をいったんボウルにあけ、ゆで汁約カップ4を鍋に戻す。野菜を戻し、③を加える。大豆をザッと洗って加える。たまに混ぜながら弱火で1時間くらい煮る。味をみて塩、こしょうでととのえる。

5 器にご飯を盛って④をかける。

＊14ページ❹参照

牛肉とごぼうの焼きうどん

麺

材料（2人分）

ゆでうどん…2玉

牛肩ロース薄切り肉…100g

ごぼう…10cm

長ねぎ…1本

しょうが…1かけ

サラダ油…大さじ1

a［すりごま（白）…大さじ1と1/2
**　みりん、しょうゆ…各大さじ1**

しょうゆ…適量

作り方

1 ごぼうはたわしで洗って汚れを落とす。ピーラーで削るようにしてささがきにし、酢水に2～3分さらし、水けをきる。

2 長ねぎは斜め薄切りにする。しょうがはせん切りにする。牛肉は一口大に切る。うどんはざるに入れて、流水で洗って水けをきる。

3 フライパンを熱してサラダ油をひき、牛肉、長ねぎを強火で炒める。少し焼き色がついたら、しょうが、ごぼうを加えてよく炒める。

4 ごぼうに火が通ったらうどんを加えて炒め合わせ、うどんに油がまわったら**a**を加えて炒め合わせる。味をみて薄ければしょうゆでととのえる。

＊14ページ❺参照

鮭とごぼうのクリームパスタ

麺

材料（2人分）

リングイネ…150g

生鮭…2切れ

ごぼう…10cm

にんにく…1かけ

オリーブ油…大さじ1

ワイン（白）…大さじ1

a［生クリーム…カップ1/2
**　牛乳…カップ1/4**

塩、こしょう、パルメザンチーズ…各適量

作り方

1 ごぼうはたわしで洗って汚れを落とす。ピーラーで長めのささがきにして酢水に2～3分さらし、水けをきる。にんにくはみじん切りにする。生鮭は水けをふいて4等分に切る。

2 フライパンを熱してオリーブ油大さじ1/2をひき、鮭を並べて塩、こしょう各少々をふり、強めの中火で焼く。焼き色がついたら返して両面を焼いて取り出す。

3 リングイネは塩を加えた湯で表示時間より1分短めにゆでる。

4 ②のフライパンをサッとふいて熱し、残りのオリーブ油をひいてにんにくを弱火で炒める。いい匂いがしてきたらごぼうを加えて強火で炒める。

5 ごぼうが少ししんなりしたら②を戻し入れ、ワインを加えてザッと炒める。**a**を加えて中火で煮詰め、少しとろみがついたら味をみながら塩、こしょうでととのえる。

6 フライパンにゆであがったパスタを加えて和え、味をみて薄ければ塩、こしょうでととのえる。器に盛ってパルメザンチーズを削ってちらし、こしょうをふる。

＊14ページ❺参照

その他のごぼうのレシピ

- 豆乳キムチ鍋…P246
- さんまの山椒みそ煮…P284
- さんまの中華煮…P284
- さんまのキムチ煮…P285
- 根菜カレーライス…P335
- 五目炊き込みご飯…P337

小松菜

ほうれんそうににているけど、茎が少し太くて葉先が丸いのが小松菜。ほうれんそうのような下処理が必要なく、そのまま使えて実に手軽

小松菜炒めいかあんかけ

メイン

材料（2～3人分）

いか…1杯

小松菜…1束

にんにく、しょうが…各1かけ
ごま油…大さじ2
酒…大さじ1
しょうゆ…大さじ1弱
塩、こしょう…各適量
a ┌ **片栗粉…大さじ1/2**
　└ **水…大さじ1と1/2**

作り方

1 小松菜は根元を切り落として長さを半分に切る。いかは足と内臓を引き抜く。内臓を切り落として胴と足は洗って水けをふく。胴は1cm幅の輪切りにして、足は食べやすい大きさに切り分ける。にんにく、しょうがはみじん切りにする。**a**を混ぜ合わせておく。

2 フライパンを熱してごま油大さじ1をひく。小松菜を入れて塩1～2つまみをふり、強火で炒める。しんなりしたら器に盛る。

3 ②のフライパンを再び熱してごま油を大さじ1をひく。にんにく、しょうがを弱火で炒める。いい匂いがしてきたらいかを加えて、塩、こしょう各少々をふって、強火で炒める。

4 いかの色が変わったら酒を加えてザッと混ぜる。水カップ1/2、しょうゆを加え、フツフツしてきたら火を止める。**a**をもう一度よく混ぜてから回し入れて、全体を素早く混ぜる。再び火をつけて、とろみがついたら味をみて塩、こしょうでととのえる。②にかける。

小松菜と桜えびの和風炒め

材料（2人分）

小松菜…1/2束
桜えび…大さじ3～4
ごま油…大さじ1
しょうゆ、みりん…各大さじ1/2

作り方

1 小松菜は根元を切り落として5cm長さに切る。

2 フライパンを熱してごま油をひき、小松菜を入れて強めの中火で炒める。

3 小松菜が少ししんなりしたら、桜えび投入。しょうゆ、みりんを加えてガーッと炒め合わせる。

牛肉と小松菜のいり豆腐

材料（2人分）

牛肩ロース薄切り肉…120g
小松菜…1/2束
豆腐（木綿）…1丁
にんじん…3cm
長ねぎ…1/2本
しょうが…1かけ
卵…1個
ごま油…大さじ1と1/2
酒…大さじ1
a ┌ **みりん…大さじ1/2**
　│ **しょうゆ…大さじ1/2**
　└ **塩…小さじ1/3**
七味唐辛子、塩、こしょう…各適量

作り方

1 豆腐は水きり*をする。小松菜は根元を切り落として5cm長さに切る。にんじんは薄い半月切り**にする。長ねぎは斜め薄切りにする。しょうがはみじん切りにする。牛肉は一口大に切る。卵は溶きほぐす。

2 フライパンを熱してごま油をひき、しょうがを弱火で炒める。いい匂いがしてきたら牛肉を加える。塩、こしょう各少々をふって強火で炒める。肉の色が変わったら、にんじん、長ねぎ、小松菜の順に加えて炒める。

3 少ししんなりしたら具をフライパンの端に寄せて、空いたところに溶き卵を流し入れる。そのままいじらず加熱し、少し固まってきたら、卵の部分を木べらで混ぜて半熟のスクランブルエッグにする。豆腐を加えて、木べらで好みの大きさにくずしながら全体を炒め合わせる。酒を加えてザッと混ぜ、**a**を加えて炒め合わせる。味をみて薄ければ塩、こしょうでととのえる。器に盛って七味唐辛子をふる。

＊18ページ参照　＊＊14ページ❷参照

野菜炒め

材料（2人分）

豚こま切れ肉…150g
小松菜…1/3～1/2束
にんじん…3cm
にら…1/2束
にんにく、しょうが…各1かけ

桜えび…大さじ2
ごま油…大さじ1
酒…大さじ1
しょうゆ…大さじ1
塩、こしょう、いりごま（白）
　…各適量

作り方

1 小松菜は根元を切り落として5cm長さに切る。にんじんは薄い半月切りにする。にらは5cm長さに切る。にんにく、しょうがはみじん切りにする。

2 フライパンを熱してごま油をひき、にんにく、しょうがを弱火で炒める。いい匂いがしてきたら豚肉を加えて、塩、こしょう各少々をふって、強火にして炒める。

3 肉の色が変わったら、にんじん、小松菜、にら、桜えびの順に数回にわけながら加えて炒める。

4 野菜が少ししんなりしたら、酒、しょうゆを加えて炒め合わせる。味をみて薄ければ塩、こしょうでととのえる。器に盛っていりごまをふる。

＊14ページ❷参照

小松菜と豆腐のしょうゆあんかけ

煮

材料（2人分）
豚ばら薄切り肉…100g
小松菜…1/2束
豆腐（絹ごし）…小1丁
長ねぎ…1/2本
にんにく、しょうが…各1かけ
ごま油…大さじ1
a ┌ 水…カップ1
　│ 酒、しょうゆ…各大さじ1
　└ オイスターソース…大さじ1/2
b ┌ 片栗粉…大さじ1
　└ 水…大さじ1
ラー油、塩、こしょう…各適量

作り方

1 小松菜は根元を切り落として5cm長さに切る。長ねぎは1cm厚さの斜め切りにする。にんにく、しょうがはみじん切りにする。豚肉は一口大に切る。**b**を混ぜ合わせておく。

2 フライパンを熱してごま油をひき、にんにく、しょうがを弱火で炒める。いい匂いがしてきたら、豚肉、長ねぎを加えて強火で炒める。肉の色が変わったら**a**を加えて混ぜる。

3 沸いてきたら豆腐をスプーンですくって加え、小松菜も加えて3分煮る。味をみて、塩、こしょうでととのえる。

4 火を止めて**b**をもう一度よく混ぜてから回し入れ、素早く混ぜる。中火にかけて、とろみがつくまで煮詰める。器に盛ってラー油をたらす。

手羽元と小松菜の煮物

煮

材料（2人分）
手羽元…6本
小松菜…1/2束
しょうが…1かけ
a ┌ 水…カップ3/4
　│ しょうゆ、みりん…各大さじ2
　│ 酒…大さじ1
　└ 砂糖…小さじ1/2

作り方

1 小松菜は根元を切り落として5cm長さに切る。しょうがはせん切りにする。

2 鍋に**a**を入れて煮立て、手羽元としょうがを加える。少しずらしてふたをして、たまに混ぜながら弱めの中火で12〜13分煮る。

3 小松菜を加え、ふたをしてさらに2分煮る。

鶏肉のピリ辛豆乳煮

煮

材料（2人分）
鶏もも肉…300g
小松菜…1/2束
にんにく、しょうが…各1かけ
ごま油…大さじ1
酒…大さじ1
豆乳…カップ1
オイスターソース、しょうゆ
　…各大さじ1/2
砂糖…小さじ1/2
塩、こしょう、ラー油…各適量
万能ねぎ（小口切り）…適量

作り方

1 小松菜は根元を切り落として7cm長さに切る。にんにく、しょうがはみじん切りにする。鶏肉は脂身を取り除いて、大きめの一口大に切る。

2 フライパンを熱してごま油をひく。鶏肉を皮を下にして並べて、塩、こしょう各少々をふり、強火で両面焼く。焼き目がついたら、にんにく、しょうがを加えて炒める。

3 いい匂いがしてきたら、酒、豆乳、オイスターソース、しょうゆを加える。沸いてきたら火を弱めてあくを取りながら5分煮る。

4 小松菜を加えてひと煮し、砂糖を加えて混ぜる。味をみながら塩でととのえる。器に盛ってラー油をたらし、万能ねぎをちらす。

＊14ページ❶参照

豚肉と大根と小松菜の煮物

煮

材料（4人分）

豚肩ロース薄切り肉…200g

大根…12cm

大根の葉…適量

小松菜…1/2束

しょうが…1かけ

ごま油…大さじ1

a

- **水…カップ1**
- **しょうゆ…大さじ2強**
- **酒、みりん…各大さじ2**
- **砂糖…大さじ1**

いりごま（白）…適量

作り方

1 大根は皮をむいて1cm厚さの輪切りにする（太ければ半月切りでも）。大根の葉は中心のやわらかい部分だけ粗みじん切りにする。小松菜は根元を切り落として5cm長さに切る。しょうがはせん切りにする。豚肉は一口大に切る。

2 フライパンを熱してごま油をひき、豚肉を強火で炒める。肉の色が変わったら、しょうが、大根を加えて炒め、全体に油がまわったら**a**を加える。

3 ふたをしてたまに混ぜながら強めの中火で15分煮る。大根に竹串がスーッと通ったら小松菜を加えてひと煮する。器に盛って大根の葉といりごまをちらす。

＊14ページ❷参照

えびと小松菜のクリームシチュー

煮

材料（2人分）

えび…8尾

小松菜…1/2束

にんにく…1かけ

ワイン（白）…大さじ1

生クリーム、牛乳…各カップ1

オリーブ油…少々

バター…大さじ1

塩、こしょう…各適量

作り方

1 小松菜は根元を切り落として5cm長さに切る。えびは背開きにする。背わたがあれば取り除く。にんにくはみじん切りにする。

2 鍋を熱してオリーブ油をひき、バターを入れる。にんにくを加えて弱火で炒める。えびを加えて塩、こしょう各少々をふり、強火にして炒める。

3 えびの色が変わったら、ワイン、生クリーム、牛乳を加えて中火で煮詰める。少しとろみがついたら、味をみて塩、こしょうでととのえて、小松菜を加えてサッと煮る。

＊16ページ参照

小松菜の白和え

和え

材料（2〜3人分）

小松菜…1/2束

豆腐（木綿）…1/2丁

a

- **おろししょうが…少々**
- **すりごま（白）…大さじ1**
- **マヨネーズ…大さじ1/2**
- **みそ…小さじ1**
- **砂糖…小さじ1/2**

作り方

1 豆腐は水きりをする。

2 小松菜は塩を加えた湯でサッとゆでる。水にとって冷まして水けをしっかり絞る。根元を切り落として5cm長さに切る。

3 ボウルに豆腐を入れてスプーンで細かくつぶし、**a**を加えてよく混ぜる。②を加えて和える。

＊18ページ参照

豚肉と小松菜のおかずナムル

和え

材料（2〜3人分）

豚ばら薄切り肉…160g

小松菜…1束

香菜《シャンツァイ》…1/3束
赤唐辛子…2本
a［ おろしにんにく…1/2かけ分
すりごま(白)、ごま油、ナンプラー…各大さじ1
マヨネーズ…小さじ1強
塩、砂糖…各2つまみ
塩…適量

作り方

1 小松菜は塩を加えた湯でサッとゆでる。水にとって冷まして水けをしっかり絞る。根元を切り落として5cm長さに切る。香菜は3cm長さに切る。

2 豚肉は一口大に切る。①の鍋で色が変わるまでゆでる。

3 赤唐辛子はへたと種を取り除いて小口切り＊にしてボウルに入れ、**a**を加えてよく混ぜる。小松菜、香菜、豚肉を加えて和える。味をみて薄ければ塩でととのえる。

＊14ページ❶参照

写真…45ページ

小松菜のツナマヨサラダ　サラダ

材料（2人分）
小松菜…1/2束
ツナ缶…小1缶(80g)
a［ マヨネーズ…大さじ1
レモン汁…大さじ1/2〜1
ごま油…大さじ1/2
しょうゆ…小さじ1/2〜1
砂糖…1つまみ

作り方

1 小松菜は塩を加えた湯でサッとゆでる。水にとって冷まして水けをしっかり絞る。根元を切り落として3〜4cm長さに切る。

2 ツナは缶汁をきってボウルに入れ、**a**、①を加えてよく和える。

小松菜とベーコンのサラダ　サラダ

材料（2人分）
小松菜…1束
ベーコン…3枚
a［ 酢…大さじ1〜2
オリーブ油…大さじ1
マヨネーズ…大さじ1/2
粒マスタード…小さじ1
塩…2つまみ
カレー粉…少々
こしょう…適量

作り方

1 小松菜は塩を加えた湯でサッとゆでる。水にとって冷まして水けをしっかり絞る。根元を切り落として5cm長さに切る。ベーコンは1cm幅に切る。

2 ベーコンはアルミホイルにのせ、トースターでカリッと焼く。

3 ボウルに**a**を混ぜ合わせて、①の小松菜と②を加えて和える。

> **野菜をゆでるときの塩の量**
> 緑色の野菜はほぼ必ず塩を入れてゆでる。色がきれいに出る。塩の量は2つまみくらい。

小松菜の辛漬け　漬け

材料（4人分）
小松菜…1/2束
赤唐辛子…3本
塩…小さじ1
a［ 水…カップ1/2
酒…大さじ1/2
塩…小さじ1/2
砂糖…1つまみ
しょうゆ…少々
ごま油…大さじ1/2

作り方

1 小松菜は根元を切り落として5cm長さに切る。ボウルに入れ、塩を加えて混ぜ、10分おく。ざるにのせて熱湯を①のボウルに回しかけ、水けを絞って再びボウルに入れる。

2 ①のボウルに**a**、赤唐辛子のへたを取って種ごと加えて混ぜる。冷蔵庫で30分くらいつけて味をしっかりなじませる。

小松菜のサッと漬け　漬け

材料（2人分）
小松菜…1/2束
しょうが…1/2かけ
にんにく…1かけ
桜えび…大さじ2〜3
赤唐辛子…1本
塩…小さじ1/2弱
ごま油…適量

作り方

1 小松菜は根元を切り落として5cm長さに切る。ボウルに入れて塩を加えて軽くもみ込む。

2 しょうがは皮をむいてせん切りにする。にんにくは薄切りにする。赤唐辛子はへたと種を取る。

3 ①に②と桜えび、ごま油を加えて混ぜる。ラップをして冷蔵庫で30分つける。

小松菜の煮びたし

おひたし

材料（2人分）

小松菜…1/2束

だし汁…カップ1

しょうゆ、みりん…各小さじ1

作り方

1 小松菜は塩を加えた湯でサッとゆでる。水にとって冷まして水けをしっかり絞る。根元を切り落として5cm長さに切る。

2 小鍋にだし汁を入れて温め、しょうゆ、みりんを加えて混ぜ、①を加えてサッと煮る。

写真…35ページ

小松菜とベーコンのパスタ

麺

材料（2人分）

フェデリーニ…150g

ベーコン…3枚

小松菜…1/2束

にんにく…1かけ

オリーブ油…大さじ1

塩、こしょう…各適量

作り方

1 小松菜は根元を切り落として5cm長さに切る。ベーコンは2cm幅に切る。にんにくはみじん切りにする。

2 パスタは塩を加えた湯で表示時間より1分短めにゆでる。

3 フライパンを熱してオリーブ油をひき、にんにくを弱火で炒める。少し色づいてきたらベーコンを加えて中火で炒める。ベーコンに焼き色がついたら小松菜を加えて、塩、こしょう各少々をふって強火で炒める。

4 小松菜に油がまわったら、②のゆで汁お玉1杯を加えて混ぜてから、ゆであがったパスタを加えて和える。味をみて塩、こしょうでととのえる。

その他の小松菜のレシピ

- 牛肉と小松菜のオイスター煮…P219
- 豆乳キムチ鍋…P246
- 小松菜としらすの和え物…P297
- たぬきつねうどん…P310
- 大豆と小松菜の炒め物…P311
- 小松菜のツナマヨサラダ…P327
- あんかけ焼きそば…P349

さつま芋

優しい甘さだけど、実はあくが強いので、切ったら塩水にさらしてあくを抜く。塩水の濃度はなめてみて塩からいと感じるぐらい

さつま芋のハニーマスタード

サラダ

材料（2〜3人分）

さつま芋…1本（300g）

a［**マヨネーズ、粒マスタード、はちみつ…各小さじ2**］

作り方

1 さつま芋は皮をむいて2cm厚さのいちょう切りにする。塩水に3分さらす。竹串がスーッと通るまでゆでて水けをきる。

2 ボウルに**a**を混ぜ合わせ、①を加えて和える。

＊14ページ❸参照

さつま芋のホットサラダ

サラダ

材料（2人分）

さつま芋…1本（300g）

a［
クリームチーズ…40g
マヨネーズ…大さじ1
はちみつ…大さじ1/2
粒マスタード…小さじ1/2］

作り方

1 さつま芋は皮をむいて2cm厚さのい

ちょう切りにする。塩水に3分さらす。竹串がスーッと通るまでゆでて水けをきる。

2 ボウルに**a**を混ぜ合わせて、アツアツの①を水けをきって加えて和える。

＊14ページ❸参照

さつま芋のポテトサラダ

サラダ

材料（2人分）

さつま芋…1本（300g）

a
- **マヨネーズ、牛乳…各大さじ1/2**
- **砂糖…2つまみ**
- **塩…1つまみ**

作り方

1 さつま芋は皮つきのまま3cm厚さのいちょう切りにして、塩水に3分さらす。竹串がスーッと通るまでゆでて、粗熱をとる。

2 ボウルに**a**を混ぜ合わせ、水けをきったさつま芋を加えて和える。

＊14ページ❸参照

さつま芋の鶏そぼろあん

煮

材料（2〜3人分）

鶏ひき肉…150g

さつま芋…2本（600g）

しょうが…1かけ

a
- **水…カップ3/4**
- **しょうゆ…大さじ1と1/2**
- **みりん…大さじ1/2**
- **片栗粉…大さじ1/2**
- **砂糖…小さじ1**

作り方

1 さつま芋は皮つきのまま2cm厚さの輪切りにして、塩水に3分さらす。竹串がスーッと通るまで蒸すかゆでる。

2 しょうがはせん切りにして鍋に入れ、**a**、ひき肉を加えてよく混ぜる。中火にかけ、沸いてきたら火を弱めて、混ぜながらとろみがつくまで煮る。

3 器に①を水けをきって盛り、②をかける。

きんとん

煮

材料（作りやすい分量）

さつま芋…大1本（約400g）

栗の甘露煮…1瓶（約200g）

くちなしの実…1個

砂糖…カップ1/3

水あめ…大さじ1弱

塩…1つまみ

みりん…大さじ1/2

作り方

1 さつま芋は皮をむいて2cm厚さの輪切りにする。塩水に3分さらす。栗は4等分に切る。栗のシロップはカップ3/4をとっておく。

2 鍋にさつま芋とくちなしの実を入れて、ひたひたの水を加えてゆでる。さつま芋に竹串がスーッと通ったら取り出して水けをきる。くちなしの実は取り除いてゆで汁は残しておく。

3 さつま芋は熱いうちにマッシャーなどでつぶし、①の栗のシロップ、砂糖、水あめ、塩を加えて混ぜる。

4 ③をミキサーにかけてなめらかにする。鍋に移して弱火にかけ、木べらでねりながら加熱する。フツフツしてきたら栗を加えて混ぜる。焦げつきそうなときは②のゆで汁を少し加える。栗がアツアツになったら、みりんを加えてさらにねり、ツヤよく仕上げる。

さつま芋の甘露焼き

焼

材料（2〜3人分）

さつま芋…1本（約300g）

a
- **みりん…大さじ1と1/2**
- **砂糖…大さじ1/2**
- **しょうゆ…小さじ1**

サラダ油…大さじ1

作り方

1 さつま芋は皮つきのまま1cm厚さの輪切りにする。塩水に3分さらして、水けをきる。

2 フライパンを熱してサラダ油をひき、①を並べてふたをして中火で焼く。焼き目がついたらひっくり返し、ふたを取って焼く。

3 竹串がスーッと通ったら、**a**を加えてからめる。

写真…49ページ

さつま芋のきんぴら

材料（2人分）

さつま芋…1本（300g）

サラダ油…大さじ1/2
バター、みりん…各大さじ1
しょうゆ…大さじ1弱
砂糖…大さじ1/2
いりごま(白)…適量

作り方

1 さつま芋は皮つきのまま3mm厚さの斜め切りにしてから細切りにする。塩水に3分さらす。

2 フライパンを熱してサラダ油をひき、バターを入れ、水けをきったさつま芋を加えて強火で炒める。

3 さつま芋が少し透き通ってきたらみりん、しょうゆ、砂糖を加えて混ぜ、ごまをふって混ぜる。

大学いも　揚

材料(4人分)

さつま芋
…2本(600g)
あめ
- **砂糖…大さじ5**
- **サラダ油**
  …大さじ1/2〜1
- **しょうゆ…小さじ1/2〜1**

いりごま(黒)…少々
揚げ油…適量

> 火をつける前に油に入れられる揚げ物
>
> 切り方にもよるけれど、じゃがいも、さつま芋は、油がぬるいうちに入れて揚げる。

作り方

1 さつま芋は皮をむいて大きめの乱切りにして、塩水に3分さらす。

2 さつま芋の水けをきってフライパンに入れ、揚げ油をさつま芋が3/4ほどひたるくらいまで注ぎ入れる。中火にかけてじっくり揚げる。さつま芋がきれいな黄金色になり、竹串がスーッと通ったら火を強めて表面がカリッとするまで揚げる。

3 バットにクッキングシートをしいておく。

4 あめを作る。鍋に砂糖、サラダ油を入れて弱火にかける。砂糖が溶けて泡がだんだん大きくなってきたらしょうゆを加えてとろみがつくまで煮る。

5 ④に②、いりごまを加える。木べらで全体を大きく混ぜ、さつま芋に手早くからめる。クッキングシートの上に広げてしっかり冷ます。

＊14ページ❹参照

さつま芋とひき肉のドライカレー　米

材料(2人分)

温かいご飯…2人分
さつま芋…1本(300g)
鶏ひき肉…100g
にんにく、しょうが…各1かけ
サラダ油…小さじ1
バター…大さじ1/2
a
- **酒…大さじ1**
- **カレー粉、ウスターソース**
  …各大さじ1/2
- **シナモン…少々**

塩、こしょう…各適量

作り方

1 さつま芋は皮をむいて1.5cm角に切り、塩水に3分さらす。にんにく、しょうがはみじん切りにする。

2 フライパンを熱してサラダ油をひいてバターを入れ、にんにく、しょうがを弱火で炒める。いい匂いがしてきたらひき肉を加えて、塩、こしょう各少々をふって強火にして炒める。

3 肉の色が変わったら水けをきったさつま芋を加えてザッと炒め、水カップ1と1/2、**a**を加えてたまに混ぜながら弱めの中火で煮る。

4 さつま芋に竹串がスーッと通ったら、火を強めて水分をとばし、味をみて塩、こしょうでととのえる。器にご飯を盛ってかける。

その他のさつま芋のレシピ

- さつまいものそぼろ煮…P256
- 天ぷら…P273
- さばの竜田揚げ…P281

里芋

ほっくりねっとりがおいしい里芋。皮をむいたあとのヌルヌルはちょっとやっかい。だけど、塩をふってもんで洗えば、かなり取れます

里芋とたらのクリームグラタン　焼

材料(2人分)

たら…2切れ
里芋…200g

にんにく(みじん切り)…1かけ
生クリーム…カップ1
ピザ用チーズ…カップ1/2
サラダ油…大さじ1
酒…大さじ1
パセリ(粗みじん切り)…適量
塩、こしょう…各適量

作り方

1 里芋は皮をむいて1cm厚さの輪切りにする。ボウルに入れて塩少々をふってよくもみ込む。水で洗ってぬめりを取って水けをきる。竹串がスーッと通るくらいまでゆでる。

2 たらはキッチンペーパーで水けをふいて4等分に切る。

3 フライパンを熱してサラダ油をひき、たらを並べて強火で焼く。焼き目がついたら返してにんにくを加える。たらの両面に焼き目がついたら、酒を加えてザッと炒める。

4 生クリーム、①の里芋を加えてひと煮する。味をみながら塩、こしょうで調味する。パセリを加えてザッと混ぜる。

5 耐熱容器を水でサッとぬらして④を入れる。ピザ用チーズをかけて250℃に温めたオーブンでバリッと焼き目がつくまで6〜7分焼く。

里芋のみそグラタン

焼

材料 (3〜4人分)
帆立て貝柱…200g
ベーコン…3枚
里芋…400g
にんにく…1かけ
サラダ油…大さじ1
ワイン(白)…大さじ2
生クリーム…カップ1
白みそ…大さじ1
ピザ用チーズ…カップ1
塩、こしょう…各適量

作り方

1 里芋は皮をむき半分に切ってボウルに入れ、塩少々をふってよくもみ込む。水で洗ってぬめりを取って水けをきる。竹串がスーッと通るくらいまでゆでる。

2 ベーコンは2cm幅に切る。帆立ては4等分に切る。にんにくはみじん切りにする。

3 フライパンを熱してサラダ油をひき、にんにくを弱火で炒める。いい匂いがしてきたら帆立て、ベーコンを加えて強火にして炒める。帆立てとベーコンに少し焼き目がついたらワインを加えてザッと炒める。生クリームを加えてフツフツしてきたらみそを溶き入れ、混ぜながら煮詰める。とろみがついたら、味をみながら塩、こしょうで調味する。①を加えて混ぜる。

4 耐熱容器を水でサッとぬらし、③を入れる。ピザ用チーズをかけて250℃に温めたオーブンでバリッと焼き目がつくまで8〜10分焼く。

写真…49ページ

里芋とひき肉の煮っころがし

煮

材料 (3〜4人分)
豚ひき肉…100g
里芋…350g
サラダ油…大さじ1/2
a［水…カップ1
　しょうゆ、みりん…各大さじ1
　砂糖…大さじ1/2

作り方

1 里芋は皮をむいてボウルに入れ、塩少々をふってよくもみ込む。水で洗ってぬめりを取って水けをきる。

2 鍋を熱してサラダ油をひき、豚ひき肉を加えて強火でほぐしながら炒める。肉の色が変わったら①を加えてザッと炒め、**a**を加える。ふたをしてたまに混ぜながら弱めの中火で20分煮る。

写真…49ページ

鶏と里芋の中華煮

煮

材料 (4人分)
鶏もも肉…300g
里芋…500g
しょうが…1かけ
ごま油…大さじ1
a［水…カップ1
　しょうゆ、オイスターソース、
　　みりん…各大さじ1

作り方

1 鶏肉は脂身を取り除き、一口大に切る。里芋は皮をむき、半分に切ってボウルに入れ、塩少々をふってよくもみ込む。水で洗ってぬめりを取って水けをきる。しょうがは薄切りにする。

2 鍋を熱してごま油をひき、鶏肉を皮を下にして強火で焼く。焼き目がついたら返して全体を焼く。

3 全体に焼き目がついたら里芋を加えて炒める。里芋に油がまわったら、しょうが、**a**を加える。ふたをして弱めの中火でたまに混ぜながら20分煮る。

豚汁

汁

材料（2〜3人分）

豚こま切れ肉…80g

冷凍里芋…100g

長ねぎ…1/2本

大根…3cm

にんじん…3cm

ごま油…大さじ1

酒…大さじ1

みそ…大さじ2〜3

すりごま（白）、七味唐辛子…各適量

作り方

1 大根は皮をむいて5mm厚さのいちょう切りにする。にんじんは皮をむいて3mm厚さの半月切りにする。長ねぎは2cm厚さの斜め切りにする。

2 鍋を熱してごま油をひき、豚肉とねぎを強火で炒める。肉の色が変わったら、大根、にんじんを加えて炒める。

3 全体に油がまわったら酒を加えてザッと炒め、水カップ3、里芋を凍ったまま加える。沸いてきたら火を弱めて、あくを取りながら15分煮る。味をみながらみそを溶き入れる。器に盛ってすりごま、七味唐辛子をふる。

＊14ページ❸参照　＊＊14ページ❷参照

里芋とベーコンのみそ汁

汁

材料（2人分）

冷凍里芋…100g

ベーコン…2枚

だし汁…カップ2

みそ…大さじ1と1/2

作り方

1 ベーコンは2cm幅に切る。

2 鍋にだし汁を入れて温め、①、里芋を凍ったまま加えて、フツフツしてきたら弱めの中火にしてあくを取りながら10分くらい煮る。味をみながらみそを溶き入れる。

その他の里芋のレシピ

● いかと里芋の煮物…P269

じゃがいも

でんぷんの多いじゃがいもは切ったら一度水にさらすのがひと手間だけど、おすすめです。あくや余分なでんぷん質が取れて、おいしくなる

じゃがいもとチキンのハーブソテー

焼

材料（2人分）

鶏むね肉…200g

じゃがいも…2個

にんにく…3かけ

赤唐辛子…1本

バジル（生）…約12枚

オリーブ油…大さじ1と1/2

塩、こしょう…各適量

作り方

1 じゃがいもは皮をむいて1cm厚さの輪切りにして水に3分ほどさらす。鶏肉は1cm幅のそぎ切りにする。にんにくは木べらでつぶす。赤唐辛子はへたを取り除いて小口切りにする。

2 フライパンを熱してオリーブ油大さじ1/2をひき、水けをふいたじゃがいもを並べる。ふたをして弱めの中火で焼く。焼き目がついたら返して両面をこんがり焼く。竹串を刺してスーッと通ったら取り出す。

3 フライパンをザッとふいて熱し、残りのオリーブ油をひいてにんにく、赤唐辛子を弱火で炒める。にんにくが少し色づいたら、にんにく、赤唐辛子を取り出す。

4 フライパンに鶏肉を入れ、塩、こしょう各少々をふって、ふたをして中火で焼く。焼き目がついたら返して両面を焼く。火が通ったら②、バジルを加えて炒め合わせる。味をみて塩、こしょうでととのえる。器に盛って、③のにんにく、赤唐辛子をちらす。

＊15ページ⓬参照　＊＊14ページ❶参照

じゃがいもと豚のザーサイ炒め

材料（2人分）

豚ばら薄切り肉…150g
じゃがいも…2個
ザーサイ…20g
万能ねぎ…1/3束
にんにく、しょうが…各1かけ
酒…大さじ1
オイスターソース、しょうゆ
…各小さじ1
塩、いりごま（白）…各適量
ごま油…大さじ1

作り方

1 ザーサイは細切りにして水に5分さらす。じゃがいもは皮をむき、細切りにして水に3分さらす。万能ねぎは根元を切り落として5cm長さに切る。にんにく、しょうがはみじん切りにする。豚肉は一口大に切る。

2 フライパンを熱してごま油をひき、水けをふいたじゃがいもを入れ、ふたをして弱めの中火で焼く。たまに混ぜながら全体に焼き目をつける。

3 焼き目がついたら、にんにく、しょうがを加えて炒める。いい匂いがしてきたら豚肉を加えて強火にして炒める。肉の色が変わったらザーサイ、万能ねぎを加えてザッと炒める。

4 酒を加えて混ぜ、オイスターソース、しょうゆを加えて炒め合わせる。味をみて薄ければ塩でととのえる。最後にいりごまを加えて混ぜる。

じゃがいもと豚のシャキシャキ炒め

材料（2人分）

豚肩ロース薄切り肉…150g
じゃがいも…2個
にんにく、しょうが…各1かけ
a ┌ 酢、みりん…各大さじ1
**　│ しょうゆ、オイスターソース**
**　└ …各大さじ1/2**
ごま油…大さじ2
塩、こしょう…各少々
いりごま（白、黒）…各大さじ1

作り方

1 じゃがいもは皮をむいて3mm厚さの輪切りにしてから細切りにし、水に3分さらす。豚肉は一口大に切る。にんにく、しょうがはみじん切りにする。

2 フライパンを熱してごま油をひき、にんにく、しょうがを弱火で炒める。いい匂いがしてきたら豚肉を加えて強めの中火で炒める。肉の色が変わりはじめたら、水けをふいたじゃがいもを加えて、塩、こしょうをふり、よく炒める。

3 じゃがいもに竹串がスーッと通ったら**a**を加えて炒め合わせる。仕上げにいりごまを加えてザッと混ぜる。

家宝の肉じゃが

材料（3〜4人分）

牛肩ロース薄切り肉…200g
じゃがいも…4個
玉ねぎ…1個
しょうゆ…大さじ2
砂糖、みりん…各大さじ1
ごま油…大さじ1

作り方

1 じゃがいもは皮をむいて4等分に切り、水に3分さらす。玉ねぎは縦薄切りにする。牛肉は一口大に切る。

2 フライパンを熱してごま油をひき、玉ねぎを強火で炒める。しんなりしたら端に寄せ、空いたところに牛肉を入れて炒める。牛肉の色が変わったら、しょうゆ、砂糖、みりんを加えて全体を炒め合わせる。

3 調味料がなじんだら、上に水けをきったじゃがいもを並べる。水をじゃがいもの高さ2/3くらいまで注ぎ、ふたをしてたまに何度か混ぜながら強火で20分くらい煮る。

4 水分が少なくなって、じゃがいもに竹串がスーッと通ったら、ふたを取って大きく混ぜながら水分をとばしてカラッと仕上げる（じゃがいもがやわらかくなる前に水分がなくなったら、水を適宜足しながらやわらかくなるまで煮る)。

写真…32ページ

鮭とじゃがいものココナッツソース

煮

材料 (4人分)

生鮭…4切れ

じゃがいも(メークイン)…3個

にんにく…3かけ

しょうが…1かけ

豆板醤《トウバンジャン》…小さじ1

酒…大さじ2

a
- **ココナッツミルク…カップ1**
- **水…カップ1/2**
- **ナンプラー、砂糖…各大さじ1と1/2**
- **レモングラス(乾燥)…4～5本**
- **こぶみかんの葉(乾燥)…3～4枚**
- **カレー粉…小さじ1弱**

サラダ油…大さじ2

塩、こしょう…各適量

香菜《シャンツァイ》…適量

作り方

1 じゃがいもは皮をむいて縦4～6等分に切り、水に3分さらす。鍋にじゃがいもとひたひたの水を入れてゆでる。竹串がスーッと通ったらざるにあげて水けをきる。

2 鮭は水けをふいて4等分に切る。にんにく、しょうがはみじん切りにする。

3 フライパンを熱してサラダ油大さじ1をひき、鮭を並べて塩、こしょう各少々をふり、強火で焼く。両面をこんがりと焼いたらいったん取り出す。

4 フライパンをサッとふいて熱し、残りのサラダ油をひいて、にんにく、しょうがを弱火で炒める。いい匂いがしてきたら豆板醤を加えて中火にして炒める。

5 少しきつね色になってきたら酒を加えてザッと炒め、**a**を加えて混ぜる。沸いてきたら③を戻し入れてふたをして5分煮る。じゃがいもを加えてさらに2分煮る。たまにスプーンで煮汁を回しかける。

6 味をみて薄ければ塩、こしょうでととのえる。器に盛って香菜を添える。

ポテトとアンチョビのグラタン

焼

材料 (2人分)

じゃがいも…3個

アンチョビ…3切れ

にんにく…1かけ

ワイン(白)…大さじ1

生クリーム…カップ1

オリーブ油…大さじ1

塩、こしょう…各適量

ピザ用チーズ…カップ3/4

作り方

1 じゃがいもは皮をむいて1cm厚さの輪切りにし、水に3分さらす。鍋にじゃがいもとひたひたの水を入れてゆでる。竹串がスーッと通ったら、ざるにあげて水けをきる。

2 アンチョビ、にんにくはみじん切りにする。

3 フライパンを熱してオリーブ油をひき、にんにくを弱火で炒める。少し色づいてきたらアンチョビを加えてザッと炒める。

4 ワイン、生クリームを加えて弱めの中火で混ぜながら煮詰める。少しとろみがついたら味をみながら塩、こしょうでととのえる。

5 耐熱皿に④の1/3量をしき、①の半量を並べ、さらに④の1/3量、残りの①、残りの④の順に重ねてチーズをちらす。

6 250℃に温めたオーブンで、チーズが溶けて焼き色がつくまで10分くらい焼く。

たことじゃがいもの韓国煮

煮

材料 (2人分)

ゆでたこ…120g

じゃがいも…2個

にら…1/2束

キムチ…100g

a
- **水…カップ1**
- **すりごま(黒)…大さじ1と1/2**
- **酒…大さじ1**
- **しょうゆ、みりん…各大さじ1/2**
- **砂糖…小さじ1**
- **コチュジャン…小さじ1/2**

ごま油…適量

作り方

1 たこは水けをふいて一口大のぶつ切りにする。じゃがいもは皮をむいて1cm角の拍子木切り*にして水に3分さらす。にらは5cm長さに切る。

2 鍋に**a**、たこ、水けをきったじゃがいもを入れ、ふたをして中火にかける。たまに混ぜながら10分煮る。

3 にら、キムチを加えてひと煮し、仕上げにごま油をたらす。

＊14ページ❼参照

クリームシチュー　煮

材料（2〜3人分）

鶏もも肉…1枚
じゃがいも…2個
しめじ…1/2パック
ブロッコリー…1/2株
バター…大さじ2
薄力粉…大さじ2と1/2
ワイン（白）…大さじ1
牛乳…カップ2と1/2
生クリーム…カップ1/2
サラダ油…小さじ1
塩、こしょう…各適量

作り方

1 しめじは根元を切り落として小房にわける。ブロッコリーは小房に切り分け、茎は皮をそぐようにむいて食べやすい大きさに切る。鶏肉は脂身を取り除いて3cm角に切る。

2 じゃがいもは皮をむいて4等分に切り、水に3分さらす。鍋にじゃがいもとひたひたの水を入れてゆで、竹串がスーッと通ったらざるにあげて水けをきる。

3 鍋を熱してサラダ油をひきバターを入れ、バターが溶けたら鶏肉を加えて塩、こしょう各少々をふって強火で炒める。色が変わったらしめじを加えてザッと炒め、ワインを加えて混ぜる。

4 薄力粉を加えてよく混ぜながら弱火で炒める。粉っぽさがなくなったら火を止めて、牛乳を3回にわけて加え、加えるたびによく混ぜる。

5 再び中火にかけて生クリーム、塩小さじ1/3を加え、混ぜながら煮る。

6 とろみがついたらブロッコリー、②を加えて煮る。味をみて塩、こしょうでととのえる。

ポトフ　煮

材料（4人分）

豚肩ロースかたまり肉…600g
じゃがいも（メークイン）…3個
にんじん…1本
セロリ…1本
にんにく…1かけ
ローリエ…1枚
好みのハーブ（ローズマリー、タイムなど、生）…2〜3枝
塩、こしょう、オリーブ油、粒マスタード…各適量

作り方

1 大きめの鍋に七分目まで水を入れて沸かし、豚肉、セロリの葉、ローリエ、半分に切ったにんにく、ハーブを入れる。再び沸いてきたら火を弱め、あくを取りながら2時間くらい煮る（ゆで汁が少なくなったら水を適宜足す）。

2 じゃがいもは皮をむいて縦半分に切り、大きければさらに横半分に切って水に3分さらす。にんじんは長さを半分に切ってから縦4等分に切る。セロリはピーラーで皮をむき、にんじんの大きさに合わせて切る。

3 ①の鍋に②の野菜を加えて煮る。じゃがいもに竹串がスーッと通ったら、味をみて塩、こしょうでととのえる。

4 豚肉は食べやすい大きさにスライスする。器に盛ってオリーブ油を回しかけてこしょうをふり、粒マスタードを添える。

コロッケ　揚

材料（4人分）

合いびき肉…200g
じゃがいも…6個
玉ねぎ（みじん切り）…1/2個
コンデンスミルク…大さじ1
塩…小さじ1/2
こしょう…少々
サラダ油…大さじ1
a［薄力粉…大さじ4
**　卵…1個**
**　水…カップ1/4**
薄力粉、パン粉、揚げ油…各適量
ウスターソース、ケチャップ、キャベツ（せん切り）…各適量

作り方

1 じゃがいもは皮をむいて4等分に切り水に3分さらす。鍋に入れてひたひたの水を加え、ふたをしてやわらかくなるまで強火でゆでる。ゆで汁を捨て、再び強火にかけて水分をとばす。ボウルに移してマッシャーなどでつぶす。

2 フライパンを熱してサラダ油をひき、玉ねぎを中火で炒める。しんなりしたら、ひき肉を加えて塩、こしょうをふり、強火にしてほぐしながら炒める。肉の色が完全に変わったら①のボウルに加える。コンデンスミルクも加えて全体をよく混ぜる。バットなどに広げてしっかり冷ます。

3 ②を12等分にし、俵形に形作る。

4 **a**をよく混ぜ合わせる。③に薄力粉、**a**、パン粉の順に衣をつける。フライパンに揚げ油を深さ3cmくらい入れて中温に熱し、2個ずつ入れて強めの中火で揚げる。衣が固くなってきたら、たまに返しながら揚げ、全体がうまそうなきつね色になるまで揚げる。残りも同様に揚げる。

5 器に盛ってソースとケチャップ同量を混ぜ合わせてかける。キャベツを添える。

写真…43ページ

ホクホクじゃがいものうにソース

ゆで

材料（2人分）

じゃがいも…2個
うに（瓶詰）…大さじ2
バター…大さじ1
生クリーム…カップ1/2
しょうゆ…適量

作り方

1 じゃがいもは芽を取り除いて皮つきのまま食べやすい大きさに切り、水に3分さらす。鍋に入れてひたひたの水を加え、ふたをしてゆでる。竹串がスーッと通ったらざるにあげて水けをきる。

2 バターを室温に戻して（または電子レンジ弱で）やわらかくしてボウルに入れ、うにを加えてよく混ぜる。生クリームを少しずつ加えて溶き混ぜる。味をみてしょうゆでととのえる。

3 器に①を盛って②をかける。

じゃがいもとツナのすりごま和え

和え

材料（2人分）

じゃがいも…3個
万能ねぎ…1/4束
ツナ缶…小1/2缶（約40g）
a
- **おろししょうが…少々**
- **すりごま（白）…大さじ1と1/2**
- **しょうゆ…大さじ1/2**
- **ごま油…大さじ1/2**
- **みりん…小さじ1**
- **砂糖、塩…各1つまみ**

作り方

1 じゃがいもは皮をむき、1cm角の棒状に切って水に3分さらす。鍋にじゃがいもを入れてかぶるくらいの水を加え、ふたをして強火でゆでる。竹串がスーッと通ったらざるにあげて水けをきる。

2 万能ねぎは根元を切り落として5cm長さに切る。ツナは缶汁をきる。

3 ボウルにツナ、**a**を入れて混ぜ、じゃがいもと万能ねぎを加えて和える。

カリカリベーコンとじゃがいものサラダ

サラダ

材料（2人分）

ベーコン…2枚
じゃがいも…2個
a
- **おろしにんにく…少々**
- **オリーブ油…大さじ1/2**
- **酢…小さじ1**
- **バジル（乾燥）…小さじ1/2**
- **塩…2つまみ**
- **こしょう…適量**

作り方

1 フライパンにベーコンを並べて弱火にかけ、じっくり焼く。たまにキッチンペーパーなどで脂をふき取りながら、カリカリになるまで焼く。

2 じゃがいもは皮つきのまま芽だけ取り除き、3cm角に切って、水に3分さらす。鍋にじゃがいもとひたひたの水を入れてゆで、竹串がスーッと通ったらゆで汁を捨てて、再び強火にかけて水分をとばす。

3 ボウルに**a**を混ぜ合わせ、②とカリカリベーコンをくだいて加え、和える。

タラモサラダ

サラダ

材料（2～3人分）

じゃがいも…3個

明太子…1/2腹

牛乳…大さじ1

マヨネーズ…大さじ2

塩、こしょう…各適量

作り方

1 じゃがいもは皮をむいて、2cm角に切って水に3分さらす。鍋にじゃがいもを入れてひたひたの水を加え、ふたをして強めの中火で10分ゆでる。竹串がスーッと通ったらゆで汁を捨て、再び強めの中火にかけて水分をとばす。皿などに取り出して冷ましておく。

2 明太子は薄皮を取り除き、ボウルに入れて牛乳、マヨネーズを加えて混ぜる。①を加えて和え、味をみながら塩、こしょうでととのえる。

ポテトサラダ

サラダ

材料（2～3人分）

じゃがいも…2個

にんじん…3cm

きゅうり…1本

ハム…2枚

塩…小さじ1/3

a
- **マヨネーズ…大さじ2**
- **牛乳…大さじ1**
- **酢…大さじ1/2**
- **からし…小さじ1/2**
- **塩、砂糖…各2つまみ**
- **こしょう…少々**

> **じゃがいもをゆでる水の量**
>
> じゃがいもは、すごくやわらかくしたいときはかぶるくらいの水、形を残したいときはひたひたにする。

作り方

1 じゃがいもは皮をむいて2cm角に切り、水に3分さらす。にんじんは薄い半月切りにする。

2 鍋に水けをきったじゃがいもとかぶるくらいの水を入れ、ふたをして強火で7～8分ゆでる。竹串がスーッと通ったらにんじんを加えてさらに2分煮る。ゆで汁を捨て、再び強火にかけて水分をとばす。ざるにあげて冷ます。

3 きゅうりは薄い半月切りにして塩を加えて混ぜる。ハムは1.5cm角に切る。

4 ボウルに**a**を混ぜ合わせ、②、水けを絞ったきゅうり、ハムを加えて和える。

＊14ページ❷参照

マッシュポテト

ゆで

材料（2～3人分）

じゃがいも…3個

バター…大さじ1弱

牛乳…大さじ2

塩、こしょう…各適量

作り方

1 じゃがいもは皮をむいて4等分に切り、水に3分さらす。

2 鍋にじゃがいもとひたひたの水を入れて強火でゆでる。やわらかくなったらゆで汁を捨て、再び強火にかけて水分をしっかりとばす。

3 ボウルに移し、熱々のうちにバター、牛乳を加えてつぶしながらよく混ぜる。

4 味をみながら塩、こしょうでととのえる。

じゃがいものお焼き

焼

材料（2人分）

じゃがいも…2個

ベーコン…1枚

a
- **卵黄…1個分**
- **薄力粉…大さじ2**
- **塩…2つまみ**
- **こしょう…適量**

サラダ油…適量

ウスターソース…適量

作り方

1 じゃがいもは皮をむいてすりおろす。ベーコンは5mm幅に切る。

2 ボウルに①、**a**を入れて泡立て器でよく混ぜる。

3 フライパンを熱してサラダ油をひき、②を直径7～8cmに丸く流し入れて3～4枚ずつ弱めの中火で焼く。焼き目がついたら裏返して両面をこんがり焼く。残りも同様に焼く。

4 器に盛って、ウスターソースを添える。

じゃがいものガレット

焼

材料（2人分）

じゃがいも…2個

サラダ油…大さじ2

塩、こしょう…各少々

作り方

1 じゃがいもは皮をむいて2mm厚さにスライスしてから、さらに2mm幅の細切りにする。

2 フライパンを熱してサラダ油大さじ1をひき、①を入れて平らに丸く広げる。塩、こしょうをふって弱めの中火でじっくり焼く。

3 裏に焼き目がついてまとまったら返す。フライパンの縁から残りのサラダ油を回し入れ、フライ返しで軽く押さえて裏面もじっくり焼く。

写真…48ページ

じゃがいもとブロッコリーのソテー

材料（2人分）

じゃがいも…2個

ブロッコリー…1/2個

オリーブ油…大さじ2

塩…適量

作り方

1 じゃがいもは皮をむいて7mm厚さの輪切りにし、水に3分さらす。ブロッコリーは小房に切り分ける。

2 フライパンを熱してオリーブ油大さじ1をひき、水けをきったじゃがいもを並べて塩少々をふり、ふたをして中火で焼く。両面をこんがりと焼き、竹串がスーッと通ったら取り出す。ブロッコリーも同様に焼く。

しゃきしゃきじゃがいものきんぴら

材料（4人分）

豚ばら薄切り肉…150g

じゃがいも（メークイン）…3個

みりん…大さじ2

しょうゆ…大さじ1強

いりごま（白）…大さじ2〜3

ごま油…大さじ1

一味唐辛子…適量

作り方

1 じゃがいもは皮をむいてピーラーで削るようにして薄切りにし、水に3分さらす。豚肉は一口大に切る。

2 フライパンを熱してごま油をひき、豚肉を強火で炒める。色が変わったら水けをきったじゃがいもを加えて炒める。

3 じゃがいもが透き通ったら、みりん、しょうゆ、いりごまを加えて炒め合わせる。器に盛って一味唐辛子をふる。

ジャーマンポテト

材料（2〜3人分）

じゃがいも…3個

玉ねぎ…1/2個

ベーコン…3枚

サラダ油…小さじ1

バター…小さじ2

塩、こしょう…各適量

作り方

1 じゃがいもは皮をむいて1cm厚さの輪切りにし、水に3分さらす。竹串がスーッと通るまでゆで、ざるにあげて水けをきる。玉ねぎは横薄切りにする。ベーコンは2cm幅に切る。

2 フライパンを熱してサラダ油をひき、ベーコンを弱火で焼く。ベーコンに焼き目がついたら、玉ねぎを加えて中火で炒める。

3 玉ねぎがきつね色になってきたら、ベーコンと玉ねぎをフライパンの端に寄せて空いたところに①を並べ、バターを落とす。あまり動かさずに焼き、全体に焼き目をつける。味をみながら塩、こしょうでととのえる。

写真…49ページ

じゃがいも炒めのジェノベーゼソース

材料（2〜3人分）

じゃがいも（メークイン）…2個

にんにく…1/2かけ

ジェノベーゼペースト
…大さじ1と1/2

オリーブ油…大さじ1

塩、こしょう…各適量

作り方

1 じゃがいもは皮をむいて1.5cm幅の短冊切りにして水に3分さらす。にんにくはみじん切りにする。

2 フライパンを熱してオリーブ油をひき、水けをふいたじゃがいもを入れて強火で炒める。少し焼き目がついたらにんにくを加えて炒める。いい匂いがしてきたら、ジェノベーゼペーストを加えて炒め合わせる。味をみながら塩、こしょうでととのえる。

フライドポテト（＋ソース2種）　揚

材料（2〜3人分）

じゃがいも…3個

揚げ油…適量

塩…少々

明太子ソース

明太子…1/2腹

マヨネーズ…大さじ2

みそチーズソース

クリームチーズ…80g

みそ…小さじ1

牛乳…大さじ1

> 揚げ油の量
> 揚げ物は専用の揚げ鍋じゃなくてもフライパンでできます。揚げ油は底から2cmあればじゅうぶん。

作り方

1 じゃがいもは芽を取り除き、皮つきのまま6等分のくし形に切って*水に3分さらす。

2 明太子ソースは明太子の薄皮を取り除いてマヨネーズとよく混ぜ合わせる。みそチーズソースはクリームチーズを電子レンジ弱でやわらかくしてその他の材料とよく混ぜ合わせる。

3 フライパンに揚げ油を深さ2cm入れて、水けをふいた①を加えてから中火にかける。プクプク泡が出てきたら火を弱めて、たまに返しながらじっくりと揚げる。

4 じゃがいもに竹串がスーッと通って全体がきつね色になったら、火を強めてカラッと仕上げる。熱いうちに塩をふる。②のソースをつけて食べる。

＊14ページ❻参照

ガーリックポテトフライ　揚

材料（2人分）

じゃがいも…3個

にんにく…2かけ

揚げ油…適量

塩、こしょう…各適量

作り方

1 じゃがいもは芽を取り除き、皮つきのまま2.5cm角に切って水に3分さらす。にんにくは横薄切りにして芽を竹串で取り除く。

2 フライパンに揚げ油を深さ2cm入れ、水けをきったじゃがいも、にんにくを入れて中火にかける。たまに返しながらじっくり揚げる。にんにくは色づいてきたら先に取り出す。

3 じゃがいもに竹串がスーッと通ったら火を強めてカラッと仕上げる。熱いうちに塩、こしょうをふる。器に盛ってにんにくをくだきながらちらす。

肉じゃが炊き込みご飯　米

材料（4人分）

米…2合

牛肩ロース薄切り肉…250g

じゃがいも（メークイン）…3個

a
- **しょうゆ…大さじ2と1/2**
- **みりん…大さじ3**
- **酒…大さじ1**
- **砂糖…小さじ1**
- **塩…小さじ1/4**

ごま油…大さじ1/2

青のり…適量

作り方

1 じゃがいもは皮をむいて2.5cm角に切り、水に3分さらす。牛肉は一口大に切る。

2 米は洗ってざるにあげて水けをきり、炊飯器に入れる。目盛りに合わせて水を注ぎ、そこから水大さじ5を取り除く。

3 **a**を加えて混ぜ、水けをきったじゃがいも、牛肉をのせ、普通に炊く。

4 炊きあがったらごま油を加え、ぬらしたしゃもじで切るようにサックリと混ぜる。器に盛って青のりをふる。

チキンカレー1　米

材料（4人分）

温かいご飯…4人分

鶏もも肉…2枚

じゃがいも…2個

にんじん…1本

しめじ…1パック

玉ねぎ…1個

にんにく…2かけ

バター…大さじ2

カレールウ…1箱（5〜6皿分）

赤みそ…大さじ1/2

サラダ油…大さじ2

作り方

1 じゃがいもは皮をむいて4〜6等分に切り、水に3分さらす。にんじんは一口大の乱切り＊にする。しめじは根元を切り落として小房にわける。玉ねぎは縦薄切りにする。にんにくはみじん切りにする。鶏肉は脂身を取り除き、一口大に切る。

2 フライパンを熱してサラダ油大さじ1とバターを入れ、にんにくを弱火で炒める。いい匂いがしてきたら玉ねぎを加えて強火にして炒める。しんなりしてきたら弱火にしてきつね色になるまでしっかり炒める。

3 鍋を熱して残りのサラダ油をひき、鶏肉を皮を下にして並べて強火で焼く。焼き色がついたら返して両面をこんがり焼く。じゃがいも、にんじん、しめじ、②の順に加えてザッと炒める。

4 ③にカレールウの箱の表示量の水を加えて沸いてきたら火を弱め、あくを取りながら15分煮る。カレールウ、赤みそを加え、たまに混ぜながらとろみがつくまで弱火で10分煮る。

5 器にご飯を盛って④をかける。

＊14ページ❹参照

男爵、メークインの使い分け

男爵はホクホクしたいわゆるじゃがいも。メークインはねっとりしていて煮崩れにくい。

じゃがいもとバジルのリングイネ

麺

材料（2人分）

リングイネ…150g

じゃがいも（メークイン）…2個

バジル（生）…8枚

アンチョビ…4切れ

にんにく…2かけ

ワイン（白）…大さじ2

オリーブ油…大さじ1と1/2

塩、こしょう…各適量

作り方

1 じゃがいもは皮をむいて1cm幅の短冊切りにし、水に3分さらす。バジルは大きめにちぎる。アンチョビはみじん切りにする。にんにくは薄切りにする。

2 パスタは塩を加えた湯で表示時間より30秒〜1分短めにゆでる。

3 フライパンを熱してオリーブ油をひき、水けをきったじゃがいもを加えて中火で炒める。じゃがいもが少し透き通ってきたら端に寄せ、空いたところににんにくを入れて炒める。少し色づいてきたらアンチョビ、ワインを加えてザッと炒める。

4 ゆであがったパスタ、パスタのゆで汁お玉1杯、バジルを加えて和え、味をみながら塩、こしょうでととのえる。

玉ねぎとじゃがいものパスタ

麺

材料（2人分）

スパゲッティ…150g

じゃがいも…1個

玉ねぎ…1個

にんにく…3かけ

バジル（生）…10枚

オリーブ油…大さじ2

塩、こしょう、パルメザンチーズ
…各適量

作り方

1 じゃがいもは皮をむいて2mm厚さに切ってから3等分に切り、水に3分さらす。玉ねぎは縦薄切りにする。にんにくは縦薄切りにする。バジルはちぎる。

2 パスタは塩を加えた湯で表示時間より1分短めにゆでる。

3 フライパンを熱してオリーブ油をひき、にんにくを弱火で炒める。いい匂いがしてきたら、玉ねぎ、水けをきったじゃがいもを加えて強火で炒める。少し焼き目がついたら火を弱めて、玉ねぎがきつね色になるまでじっくり炒める。

4 ゆであがったパスタ、パスタのゆで汁お玉1杯、バジルを加えて炒め合わせ、味をみながら塩、こしょうでととのえる。

5 器に盛ってパルメザンチーズを削ってちらす。

ニョッキのきのこクリームソース

その他

材料（4人分）

ニョッキ

- **じゃがいも…1個**
- **卵…1個**
- **塩…小さじ1/4**
- **粉チーズ…大さじ3**
- **薄力粉…カップ1と1/2〜2**

ソース

- **しめじ…1パック**
- **まいたけ…1パック**
- **しいたけ…3個**
- **にんにく…2かけ**
- **オリーブ油…大さじ2**
- **生クリーム…カップ1**
- **牛乳…カップ1/2**
- **塩…小さじ1/2**

強力粉…適量

作り方

1 ニョッキを作る。じゃがいもは4等分に切って水に3分さらす。鍋にじゃがいもとかぶるくらいの水を入れてふたをして強火でゆでる。竹串がスーッと通ったらゆで汁を捨て、再び強火にかけて水分をとばす。

2 ボウルに①を入れてマッシャーやフォークでつぶし、卵、塩、粉チーズを加えてよく混ぜる。さらに薄力粉を様子を見ながら加え、手で混ぜていく。生地が手につかなくなるまで薄力粉を加えながら混ぜ、さらに全体をねるように混ぜる。表面がなめらかになったらラップをして10分くらい休ませる。

3 ソースを作る。しめじは根元を切り落として小房にわけ、まいたけも小房にわける。しいたけは根元を切り落として縦4等分に切る。にんにくは縦薄切りにする。

4 フライパンを熱してオリーブ油をひき、きのこを入れて強火で炒める。しんなりしたらにんにくを加えてよく炒める。

5 生クリーム、牛乳、塩を加え、弱めの中火で5分煮る。

6 鍋にたっぷりの湯を沸かして塩を加える。調理台に強力粉をふり、②をのせて直径2cmくらいに丸め、真ん中を指で押さえてへこませる。鍋に入れて浮いてきたら水けをきって⑤と和える。

じゃがいものポタージュ

汁

材料（2人分）

じゃがいも…2個

玉ねぎ…1/4個

a
- **固形スープの素…1/2個**
- **ローリエ…1枚**
- **水…カップ2**

牛乳…カップ1

生クリーム…カップ1/4

塩、砂糖…各小さじ1/2

万能ねぎの（小口切り）、こしょう…各適量

作り方

1 じゃがいもは皮をむいて2cm角に切り、水に3分さらす。玉ねぎは縦薄切りにする。

2 鍋に水けをきったじゃがいも、玉ねぎ、**a**を入れ、ふたを少しずらして中火で煮る。じゃがいもがやわらかくなったら火を止めてローリエを除く。

3 ミキサーに②、牛乳を入れ、なめらかになるまで回す。

4 鍋に③、生クリームを入れて中火にかける。フツフツしてきたら、塩、砂糖を加えてよく混ぜる。器に盛って万能ねぎとこしょうをふる。

＊14ページ❶参照

その他のじゃがいものレシピ

…P332
- じゃがいもとカリフラワーのカレー…P335
- チキンのヨーグルトカレー…P336
- ゴルゴンゾーラのニョッキ…P353
- ニョッキの空豆チーズクリームソース…P354
- ニョッキたこのトマトソース…P354

春菊

他の葉野菜よりも茎が少し太めだけど、ゆで時間はサッと短め30秒。生で食べてもさわやかでおいしい

春菊のグラタン　焼

材料（2人分）

牛ひき肉…100g
春菊…1/2束
にんにく…2かけ
ゴルゴンゾーラチーズ…30g
オリーブ油…大さじ1
ワイン(白)…大さじ1
生クリーム…カップ1/2
ピザ用チーズ…大さじ3
塩、こしょう…各適量

作り方

1 春菊は根元を切り落として5cm長さに切る。にんにくはみじん切りにする。

2 フライパンを熱してオリーブ油をひき、にんにくを弱火で炒める。いい匂いがしてきたら、ひき肉を加え、強火にしてほぐしながら炒める。肉の色が変わったらワインを加えてザッと炒め、生クリーム、ゴルゴンゾーラチーズをちぎって加え、中火で煮詰める。

3 少しとろみがついたら春菊を加えて混ぜ、味をみながら塩、こしょうでととのえる。

4 耐熱皿に③を入れ、ピザ用チーズをちらす。250℃に温めたオーブンで8〜10分焼く。

春菊のたまごとじ　煮

材料（2人分）

豚ばら薄切り肉…100g
春菊…1/2束
にんじん…5cm
しょうが…1/2かけ
めんつゆ（丼用の濃さ）…カップ1
卵…3個
すりごま（白）…適量

作り方

1 春菊は根元を切り落として5cm長さに切る。にんじんは縦細切りにする。しょうがはせん切りにする。豚肉は一口大に切る。卵はざっくり溶きほぐす。

2 フライパンにめんつゆを煮立て、豚肉、にんじん、しょうがを入れて中火で煮る。肉の色が変わってにんじんが少ししんなりしたら、春菊を加えてひと煮する。

3 春菊が少ししんなりしたら、溶き卵を回し入れてすぐにふたをして弱火で1〜2分煮る。仕上げにごまをふる。

春菊と豚ばらの煮物　煮

材料（2〜3人分）

豚ばらかたまり肉…400g
春菊…1束
しょうが…1かけ
a「水…カップ1
しょうゆ…大さじ1と1/2
みりん…大さじ1
砂糖…大さじ1弱
塩…2〜3つまみ
塩…適量

作り方

1 春菊は根元を切り落として5cm長さに切る。豚肉は2cm厚さに切る。しょうがは皮つきのまま薄切りにする。

2 鍋に水カップ2と1/2を沸かし、豚肉としょうがを加えてあくを取りながら弱火でクツクツ1時間煮る。

3 **a**を加えてさらに5分煮て、味がなじんだら春菊を加えてひと煮する。味をみて薄ければ塩でととのえる。

みそ肉豆腐　煮

材料（2人分）

牛肩ロース薄切り肉…150g
豆腐（木綿）…1丁
春菊…1/2束
長ねぎ…1本
しょうが…1かけ
a「水…カップ1/2

みりん…大さじ2
みそ、砂糖…各大さじ1
しょうゆ…大さじ1/2

ごま油…大さじ1

しょうゆ…適量

作り方

1 豆腐は6等分に切る。春菊は根元を切り落として5cm長さに切る。長ねぎは1cm厚さの斜め切りにする。しょうがはせん切りにする。牛肉は大きめの一口大に切る。

2 フライパンを熱してごま油をひき、しょうが、長ねぎを入れて強火で炒める。長ねぎに焼き目がついたら、牛肉を広げながら加えて炒める。

3 肉の色が変わったら、**a**、豆腐を加え、ふたをしてたまに混ぜながら中火で6分煮る。

4 春菊を加えてひと煮して、味をみて薄ければしょうゆでととのえる。

中華風とりすき　煮

材料（2人分）

鶏もも肉…300g

春菊…1束

長ねぎ…2本

しらたき…1袋

ごま油…大さじ1強

a
酒、砂糖、みりん、しょうゆ…各大さじ2
オイスターソース…大さじ1

砂糖、みりん、しょうゆ…各適量

卵…2個

作り方

1 しらたきはサッと下ゆでする。長ねぎは2cm厚さの斜め切りにする。春菊は根元を切り落として5cm長さに切る。鶏肉は脂身を取り除き、1cm幅に切る。

2 鍋を熱してごま油をひく。鶏肉を皮を下にして並べ、強火で焼く。しっかり焼き目がついたら返して両面を焼く。

3 鶏肉を端に寄せ、空いたところに長ねぎを入れて炒める。長ねぎが少ししんなりしたら、しらたきを加える。**a**を加えて中火で7分煮る。水分が足りなくなったら水を適宜足す。肉に火が通ったら春菊を加えてひと煮する。味をみて薄ければ、砂糖、みりん、しょうゆでととのえる。溶き卵につけて食べる。

春菊のごま和え　和え

材料（2人分）

春菊…1束

a
ねりごま（黒）…大さじ1
水…大さじ1
砂糖…小さじ1/2
塩…小さじ1/4

作り方

1 春菊は塩を加えた湯でサッとゆでる。水にとって水けを絞る。根元を切り落として5cm長さに切る。

2 ボウルに**a**を混ぜ合わせ、①を加えて和える。

牛肉と春菊の春雨サラダ　サラダ

材料（2人分）

牛肩ロース薄切り肉…100g

春菊…1/2束

春雨…30g

しょうが…1かけ

ごま油…大さじ1

酒…大さじ1

みりん…大さじ1/2

砂糖…2つまみ

塩、こしょう、しょうゆ…各適量

作り方

1 春菊は根元を切り落として5cm長さに切る。春雨は袋の表示通りにもどしてざるにあげて水けをきり、キッチンばさみでザクザク切る。牛肉は一口大に切る。しょうがはせん切りにする。

2 フライパンを熱してごま油をひき、しょうがを弱火で炒める。いい匂いがしてきたら牛肉を加えて、塩、こしょう各少々をふって強火で炒める。肉の色が変わったら酒を加えてザッと炒め、しょうゆ大さじ1、みりん、砂糖を加えて炒め合わせる。

3 ボウルに春菊、春雨、②を入れて和える。味をみて薄ければ塩、こしょう、しょうゆでととのえる。

春菊のサラダ　サラダ

材料（2人分）

春菊…1/2束

ベーコン…3枚

松の実…大さじ2〜3

a
- **おろしにんにく、おろししょうが…各1/2かけ分**
- **酢…大さじ1**
- **ごま油…大さじ1弱**
- **オイスターソース…大さじ1/2**
- **しょうゆ…小さじ1**
- **こしょう…適量**

作り方

1 春菊は根元を切り落として5cm長さに切る。ベーコンは1cm幅に切る。松の実はトースターで軽く焼く。

2 フライパンにベーコンを並べてカリッとするまで焼く。

3 ボウルに**a**を混ぜ合わせ、②を脂ごと加えて混ぜる。春菊を加えてザッと和える。器に盛って松の実をちらす。

ベーコンと春菊のチャーハン

米

材料（2人分）

温かいご飯…茶わん2杯

ベーコン…3枚

春菊…1/3束

長ねぎ…1/2本

にんにく…1かけ

卵…1個

サラダ油…大さじ1

しょうゆ、酒…各小さじ1

塩、こしょう…各適量

作り方

1 ベーコンは1.5cm幅に切る。春菊は根元を切り落として細かく刻む。長ねぎ、にんにくはみじん切りにする。卵は溶きほぐす。

2 フライパンを熱してサラダ油をひき、長ねぎ、にんにくを入れて中火で炒める。少し色づいてきたら、ベーコン、春菊の順に加えて強火にして炒める。

3 春菊がしんなりしたら、具を端に寄せて、空いたところに溶き卵を流し入れ、すぐに卵の上にご飯をのせる。木べらでご飯と卵をよくからめる。からまったら全体を混ぜながらパラパラになるまでじっくりよく炒める。

4 ご飯がパラパラになったらしょうゆ、酒を加えて炒め合わせる。味をみて塩、こしょうでととのえる。

沖縄風おこわ

米

材料（4人分）

もち米…2合

豚ばら薄切り肉…200g

春菊…1/2束

ごま油…大さじ1

泡盛または酒…大さじ1

a
- **しょうゆ…大さじ1**
- **みりん…小さじ1**
- **塩…2つまみ**

いりごま（黒）…大さじ2

しょうゆ…適量

作り方

1 もち米は洗って炊飯器の「もち米」か「おこわ」の目盛りに水加減して炊く。

2 春菊は根元を切り落として細かく刻む。豚肉は一口大に切る。

3 フライパンを熱してごま油をひき、豚肉を入れて強火で炒める。肉の色が変わったら泡盛を加えてザッと混ぜ、**a**を加えて炒め合わせる。

4 ボウルに炊きあがった①、③、春菊、いりごまを入れて、ぬらしたしゃもじで混ぜる。味をみて薄ければしょうゆでととのえる。

春菊のうどん

麺

材料（4人分）

冷凍うどん…4玉

手羽元…12本

春菊…1束

しょうゆ、みりん…各小さじ1

塩、こしょう…各適量

作り方

1 スープを作る。鍋に水2ℓを入れて沸かし、手羽元を入れる。再び沸いてきたら火を弱めてあくを取りながら30〜40分煮る。

2 春菊は根元を切り落として1cm長さに切る。

3 ①にしょうゆ、みりん、塩を加えて味をととのえる。春菊を加えてひと煮する。

4 冷凍うどんは袋の表示通りにゆで、ざるにあげて水けをきる。

5 器に④を盛って③をかけ、こしょうをふる。

春菊の中華和え麺 麺

材料（2人分）

中華麺…2玉

鶏もも肉…1枚

春菊…1/2束

ごま油…大さじ1/2

酒、オイスターソース…各大さじ1

しょうゆ…適量

おろしにんにく、おろししょうが、万能ねぎ（小口切り）、いりごま（白）…各適量

作り方

1 春菊は根元を切り落として2〜3cm長さに切る。鶏肉は脂身を取り除き、1cm幅に切る。

2 フライパンを熱してごま油をひき、鶏肉を皮を下にして並べる。全体に焼き目がついたら、酒、オイスターソース、しょうゆ大さじ1/2を加えてからめる。春菊を加えてサッと混ぜる。

3 中華麺は袋の表示通りにゆでる。

4 ボウルに水けをきった麺、②を入れて和える。好みで、おろしにんにく、おろししょうがを加えて和える。味をみて薄ければしょうゆでととのえる。器に盛って万能ねぎをちらし、ごまをふる。

＊14ページ❶参照

春菊とあさりのパスタ 麺

材料（2人分）

スパゲッティ…150g

あさり（砂抜き済み）…200g

春菊…1束

ソーセージ…2本

にんにく…2かけ

赤唐辛子…2本

オリーブ油、塩、こしょう…各適量

作り方

1 パスタは塩を加えた湯で表示時間より1分短めにゆでる。

2 あさりは殻をこすり合わせながら洗って水けをきる。春菊は根元を切り落として1cm長さに切る。ソーセージは5mm厚さの半月切りにする。にんにくはみじん切りにする。赤唐辛子はへたと種を取り除く。

3 フライパンを熱してオリーブ油大さじ1をひき、にんにくを弱火で炒める。少し色づいたら、ソーセージ、赤唐辛子、あさりを加えて強火にして炒める。

4 油がまわったら、春菊、①のゆで汁お玉1杯を加えて混ぜる。あさりの口が開いたら、ゆであがった①を加えて和える。味をみながら塩、こしょうでととのえる。器に盛ってオリーブ油を回しかける。

＊16ページ参照　＊＊14ページ❷参照

その他の春菊のレシピ

- キムチチゲ…P100
- まいたけのすき煮…P215
- すき焼き…P222
- 豚肉と白菜のみそ鍋…P246
- 鶏つくね鍋…P256
- 厚揚げときのこのベジカレー…P307

ズッキーニ

最近ではどこでも買えるようになった野菜。新顔だけどクセもなくて火の通りも早く、下処理が一切必要ないのでとても使いやすい

夏野菜のグリル 焼

材料（4人分）

ズッキーニ…1本

かぼちゃ…1/4個

セロリ…2本

フルーツトマト…4個

オリーブ油、塩、こしょう…各適量

ソース

- アンチョビ…3切れ
- オリーブ油…大さじ1と1/2
- 好みのハーブ（バジル、オレガノなど、乾燥）…合わせて小さじ1
- 塩…2〜3つまみ
- カレー粉…1つまみ
- こしょう…適量

作り方

1 オーブンは250℃に温める。

2 かぼちゃは5mm厚さに切る。ズッキーニはへたを切り落として8等分に

切る。セロリはピーラーで皮をむいてから、ズッキーニの大きさに合わせて切る。

3 オーブンの天パンにオリーブ油をひく。②、トマトを並べて塩、こしょう各少々をふり、オリーブ油大さじ1を回しかける。オーブンで7〜8分焼く。野菜に竹串がスーッと通ったら焼きあがり。

4 ソースを作る。アンチョビはみじん切りにして、その他の**a**の材料と混ぜ合わせる。

5 器に③を盛って④を回しかける。

いかとズッキーニのエスニック炒め　炒

材料（2人分）

いか…1杯
ズッキーニ…1本
にんにく…2かけ
しょうが…1かけ
赤唐辛子…1本
ごま油…大さじ2
酒…大さじ1
オイスターソース、ナンプラー…各大さじ1/2
塩、こしょう…各適量
ピーナッツ…適量

> ズッキーニの使い方
> ズッキーニは皮むきいらずであくもなくて下処理一切不要。とても優秀なやつだ。

作り方

1 ズッキーニはへたを切り落として1cm厚さの輪切りにする。にんにく、しょうがはみじん切りにする。赤唐辛子はへたを取る。

2 いかは足と内臓を引き抜く。内臓を切り落として胴と足は洗って水けをふく。胴は1cm幅の輪切りにして、足は食べやすい大きさに切り分ける。

3 フライパンを熱してごま油大さじ1をひき、ズッキーニを強めの中火で焼く。両面に焼き目がついたら取り出す。

4 フライパンをサッとふいて熱し、残りのごま油をひく。にんにく、しょうがを弱火で炒める。にんにくが少し色づいてきたら、いかを加えて塩、こしょう各少々をふって強火にして炒める。

5 いかの色が変わったら、ズッキーニを戻し入れ、赤唐辛子を種ごと加えて混ぜる。酒、オイスターソース、ナンプラーを加えて炒め合わせる。味をみて薄ければ、塩、こしょうでととのえる。器に盛って、ピーナッツをくだいてちらす。

ズッキーニと豚のソテーごまソース　焼

材料（2人分）

豚肩ロース肉（2.5cm厚さ）…2枚
ズッキーニ…1本
a
ねりごま（白）…大さじ2
しょうゆ…大さじ1
みりん…大さじ1/2
おろしにんにく…少々
サラダ油…大さじ1強
塩…少々
こしょう…適量

作り方

1 ズッキーニはへたを切り落として長さを半分に切り、さらに縦1cm厚さに切る。豚肉は両面を包丁の背でたたき、さらに包丁の先で数ヵ所プスプスと穴をあける。**a**を混ぜ合わせる。

2 フライパンを熱してサラダ油をひく。豚肉を並べて塩、こしょう少々をふり、ふたをして中火で焼く。焼き目がついたら返してじっくり焼き、肉の両面にこんがりと焼き目がついて火が通ったら取り出す。

3 ②のフライパンに残った油でズッキーニを中火で焼く。両面に焼き色がついて、少ししんなりしたら取り出す。

4 肉をズッキーニの厚さに合わせてそぎ切りにし、ズッキーニと交互に器に盛る。上から**a**を美しくかけ、こしょうをふる。

＊15ページ⑫参照

豚とズッキーニの麻婆豆腐　煮

材料（2人分）

豚肩ロース薄切り肉…150g
ズッキーニ…1本
豆腐（木綿）…1丁
にんにく、しょうが…各1かけ
a
オイスターソース、酒、しょうゆ、みそ…各大さじ1
豆板醤《トウバンジャン》…小さじ1〜2
粉山椒…少々
b
片栗粉…小さじ1

└ 水…大さじ2

ごま油…大さじ1

作り方

1 豆腐は水きりをする。ズッキーニはへたを切り落として7mm厚さの輪切りにする。豚肉は一口大に切る。にんにく、しょうがはみじん切りにする。**a**、**b**を混ぜ合わせる。

2 フライパンを熱してごま油をひき、にんにく、しょうがを弱火で炒める。いい匂いがしてきたら豚肉を加えて強火にして炒める。肉の色が変わったらズッキーニを加えて炒め、ズッキーニが少ししんなりしたら、**a**を加えて炒め合わせる。

3 全体に調味料がなじんだら、水カップ1/4と豆腐を加え、木べらで豆腐を好みの大きさにくずしながら炒める。いったん火を止めて、**b**を再度よく混ぜてから加える。素早く全体を混ぜてから中火で混ぜながらとろみをつける。

＊18ページ参照

たこの そのままトマト煮

煮

材料（2人分）

ゆでたこ…小2本（約300g）

ズッキーニ…1本

なす…1本

玉ねぎ…1/2個

にんにく…3〜4かけ

オリーブ油…大さじ1

ワイン（白）…大さじ2

ホールトマト缶…1缶（400g）

オレガノ（乾燥）…小さじ2

塩、こしょう…各適量

作り方

1 なすは1cm厚さの輪切りにし、塩水に3分さらす。ズッキーニはへたを切り落として1cm厚さの輪切りにする。玉ねぎは縦薄切りにする。にんにくは木べらでつぶす。

2 鍋を熱してオリーブ油をひき、にんにくを弱火で炒める。いい匂いがしてきたら玉ねぎを加えて強火にして炒める。玉ねぎが少ししんなりしたら、水けをきったなす、ズッキーニを加えて炒める。

3 野菜に油がまわったら、たこ、ワイン、ホールトマト、オレガノを加え、木べらでトマトをつぶして、あくを取りながら弱めの中火で10分煮る。味をみて塩、こしょうでととのえる。

チキンと夏野菜の サッと煮

煮

材料（2人分）

鶏もも肉…1枚

ズッキーニ…1本

ピーマン、赤パプリカ…各1個

玉ねぎ…1/2個

にんにく…1かけ

オリーブ油…大さじ1

a ┌ 水…カップ1/2
　 └ 塩…小さじ1/2

塩、こしょう…各適量

作り方

1 ズッキーニはへたを切り落として5mm厚さの輪切りにする。ピーマンとパプリカは1.5cm角に切る。鶏肉は脂身を取り除いて一口大に切る。玉ねぎ、にんにくは縦薄切りにする。

2 フライパンを熱してオリーブ油をひく。鶏肉を皮を下にして並べて、塩、こしょう各少々をふって強火で焼く。両面に焼き目をつけたら、にんにく、玉ねぎを加えて炒める。

3 しんなりしたらズッキーニ、ピーマン、パプリカを加えて炒める。全体に油がまわったら**a**を加え、ふたをして弱めの中火で5分煮る。全体にしんなりしたら味をみて塩、こしょうでととのえる。

なすとズッキーニと 鶏肉のみそ煮

煮

材料（2人分）

鶏もも肉…1枚

なす…2本

ズッキーニ…1本

しょうが…1かけ

a ┌ 水…カップ1/2
　 │ みそ…小さじ2
　 │ みりん、しょうゆ、砂糖
　 │ 　…各大さじ1/2
　 └ ごま油…小さじ1

しょうゆ、いりごま（白）…各適量

作り方

1 なすはピーラーで皮をむいて2cm厚

さの輪切りにし、塩水に3分さらす。ズッキーニはへたを切り落として1cm厚さの輪切りにする。鶏肉は脂身を取り除いて大きめの一口大に切る。しょうがはせん切りにする。

2 鍋に**a**としょうがを入れて煮立てる。鶏肉を皮を下にして並べ、ふたをして中火で8分煮る。

3 水けをきったなす、ズッキーニを加えてたまに混ぜながら5分煮る。味をみてしょうゆでととのえ、器に盛っていりごまをふる。

ラタトゥイユ　煮

材料（2人分）

ベーコン…2枚
セロリ…1/2本
ズッキーニ…1本
かぼちゃ…1/8個
トマト…1個
黄パプリカ…1/2個
ピーマン…1個
にんにく…2かけ
オリーブ油…適量
ワイン（白）…大さじ2
塩、こしょう…各適量

作り方

1 セロリはピーラーで皮をむいて1.5cm角に切る。ズッキーニはへたを切り落として2cm厚さのいちょう切りにする。かぼちゃは包丁で皮をそぐようにむいて2cm角に切る。トマト、黄パプリカ、ピーマンも2cm角に切る。にんにくはへたを切り落とす。ベーコンは2cm幅に切る。

2 鍋を熱してオリーブ油大さじ2と1/2をひき、ベーコンを強火で炒める。ベーコンに焼き目がついたら残りの①を加えて炒める。

3 全体に油がまわったらワインと水カップ1/4を加えてふたをして、たまに混ぜながら弱火で8〜10分煮る。野菜に竹串を刺してスーッと通ったら味をみて塩でととのえる。器に盛ってこしょう、オリーブ油を回しかける。冷やしてもうまい。

＊14ページ❸参照

フリッター　揚

材料（4人分）

いわし（三枚おろし）…6尾
帆立て貝柱（生食用）…4個
むきえび…100g
ズッキーニ…1本
赤パプリカ、黄パプリカ…各1個
a
薄力粉…カップ1と1/2
ベーキングパウダー…小さじ1/2
水…カップ1と1/4
薄力粉、揚げ油…各適量
b
おろしにんにく…少々
マヨネーズ…大さじ3〜4
レモン汁…大さじ1
粒マスタード…小さじ1
こしょう…少々
c
ケチャップ…大さじ3〜4
砂糖…2つまみ
レモン…適量

作り方

1 パプリカは縦4〜6等分に切り、ズッキーニはへたを切り落として1cm厚さの輪切りにする。

2 ボウルに**a**を合わせ、泡立て器で粉っぽさがなくなるまでよく混ぜる。

3 フライパンに揚げ油を深さ3cm入れて中温に熱する。①を②にくぐらせて衣をつけ、フライパンにギッチリ入れていく。衣のまわりが固まってきたら、たまに返しながら揚げる。少し色づいたら、火を強めてカラッと仕上げる。

4 続いていわし、帆立て、むきえびに薄力粉をまぶし②にくぐらせて衣をつけ、フライパンに入れて同様に揚げる。

5 揚げている間にソースを作る。**b**と**c**をそれぞれ合わせてよく混ぜる。

6 器に③と④を盛って、⑤とレモンをくし形に切って添える。

＊14ページ❻参照

ズッキーニのアンチョビカッテージチーズ和え　和え

材料（2人分）

ズッキーニ…1本
アンチョビ…2切れ
オリーブ油…大さじ1/2
塩…少々
a
おろしにんにく…少々
カッテージチーズ…大さじ4
オリーブ油…大さじ1

塩…2つまみ
こしょう…適量

作り方

1 ズッキーニはへたを切り落として7mm厚さの輪切りにする。アンチョビはみじん切りにしてボウルに入れ、**a**を加えて混ぜ合わせる。

2 フライパンを熱してオリーブ油をひく。ズッキーニを並べて塩をふり、中火で両面を焼く。竹串がスーッと通ったら取り出して粗熱をとり、①のボウルに加えて和える。冷やしてもうまい。

ズッキーニのナムル

和え

材料（2人分）

ズッキーニ…1本

a
- おろしにんにく…少々
- すりごま（白）…大さじ1
- ごま油…大さじ2
- 塩、砂糖…各2つまみ

作り方

1 ズッキーニはへたを切り落として5mm厚さの輪切りにする。塩を加えた湯でサッとゆでる。

2 ボウルに**a**を混ぜ合わせ、水けをきった①を加えて和える。

夏野菜とベーコンのトマトソースパスタ

麺

材料（2人分）

スパゲッティ…150g
ベーコン…2枚
ズッキーニ…1/2本
赤パプリカ…1/2個
ピーマン…1個
セロリ…1/2本
にんにく…1かけ
オリーブ油…大さじ2
ホールトマト缶…1缶（400g）
塩、こしょう…各適量

作り方

1 赤パプリカ、ピーマンは2cm角に切る。セロリはピーラーで皮をむいて斜め薄切りにする。ズッキーニはへたを切り落として1.5cm厚さのいちょう切り＊にする。ベーコンは2cm幅に切る。にんにくは木べらでつぶす。

2 フライパンを熱してオリーブ油をひき、にんにくを弱火で炒める。少し色づいてきたらベーコンを加えて強火にして炒める。ベーコンに焼き目がついたら、①の残りの野菜を加えて炒める。

3 全体に油がまわったら、ホールトマト、塩小さじ1/4を加え、木べらでトマトをつぶしながら中火で3〜5分煮詰める。

4 パスタは塩を加えた湯で表示時間より1分短めにゆでる。ゆであがったら水けをきって③に加えて和え、味をみながら塩、こしょうでととのえる。

＊14ページ❸参照

その他のズッキーニのレシピ

- 焼き野菜のサラダ…P65
- 豚肉とズッキーニのカレー炒め…P242

せり

香りは強いけど変なクセはなくて、和え物や鍋など冬には出番の多い野菜。シャキシャキの食感を味わいたいので、加熱するときはサッと

さわらとせりのサッと煮

煮

材料（2人分）

さわら…2切れ
せり…1束
しょうが…1かけ

a
- 水…カップ3/4
- 酒…大さじ2
- みりん…大さじ1
- しょうゆ、塩…各小さじ1/2

作り方

1 せりは根元を切り落として5cm長さに切る。しょうがは薄切りにする。さわらは水けをふき、皮目に1本切り込みを入れる。

2 フライパンに**a**を合わせて煮立て、さわらを皮を上にして並べ、しょうがをちらす。ふたをして強めの中火で5分煮る。ふたを取ってせりを加え、再びふたをして1〜2分煮る。

鶏ぶつ鍋

鍋

材料（4人分）

鶏骨つきぶつ切り肉…700〜800g
せり…1束

白菜…1/4個
えのきだけ…1パック
焼き豆腐…1丁
しょうが…1/2かけ
しょうゆ…小さじ1
塩…適量
一味唐辛子、いりごま(白、黒)、
　ゆずこしょう…各適量

作り方

1 土鍋に七分目まで水を入れて沸かし、鶏肉、しょうがを半分に切って加える。再び沸いてきたらフツフツするくらいに火を弱め、あくを取りながら30〜40分煮る。

2 白菜は葉と軸に切りわけ、葉はザク切り、軸は長さを2〜3等分にして縦細切りにする。えのきは根元を切り落として小房にわけ、せりは根元を切り落として5cm長さに切る。豆腐は水けをふいて食べやすい大きさに切る。

3 ①にしょうゆ、塩少々を加えて混ぜ、豆腐、えのき、白菜の順に加えて煮る。白菜がしんなりしたら、味をみながら塩でととのえ、せりを加えてひと煮する。好みで一味唐辛子、いりごま、ゆずこしょうなどを加えて食べる。

せりの和え物　和え

材料 (2人分)

せり…1束

a ［サラダ油、酢…各小さじ1
　 塩…1つまみ

作り方

1 せりは根元を切り落とし、塩を加えた湯でサッとゆでる。流水で洗って粗熱をとり、水けを絞って5cm長さに切る。

2 ボウルに①、**a**を入れて和える。

せりの白和え　和え

材料 (2〜3人分)

豆腐(木綿)…1丁
せり…1束

a ［おろししょうが…1かけ分
　 すりごま(黒)…大さじ2
　 ごま油…大さじ1
　 みそ、オイスターソース
　 　…各大さじ1/2

作り方

1 豆腐は水きり*をする。せりは根元を切り落として1.5cm長さに刻む。

2 ボウルに豆腐、**a**を合わせてよく混ぜ、せりを加えて和える。

＊18ページ参照

せりのナムル　和え

材料 (2人分)

せり…1束

a ［おろしにんにく…少々
　 いりごま(黒)…大さじ2
　 ごま油…大さじ1
　 塩…2つまみ
　 砂糖…1つまみ

作り方

1 せりは根元を切り落として5cm長さに切る。

2 ボウルに**a**を混ぜ合わせて、①を加えて和える。

せりのサラダ　サラダ

材料 (2人分)

せり…1束

a ［マヨネーズ、酢、オリーブ油
　 　…各大さじ1/2
　 からし…小さじ1/4
　 塩…1〜2つまみ
　 こしょう…適量

作り方

1 せりは根元を切り落とし、6〜7cm長さに切る。

2 ボウルに**a**を混ぜ合わせ、①を加えて和える。

せりと水菜の和風サラダ　サラダ

材料 (2〜3人分)

せり…1束
水菜…1/3束

a ［おろししょうが…少々
　 酢…大さじ1
　 ごま油、しょうゆ…各大さじ1/2
　 すりごま(白)…大さじ1/2

作り方

1 せり、水菜は根元を切り落として5cm長さに切る。

2 ボウルに**a**を混ぜ合わせ、①を加えて和える。

焼きせり

材料（2～3人分）

せり…2束

サラダ油…大さじ1

塩…適量

作り方

1 せりは根元を切り落として半分に切る。

2 フライパンを熱してサラダ油をひき、せりを入れる。強火で焼きつけるように炒める。器に盛って塩をふる。

二草がゆ

材料（2～3人分）

米…カップ1/2

手羽元…6本

せり…1/2束

春菊…1/3束

ごま油…適量

塩…適量

> せりの使い方
> せりは独特の風味はあるけれどあくはないので、生でも食べられる。火の通りもとても早い。

作り方

1 米は洗って水けをきる。鍋を熱してごま油大さじ1をひき、米を加えて炒める。油がまわったら手羽元、水カップ4を加えて弱火で30分煮る。

2 春菊、せりは根元を切り落として1.5cm長さに切る。

3 ①に塩小さじ1/3を加えて混ぜ、②を加えてひと煮する。

4 味をみて薄ければ塩でととのえ、ごま油少々を加えて混ぜる。

せり入り鶏スープ

材料（2～3人分）

a［**手羽元…6本**
　水…カップ3

せり…1/2束

にんにく、しょうが…各1かけ

しょうゆ…小さじ1/2

カレー粉…小さじ1/3

塩、こしょう…各適量

作り方

1 せりは根元を切り落として1cm長さに切る。にんにくは半分に切って芽を取る。しょうがは3等分に切る。

2 鍋に**a**、にんにく、しょうがを入れてあくを取りながら弱めの中火で20～25分煮る。

3 ①に塩小さじ1/2、しょうゆ、カレー粉を加えて味をととのえる。せりを加えてひと煮し、味をみて薄ければ塩、こしょうを足す。

その他のせりのレシピ

●根菜ごま煮…P99

セロリ

香りが強いので好き嫌いがわかれる野菜だと思う。固いすじを包丁で1本ずつ取るのは大変なので、ピーラーで皮ごとむいてしまう

セロリ炒め

材料（2人分）

セロリ…2本

にんにく、しょうが…各1かけ

ごま油、酒…各大さじ1

オイスターソース…小さじ1

塩、こしょう…各適量

いりごま（白、黒）…各大さじ1/2

作り方

1 セロリはピーラーで皮をむいて5mm幅の斜め切りにする。にんにく、しょうがはみじん切りにする。

2 フライパンを熱してごま油をひき、にんにく、しょうがを弱火で炒める。いい匂いがしてきたらセロリを加えて塩、こしょう各少々をふって強火で炒める。

3 セロリが少ししんなりしたら酒を加えてザッと炒め、オイスターソースを加えて混ぜる。味をみて塩、こしょうでととのえ、最後にいりごまを加えて混ぜる。

セロリとえびのカレー炒め

材料（2人分）

えび…8尾
セロリ…1本
にんにく…1かけ
オリーブ油…大さじ1
ワイン（白）…大さじ1
バジル（乾燥）…小さじ1/2
カレー粉…少々
塩、こしょう…各適量
レモン汁…少々

作り方

1 セロリはピーラーで皮をむいて3mm幅の斜め切りにする。にんにくはみじん切りにする。えびは殻をむいて背開き*にする。

2 フライパンを熱してオリーブ油をひき、にんにくを弱火で炒める。いい匂いがしてきたらえびを加えて塩、こしょう各少々をふって強火で炒める。

3 えびの色が変わったらセロリを加えて炒める。セロリが少ししんなりしたらワインを加えてザッと混ぜる。バジル、カレー粉を加えて炒め合わせ、味をみて塩、こしょうでととのえる。器に盛ってレモン汁をふる。

*16ページ参照

セロリと牛肉の中華炒め

材料（2人分）

牛肩ロース薄切り肉…150g
セロリ…1本
セロリの葉…適量
にんにく、しょうが…各1かけ
ごま油…大さじ1
酒…大さじ1
オイスターソース…大さじ1
しょうゆ…小さじ1/2
いりごま（白）…大さじ1
塩、こしょう…各適量

作り方

1 セロリはピーラーで皮をむいて斜め薄切りにする。セロリの葉は数枚を適当な大きさにちぎる。にんにく、しょうがはみじん切りにする。牛肉は一口大に切る。

2 フライパンを熱してごま油をひき、にんにく、しょうがを弱火で炒める。いい匂いがしてきたら牛肉を加えて、塩、こしょう各少々をふって強火で炒める。

3 肉の色が変わったらセロリを加えて炒める。少ししんなりしたら酒を加えてザッと混ぜる。オイスターソース、しょうゆを加えて炒め合わせ、味をみて薄ければ塩、こしょうでととのえる。最後にセロリの葉といりごまを加えてザッと混ぜる。

セロリと砂肝のエスニック炒め

材料（2人分）

砂肝…150g
セロリ…1本
セロリの葉…適量
にんにく…1かけ
ごま油…大さじ1
酒、ナンプラー…各大さじ1
砂糖…2つまみ
塩、こしょう…各適量

作り方

1 砂肝は水でよく洗ってしっかりふく。身の厚い部分にキッチンバサミで2～3ヵ所切り込みを入れる。

2 セロリはピーラーで皮をむき、5cm幅に切ってから縦2～3等分に切る。セロリの葉は数枚を適当な大きさにちぎる。にんにくはみじん切りにする。

3 フライパンを熱してごま油をひく。砂肝を入れて、塩、こしょう各少々をふって中火でよく炒める。砂肝に焼き目がついてプリッとしてきたら、にんにく、セロリを加えて炒める。

4 にんにくが色づいたら酒を加えてザッと炒め、ナンプラー、砂糖を加えて炒め合わせる。味をみて薄ければ塩、こしょうでととのえる。仕上げにセロリの葉を加えてザッと混ぜる。

野菜（せ）

チキンと豆のカレートマト煮

煮

材料（2〜3人分）

手羽元…6本

セロリ…1本

マッシュルーム…1パック

にんにく…4かけ

豆水煮缶…1缶（200g）

オリーブ油…大さじ1

a ┌ カレー粉…大さじ1/2
　│ オレガノ、バジル（ともに乾燥）
　└ 　…各小さじ1

ワイン（白）…大さじ1

ホールトマト缶…1缶（400g）

塩、こしょう…各適量

作り方

1 セロリはピーラーで皮をむいて斜め薄切りにする。マッシュルームは5mm厚さに切る。にんにくは縦薄切りにする。豆はざるに入れて、流水でザッと洗って水けをきる。

2 鍋を熱してオリーブ油をひき、にんにくを弱火で炒める。にんにくが色づいてきたらセロリ、マッシュルーム、手羽元の順に加えて強火で炒める。全体に油がまわったら**a**を加えて炒める。

3 ワインを加えてザッと混ぜて、ホールトマト、水カップ3/4、塩小さじ1/2を加える。木べらでトマトをザッとつぶす。豆を加えてあくを取りながら弱めの中火で15〜20分煮る。たまに混ぜる。味をみて塩、こしょうでととのえる。

セロリと豆腐の和え物

和え

材料（2人分）

セロリ…1本

豆腐（木綿）…1/2丁

a ┌ いりごま（黒）、レモン汁
　│ 　…各大さじ2
　│ ごま油…大さじ1
　└ オイスターソース…大さじ1/2

塩…適量

作り方

1 豆腐は水きりをする。セロリはピーラーで皮をむいて斜め薄切りにする。セロリの葉は数枚を適当な大きさにちぎる。

2 ボウルに豆腐を一口大にちぎりながら入れ、セロリ、セロリの葉、**a**を加えて和える。味をみて塩でととのえる。

＊18ページ参照

写真…51ページ

セロリと豚しゃぶのごまだれ

和え

材料（2人分）

豚しゃぶしゃぶ用肉…200g

セロリ…1本

セロリの葉…適量

a ┌ おろししょうが…少々
　│ ねりごま（白）…大さじ1
　│ しょうゆ、ごま油、みりん
　│ 　…各大さじ1/2
　│ 砂糖…小さじ1
　└ こしょう…適量

七味唐辛子…適量

作り方

1 セロリはピーラーで皮をむいて斜め薄切りにする。セロリの葉は数枚を適当な大きさにちぎる。

2 鍋に湯を沸かして塩を加え、豚肉を入れて色が完全に変わるまでゆでる。

3 ボウルに**a**を混ぜ合わせ、①、②を加えて和える。器に盛って好みで七味唐辛子をふる。

セロリのかにサラダ

サラダ

材料（2人分）

かに缶…大1缶（100g）

セロリ…1本

セロリの葉…適量

a ┌ おろししょうが…少々
　│ レモン汁…大さじ1〜2
　│ マヨネーズ…大さじ1
　│ 牛乳…大さじ1/2
　└ オリーブ油、塩…各少々

こしょう…適量

作り方

1 セロリはピーラーで皮をむいて5cm長さのせん切りにする。セロリの葉は数枚をみじん切りにする。

2 ボウルに**a**を混ぜ合わせ、かにを缶汁をきってセロリと加えて和える。器に盛ってセロリの葉をちらし、こしょうをふる。

セロリの中華マリネ

漬け

材料（2〜3人分）

セロリ…1本

ごま油、オイスターソース、酢

…各大さじ1/2

作り方

1 セロリはピーラーで皮をむく。5〜6cm幅に切ってから縦に1cm幅に切る。

2 ボウルにすべての材料を入れて和え、味がなじむまでつける。

焼きセロリのアンチョビソース

焼

材料（2〜3人分）

セロリ…2本

セロリの葉…適量

アンチョビ…7〜8枚

オリーブ油…大さじ1/2

a
- **おろしにんにく…少々**
- **水…大さじ1**
- **マヨネーズ…小さじ1**
- **オリーブ油…少々**

作り方

1 セロリはピーラーで皮をむいて5cm長さに切る。太い部分は縦半分に切り、食べやすい大きさに切る。セロリの葉は数枚ちぎってみじん切りにする。

2 アンチョビはペースト状になるまで細かくしてボウルに入れ、**a**を加えて混ぜる。

3 フライパンを熱してオリーブ油をひき、セロリを強火で焼きつけるように炒める。

4 焼き目がついたら器に盛り、②をかけ、セロリの葉をちらす。

セロリとひき肉のスープ

汁

材料（2〜3人分）

豚ひき肉…100g

セロリ…1本

セロリの葉…適量

にんにく、しょうが…各1かけ

ごま油…大さじ1

酒…大さじ1

オイスターソース…大さじ1

塩…少々

こしょう、しょうゆ…各適量

作り方

1 セロリはピーラーで皮をむいて斜め薄切りにする。セロリの葉は数枚を適当な大きさにちぎる。にんにく、しょうがはみじん切りにする。

2 鍋を熱してごま油をひき、にんにく、しょうがを弱火で炒める。いい匂いがしてきたらひき肉を加えて塩、こしょう少々をふって、ほぐしながら強火で炒める。

3 肉の色が変わったらセロリを加えて炒める。少ししんなりしたら酒を加えてザッと炒める。水カップ3、オイスターソースを加え、沸いてきたら火を弱めてあくを取りながら10分煮る。

4 味をみてしょうゆ、こしょうで味をととのえる。セロリの葉を加えてひと煮する。

ミネストローネ

汁

材料（2〜3人分）

ショートパスタ…約30g

セロリ…1/2本

ピーマン…1個

黄パプリカ…1/2個

マッシュルーム…4個

玉ねぎ…1/2個

にんにく…1かけ

ソーセージ…3本

オリーブ油…大さじ1

a
- **水…カップ2**
- **トマトジュース…カップ1弱**
- **固形スープの素…1/2個**
- **バジル（乾燥）…小さじ1/2**

塩、こしょう…各適量

作り方

1 セロリはピーラーで皮をむいて粗みじん切りにする。玉ねぎは粗みじん切りにする。ピーマン、パプリカは1.5cm角に切る。マッシュルームは根元を切り落として縦5mm厚さに切る。にんにくはみじん切りにする。ソーセージは1.5cm厚さの輪切りにする。

2 鍋を熱してオリーブ油をひき、にんにくを弱火で炒める。いい匂いがしてきたらセロリ、玉ねぎを加えて中火で炒める。玉ねぎが薄いきつね色になったらソーセージ、マッシュルーム、ピーマン、パプリカを加えて強めの中火で炒める。

3 全体に油がまわったら**a**を加えて5分煮る。沸いてきたらパスタを加え、あくを取りながら表示時間より3分くらい長めに煮る。パスタがやわらかくなったら味をみて塩、こしょうでととのえる。

その他のセロリのレシピ

- アボカドとサーモンのタルタルサラダ…**P62**
- 枝豆とかにの冷やし麺…**P67**
- 夏野菜の炊き合わせ…**P68**
- コールスロー…**P83**
- きゅうりとセロリのライタ…**P90**
- ポトフ…**P116**
- 夏野菜のグリル…**P126**
- ラタトゥイユ…**P129**
- 夏野菜とベーコンのトマトソースパスタ…**P130**
- サルサ…**P154**
- トマトとセロリの和風スープ…**P155**
- 揚げなすの香味野菜和え…**P159**
- えびとセロリとにらのアジアン炒め…**P165**
- ローストチキン…**P226**
- ミートローフ…**P253**
- ベーコンとセロリのカレースープ…**P264**
- いわしのチリトマト煮…**P267**
- むつとセロリの煮つけ…**P288**
- たこのトマト煮…**P290**
- たことオリーブのマリネ…**P290**
- ホタテとセロリの煮物…**P295**
- まぐろとアボカドのタルタル2…**P302**
- 大豆サラダ…**P312**
- 大豆スープ…**P312**
- 豆腐のだんごトマト煮…**P314**
- 豆のドライカレー…**P333**
- ザ・ポークカレー…**P335**
- ニョッキたこのトマトソース…**P354**

そら豆

旬にしか出回らない春〜初夏の食材。シンプルな塩ゆで以外にパスタなどもいける。薄皮は好みでそのまま調理して食べてもいい

さわらのソテー そら豆ソース

焼

材料 (4人分)

さわら…4切れ
そら豆(さやつき)…1袋(約300g)
バジル(生)…7〜8枚
にんにく…2かけ
松の実…大さじ3
ワイン(白)…大さじ2
生クリーム…カップ1/2
粒マスタード…小さじ1/2〜1
塩、こしょう…各適量
パルメザンチーズ、オリーブ油…各適量

作り方

1 そら豆はさやから取り出して薄皮をむきザクザク粗く刻む。バジルはちぎる。にんにくは縦薄切りにする。

2 グリルの網にオリーブ油少々をぬり、さわらを水けをふいて並べる。塩、こしょう各少々をふって強めの中火で7〜8分焼く。こんがり焼けたら取り出す。

3 フライパンを熱してオリーブ油大さじ1と1/2をひき、にんにくを入れて弱火でじっくり炒める。にんにくが色づいたら、そら豆を加えて強火で炒める。そら豆に焼き目がついたら、松の実を加えてザッと炒める。

4 ワイン、生クリーム、粒マスタードを加えて中火で煮詰める。少しとろみがついてきたら、味をみながら塩、こしょうでととのえ、バジルを加えて混ぜる。

5 器に②を盛ってオリーブ油少々をたらす。④をかけ、パルメザンチーズを削ってかける。

ピリ辛春雨の炒め煮1

煮

材料 (2人分)

豚肩ロース薄切り肉…160g
春雨…50g
そら豆(さやつき)…1袋(約300g)
たけのこ(水煮)…70g
長ねぎ…1本
にんにく…2かけ
しょうが…1かけ
赤唐辛子…2本

春雨の種類と使い分け1

大きく分けて、材料が緑豆と芋の2種類ある。一般的なのは緑豆だけど、料理によっては芋でんぷん……P221へつづく。

a
- 水…カップ1/2
- オイスターソース
  …大さじ1と1/2
- 酒…大さじ1
- 酢…大さじ1/2
- 豆板醤《トウバンジャン》…小さじ1
- 砂糖…小さじ1/2

ごま油、しょうゆ…各適量

作り方

1 春雨は袋の表示通りにもどす。

2 そら豆はさやから取り出す。薄皮はむいてもむかなくてもいい。たけのこは縦3mm厚さに切る。長ねぎは1cm厚さの斜め切りにする。にんにく、しょうがはみじん切りにする。赤唐辛子はへたと種を取り除いて半分にちぎる。豚肉は一口大に切る。aを混ぜ合わせておく。

3 フライパンを熱してごま油大さじ1をひき、そら豆を強火で炒める。焼き色がついたら取り出す。

4 フライパンにごま油少々を足し、にんにく、しょうがを弱火で炒める。いい匂いがしてきたら豚肉、長ねぎを加えて強火にして炒める。肉の色が変わったらたけのこ、③、赤唐辛子を加えてザッと炒める。

5 春雨、aを加えて混ぜながら煮る。水分が少なくなってきたら味をみて、しょうゆでととのえる。

そら豆の塩ゆで

ゆで

材料（2〜3人分）

そら豆（さやつき）…1袋（約300g）

塩…小さじ1/3

作り方

1 そら豆はさやから取り出して鍋に入れ、塩、水カップ1/2を加える。ふたをして4〜5分ゆでる。

2 ゆであがったら流水でザッと洗って粗熱をとる。

そら豆とホタテの冷製パスタ

麺

材料（2人分）

カペッリーニ…140g

帆立て貝柱…4個

そら豆（さやなし）…100g

長ねぎ…10cm

しょうが…1/2かけ

サラダ油…大さじ1/2

a
- おろしにんにく…少々
- ごま油…大さじ1
- しょうゆ、オイスターソース
  …各大さじ1/2

塩…少々

一味唐辛子…少々

作り方

1 そら豆は薄皮をむいて、サッと塩ゆでする。長ねぎは白髪《しらが》ねぎにする。しょうがはせん切りにする。帆立ては4等分に切る。

2 フライパンを熱してサラダ油をひき、帆立てを入れて塩をふって強火でサッと焼く。

3 パスタは塩を加えた湯で表示時間より30秒長めにゆでる。ゆであがったら冷水にとって冷やす。

4 ボウルにa、そら豆、長ねぎ、しょうが、②を焼き汁ごと入れて混ぜる。よく水けをきった③を加えて和える。

5 器に盛って一味唐辛子をふる。

＊15ページ⑮参照

その他のそら豆のレシピ

- 豆ご飯…P337
- ニョッキの空豆チーズクリームソース…P354

大根

1本丸ごとを使うのはなかなか難しい、大根。でもバリエーションはこんなに豊富。長い大根の皮をむくときは、ピーラーを使うとラクチン

大根と豚ばらの炒め物

メイン

材料（2〜3人分）

豚ばら薄切り肉…250g

大根…10cm

万能ねぎ…1/2束

ごま油…大さじ1

a
- おろししょうが…1かけ分
- 酒…大さじ2

しょうゆ、いりごま（白）
…各大さじ1
みりん…大さじ1/2
オイスターソース…小さじ1

塩、こしょう…各適量

作り方

1 大根は皮をむいて長さを半分に切ってから縦細切りにする。万能ねぎは根元を切り落として5cm長さに切る。豚肉は一口大に切る。**a**を混ぜておく。

2 フライパンを熱してごま油をひき、豚肉を強火で炒める。肉の色が変わったら大根を加えて、塩、こしょう各少々をふってよく炒める。大根が少し透き通ってきたら万能ねぎを加えてザッと炒める。

3 **a**を加えて炒め合わせる。味をみて薄ければ塩、こしょうでととのえる。

大根の麻《マー》婆《ボー》風

煮

材料（3〜4人分）

豚ひき肉…100g
大根…12cm
にら…1束
長ねぎ…1本
にんにく、しょうが…各1かけ
a 赤みそ、酒、オイスターソース…各大さじ1
片栗粉…大さじ1/2
水…カップ1/4
ごま油…大さじ1と1/2
豆板醤《トウバンジャン》…大さじ1/2
塩、こしょう、粉山椒…各適量

作り方

1 大根は1cm厚さのいちょう切り*にする。にらは1cm長さに切る。長ねぎ、にんにく、しょうがはみじん切りにする。**a**をよく混ぜ合わせる。

2 フライパンを熱してごま油をひき、長ねぎ、にんにく、しょうがを中火で炒める。いい匂いがしてきたら、豆板醤を加えて炒める。なじんだらひき肉を加えて、ほぐしながら強火で炒める。

3 肉の色が変わったら大根を加えて炒める。大根に油がまわったら水カップ3/4を加え、沸いてきたら弱めの中火で7〜8分煮る。大根がやわらかくなる前に水分がなくなってきたら水を適宜足す。

4 大根に竹串がスーッと通ったら**a**をもう一度よく混ぜてから加える。混ぜながらとろみがつくまで中火で煮る。最後ににらを加えてひと煮する。味をみて薄ければ塩、こしょうでととのえる。器に盛って粉山椒をふる。

＊14ページ❸参照

鶏と大根と油揚げのサッと煮

煮

材料（2人分）

鶏もも肉…1枚
大根…7cm
油揚げ…1枚
しょうが…1かけ
サラダ油…大さじ1
a 水…カップ1
酒…大さじ2
しょうゆ…大さじ1
みりん…大さじ1
砂糖…大さじ1/2
塩…1つまみ

作り方

1 鶏肉は脂身を取り除いて1cm幅に切る。大根は皮をむいて7mm厚さの半月切り*にする。油揚げは1cm幅に切る。しょうがは薄切りにする。

2 鍋を熱してサラダ油をひき、鶏肉を皮を下にして並べ強火で焼く。焼き目がついたら大根を加えてザッと炒める。

3 油揚げ、しょうが、**a**を加え、ふたをして強火で5分煮る。途中で何回か混ぜる。

＊14ページ❷参照

鶏と大根のこってり中華煮

煮

材料（2〜3人分）

鶏骨つきぶつ切り肉…600g
大根…10cm
チンゲンサイ…1株
しょうが…1かけ
ごま油…大さじ2
a 水…カップ1と1/2
いりごま（白）…大さじ2
しょうゆ、オイスターソース、みりん、酒…各大さじ2
砂糖…小さじ1/2

作り方

1 大根は皮をむき、長さを4等分に切ってから、さらに十文字に4等分に切る。鍋に大根とかぶるくらいの水を入れ、ふたをしてゆでる。竹串がスーッと通ったらざるにあげる。

2 チンゲンサイは縦6等分に切る。しょうがはせん切りにする。

3 大きめの鍋を熱してごま油をひき、鶏肉を皮を下にして並べ、強めの中火でじっくり焼く。表面にこんがり焼き目がついたら①を加えてザッと炒め合わせ、しょうがと**a**を加える。少しずらしてふたをして、たまに上下を混ぜながら弱めの中火で15分煮る。

4 最後にチンゲンサイを加えて再びふたをして1分煮る。

写真…46ページ

ほたてと大根の炒め煮

煮

材料（2〜3人分）

帆立て貝柱水煮缶…小1缶（45〜65g）

大根…10cm

大根の葉…適量

しょうが…1かけ

ごま油…大さじ1

a
- **水…カップ1**
- **酒…大さじ2**
- **塩…小さじ1/4**

作り方

1 大根は皮をむいて2cm厚さのいちょう切りにする。大根の葉は真ん中のやわらかい部分だけをみじん切りにする。しょうがはせん切りにする。

2 鍋を熱してごま油をひき、大根を強めの中火でしっかり炒める。大根に少し焼き目がついたら、しょうが、帆立てを缶汁ごと加えてザッと炒める。

3 **a**を加えてふたをし、たまに混ぜながら弱火で10分煮る。大根に竹串がスーッと通ったら、器に盛って大根の葉をちらす。

＊14ページ❸参照

大根のみそそぼろあんかけ

煮

材料（2〜3人分）

大根…1/2本

だし昆布…5×5cm

みそそぼろあん
- **豚ひき肉…150g**
- **ごま油…大さじ1**
- **a**
  - **水…カップ1/2**
  - **赤みそ、酒、みりん…各大さじ1**
  - **砂糖、しょうゆ…各大さじ1弱**
- **b**
  - **片栗粉…小さじ1**
  - **水…大さじ1**

ゆずの皮（せん切り）…少々

作り方

1 だし昆布はサッと汚れをふいて鍋に入れ、たっぷりめの水を加えて10分おく。

2 大根は3cm厚さの輪切りにして皮をむいて、①に加え、ふたをして中火にかける。フツフツしてきたら昆布を取り出し、火を弱めて大根に竹串がスーッと通るまで30分くらいゆっくり煮る。

3 大根を煮ている間にみそそぼろあんを作る。鍋を熱してごま油をひき、ひき肉を加えてほぐしながら強火で炒める。肉の色が変わったら**a**を加えて弱めの中火で3分煮る。いったん火を止め、**b**を混ぜ合わせて回し入れ、すばやく混ぜる。弱火でとろみがつくまで煮詰める。

4 器に②を盛って③をかけ、ゆずの皮をちらす。

ぶり大根の煮つけ

煮

材料（2人分）

ぶり…2切れ

大根…6cm

しょうが…1/2かけ

a
- **みりん…大さじ1と1/2**
- **しょうゆ、酒…各大さじ1**
- **砂糖…大さじ1/2**

万能ねぎ（小口切り）、七味唐辛子…各適量

作り方

1 大根は皮をむいて1cm厚さの輪切りにする。しょうがは薄切りにする。ぶりは水けをふく。

2 鍋に水カップ1と大根を入れてふたをして、中火で10分ゆでる。大根に竹串がスーッと通ったら、ぶり、しょうが、**a**を加える。アルミホイルで落としぶたをして、たまに鍋を軽くゆすりながら弱めの中火で7〜8分煮る。器に盛って万能ねぎをちらし、七味唐辛子をふる。

＊14ページ❶参照

中華風ぶり大根　煮

材料（4人分）

ぶり…4切れ
大根…8cm
にんにく…3かけ
しょうが…1かけ
ごま油…大さじ1
a［水…カップ1と1/2
　酒…大さじ2
　オイスターソース…大さじ1強
　しょうゆ…大さじ1
　砂糖…大さじ1/2
万能ねぎ（小口切り）…適量

作り方

1 大根は皮をむいて5mm厚さの輪切りにする。にんにくは縦半分に切って芯を取り除く。しょうがはせん切りにする。ぶりは水けをふく。

2 フライパンを熱してごま油をひき、ぶりを並べて強めの中火で焼く。うまそうな焼き目がついたら返し、にんにくを加えて炒める。にんにくに焼き色がついたら、ぶりを端に寄せて大根を入れてザッと炒める。ぶりが焦げそうなら大根の上にのせる。

3 **a**、しょうがを加えてふたをして、たまに煮汁を回しかけながら中火で10分煮る。大根に竹串がスーッと通ったらできあがり。器に盛って万能ねぎをちらす。

＊14ページ❶参照

おろしハンバーグ　焼

材料（4人分）

合いびき肉…400g
玉ねぎ…1/2個
a［パン粉…カップ1
　卵…1個
　牛乳…カップ1/4
ナツメグ…小さじ1/2
塩…小さじ1/2
こしょう…少々
サラダ油…適量
b［大根おろし…8〜10cm分
　おろししょうが…1/2かけ分
　しょうゆ…大さじ2
　みりん、酒…各大さじ1

作り方

1 玉ねぎはみじん切りにする。フライパンを熱してサラダ油大さじ1/2をひき、玉ねぎがしんなりするまで炒めて皿などに広げて冷ます。

2 **a**を混ぜておく。

3 ボウルにひき肉、ナツメグ、塩、こしょうを合わせて、手でつかむように混ぜる。①、②を加えてさらによく混ぜる。

4 手にサラダ油少々をつけ、③を4等分にし、手でキャッチボールしながら空気を抜き、ハンバーグ形にまとめる。

5 フライパンを熱してサラダ油大さじ1をひき、④を並べて強火で焼く。焼き色がついたら返して両面を焼き、ハンバーグの高さ半分くらいまで水を注ぐ。ふたをして中火で蒸し焼きにする。

6 水分がなくなったら**b**を加えて混ぜ、強火でからめる。

キンメのおろし煮　煮

材料（2人分）

金目だい…2切れ
大根おろし…カップ3/4
しょうが（薄切り）…1かけ
a［水…カップ1/2
　みりん、酒、しょうゆ…各大さじ1
　オイスターソース、砂糖
　　…各小さじ1/2
大根の葉…適量

作り方

1 金目だいは水けをふいて皮に切り込みを1本入れる。バッテンに2本でもいい。

2 フライパンに**a**、しょうが、大根おろしを入れて混ぜ、強火にかける。フツフツしてきたら①を加え、ふたをして中火で7〜8分煮る。途中何度か煮汁を回しかける。器に盛って大根の葉を刻んでちらす。

ふろふき大根　煮

材料（4人分）

大根…1/2本
だし昆布…3×5cm
酒…大さじ1
塩…少々
a［おろしにんにく…少々
　水…大さじ4

みそ…大さじ2
ごま油…大さじ1
砂糖…小さじ1
一味唐辛子…少々

作り方

1 鍋に水カップ6と昆布を入れて15分おく。

2 大根は4cm厚さの輪切りにして皮をむく。①に入れて酒、塩を加えて強火にかける。フツフツしてきたら昆布を取り出し、ふたをして弱火で1時間くらいゆっくり煮る。

3 器に②を盛って**a**を混ぜてかける。

大根の梅おかか和え

和え

材料(2人分)

大根…5cm
梅干し…1個
削り節(ソフトパック)…1パック(5g)
塩…小さじ1/2
しょうゆ…適量
ごま油…少々

作り方

1 大根は皮をむいて5mm厚さのいちょう切りにする。塩をふって10分おく。梅干しは種を取り除いて細かくたたく。

2 ボウルに水けをきった大根、梅干し、削り節を入れて混ぜる。味をみながらしょうゆでととのえ、ごま油を加えて和える。

＊14ページ❸参照

なます

和え

材料(2〜3人分)

大根…5cm
にんじん…1/2本
a 酢…大さじ1
砂糖、塩…各1つまみ
ごま油…少々
塩…少々

作り方

1 大根、にんじんは皮をむいて縦細切りにする。ボウルに入れて塩を加えて混ぜ、10分おく。

2 全体がしんなりしたら水けをきる。**a**を加えて和える。

大根の焼きナムル

和え

材料(2人分)

大根…6cm
a 塩…2〜3つまみ
砂糖…1つまみ
ごま油…少々
桜えび…大さじ3
ごま油…少々

作り方

1 大根は皮つきのまま縦細切りにする。ボウルに入れて**a**を加えて手でよく混ぜる。そのまま5〜6分おく。

2 水けをきって、フライパンに入れて中火で炒める。しんなりしてきたら桜えびを加えて混ぜる。火を止めてごま油をたらす。

大根サラダ

サラダ

材料(2人分)

大根…5cm
a しらす…大さじ3
削り節(ソフトパック)
…1パック(5g)
おろししょうが…少々
いりごま(白、黒)…各大さじ1
マヨネーズ…大さじ2
サラダ油、酢…各大さじ1
塩、砂糖…各1つまみ
カレー粉…少々
万能ねぎ(小口切り)…適量

作り方

1 大根は皮をむいて長さを半分に切り、縦2mm厚さに切ってから縦細切りにする。

2 ボウルに**a**を混ぜ合わせ、①を加えて和える。器に盛って万能ねぎをちらす。

＊14ページ❶参照

大根のしなしなサラダ

サラダ

材料(2人分)

大根…5cm
帆立て貝柱水煮缶…小1缶(45〜65g)
貝割れ菜…1パック
塩…小さじ1/2
こしょう…少々
一味唐辛子…適量

作り方

1 大根は皮をむいて2mm厚さの輪切りにしてさらに細切りにする。貝割れ菜は根元を切り落とす。

2 ボウルに①、塩、こしょう、帆立てを缶汁ごと入れて和える。器に盛って一味唐辛子をふる。

写真…47ページ

大根とにんじんのサッと漬け

漬け

材料（2〜3人分）

大根…4cm

にんじん…1/2本

しょうが…1/2かけ

塩…小さじ1/2

みりん、ごま油
…各小さじ1/2

> 漬物の味つけ
>
> 塩でもんでから味をつける場合と、いきなり味をつける場合がある。どっちがいいとかそういうことはない。

作り方

1 大根は皮つきのまま薄いいちょう切り*にする。にんじんは皮をむいて薄い半月切り**にする。しょうがはせん切りにする。

2 ボウルに①を入れて塩を加えてもむ。しんなりしたら水けをきって、みりん、ごま油を加えて和える。

＊14ページ❸参照　＊＊14ページ❷参照

大根の浅漬け

漬け

材料（2人分）

大根…5cm

塩…小さじ1弱

おろししょうが、ごま油…各少々

作り方

1 大根は皮つきのまま5mm厚さのいちょう切り*にし、塩をふって混ぜ、15分ほどおく。

2 水けをきってから、おろししょうが、ごま油を加えて混ぜる。

＊14ページ❸参照

写真…35ページ

ゆず大根の浅漬け

漬け

材料（4人分）

大根…10cm

ゆずの皮…3×3cm

a
- **酒…小さじ1**
- **塩…小さじ1/2〜1**
- **ごま油…小さじ1/2**
- **砂糖…1つまみ**

作り方

1 大根は皮つきのまま5mm厚さの半月切り*にする。ゆずの皮はせん切りにする。

2 ボウルに①、**a**を合わせて和え、密閉袋に移して閉じる。冷蔵庫で30分くらいつける。

＊14ページ❷参照

ゆず大根

和え

材料（4人分）

大根…10cm

a
- **塩…小さじ1/2**
- **砂糖…1つまみ**

ゆずの皮…3×3cm

赤唐辛子…1本

b
- **みりん…小さじ1弱**
- **ごま油、酒…各小さじ1/2**

作り方

1 大根は皮つきのまま3mm厚さの輪切りにしてボウルに入れ、**a**を加えてよく混ぜておく。

2 ゆずの皮はせん切りにする。赤唐辛子はへたと種を取り除く。

3 ①の水けをきって②、**b**を加えて和える。

かんたん大根餅

粉

材料（4人分）

白玉粉…カップ1

大根おろし…カップ1/2

a
- **砂糖…大さじ1と1/2**
- **いりごま（白）…大さじ1**
- **しょうゆ、ごま油…小さじ1/4**
- **塩…2〜3つまみ**

サラダ油…大さじ1

酢、しょうゆ…各適量

作り方

1 ボウルに白玉粉を入れ、大根おろしを汁ごと少しずつ加えて手でよく混ぜる。さらに**a**を加えてなめらかになるまでよく混ぜる。

2 ①を10等分にし、5mm厚さに平たくまとめる。

3 フライパンを熱してサラダ油大さじ1/2をひき、②の半量を並べて弱めの中火でじっくり焼く。残りも同様に焼く。器に盛って酢じょうゆを添える。

豚肉と大根の混ぜご飯 米

材料（2〜3人分）

温かいご飯…茶わん3杯強
豚ばら薄切り肉…150g
大根…4cm
えのきだけ…1パック
しょうが…1/2かけ
ごま油…大さじ1/2
a［水…カップ1/2
　しょうゆ…大さじ2
　みりん…大さじ1と1/2
　酒…大さじ1

作り方

1 大根は皮をむいて薄い輪切りにしてから細切りにする。えのきは根元を切り落として、長さを半分に切って小房にわける。しょうがはせん切りにする。豚肉は小さめの一口大に切る。

2 フライパンを熱してごま油をひき、しょうが、豚肉を入れて強火で炒め、肉の色が変わったら大根、えのきを加えて炒める。

3 全体に油がまわったら**a**を加え、ふたをして強火で3〜5分煮る。水分が少なくなってきたらふたを取り、水分をほぼとばす。

4 ボウルにご飯を入れて③を加え、ぬらしたしゃもじで切るようにサックリと混ぜる。

大根とひき肉のカレー 米

材料（4人分）

温かいご飯…4人分
合いびき肉…300g
大根…12cm
玉ねぎ…2個
にんにく…2かけ
カレールウ…1箱（約6皿分）
サラダ油…大さじ1
バター…大さじ1と1/2
酒…大さじ1
赤みそ…大さじ1〜2

作り方

1 大根は皮をむいて1cm厚さのいちょう切り*にする（細いものは半月切り**にする）。玉ねぎは縦薄切りにする。にんにくはみじん切りにする。

2 鍋を熱してサラダ油とバターを入れ、にんにくを弱火で炒める。いい匂いがしてきたら玉ねぎを加えて中火で炒める。しんなりしたら火を弱め、きつね色になるまでじっくり炒める。

3 ひき肉を加え、強火にしてほぐしながら炒める。ひき肉の色が変わったら大根を加えて炒める。油がまわったら酒、カレールウの箱の表示量＋カップ1の水を加える。

4 沸いてきたら火を弱め、あくを取りながら10分煮る。大根に竹串がスーッと通ったら火を止める。赤みそを溶き入れてカレールウを割り入れる。

5 再び火をつけて混ぜながらとろみがつくまで弱めの中火で煮込む。器にご飯を盛ってかける。

＊14ページ❸参照　＊＊14ページ❷参照

大根とかにの冷製パスタ 麺

材料（2人分）

フェデリーニ…140g
かに缶…小1缶（55g）
大根…4cm
大根の葉…適量
a［おろししょうが…1/2かけ分
　レモン汁…大さじ1
　ごま油…大さじ1
　塩…小さじ1/2
塩、こしょう…各適量

作り方

1 パスタは塩を加えた湯で表示時間より30秒長めにゆでる。ゆであがったら氷水に入れてしっかり冷やす。

2 大根は皮をむいて縦細切りにする。大根の葉はみじん切りにする。

3 ボウルに大根、**a**、かにを缶汁ごと入れて混ぜる。水けをきった①を加えて和える。味をみて薄ければ塩、こしょうでととのえる。器に盛って大根の葉をちらす。

鶏と大根のスープ 汁

材料（2人分）

鶏もも肉…小1枚
大根…5cm

a［長ねぎの青い部分…1本分
　にんにく、しょうが（ともに半分に切る）…各1かけ

塩、こしょう…各適量

万能ねぎ（小口切り）…各適量

作り方

1 大根は皮をむいて長さを半分に切り、さらに十文字に4等分に切る。鍋に大根と水を入れて、大根に竹串がスーッと通るまで下ゆでする。

2 鶏肉は脂身を取り除いて1cm幅に切る。別の鍋に水カップ3を沸かし、鶏肉、**a**を加え、あくを取りながら15分煮る。

3 ②の鍋に①を加えてひと煮し、味をみながら塩、こしょうでととのえる。器に盛って万能ねぎをちらす。

＊14ページ❶参照

その他の大根のレシピ

- きゅうりと大根の漬物…P91
- すいとん鍋…P100
- 冬野菜と大豆のカレー…P103
- 豚汁…P113
- 常夜鍋…P188
- 水菜とせん切り野菜のかにサラダ…P192
- 和風おろしステーキ…P218
- 牛肉と大根のチーズトマト煮…P220
- 厚切りしゃぶしゃぶ…P222
- 野菜の豚肉巻き…P239
- 大根とスペアリブの煮物…P245
- 大根とスペアリブの和風鍋…P246
- ミルフィーユとんかつ…P248
- いかと里芋の煮物…P269
- いかと大根オイスターソース炒め…P269
- さばのフライパン塩焼き…P280
- さんまのフライパン塩焼き…P283
- ホタテと大根のワサビマヨサラダ…P296
- 大根としらすのシャキシャキサラダ…P297
- おでん…P299
- 焼き油揚げと大根のサラダ1…P309
- 焼き油揚げと大根のサラダ2…P309
- だし巻きたまご…P318
- ほたてと大根のオムレツ…P318
- 切り干し大根のツナサラダ…P323

たけのこ

春を知らせる食材、たけのこ。水煮は一年中あって手軽。生からゆでるときは鍋に水と米ぬかと切り込みを入れたたけのこを入れて約1時間

春巻き

揚

材料（3〜4人分）

豚もも薄切り肉…100g

春巻きの皮…10枚

春雨…10g

干ししいたけ…3個

にんじん…3cm

ピーマン…1個

たけのこ（水煮）…70g

にら…1/2束

もやし…1/2袋

しょうが…1かけ

サラダ油…大さじ1

a［片栗粉、しょうゆ…各小さじ1

b［水…カップ1/4
　しょうゆ、酒、片栗粉…各大さじ1

c［薄力粉、水…各大さじ1

揚げ油、からし、酢、しょうゆ…各適量

作り方

1 春雨は袋の表示通りにもどしてキッチンばさみでザクザク切る。干ししいたけはぬるま湯でもどして水けを絞ってせん切りにする。にんじん、ピーマン、たけのこは縦細切りにする。にらは5cm長さに切る。しょうがはせん切りにする。

2 豚肉は繊維に沿って細切りにして、ボウルに入れて**a**をからめる。

3 **b**を混ぜておく。中華鍋またはフライパンを熱してサラダ油をひき、しょうが、②を強めの中火で炒める。肉の色が変わったら、にんじん、干ししいたけ、たけのこ、もやし、ピーマン、にら、春雨の順に加えて炒める。

4 全体に油がまわったら**b**を加えてひと煮する。バットに広げてしっかり冷ます。バットの中で10等分にする。

5 **c**を混ぜてのりを作る。まな板の上に春巻きの皮を角を下にして広げ、手前に④を細長くのせる。まず手前の皮をかぶせ、次に左右の皮をかぶせて手前からパタンパタンと2回ほど巻き、巻き終わりの皮の縁に**c**ののりをぬって、さらに巻いてピッチリ閉じる。

6 フライパンに揚げ油を深さ3cm入れ

て低温に熱する。⑤の半量を巻き終わりを下にして入れて、弱めの中火で揚げる。あまり色づかないうちに返しながらじっくり揚げる。全体がきつね色になってきたら火を強めてカラッと仕上げる。残りも同様に揚げる。好みでからし、酢じょうゆをつけて食べる。

たけのこと菜の花と鶏肉のきんぴら煮 煮

材料（2人分）

鶏もも肉…300g
たけのこ（水煮）…100g
菜の花…1/2束
赤唐辛子…2本
a「水…カップ3/4
酒、みりん…各大さじ2
しょうゆ…大さじ1と1/2
サラダ油…大さじ1/2
ごま油…少々

作り方

1 たけのこは縦6〜8等分に切る。菜の花は根元を切り落とす。鶏肉は脂身を取り除いて、大きめの一口大に切る。赤唐辛子はへたと種を取り除く。

2 鍋を熱してサラダ油をひく。鶏肉を皮を下にして並べて強火で焼く。こんがり焼き目がついたらたけのこを加えて炒める。

3 たけのこに油がまわったら、赤唐辛子、**a**を加え、ふたをして強めの中火で7分煮る。たまに混ぜる。菜の花を加えて30秒〜1分煮る。仕上げにごま油を回し入れる。

焼きたけのこの韓国のりの和え物 和え

材料（2人分）

たけのこ（水煮）…120g
韓国のり…小2パック
しょうゆ、ごま油…各少々

作り方

1 たけのこは水で洗って7mm厚さのくし形に切り、トースターの天パンに並べる。少し焼き目がつくまで様子を見ながら10〜15分焼く。

2 ボウルに①と韓国のりをちぎって入れ、しょうゆ、ごま油を加えて和える。

＊14ページ❻参照

えびとたけのこのココナッツミルクカレー 米

材料（4人分）

温かいご飯…4人分
えび…12尾
たけのこ（水煮）…150g
しめじ…1パック
万能ねぎ…5本
にんにく…2かけ
しょうが…1かけ
サラダ油…大さじ1
豆板醤《トウバンジャン》…大さじ1/2
カレー粉…大さじ1と1/2
a「ココナッツミルク…カップ2
水…カップ1/2
こぶみかんの葉（乾燥、あれば）…4枚
カー（乾燥、あれば）…2枚
ナンプラー…大さじ1
砂糖…小さじ1
塩…適量
香菜《シャンツァイ》…適量

作り方

1 たけのこは縦半分に切ってから縦5mm厚さに切る。しめじは根元を切り落として小房にわける。万能ねぎは5cm長さに切る。にんにく、しょうがはみじん切りにする。えびは殻をむいて背開きにして背わたを取り除く。

2 フライパンを熱してサラダ油をひき、にんにく、しょうが、豆板醤を弱火で炒める。いい匂いがしてきたらえびを加えて強火にして炒める。えびの色がほぼ変わったら、しめじ、たけのこを加えて混ぜ、カレー粉を加えてザッと炒める。

3 **a**を加え、沸いてきたら中火にして15分くらい煮る。ナンプラー、砂糖を加えて混ぜ、万能ねぎを加えてサッと煮る。味をみて塩でととのえる。器にご飯を盛ってかけ、香菜を添える。

＊16ページ参照

たけのこごはん　米

材料（4人分）

米…2合

鶏むね肉…160g

新たけのこ（水煮）…150g

油揚げ…1枚

a［酒、みりん…各大さじ1
　しょうゆ…小さじ1と1/2
　塩…小さじ1/2

万能ねぎ（小口切り）…適量

作り方

1 米は洗って水けをきり、炊飯器に入れる。目盛りに合わせて水を注ぐ。

2 たけのこは太い部分は2mm厚さのいちょう切りにし、細い部分は2mm厚さの半月切りにする。鶏肉はそぎ切りにする。油揚げは縦半分に切ってから5mm幅の細切りにする。

3 ①から水大さじ3と1/2を取り除き、**a**を加えて混ぜる。②をのせ、普通に炊く。

4 炊きあがったらサックリと混ぜ、器に盛って万能ねぎをちらす。

＊14ページ❶参照　＊＊14ページ❸参照　＊＊＊14ページ❷参照　＊＊＊＊15ページ⓬参照

たけのこの混ぜご飯　米

材料（4人分）

温かいご飯…2合分

豚ひき肉…150g

たけのこ…200g

しょうが…1かけ

万能ねぎ…6本

a［しょうゆ、みりん
　　…各大さじ1と1/2
　水…カップ3/4

塩、いりごま（白）、粉山椒…各適量

作り方

1 たけのこは1cm角に切る。しょうがはせん切りにする。万能ねぎは小口切りにする。

2 鍋に**a**を入れて中火にかけ、フツフツしてきたらたけのこ、豚肉、しょうがを加えてふたをして煮る。5分たったらふたを取って、火を強めて水分をとばす。

3 ボウルにご飯を入れて②を加えて混ぜる。味をみて薄ければ塩を加えてととのえる。

4 器に盛って万能ねぎをちらし、いりごま、山椒をふる。

＊14ページ❶参照

その他のたけのこのレシピ

- ピリ辛春雨の炒め煮1…P136
- チンジャオロースー…P181
- 豚肉とピーマンのオイスター炒め…P181
- 帆立てと春野菜ののり炒め…P185
- ゆでもやしの牛肉あんかけ…P195
- ピリ辛春雨の炒め煮2…P221
- 鶏とたけのこの煮物…P230
- 中華炒め混ぜおこわ…P234
- 鶏肉のバジル炒めのせごはん…P235
- グリーンカレー…P236
- 豚とたけのこのオイスター炒め…P240
- ひき肉とバジルのタイ風チャーハン…P259
- かじきの中華炒め…P276
- かにたま…P317
- 担々麺…P348
- あんかけ焼きそば…P349

玉ねぎ

生では辛みが強く、火を通すと辛みが甘みに変わり、うまみの素になる。春から初夏には、やわらかい辛みがおいしい新玉ねぎの到来

オニオンリング　揚

材料（4人分）

玉ねぎ…1個

a［薄力粉
　　…カップ1
　卵…1個
　水…130cc

パン粉、揚げ油
　…各適量

ケチャップ…適量

> フライ衣をしっかりつける方法
> 薄力粉をまぶしたら余分な粉ははたいて、卵をよーくからめること。まず卵をしっかりよく溶いてないとからまりにくい。

作り方

1 玉ねぎは1cm厚さの輪切りにして1輪ずつはずす。ボウルに**a**を合わせて泡立て器でよく混ぜる。

2 フライパンに揚げ油を深さ2cm入れて中温に熱する。玉ねぎを**a**にくぐらせてからパン粉をまぶし、フライパンに入れる。まわりが固まってきたら、たまに返しながら中火で揚げる。全体がきつね色になったら、火を強めてカラッと仕上げる。器に盛ってケチャップを添える。

桜えびと玉ねぎのかき揚げ

揚

材料（4人分）

玉ねぎ…1個

にんじん…1/2本

桜えび…大さじ3～4

a［薄力粉…カップ1
　水…150cc
　塩…1つまみ

揚げ油…適量

塩…適量

作り方

1 玉ねぎは縦薄切りにする。にんじんは皮をむいて5cm長さの細切りにする。

2 ボウルにaを合わせて泡立て器でよく混ぜる。①、桜えびを加えて混ぜる。

3 フライパンに揚げ油を深さ2cm入れて中温に熱し、②を木べらですくって菜箸ですべらせフライパンに落とす。弱めの中火で揚げる。まわりが固まってきたら、たまに返しながらじっくり揚げる。全体がきつね色になったら、火を強めてカラッと仕上げる。器に盛って塩を添える。

玉ねぎとバジルのかき揚げ

揚

材料（4人分）

玉ねぎ…1個

バジル（生）…20枚

a［薄力粉…カップ1
　水…120cc
　塩…1つまみ

揚げ油…適量

塩、粉チーズ…各適量

作り方

1 玉ねぎは縦薄切りにする。バジルはちぎる。

2 ボウルにaを合わせ、泡立て器でよく混ぜる。①を加えてザッと混ぜる。

3 フライパンに揚げ油を深さ2cm入れて中温に熱し、②を木べらですくって菜箸ですべらせフライパンに落とす。弱めの中火で揚げる。まわりが固まってきたら、たまに返しながらじっくり揚げる。全体がきつね色になったら火を強めてカラッと仕上げる。器に盛って塩と粉チーズを添える。

白身魚のソテー オニオンソース

ソース

材料（2人分）

好みの白身魚…2切れ

玉ねぎ…1/4個

a［おろししょうが…1かけ分
　水…大さじ2
　みりん、バター、酒…各大さじ1
　しょうゆ…大さじ1/2強

サラダ油…大さじ1

パセリ（みじん切り）…適量

作り方

1 玉ねぎは水に7～8分つけてからすりおろし、aと混ぜ合わせる（バターは溶けてなくていい）。

2 フライパンを熱してサラダ油をひき、魚を水けをふいて並べる。中火で両面こんがり焼く。

3 焼き目がついたら①を加えてからめる。器に盛ってパセリをちらす。

新玉やっこ1

生

材料（2～3人分）

新玉ねぎ…1/2個

豆腐（絹ごし）…1丁

削り節（ソフトパック）
…2パック（10g）

a［しょうゆ…大さじ1と1/2
　酢…大さじ1/2

ラー油…適量

作り方

1 新玉ねぎは縦薄切りにして氷水に3分ほどさらす。水けをしっかりきる。

2 ボウルに①、削り節、aを入れてよく混ぜる。

3 豆腐は食べやすく切って器に盛る。②をかけてラー油をたらす。

＊memo 普通の玉ねぎで作る場合は、氷水にさらす時間を5分にしてください。

新玉やっこ2

生

材料（2～3人分）

新玉ねぎ…1/2個

豆腐（絹ごし）…1丁

a
- しらす…大さじ3
- しょうゆ…大さじ1と1/2
- 酢、サラダ油…各大さじ1/2

かつお節…適量

作り方

1 新玉ねぎは縦薄切りにして氷水に3分ほどさらす。水けをしっかりきる。

2 ボウルに①、aを入れて混ぜる。

3 豆腐は食べやすく切って器に盛る。②をかけてかつお節をちらす。

＊memo 普通の玉ねぎで作る場合は、氷水にさらす時間を5分にしてください。

玉ねぎといかの和え物

和え

材料（2人分）

玉ねぎ…1/4個

いかの刺身…2人分（60～80g）

a
- 赤唐辛子（小口切り）…1本
- おろししょうが…少々
- しょうゆ…大さじ1弱
- 酢…小さじ1/2
- 砂糖…1つまみ

作り方

玉ねぎは縦薄切りにして水に5分さらす。水けをしっかりきってボウルに入れる。いかの水けをふいて加える。aを加えて和える。

＊14ページ❶参照

鶏肉と新玉ねぎのピリ辛和え

和え

材料（2人分）

鶏もも肉…1枚

新玉ねぎ…1/2個

a
- おろしにんにく…1/2かけ分
- しょうゆ、レモン汁…各大さじ1
- 砂糖…大さじ1/2
- 塩、こしょう…各少々

ごま油…大さじ1/2

一味唐辛子…適量

作り方

1 新玉ねぎは縦薄切りにして、辛ければ水に3分さらす。水けをしっかりきる。

2 鶏肉は脂身を取り除き、皮全体に包丁の先でプスプスと穴をあけて、身のほうは包丁で数本切り込みを入れる。

3 フライパンを熱してごま油をひき、鶏肉を皮を下にして並べる。ふたをして中火で焼く。バシッと焼き目がついたら返して、返してからはふたはせずに焼く。両面焼けたら取り出して2cm幅に切る。

4 ボウルにa、①を混ぜ合わせて、熱々の③を加えて和える。器に盛って好みで一味唐辛子をふる。

玉ねぎのカレーマリネ

漬け

材料（2～3人分）

玉ねぎ…1/2個

塩…1つまみ

オリーブ油…大さじ1/2強

酢…大さじ1/2

カレー粉…小さじ1/4

こしょう…適量

作り方

玉ねぎは縦薄切りにして水に5分さらす。水けをよくきってボウルに入れて、その他の材料を加えて和える。ラップをして冷蔵庫で15分くらいつける。

炒め玉ねぎのパスタ

麺

材料（2人分）

フェデリーニ…150g

玉ねぎ…2個

にんにく…3かけ

オリーブ油…適量

塩、こしょう…各適量

作り方

1 玉ねぎ、にんにくは縦薄切りにする。

2 フェデリーニは塩を加えた湯で表示時間より1分短めにゆでる。

3 フライパンを熱してオリーブ油大さじ2～3をひき、玉ねぎを強火で炒める。少ししんなりしてきたら、火を弱めてにんにくを加えて全体が色づくまでじっくり炒める。

4 ゆであがった②を③に加えて和える。

味をみて塩、こしょうでととのえる。器に盛ってこしょうをふり、オリーブ油少々を回しかける。

玉ねぎの和風スープ

汁

材料（3～4人分）

玉ねぎ…1個

だし汁…カップ3と1/2

サラダ油…大さじ1/2

バター…大さじ1

しょうゆ…大さじ1

みりん…大さじ1/2

塩、こしょう…各適量

作り方

1 玉ねぎは縦薄切りにする。

2 だし汁を温める。

3 フライパンを熱してサラダ油をひき、バターを入れ、バターが溶けたら玉ねぎを強火で炒める。少し色づいてきたら②に加える。しょうゆ、みりんを加えて、あくを取りながら弱火で3分煮る。味をみて塩、こしょうでととのえる。

オニオン
グラタンスープ

汁

材料（2人分）

玉ねぎ…1個

チキンスープ…カップ2

サラダ油…大さじ1/2

バター…大さじ1

a「 レモン汁…少々

└ 砂糖…2つまみ

塩、こしょう…各適量

バゲット（1.5cm厚さ）…2枚

ピザ用チーズ…カップ1/2弱

作り方

1 玉ねぎは横薄切りにする。フライパンを熱してサラダ油をひきバターを入れ、バターが溶けたら玉ねぎを強火で炒める。しんなりしてきたら火を弱め、たまに混ぜながらじっくり炒める。

2 玉ねぎが濃いきつね色になったらスープを加える。沸いてきたら火を弱めて、あくを取りながら5分煮る。**a**を加えて混ぜ、味をみて塩、こしょうでととのえる。

3 耐熱容器に②を注ぐ。バゲットをのせてチーズをちらし、こしょうをふる。トースターでチーズが溶けて焼き色がつくまで加熱する。

その他の玉ねぎのレシピ

- アボカドとサーモンのタルタルサラダ…P62
- まぐろとアボカドのちらし寿司…P63
- いんげんとトマトのサラダ…P65
- チキンインドカレー…P69
- 春野菜のスープ煮…P73
- 肉かぼちゃの炒め煮…P74
- かぼちゃのドライカレー…P75
- ミックスピクルス…P78
- カリフラワーのポタージュ…P79
- ロールキャベツ…P81
- コールスロー…P83
- タイ風牛しゃぶサラダ…P84
- 基本のかき揚げ…P101
- 牛肉とごぼうの卵とじ丼…P103
- 冬野菜と大豆のカレー…P103
- チキンカレー1…P120
- ミネストローネ…P135
- おろしハンバーグ…P140
- 大根とひき肉のカレー…P143
- サルサ…P154
- 揚げなすの香味野菜和え…P159
- 豚にらみそカレー…P167
- ピクルス…P183
- チキンとほうれんそうのインドカレー…P190
- ほうれんそうのココナッツミルクのカレー…P190
- ほうれんそうのラザニア…P191
- タコライスのレタス包み…P202
- 根菜ドライカレー…P207
- 魚介のクリームカレー…P210
- ひき肉ときのこのドライカレー…P211
- きのこと玉ねぎのマリネ…P213
- きのこのリゾット…P214
- チキンときのこのカレー…P214
- ブラウンマッシュルームのポタージュ…P217
- プルコギ…P219
- 簡単ビーフシチュー…P220
- ビーフシチュー…P221
- ビーフストロガノフ…P223
- 牛丼…P222
- ビーフカレー…P223
- デミグラオムライス…P224
- チキンカレー2…P236
- ポークソテー…P239

チンゲンサイ

チンゲンサイはシャキシャキの歯ざわりが命。少し煮たぐらいでは茎のシャキシャキは消えないけど、炒める、ゆでるはサッと、です

えびとチンゲンサイの炒め物

材料（2人分）

えび…8尾
チンゲンサイ…2株
にんにく、しょうが…各1かけ
赤唐辛子…2本
a［ 酒…大さじ2
**　 みそ…大さじ1と1/2**
**　 オイスターソース、砂糖…各小さじ1**
ごま油…大さじ1
塩、こしょう…各少々

作り方

1 チンゲンサイは根元を切り落として葉を1枚ずつにわけ、斜め1cm幅に切る。にんにく、しょうがはみじん切りにする。えびは背開きにして背わたを取り除く*。赤唐辛子はへたを取る。**a**を混ぜておく。

2 フライパンを熱してごま油をひき、にんにく、しょうがを弱火で炒める。いい匂いがしてきたら、えびを加えて塩、こしょうをふり、強火にして炒める。えびの色が変わったらチンゲンサイと赤唐辛子を加えて炒め、チンゲンサイがしんなりしたら**a**を加えて炒め合わせる。

＊16ページ参照

写真…38ページ

チンゲンサイと帆立てのクリーム煮

煮

材料（2〜3人分）

チンゲンサイ…2株
しょうが…1かけ
マッシュルーム缶…1缶（約70g）
帆立て貝柱水煮缶…小1缶（45〜65g）
ごま油…大さじ1
a［ 牛乳…カップ1
**　 酒、片栗粉…各大さじ1**
**　 塩…小さじ1/4強**
塩、こしょう…各適量

作り方

1 チンゲンサイは根元を切り落として縦4〜6等分に切る。しょうがはせん切りにする。**a**を混ぜておく。マッシュルームは缶汁をきる。

2 フライパンを熱してごま油をひき、しょうがを弱火で炒める。いい匂いがしてきたらマッシュルーム、帆立てを缶汁ごと加えて強火で炒める。油がまわったらチンゲンサイを加え、塩、こしょう各少々をふって炒める。

3 チンゲンサイがしんなりしたら火を止め、**a**をもう一度よく混ぜてから加える。中火にかけ、混ぜながらとろみがつくまで煮る。味をみて薄ければ塩、こしょうでととのえる。

チンゲンサイのおかか和え

和え

材料（2人分）

チンゲンサイ…1株

削り節（ソフトパック）…1パック（5g）

a
- **オイスターソース、ごま油…各小さじ1**

作り方

1 チンゲンサイは根元を切り落として5cm長さに切る。塩を加えた湯でサッとゆでる。粗熱がとれたら水けをしぼる。

2 ボウルに**a**を混ぜ、水けをきった①、削り節を加えて和える。

チンゲンサイの和え物

和え

材料（2人分）

チンゲンサイ…1株

しょうが…1/2かけ

しらす…大さじ3

a
- **ごま油…大さじ1/2**
- **塩、砂糖…各2つまみ**

作り方

1 チンゲンサイは根元を切り落として葉を1枚ずつわける。しょうがはせん切りにする。

2 塩を加えた湯でチンゲンサイをサッとゆでる。粗熱がとれたら水けをしぼって長さを半分に切る。

3 ボウルに②、しらす、**a**を合わせて和え、器に盛ってしょうがをちらす。

チンゲンサイとかにの卵白スープ

汁

材料（2人分）

スープ
- **手羽元…4本**
- **長ねぎの青い部分…1本分**
- **にんにく、しょうが…各1かけ**

チンゲンサイ…1株

かに缶…小1/2缶（55g）

卵白…1個分

酒…大さじ1

塩、こしょう…各適量

作り方

1 スープをとる。鍋に水カップ3と1/2を入れて沸かし、手羽元、ねぎの青い部分、にんにく、しょうがをともに半分に切って入れる。再び沸いてきたらあくを取りながら30分煮る。

2 チンゲンサイは斜め5cm幅に切る。卵白は溶きほぐす。

3 ①のねぎ、にんにく、しょうがを取り除き、酒、かにを缶汁ごと加えてひと煮する。味をみて塩、こしょうでととのえる。卵白を菜箸につたわらせながら回し入れ、素早く混ぜる。最後にチンゲンサイを加えてひと煮する。

その他のチンゲンサイのレシピ

●鮭のソテー中華カレーソース…**P278**

トマト

生のままだと酸味の強いトマトも、煮たり、炒めたりして熱を通せば、果物のような甘い味に変身。他の素材をひき立てる調味料代わりにも

トマトチーズオムレツ

焼

材料（2人分）

トマト…1/2個

ピザ用チーズ…大さじ4

a
- **卵…3個**
- **牛乳…大さじ2**
- **塩…2つまみ**

オリーブ油、バター…各小さじ1

チリパウダー…少々

こしょう…適量

作り方

1 トマトは1.5cm角に切る。**a**をよく混ぜ合わせる。

2 フライパンを熱してオリーブ油をひ

いてバターを入れ、**a**を流し入れて菜箸でグルグル混ぜる。かたまりができてきたらそのままいじらず中火で加熱する。表面が乾きはじめたら片側にトマトとチーズをのせてチリパウダーをふり、包むように半分に折る。器に盛ってこしょうをふる。

トマたま炒め　ソテー

材料（2人分）

豚ばら薄切り肉…100g
トマト…1個
長ねぎ…1/2本
にんにく、しょうが…各1かけ
卵…1個
ごま油…大さじ1
酒…大さじ1
オイスターソース…大さじ1/2
しょうゆ…小さじ1/2
塩、こしょう…各適量

作り方

1 トマトは2cm角に切る。長ねぎは5cm長さの斜め切りにする。にんにく、しょうがはみじん切りにする。豚肉は一口大に切る。卵は溶きほぐす。

2 フライパンを熱してごま油をひき、にんにく、しょうが、長ねぎを入れて中火で炒める。いい匂いがしてきたら、豚肉を加えて強火で炒める。

3 肉の色が変わったら具をフライパンの端に寄せる。空いたところに溶き卵を流し入れて、すぐにはいじらずにそのまま少し加熱する。固まってきたら木べらで混ぜていり卵にして、全体を炒め合わせる。

4 トマト、酒を加えてザッと炒め、オイスターソース、しょうゆを加えて炒め合わせる。味をみて薄ければ塩、こしょうでととのえる。

写真…55ページ

牛肉と厚揚げのトマト炒め　ソテー

材料（2人分）

牛薄切り肉…150g
トマト…1個
厚揚げ…1枚
にんにく、しょうが…各1かけ
赤唐辛子…2本
酒…大さじ1
オイスターソース…小さじ2
しょうゆ…小さじ1〜2
塩、こしょう…各適量
ごま油、万能ねぎ（小口切り）…各適量

作り方

1 トマト、厚揚げは2cm角に切る。にんにく、しょうがはみじん切りにする。赤唐辛子はへたと種を取り除く。牛肉は一口大に切る。

2 フライパンを熱してごま油大さじ1をひき、にんにく、しょうがを弱火で炒める。いい匂いがしてきたら牛肉を加えて塩、こしょう各少々をふって強火で炒める。肉の色が変わったら赤唐辛子、厚揚げを加えて炒める。

3 全体に油がまわったら、酒、オイスターソース、しょうゆを加えて炒め合わせる。トマトを加えてザッと炒め、味をみて薄ければ塩、こしょうでととのえる。器に盛って万能ねぎをちらし、ごま油を回しかける。

＊14ページ❶参照

写真…51ページ

なすトマト麻《マー》婆《ボー》　煮

材料（2〜3人分）

豚ひき肉…100g
トマト…1個
なす…3本
長ねぎ…1/2本
にんにく、しょうが…各1かけ
a［**酒…大さじ2**
　オイスターソース、みりん…各大さじ1
　赤みそ…大さじ1/2
　豆板醤《トンバンジャン》…小さじ1
サラダ油…大さじ5〜6
ごま油…大さじ2
塩、こしょう…各適量

作り方

1 なすはへたを切り落として、ピーラーで皮を縞目にむく。縦4等分に切って塩水に3分さらし、水けをよくふく。トマトは2cm角に切る。長ねぎは1cm厚さの小口切りにする。にんにく、しょうがはみじん切りにする。**a**をよく混ぜ合わせておく。

2 フライパンにサラダ油を入れて強めの中火で熱し、なすを入れて揚げ焼きにして、しんなりしたら取り出す。

3 フライパンをサッとふいて熱し、ごま油をひく。にんにく、しょうが、ねぎを入れて弱火で炒める。いい匂いがしてきたらひき肉を加えて、ほぐしながら強火で炒める。肉の色が変わったらトマトを加えて炒め、なすを戻し入れてザッと炒める。

4 **a**を加えて炒め合わせる。味をみて、塩、こしょうでととのえる。

＊14ページ❶参照

魚のグリル フレッシュトマトソース

ソース

材料（2人分）

いさき…2尾

トマト…1個

好みのハーブ（ディル、タイム、オレガノなど、生）…合わせてカップ1/4

a
- **おろしにんにく…少々**
- **オリーブ油…大さじ1と1/2**
- **塩…2つまみ**
- **こしょう…少々**

オリーブ油…大さじ1と1/2

塩、こしょう…各少々

作り方

1 いさきは腹に切り込みを入れて、内臓を取り出し、洗って水けをしっかりふく。オーブンの天パンにオリーブ油大さじ1/2をひく。いさきを並べて、塩、こしょうをふってオリーブ油大さじ1を回しかける。250℃に温めたオーブンで12〜13分焼く。

2 トマトは1cm角に切る。ハーブは粗みじん切りにする。ボウルに入れて**a**を加えて和える。

3 いさきがこんがり焼けたら器に盛って、②をたっぷりかける。

ミニトマトと 玉ねぎのマリネ

漬け

材料（2人分）

ミニトマト…10個

玉ねぎ…1/4個

a
- **酢…大さじ1と1/2**
- **オリーブ油…大さじ1**
- **塩、砂糖…1つまみ**
- **カレー粉、こしょう…各少々**

作り方

1 ミニトマトはへたを取って縦半分に切る。玉ねぎは縦薄切りにして水に5分さらす。

2 ボウルに**a**を混ぜ合わせ、ミニトマト、水けをきった玉ねぎを加えて和える。ラップをして冷蔵庫で15分つける。

ミニトマトの はちみつ漬け

漬け

材料（2〜3人分）

ミニトマト…1パック

はちみつ…大さじ1

塩…2つまみ

作り方

1 小鍋に湯を沸かす。ボウルに氷水を用意しておく。トマトはへたを取って3〜4回にわけて湯に4〜5秒つけ、すぐに氷水につける。ツルッと皮をむく。

2 ボウルに①を入れて、塩、はちみつを加えて混ぜる。ラップをして冷蔵庫で20分以上つける。

写真…51ページ

イタリアン トマトサラダ

サラダ

材料（2人分）

トマト…1個

おろしにんにく…少々

オリーブ油…大さじ1

塩…1つまみ

バジル（乾燥）、こしょう…各適量

作り方

トマトは3cm角に切る。ボウルにすべての材料を入れて混ぜる。

トマト豆腐サラダ

サラダ

材料（2〜3人分）

トマト…1個

豆腐（木綿）…1丁

貝割れ菜…1パック

しらす…大さじ2

削り節（ソフトパック）…1パック（5g）

a
- **しょうゆ…大さじ1と1/2**
- **ごま油、いりごま（白）…各大さじ1**
- **おろししょうが…少々**

作り方

1 豆腐は水きりをする。トマトは2cm

角に切る。貝割れ菜は根元を切り落とす。

2 ボウルに**a**を混ぜ合わせ、豆腐を加えて木べらでくずしながら混ぜる。しらす、トマト、貝割れ菜、削り節を加えて和える。

＊18ページ参照

トマトのブルスケッタ カマンベールとくるみのブルスケッタ

パン

材料（2〜3人分）

バゲット…小1本

a
- **トマト…小1個**
- **バジル（生）…4〜5枚**
- **おろしにんにく…少々**
- **オリーブ油…大さじ1**
- **塩…2つまみ**
- **こしょう…少々**

b
- **くるみ…大さじ4**
- **カマンベールチーズ…70g**
- **はちみつ…小さじ1強**
- **こしょう…少々**

作り方

1 バゲットは7mm厚さに切って、トースターでカリッと焼く。

2 aを作る。トマトは1cm角に切り、バジルはちぎる。ボウルに入れ、**a**のその他の材料を加えて和える。①の半量の上にのせる。

3 bを作る。くるみはフライパンで軽く空いりする。カマンベールは外側の白い部分を取り除いて細かくちぎる。ボウルに**b**の材料と合わせて和える。残りの①の上にのせる。

トマト香菜サラダ

サラダ

材料（2人分）

トマト…1個

香菜《シャンツァイ》…1枝

- **おろしにんにく、おろししょうが…各少々**
- **レモン汁、ごま油…各大さじ1**
- **ナンプラー、オイスターソース…各小さじ1**
- **砂糖…2つまみ**

作り方

1 トマトは縦半分に切ってから横4mm厚さの半月切り*にする。香菜は1cm長さに刻む。

2 ボウルに**a**を混ぜ合わせ、①を加えて和える。

＊14ページ❷参照

サルサ

和え

材料（作りやすい分量）

トマト…1個

セロリ…1/2本

セロリの葉…適量

玉ねぎ…1/4個

レモン汁…1個分

タバスコ…小さじ1/3

塩…小さじ1/4

こしょう…少々

作り方

1 トマトは1cm角に切る。セロリはピーラーで皮をむいて粗みじん切りにする。セロリの葉は粗みじん切りにする。玉ねぎはみじん切りにして水に5分さらして水けをきる。

2 ボウルに①を入れてレモン汁、タバスコ、塩、こしょうを加えて混ぜる。

トマトと干しえびの冷麺

麺

材料（2人分）

冷やし中華用麺…2玉

トマト…1個

香菜《シャンツァイ》…1/3束

干しえび…大さじ1強

a
- **おろししょうが…1/2かけ分**
- **おろしにんにく…少々**
- **レモン汁…大さじ2**
- **ごま油…大さじ1**
- **オイスターソース…大さじ1/2**

しょうゆ…適量

作り方

1 干しえびはぬるま湯大さじ2にひたしてやわらかくして、水けをきって粗みじん切りにする。もどし汁はとっておく。トマトは2cm角に切る。香菜は根元を切り落として3cm長さに切る。

2 ボウルに**a**、干しえびのもどし汁を混ぜ合わせる。

3 麺は袋の表示通りにゆでて、流水でザッと洗ってから氷水に入れてしっかり冷やす。水けをしっかりきって②のボウルに加えて和え、トマト、香菜、干しえびも加えて和える。味をみてしょうゆでととのえる。

トマトと帆立ての冷たいパスタ　麺

材料（2人分）

フェデリーニ…150g

帆立て貝柱水煮缶…小1缶（45〜65g）

トマト…1個

青じそ…5〜6枚

a
- **おろしにんにく…少々**
- **オリーブ油…大さじ2**
- **レモン汁…大さじ1**
- **塩…小さじ1/2**

オリーブ油…少々

塩、こしょう…各適量

作り方

1 トマトは縦半分に切ってから横薄切りにする。青じそは粗みじん切りにする。

2 フェデリーニは塩を加えた湯で表示時間より20〜30秒長めにゆでる。ゆであがったらすぐに流水で洗って、氷水につけて冷やす。

3 ボウルに**a**を混ぜ合わせて、缶汁を軽くきった帆立て、トマトを加えて混ぜる。水けをきったパスタを加えて和える。味をみて薄ければ塩、こしょうでととのえる。器に盛ってオリーブ油を回しかけ、青じそをちらし、こしょうをふる。

フレッシュトマトのパスタ　麺

材料（2人分）

スパゲッティ…150g

帆立て貝柱…3個

トマト…2個

ベーコン…2枚

にんにく…2かけ

バジル（生）…5〜6枚

オリーブ油…大さじ2

ワイン（白）…大さじ2

塩、こしょう…各適量

作り方

1 パスタは塩を加えた湯で表示時間より1分短めにゆでる。

2 トマトは1cm角に切る。ベーコンは1cm幅に切る。帆立ては水けをふいて4等分に切る。にんにくはみじん切りにする。

3 フライパンを熱してオリーブ油をひき、にんにくを弱火で炒める。いい匂いがしてきたら、ベーコンを加えて中火で炒める。ベーコンに焼き目がついたら、帆立てを加えて塩、こしょう各少々をふって、強火で炒める。

4 帆立ての色が変わったらワインを加えてザッと炒め、ゆであがったパスタ、トマト、バジルをちぎって加え、手早く和える。味をみて塩、こしょうでととのえる。

トマトとセロリの和風スープ　汁

材料（2人分）

トマト…1/2個

だし汁（かつお節でとったもの）
…カップ2と1/2

セロリ…1/2本

セロリの葉…適量

サラダ油…少々

a
- **みりん…小さじ1**
- **塩、しょうゆ…各小さじ1/4**

こしょう…適量

作り方

1 セロリはピーラーで皮をむいて斜め薄切りにする。セロリの葉は適当な大きさにちぎる。トマトは1cm角に切る。

2 鍋にだし汁を入れて温め、サラダ油、セロリを加えて4分煮る。**a**を加えて混ぜる。トマトを加え、ひと煮する。器に盛ってセロリの葉をちらしてこしょうをふる。

その他のトマトのレシピ

- アボカドとサーモンのタルタルサラダ…**P62**
- いんげんとトマトのサラダ…**P65**
- 夏野菜の炊き合わせ…**P68**
- チキンインドカレー…**P69**
- タイ風牛しゃぶサラダ…**P84**
- きゅうりとミニトマトのタイ風サラダ…**P92**
- 夏野菜のグリル…**P126**
- ラタトゥイユ…**P129**

- チキンと豆のカレートマト煮…P134
- ピーマンと鶏肉のトマトシチュー…P182
- 水菜とじゃこのサラダ2…P192
- 豆腐と水菜のサラダ…P193
- 生ハムのサラダポーチドエッグのせ…P198
- ブレッドサラダ…P199
- ルッコラサラダ…P200
- ルッコラと生ハムのサラダ…P200
- タコライスのレタス包み…P202
- シンガポールチキンライス…P235
- 鶏スープ(洋風)…P238
- 豚のしょうが焼き…P238
- キーマカレー…P252
- ハンバーガー…P254
- ベーコンとセロリのカレースープ…P264
- あじのソテーフレッシュトマトソース…P266
- あじのマリネ…P266
- まぐろとアボカドのタルタル2…P302
- 大豆サラダ…P312
- スペインオムレツ…P318
- コーンサラダ…P325
- パエリア…P338
- タイ風トマト麺…P343
- ミートソース…P353
- フォーガー(鶏)…P357

長いも

山いもの中でも広く食べられている長いも。生をおろしたとろろ以外に、和え物や炒め物もおいしい。焼いたときの香ばしい風味も最高

鶏肉と長いものキムチ炒め

材料(2人分)

鶏もも肉…1枚
長いも…100g
万能ねぎ…1/3束
にんにく…2かけ
キムチ…150g
ごま油…大さじ1と1/2
酒…大さじ1
砂糖…小さじ1/2
しょうゆ…小さじ1〜1と1/2
一味唐辛子…適量

作り方

1 長いもは皮をむいて1cm厚さの輪切りにする。万能ねぎは5cm長さに切る。にんにくはみじん切りにする。鶏肉は脂身を取り除いて、一口大に切る。

2 フライパンを熱してごま油大さじ1/2をひき、長いもを並べて弱めの中火でじっくり焼く。両面をこんがり焼いたら取り出す。

3 フライパンをサッとふいて熱し、ごま油大さじ1をひく。鶏肉を皮を下にして並べて中火で焼く。バシッと焼き目がついたら返す。両面に焼き目がついたらにんにくを加えて炒める。

4 にんにくが少し色づいてきたら②を戻し入れて、キムチ、万能ねぎを加えて炒め合わせる。酒を加えてザッと混ぜ、砂糖、しょうゆを加えて炒め合わせる。器に盛って好みで一味唐辛子をふる。

長いもの明太子和え

和え

材料(2人分)

長いも…10cm
明太子…1/2腹
塩…2〜3つまみ
砂糖…1つまみ
ごま油…少々

作り方

1 長いもは皮をむいて1cm厚さの*いちょう切りにする。

2 明太子は薄皮を取り除いてボウルに入れ、①、塩、砂糖、ごま油を加えて和える。

＊14ページ❸参照

長いもの梅サラダ

サラダ

材料(2人分)

長いも…7〜8cm
梅干し…2個
a
いりごま(白)…大さじ1
ごま油…小さじ1
しょうゆ…小さじ1/2
砂糖…1つまみ

作り方

1 長いもは皮をむいて縦細切りにする。梅干しは種を取り除いて細かく刻む。

2 ボウルに**a**、梅干しを入れて混ぜ、長いもを加えて和える。

長いもの塩漬け

漬け

材料（2〜3人分）

長いも…1/2本

塩…小さじ1弱

わさび…適量

作り方

1 長いもは皮をむいて7mm厚さの半月切りにし、塩をふってもむ。冷蔵庫で30分くらいつける。

2 器に盛ってわさびを添える。

＊14ページ❷参照

焼き長いもとキャベツ＋みそチーズディップ

その他

材料（2人分）

長いも…10cm

キャベツ…1/4個

a
- **クリームチーズ…60g**
- **牛乳…大さじ1〜2**
- **みそ…大さじ1**

サラダ油…大さじ1と1/2

作り方

1 長いもは皮をむいて1cm厚さの輪切りにする。キャベツは縦半分に切る。

2 **a**のクリームチーズは固かったら、電子レンジ弱に約1分かけてやわらかくする。**a**のその他の材料とよく混ぜ合わせる。

3 フライパンを熱してサラダ油大さじ1/2をひき、キャベツを並べて強めの中火で焼く。焼き目がついたら返して両面を焼いて取り出す。

4 フライパンをサッとふいて熱し、サラダ油大さじ1をひき、長いもを並べてふたをして中火で焼く。両面をこんがり焼いて竹串がスーッと通ったら取り出す。キャベツと長いもを②につけながら食べる。

納豆とろろ冷や麦

麺

材料（2人分）

冷や麦…100〜150g

とろろ…カップ1/2

納豆…1パック

青じそ…5枚

みょうが…1個

めんつゆ（つけつゆの濃さ）
…カップ2と1/2

作り方

1 青じそ、みょうがはせん切りにする。

2 冷や麦は袋の表示通りにゆでて、流水で洗ってから氷水につけて冷やす。しっかり水けをきる。

3 器に②を盛ってめんつゆをかけ、納豆、とろろ、①をのせる。

なす

なすは切ったあと、塩水にさらしてあくを抜く。ひと手間だけど味が全く変わるので必ずやります。揚げるときは少量ずつ。きれいに仕上がる

なすとひき肉のグラタン

焼

材料（2人分）

牛ひき肉…200g

なす…2本

マッシュルーム…1パック

にんにく…1かけ

a
- **ホールトマト缶…1缶（400g）**
- **水…カップ1/2**

ワイン（白）…大さじ2

ピザ用チーズ…カップ1弱

生クリーム…大さじ4

オリーブ油…適量

塩、こしょう…各適量

作り方

1 なすは7mm厚さの輪切りにして塩水に3分さらす。マッシュルームは根元を切り落として5mm厚さに切る。にんにくはみじん切りにする。

2 フライパンを熱してオリーブ油大さじ2強をひく。水けをふいたなすの半量を入れて強火で炒める。少ししんなりして焼き目がついたら取り出す。残りも同様に炒める。

3 フライパンにオリーブ油大さじ1を足して、にんにくを弱火で炒める。いい匂いがしてきたら、ひき肉を加えてほぐしながら強火で炒める。肉の色が変わったらマッシュルームを加えて炒める。マッシュルームに油がまわったら②を戻して炒め合わせる。

4 ワインを加えてザッと混ぜ、**a**を加えてトマトをつぶしながら中火で煮詰める。少しとろみがついたら、味をみながら塩、こしょうでととのえる。

5 耐熱容器にオリーブ油少々をぬり、④、生クリーム、チーズの順に2回繰り返して重ねる。上からこしょうをふって、250℃のオーブンで様子を見ながらバキッと焼き目がつくまで10〜15分焼く。

なすとひき肉の炒め物

材料（4人分）

豚ひき肉…200g
なす…4本
長ねぎ…1本
しょうが…1/2かけ
a
酒…大さじ2
しょうゆ…大さじ1
みりん…大さじ1/2
オイスターソース…小さじ1
塩、こしょう…各少々
サラダ油…大さじ3〜4
ごま油…大さじ1

作り方

1 なすはピーラーで縞目に皮をむいて縦4等分に切り、塩水に3分さらす。ねぎは斜め薄切りにする。しょうがはせん切りにする。**a**を混ぜ合わせておく。

2 フライパンにサラダ油大さじ1と1/2〜2をひいて強火で熱し、水けをふいたなすの半量を入れて揚げ焼きにする。少し焼き目がついたら取り出して、残りも同様に揚げ焼きにする。

3 フライパンをサッとふいて熱し、ごま油を入れる。しょうが、ねぎを入れて中火で炒める。ねぎがしんなりしたらひき肉を加える。塩、こしょうをふって強火にしてほぐしながら炒める。肉の色が変わったら、なすを戻し入れて、**a**を加えて炒める。

牛肉となすの炒め物

材料（4人分）

牛肩ロース薄切り肉…300g
なす…3本
いんげん…1袋
にんにく…2かけ
しょうが…1かけ
a
酒…大さじ2
みそ…大さじ1と1/2
みりん、水…各大さじ1
砂糖、しょうゆ…各大さじ1/2
ごま油…大さじ1強
サラダ油…大さじ3
塩、こしょう…各適量

作り方

1 なすは1.5cm厚さの輪切りにして塩水に3分さらす。いんげんはへたを切り落とす。にんにく、しょうがはみじん切りにする。牛肉は一口大に切る。**a**は混ぜ合わせておく。

2 フライパンを熱してサラダ油大さじ1と1/2をひく。水けをふいたなすの半量を入れて強火で炒める。少し焼き目がついてしんなりしたら取り出す。残りも同様に炒める。

3 フライパンを再度熱してごま油をひき、にんにく、しょうがを弱火で炒める。いい匂いがしてきたら牛肉を加えて強火で炒める。肉の色が変わったらいんげんを加えてザッと炒め、②を戻し入れて混ぜる。**a**を加えて炒め合わせ、味をみて薄ければ塩、こしょうでととのえる。

鶏となすの炒め煮

材料（2人分）

鶏もも肉…1枚
なす…3本
しょうが…1/2かけ
a
水…カップ3/4
酒、みりん…各大さじ1と1/2
しょうゆ…大さじ1と1/2
砂糖…小さじ1
サラダ油…大さじ3
しょうゆ…適量

作り方

1 なすはピーラーで縞目に皮をむいて縦半分に切り、塩水に3分さらす。しょうがは薄切りにする。鶏肉は脂身を取り除いて大きめの一口大に切る。

2 鍋を熱してサラダ油大さじ2をひき、

水けをふいたなすを入れて強火で炒める。少し焼き目がついたら取り出す。

3 鍋にサラダ油大さじ1を足し、鶏肉を皮を下にして並べて強火で焼く。パシッと焼き目がついたら返して両面焼く。**a**、②、しょうがを加えてふたをし、中火にして10分煮る。味をみて薄ければしょうゆでととのえる。

麻婆《マーボー》なす　煮

材料（3～4人分）

豚ひき肉…200g

なす…3本

赤パプリカ…1/2個

ピーマン…1個

長ねぎ…1/2本

にんにく、しょうが…各1かけ

a
- **酒…大さじ2**
- **赤みそ、オイスターソース、しょうゆ…各大さじ1**
- **粉山椒…小さじ1/2**

サラダ油…大さじ3

ごま油…大さじ1強

豆板醤《トウバンジャン》…大さじ1/2

塩、こしょう…各適量

作り方

1 なすは縦4等分に切って塩水に3分さらす。パプリカ、ピーマンは縦細切りにする。長ねぎ、にんにく、しょうがはみじん切りにする。**a**を混ぜ合わせておく。

2 フライパンを熱してサラダ油大さじ1と1/2をひき、水けをふいたなすの半量を並べ強火で炒める。少し焼き目がついてしんなりしたら取り出す。残りも同様に炒める。

3 フライパンをサッとふいて熱し、ごま油をひいてねぎ、にんにく、しょうがを中火で炒める。いい匂いがしてきたら豆板醤を加えて炒める。豆板醤がなじんだらひき肉を加える。塩、こしょう各少々をふって強火にしてほぐしながら炒める。

4 肉の色が変わったらパプリカ、ピーマンを加え、②を戻し入れて炒め合わせる。全体に油がまわったら**a**を加えて炒め合わせ、味をみて薄ければ塩、こしょうでととのえる。

揚げなすの香味野菜和え　和え

材料（2～3人分）

なす…4本

セロリ…1/2本

セロリの葉…適量

玉ねぎ…1/2個

青じそ…4枚

a
- **しょうゆ…大さじ1と1/2**
- **ごま油…大さじ1/2**
- **おろしにんにく、おろししょうが…各少々**
- **一味唐辛子…少々**

いりごま（白）、揚げ油…各適量

ごま油…少々

作り方

1 なすは縦4等分に切って塩水に3分さらす。

2 セロリはピーラーで皮をむいて斜め薄切りにする。セロリの葉は数枚を適当な大きさにちぎる。玉ねぎは縦薄切りにして水に5分さらす。青じそは粗みじん切りにする。

3 ボウルに**a**を混ぜ合わせ、セロリ、セロリの葉、水けをきった玉ねぎを入れて和える。

4 フライパンに油を深さ2cmほど入れて中温に熱し、水けをふいた①のなすを4～5個ずつ入れて強火で揚げる。色がついてしんなりしたら、油をよくきって取り出し、③のボウルにつける。

5 器に盛り、ごま油を回しかけて、青じそ、いりごまをちらす。

なすのおかか和え　和え

材料（2人分）

なす…2本

削り節（ソフトパック）…1パック（5g）

ごま油…大さじ1

塩…小さじ1/4

作り方

1 なすは7mm厚さの半月切りにして、塩水に3分さらす。

2 フライパンを熱してごま油をひき、水けをふいた①を加えて強めの中火で炒める。

3 しんなりしたらボウルに入れて、塩、削り節を加えて和える。

＊14ページ❷参照

なすのナムル　和え

材料（2人分）

なす…2本

a
- **おろしにんにく…少々**
- **すりごま（黒）…大さじ2**
- **ごま油…大さじ1/2**
- **砂糖…3つまみ**
- **塩…2つまみ**

作り方

1 なすはピーラーで皮をむいて、1cm厚さの輪切りにする。塩水に3分さらす。竹串がスーッと通るまでゆでる。

2 ボウルに**a**を混ぜ合わせ、①を加えて和える。

なすの揚げ漬け　漬け

材料（2人分）

なす…3本

a
- **おろししょうが…1/2かけ分**
- **しょうゆ…大さじ1**
- **みりん…小さじ1**
- **ごま油…小さじ1/2**

揚げ油…適量

白髪《しらが》ねぎ…適量

作り方

1 なすは縦4等分に切って塩水に3分つける。バットに**a**を合わせておく。

2 フライパンに油を深さ1cmくらい入れて、中温に熱する。水けをふいたなすを2〜3個ずつ入れて強火で揚げる。色づいてしんなりしたら次々①のバットにつけ込んでいく。器に盛って好みで白髪ねぎを飾る。

＊15ページ⑮参照

なすの中華風漬物　漬け

材料（2人分）

なす…2本

塩…2つまみ

a
- **おろししょうが…1/2かけ分**
- **酢…大さじ1**
- **ごま油…大さじ1/2**
- **しょうゆ…少々**

作り方

1 なすは皮つきのまま1cm厚さの半月切りにして、ボウルに入れる。塩をふってもんで15分ほどおく。

2 なすの水けをきって、**a**を加えて混ぜる。

＊14ページ❷参照

なすのマリネ　和え

材料（2人分）

なす…2本

オリーブ油…大さじ1と1/2

a
- **酢…大さじ2**
- **塩…1つまみ**
- **こしょう…適量**

作り方

1 なすは1cm厚さの輪切りにして、塩水に3分さらす。ボウルに**a**を混ぜ合わせておく。

2 フライパンを熱してオリーブ油をひき、水けをふいたなすを強めの中火で焼く。両面に焼き目がついたら①のボウルに加えて和える。

なすときゅうりの漬物　漬け

材料（4人分）

なす…2本

きゅうり…2本

青じそ…6枚

しょうが…1かけ

a
- **ごま油…大さじ1**
- **オイスターソース…大さじ1/2**
- **塩…小さじ1弱**
- **砂糖…2つまみ**

作り方

1 きゅうりはへたを切り落とし、めん棒でたたいて一口大にちぎる。なすは縦半分に切ってから一口大の乱切りにする。青じそとしょうがはせん切りにする。

2 ボウルに**a**を混ぜ合わせ、①を加えてもみ込む。ラップをして30分以上つける。

＊14ページ❹参照

なすのチーズ焼き　焼

材料（2人分）

なす…2本

オリーブ油…大さじ1と1/2

ピザ用チーズ…大さじ4

塩…少々

こしょう…適量

作り方

1 なすは縦7mm厚さに切って塩水に3分さらす。

2 フライパンを熱してオリーブ油をひき、水けをふいたなすを並べて塩、こしょうをふる。強めの中火で両面をこんがり焼く。

3 火を少し弱めてチーズをのせ、ふたをして蒸し焼きにする。チーズが溶けたらできあがり。器に盛ってこしょうをふる。

写真…51ページ

トースター焼きなす　焼

材料（2人分）

なす…4本

a
- **おろししょうが…1かけ分**
- **いりごま（白、黒）…各大さじ1**
- **しょうゆ、みりん、ごま油、オイスターソース…各大さじ1/2**

削り節（ソフトパック）…1パック（5g）

作り方

1 なすはピーラーで皮をむき、縦半分に切る。トースターの天パンにのせて、少し焼き目がついて竹串がスーッと通るまで焼く。

2 aを混ぜ合わせる。

3 器に①を盛って②、削り節をかける。

写真…50ページ

焼きなすのコチュジャンマヨ　焼

材料（2人分）

なす…4本

a
- **マヨネーズ…大さじ1**
- **酢…大さじ1弱**
- **コチュジャン…小さじ1**
- **砂糖…小さじ1弱**
- **しょうゆ、ごま油…各小さじ1/3**

作り方

1 なすはピーラーで皮をむいて縦半分に切り、塩水に3分さらす。

2 トースターの天パンに水けをふいた①を並べて、焼き目がつくまで10〜15分焼く。

3 ボウルに**a**を混ぜ合わせる。②を2〜3等分にさいて加えて和える。

なすのソテー　焼

材料（2〜3人分）

なす…3本

青じそ…5枚

桜えび…大さじ2

サラダ油…適量

塩…少々

おろししょうが…適量

作り方

1 なすは縦7mm厚さに切って塩水に3分さらす。青じそは粗みじん切りにする。

2 フライパンを熱してサラダ油大さじ2をひき、水けをふいたなすの半量を並べて強火で揚げ焼きにする。少し焼き目がついたら取り出す。油を適宜足して残りも同様に焼く。

3 器に②を並べ、桜えび、青じそ、塩をふって、おろししょうがを添える。

なすのからし中華炒め　炒

材料（2人分）

なす…2本

ごま油…大さじ1

酒…大さじ1

オイスターソース…大さじ1/2

からし…小さじ1/2

作り方

1 なすは5mm厚さの輪切りにして、塩水に3分さらす。

2 フライパンを熱してごま油をひき、水けをふいたなすを入れて強火で炒める。少し焼き目がついたら、酒、オイスターソース、からしを加えて炒め合わせる。

写真…39ページ

なすカレー　米

材料（2人分）

温かいご飯…2人分

豚肩ロース薄切り肉…100g

なす…3本

にんにく…3かけ

オリーブ油…大さじ2

カレー粉…大さじ1と1/2

ウスターソース、しょうゆ
…各小さじ1
砂糖…2つまみ
塩、こしょう…各適量
万能ねぎ(小口切り)…適量

作り方

1 なすは5mm角に切って塩水に3分つける。豚肉は2cm幅に切る。にんにくはみじん切りにする。

2 フライパンを熱してオリーブ油をひき、にんにくを弱火で炒める。いい匂いがしてきたら豚肉を加えて塩、こしょう各少々をふって強火で炒める。肉の色が変わったら水けをふいたなすを加えてよく炒める。

3 なすがクタクタになったらカレー粉を加えて混ぜ、ウスターソース、しょうゆ、砂糖、こしょう少々を加えて炒め合わせる。味をみて塩でととのえる。

4 器にご飯を盛って③をかけ、万能ねぎをちらす。

＊14ページ❶参照

なす入りラザニア　麺

材料(4人分)

ラザニア…200g
なす…4本
ミートソース
- **牛ひき肉…250g**
- **にんにく…2かけ**
- **スライスマッシュルーム缶…小1缶**
- **サラダ油…大さじ1**
- **薄力粉…大さじ1**
- **a**
  - **トマトジュース…小2本**
  - **水…カップ1**
  - **酒…大さじ1**
  - **砂糖…小さじ1/2**
  - **ローリエ…1枚**
  - **ナツメグ、オレガノ(乾燥)**
  …各小さじ1/2
- **塩、こしょう…各適量**

溶き卵…1個分
薄力粉、揚げ油…各適量
オリーブ油、サラダ油…各少々
ピザ用チーズ…150g

作り方

1 ミートソースを作る。にんにくはみじん切りにする。フライパンにサラダ油を熱し、にんにくを弱火で炒める。いい匂いがしてきたら、ひき肉、マッシュルームを加えてひき肉をほぐしながら強火で炒める。肉の色が変わったら薄力粉を加えて弱めの中火にしてじっくり炒める。

2 なじんだら**a**を加え、沸いてきたら火を弱めてたまに混ぜながら30分煮る。とろみがついたら塩、こしょうで味をととのえる。

3 ラザニアは塩、オリーブ油を加えた湯で表示時間通りにゆでる。ゆであがったらざるにあげ、ザッと水をかけて冷ます。

4 なすは縦1cm厚さに切って塩水に3分さらす。フライパンに油を深さ2cm入れて中温に熱する。なすの水けをふいて薄力粉をまぶし、溶き卵にくぐらせてフライパンにギッチリ入れて強火で揚げる。まわりが固まってきたら、たまに返しながら揚げ、薄いきつね色になってきたら火を強めてカラッと仕上げる。

5 耐熱容器にサラダ油をぬり、ソースをお玉1杯をしいて、ラザニア、なす、チーズ、ソースの順に重ねていって、最後はラザニア、ソースにする。上からチーズをちらしてオーブンに入れる。200℃にセットして(余熱なし)、こんがり焼き目がつくまで加熱する。

なすとひき肉のパスタ　麺

材料(2人分)

スパゲッティ…150g
牛ひき肉…100g
なす…2本
にんにく…2かけ
オリーブ油…大さじ3
ワイン(白)…大さじ1
ホールトマト缶…1/2缶(200g)
オレガノ(乾燥)…小さじ1/2
塩、こしょう…各適量

作り方

1 なすは1.5cm厚さのいちょう切りにして塩水に3分さらす。にんにくはみじん切りにする。

2 フライパンを熱してオリーブ油をひき、水けをふいたなすを入れて強火で炒める。しんなりしたら取り出す。

3 にんにくを入れて炒め、いい匂いがしてきたらひき肉を加える。塩、こしょう各少々をふって、ほぐしながら強火で炒める。肉の色が変わったらワインを加えてザッと混ぜて、ホールトマト、オレガノを加える。トマトをつぶしながら中火で煮詰める。煮詰まったら②を戻して混ぜる。

4 パスタは塩を加えた湯で表示時間より1分短くゆでる。ゆであがったら③に加えて和える。味をみて塩、こしょうでととのえる。

＊14ページ❸参照

その他のなすのレシピ

菜の花

苦みと少しの辛みがおいしい菜の花。春の野菜です。ゆでて使うことが多いけれど、下ゆでなしで炒めてもとてもおいしい

菜の花と豚肉の中華炒め

材料（2〜3人分）

豚肩ロース薄切り肉…150g
菜の花…1束
にんにく、しょうが…各1かけ
ごま油…大さじ1
酒…大さじ1
オイスターソース…大さじ1
しょうゆ…少々
塩、こしょう…各適量

作り方

1 菜の花は根元を切り落とす。豚肉は一口大に切る。にんにく、しょうがはみじん切りにする。

2 フライパンを熱してごま油をひき、にんにく、しょうがを弱火で炒める。にんにくが少し色づいてきたら豚肉を加え、強火にして炒める。肉の色が変わったら菜の花を加えて、塩、こしょう各少々をふってよく炒める。

3 菜の花が少ししんなりしたら酒を加えてザッと炒め、オイスターソース、しょうゆを加えて炒め合わせる。味をみて塩、こしょうでととのえる。

菜の花のナムル　和え

材料（2人分）

菜の花…1/2束
a ┌ おろしにんにく…少々
　│ すりごま（白）…大さじ2
　│ ごま油…大さじ1
　└ 塩、砂糖…各2つまみ

作り方

1 菜の花は根元を切り落とし、塩を加えた湯でサッとゆで、ざるにあげる。粗熱がとれたらしっかり水けを絞る。

2 ボウルに①、**a**を合わせて手で和える。

菜の花のおかかたくあん和え　和え

材料（2〜3人分）

菜の花…1束
たくあん…3cm
削り節（ソフトパック）…1パック（5g）
a ┌ いりごま（白）…大さじ1
　└ みりん、しょうゆ…各小さじ1

作り方

1 菜の花は根元を切り落とし、塩を加えた湯でサッとゆで、ざるにあげる。粗熱がとれたらしっかり水けを絞って3等分に切る。たくあんは3mm厚さのいちょう切りにする。

2 ボウルに**a**を混ぜ合わせ、①を加えて和える。削り節を加えてザッと混ぜる。

＊14ページ❸参照

菜の花の からしマヨ和え

和え

材料（2～3人分）

菜の花…1束

a
- **マヨネーズ…大さじ1強**
- **牛乳…大さじ1/2**
- **ごま油、からし…各小さじ1**

作り方

1 菜の花は根元を切り落とし、塩を加えた湯でサッとゆで、ざるにあげる。粗熱がとれたらしっかり水けを絞る。

2 ボウルに**a**を混ぜ合わせて、①を加えて和える。

菜の花のごま和え

和え

材料（2～3人分）

菜の花…1束

a
- **すりごま（白）…大さじ1**
- **ごま油…小さじ1**
- **しょうゆ…小さじ1/2**
- **塩、砂糖…各2つまみ**

作り方

1 菜の花は根元を切り落とし、塩を加えた湯でサッとゆで、ざるにあげる。粗熱がとれたら、しっかり水けを絞って半分に切る。

2 ボウルに**a**を混ぜ合わせて、①を加えて和える。

菜の花の ごまネーズ和え

和え

材料（2～3人分）

菜の花…1束

a
- **すりごま（白、黒）…各大さじ1と1/2**
- **牛乳…大さじ1と1/2**
- **マヨネーズ…大さじ1**
- **からし…小さじ1/2**
- **ごま油…少々**

しょうゆ…適量

作り方

1 菜の花は根元を切り落とし、塩を加えた湯でサッとゆで、ざるにあげる。粗熱がとれたら水けをしっかり絞る。

2 ボウルに**a**を混ぜ合わせ、①を加えて和える。味をみてしょうゆでととのえる。

さわらと菜の花の クリームパスタ

麺

材料（2人分）

タリアテッレ…120g

さわら…1切れ

菜の花…1/2束

エリンギ…1パック

にんにく…1かけ

オリーブ油…大さじ2

ワイン（白）…大さじ1

生クリーム…カップ1/2

パルメザンチーズ…適量

塩、こしょう…各適量

作り方

1 菜の花は根元を切り落とす。エリンギは適当な太さにさく。にんにくはみじん切りにする。さわらは水けをふいて5等分に切る。

2 フライパンを熱してオリーブ油大さじ１をひき、塩１つまみを入れて混ぜる。菜の花を加えて強火で炒める。少ししんなりしたらいったん取り出す。

3 オリーブ油大さじ1を足して、さわらを並べて強火で焼く。焼き目がついたら、にんにくを加えて炒める。いい匂いがしてきたらエリンギを加えて炒める。

4 エリンギが少ししんなりしたら、ワインを加えてザッと炒め、生クリームを加えて中火で煮詰める。少しとろみがついたら②を戻し入れる。味をみながら塩、こしょうで調味する。

5 パスタは塩を加えた湯で表示時間より1分短めにゆでる。水けをきって④に加えて和える。味をみて薄ければ塩、こしょうでととのえる。器に盛って、パルメザンチーズを削ってかける。

その他の菜の花のレシピ

- 春野菜のスープ煮…**P73**
- たけのこと菜の花と鶏肉のきんぴら煮…**P145**
- ささみと菜の花のナムル…**P233**
- 菜の花とえびのバターじょうゆ和え…**P273**

にら

栄養たっぷりのスタミナ野菜。炒め物、煮物、和風、エスニック……、調味料、調理法も選ばない優秀素材。生のままやおひたしもオススメ

豚玉にら炒め

材料（2人分）

豚肩ロース薄切り肉…100g

にら…1/2束

卵…2個

にんにく、しょうが…各1かけ

ごま油…大さじ1

酒…大さじ1

オイスターソース…小さじ1

塩、こしょう…各適量

作り方

1 豚肉は一口大に切る。にらは5cm長さに切る。にんにく、しょうがはみじん切りにする。卵は溶く。

2 フライパンを熱してごま油をひき、にんにく、しょうがを弱火で炒める。いい匂いがしてきたら、豚肉を加えて塩、こしょう各少々をふって強火で炒める。

3 肉の色が変わったら、にらを加えてザッと炒める。肉とにらを端に寄せ、空いたところに溶き卵を流し入れる。すぐにはいじらず少し加熱する。卵が固まってきたら全体を炒め合わせる。

4 酒、オイスターソースを加えて混ぜ、味をみて塩、こしょうでととのえる。

レバにら炒め

材料（2人分）

牛レバー…150g

にら…1束

牛乳…カップ1/2

にんにく、しょうが…各1かけ

サラダ油、ごま油…各大さじ1強

a　水…大さじ1

　酒…大さじ1強

　オイスターソース…大さじ1/2

　しょうゆ…小さじ1

塩、こしょう、薄力粉…各適量

作り方

1 レバーはキッチンペーパーで水けをしっかりふく。大きければ半分に切ってボウルに入れる。牛乳を注いでラップをして冷蔵庫で15分以上つける。にらは5cm長さに切る。にんにく、しょうがはみじん切りにする。**a**を混ぜ合わせる。

2 ①のレバーをよくふいて薄力粉をまぶす。フライパンを熱してサラダ油をひく。レバーを入れて塩、こしょう各少々をふって中火で焼く。焼き目がついたら返して両面をこんがり焼いて取り出す。

3 フライパンをサッとふいて熱し、ごま油をひいて、にんにく、しょうがを弱火で炒める。いい匂いがしてきたら、にらを加えて強火で炒める。

4 にらに油がまわったら②を戻し入れ、**a**を加えて炒め合わせる。味をみて薄ければ塩、こしょうでととのえる。

えびとセロリとにらのアジアン炒め

材料（2〜3人分）

えび…8尾

にら…1束

セロリ…1本

セロリの葉…適量

にんにく、しょうが…各1かけ

赤唐辛子…1本

ごま油…大さじ1

a　酒…大さじ1

　ナンプラー…大さじ1/2

　砂糖…小さじ1/2

塩、こしょう…各適量

作り方

1 セロリはピーラーで皮をむいて5cm長さの縦細切りにする。セロリの葉は数枚を適当な大きさにちぎる。にらは5cm長さに切る。にんにく、しょうがはみじん切りにする。赤唐辛子はへたと種を取り除く。えびは殻をむいて洗い、*背開きにして背わたを取り除く。

2 フライパンを熱してごま油をひき、にんにく、しょうがを弱火で炒める。いい匂いがしてきたら、えびを加えて塩、こしょう各少々をふって強火で炒める。

3 えびの色が変わったら、赤唐辛子、セロリ、にら、セロリの葉の順に加えてザッと炒める。**a**を加えて炒め合わせ、味をみて薄ければ塩、こしょうでととのえる。

＊16ページ参照

ニラチヂミ　焼

材料（2～3人分）

にら…1束
キムチ…70g
白玉粉…大さじ5
薄力粉…大さじ6
卵…1個
a［ごま油…小さじ1
　しょうゆ…小さじ1/2
　塩、砂糖…各1つまみ
サラダ油…大さじ1と1/2
ごま油…少々

作り方

1 にらは5cm長さに切る。

2 ボウルに白玉粉と水大さじ4～5を入れてよく混ぜ合わせる。混ざったら、卵、薄力粉、**a**を加えて泡立て器でよく混ぜる。①、キムチを加えて混ぜる。

3 フライパンを熱してサラダ油をひく。②を流し入れて、丸くととのえて中火で焼く。

4 こんがりと焼き目がついたら返す。ごま油をフライパンの縁から回し入れて、裏もこんがりと焼く。食べやすい大きさに切って器に盛る。

もつの炒め煮　煮

材料（2～3人分）

豚もつ（ゆでたもの）…200g
にら…1/2束
にんじん…5cm
もやし…1/2袋
しょうが…1かけ
a［水…カップ3/4
　酒…大さじ2
　しょうゆ…大さじ2
　すりごま（白）、砂糖
　　…各大さじ1強
　赤みそ…大さじ1/2
おろしにんにく…1/2かけ分
ごま油、一味唐辛子…各適量

作り方

1 にんじんは縦細切りにする。にらは5cm長さに切る。もやしは暇ならひげを取る。しょうがはせん切りにする。

2 鍋を熱してごま油をひき、豚もつ、しょうがを入れて強火で炒める。もつに焼き目がついたら、にんじん、もやしを加えてザッと炒め、**a**を加えて混ぜる。

3 ふたをしてたまに混ぜながら強めの中火で10分煮る。最後ににらを加えてひと煮する。火を止めて、おろしにんにくを加えて混ぜる。器に盛ってごま油を回しかけ、好みで一味唐辛子をふる。

豆腐と豚肉のチゲ　鍋

材料（2人分）

豚ばら薄切り肉…120g
にら…1/2束
えのきだけ…1/2パック
豆腐（木綿）…小1/2丁
にんにく、しょうが…各1かけ
キムチ…150g
ごま油…大さじ1
酒…大さじ1
豆乳…カップ1
みそ…大さじ2
すりごま（白）…大さじ1
しょうゆ…適量

作り方

1 えのきは根元を切り落としてほぐす。にらは5cm長さに切る。にんにく、しょうがはみじん切りにする。豚肉は一口大に切る。

2 鍋を熱してごま油をひき、にんにく、しょうがを弱火で炒める。いい匂いがしてきたら、豚肉を加えて強火で炒める。肉の色が変わったら、えのきを加えて炒める。

3 えのきに油がまわったら、酒、水カップ1、豆乳、キムチを加える。豆腐をスプーンですくいながら加え、あくを取りながら弱めの中火で12分煮る。最後ににらを加えてひと煮して、みそ、ごまを加えて混ぜる。味をみてしょうゆでととのえる。

にらのおひたし　おひたし

材料（2人分）

にら…1束
しらす…大さじ2
卵黄…1個分
サラダ油…小さじ1/2
しょうゆ…小さじ1～1と1/2

作り方

1 にらは塩を加えた湯でサッとゆで

て、水にとって冷ます。水けを絞って5cm長さに切る。

2 ボウルに①、しらす、サラダ油、しょうゆを入れてよく混ぜる。器に盛って真ん中に卵黄を落とす。

豚にらみそカレー 米

材料（4人分）

温かいご飯…4人分

豚ばら薄切り肉…250g

にら…1束

にんじん…1/2本

玉ねぎ…1個

油揚げ…1枚

にんにく、しょうが…各1かけ

サラダ油、バター…各大さじ1

カレールウ…1箱（約6皿分）

みそ…大さじ1弱

作り方

1 油揚げは1cm幅に切る。にんじんは5mm厚さの半月切りにする。にらは5cm長さに切る。玉ねぎは縦薄切りにする。にんにく、しょうがはみじん切りにする。豚肉は一口大に切る。

2 鍋を熱してサラダ油とバターを入れ、にんにく、しょうがを弱火で炒める。いい匂いがしてきたら玉ねぎを加えて強火で炒める。少し焼き目がついたら、火を弱めて薄いきつね色になるまで炒める。

3 豚肉を加えて強火にして炒め、肉の色が変わったらにんじん、油揚げを加えて炒める。油がまわったら水をカレールウの箱の表示量＋カップ1/4加え、沸いてきたら火を弱めてあくを取りながら15分煮る。

4 いったん火を止めて、カレールウ、みそを溶かし入れる。混ぜながら弱めの中火で5〜7分煮る。とろみがついたらにらを加えてひと煮する。器にご飯を盛ってかける。

＊14ページ❷参照

海鮮塩焼きそば 麺

材料（2人分）

焼きそば用麺…2玉

むきえび…100g

冷凍ロールいか…70〜100g

にら…1束

ごま油…大さじ1

酒…大さじ3

おろしにんにく…少々

塩、こしょう…各適量

作り方

1 むきえびは洗って水けをふく。背わたがあれば取り除く。いかは水けをふいて、大きければ半分に切ってから横1cm幅に切る。にらは5cm長さに切る。

2 フライパンを熱してごま油をひき、むきえび、いかを強火で炒める。色が変わったら、にらを加えて塩、こしょう各少々をふって炒める。

3 にらが少ししんなりしたら、麺、酒を加え、菜箸でほぐしながら炒める。麺がほぐれたら、味をみて、塩、こしょうでととのえる。火を止めておろしにんにくを加えてよく混ぜる。

＊16ページ参照

豚にら焼きそば 麺

材料（2人分）

焼きそば麺…2玉

豚肩ロース薄切り肉…120g

にら…1束

もやし…1/2袋

ごま油…大さじ2

酒…大さじ3

塩、こしょう…各適量

おろしにんにく…少々

作り方

1 にらは5cm長さに切る。豚肉は一口大に切る。もやしは暇ならひげを取る。

2 フライパンを熱してごま油をひく。豚肉を広げながら入れて、塩、こしょう各少々をふり、強火で炒める。肉の色が変わったらもやしを加えて炒める。

3 もやしに少し焼き目がついたら麺、酒を加えて菜箸でほぐしながら炒め合わせる。麺がほぐれたらにらを加えて混ぜる。味をみて塩、こしょうでととのえる。火を止めて最後におろしにんにくを加えてよく混ぜる。

写真…59ページ

ココナッツミルク担《タン》々《タン》つけ麺 麺

材料（2人分）

冷やし中華麺…2玉

豚こま切れ肉…100g
にら…1/2束
にんにく、しょうが…各1かけ
ごま油…大さじ1
豆板醤《トウバンジャン》…大さじ1/2
ココナッツミルク…カップ1
a［オイスターソース…大さじ1弱
ナンプラー…大さじ1/2
しょうゆ…適量
塩、こしょう、いりごま(白)
…各適量

作り方

1 にらは1cm長さに切る。にんにく、しょうがはみじん切りにする。

2 フライパンを熱してごま油をひき、にんにく、しょうがを弱火で炒める。いい匂いがしてきたら、豆板醤、豚肉を加えて強火で炒める。肉の色が変わったら、にらを加えてザッと炒め、ココナッツミルク、水カップ1/2を加えて3～5分煮る。

3 aを加えて混ぜ、味をみて塩、こしょうでととのえる。

4 麺は袋の表示通りにゆでて流水で洗い、氷水に入れてしっかり冷やす。水けをきって器に盛る。小さなどんぶりなどに③を盛ってごまをちらす。麺をつけながら食べる。

豆乳担《タン》々《タン》つけ麺

［麺］

材料（4人分）

冷やし中華麺…4玉
豚ひき肉…250g
にら…1/2束
長ねぎ…1/2本
にんにく…3かけ
しょうが…1かけ
ごま油…大さじ1
豆板醤《トウバンジャン》…大さじ1/2
a［ねりごま(白)、酒…各大さじ2
オイスターソース…大さじ1～2
豆乳(無調整)…カップ2
砂糖…小さじ1弱
塩、こしょう、ラー油…各適量

作り方

1 にらは5mm長さに切る。長ねぎは白《しら》髪《が》ねぎ*にして氷水に3分さらして水けをきる。にんにく、しょうがはみじん切りにする。

2 鍋を熱してごま油をひき、にんにく、しょうがを弱火で炒める。いい匂いがしてきたら豆板醤を加えて混ぜる。ひき肉を加えて塩、こしょう各少々をふり、ほぐしながら強火で炒める。

3 肉の色が変わったらaを加えて炒め合わせ、aがなじんだら豆乳、水カップ3/4、塩小さじ1/2を加える。沸いてきたら火を弱め、7～8分煮る。味をみて砂糖、塩、こしょうでととのえ、にらを加えてひと煮する。

4 麺は袋の表示通りにゆで、流水で洗ってから氷水に入れてしっかり冷やす。水けをきって器に盛る。小さなどんぶりなどに③を盛って好みでラー油をたらし、白髪ねぎをのせる。麺をつけながら食べる。

*15ページ⑮参照

にら温麺

［麺］

材料（2人分）

そうめん…2束(100g)
にら…1/2束
わかめスープの素…2人分
ごま油…大さじ1
いりごま(白)…大さじ1
塩、一味唐辛子…各適量

作り方

1 わかめスープの素は袋の表示量の湯をそそぐ。にらは5cm長さに切る。

2 鍋を熱してごま油をひき、にらをザッと炒める。①のわかめスープ、水カップ1を加えてひと煮する。

3 そうめんは表示通りにゆでて、流水でよく洗う。水けをきってから②に加えて温める。味をみながら塩でととのえる。器に盛っていりごまをちらし、好みで一味唐辛子をふる。

肉にら餃子

［粉］

材料（2～3人分）

豚ひき肉…150g
にら…2束
片栗粉…大さじ1
a［おろしにんにく…少々
ごま油、酒…各大さじ1/2
オイスターソース…小さじ1
しょうゆ…小さじ1/2
餃子の皮…1袋(約28枚)
ごま油…大さじ1
しょうゆ、ラー油、酢…各適量

作り方

1 にらはみじん切りにしてボウルに入れ、片栗粉を加えて混ぜる。

2 別のボウルに豚肉、**a**を入れて手でつかむように混ぜ、①を加えてさらによく混ぜる。

3 餃子の皮の真ん中に②をスプーンでのせる。縁にぐるりと水をつけて、具を包むように半分に折って、片側にひだを寄せながらピッチリと閉じる。

4 フライパンにごま油大さじ1/2をひき、③を上から押さえて底面を広げるようにしながら並べる。餃子の高さの半分くらいまで水を注ぎ、ふたをして強めの中火で蒸し焼きにする。

5 水分が少なくなって泡が大きくなり、パチパチと音がしてきたら、ふたを取って、ごま油大さじ1/2を回し入れ、再びふたをして焼く。水分がなくなって裏がカリッと焼けたら完成。好みで酢、しょうゆ、ラー油をつけて食べる。

にらの中華スープ　汁

材料（2〜3人分）

鶏もも肉…140g

ハム…3枚

にら…1/2束

にんにく、しょうが…各1かけ

ごま油…大さじ1

オイスターソース…大さじ1

塩、こしょう…各適量

作り方

1 ハムは5mm幅に切る。にらは5cm長さに切る。にんにく、しょうがはみじん切りにする。鶏肉は脂身を取り除いて1cm幅に切る。

2 鍋を熱してごま油をひき、鶏肉を入れて強火で焼く。全体に焼き目がついたら、にんにく、しょうが、ハムを加えて炒める。ハムにも少し焼き目がついたら、水カップ4、オイスターソースを加える。沸いてきたら、弱めの中火にしてあくを取りながら15分煮る。

3 最後ににらを加えてひと煮し、味をみながら塩、こしょうでととのえる。

その他のにらのレシピ

- 焼き餃子1…P87
- 野菜炒め…P105
- たことじゃがいもの韓国煮…P115
- 大根の麻婆風…P138
- 春巻き…P144
- 白菜と鮭のみそ煮…P176
- 焼き餃子2…P179
- 野菜たっぷりのピリ辛スープ…P180
- プルコギ…P219
- 鶏と豆腐のチャンプルー…P228
- 豚キムチ1…P239
- 豚となすの中華風炒め…P240
- 厚揚げの中華あん…P251
- 春雨とひき肉の辛春巻き…P251
- ひき肉と春雨のピリ辛炒め…P258
- 麻婆豆腐…P258
- さばのキムチ煮…P280
- たこの韓国炒め…P289
- 麻婆厚揚げ…P306
- 豆腐チャンプル…P312
- いり豆腐2…P313
- 焼きビーフン…P355
- 和えビーフン…P356
- 汁ビーフン（鶏）…P356
- 豚にらビーフン…P357

にんじん

小さい頃は苦手だった人も多いのでは？ 下処理がまったく必要なくて、生のままの甘さも、火を通した甘さもどっちもうれしい

にんじんと玉ねぎのかき揚げ　揚

材料（2〜3人分）

にんじん…1/2本

玉ねぎ…1/2個

a
- **小麦粉…カップ1**
- **塩…1つまみ**
- **水…130〜150cc**

揚げ油…適量

塩…適量

作り方

1 にんじんは皮をむいて2mm厚さの斜め切りにしてから、細切りにする。玉ねぎは縦薄切りにする。

2 ボウルに**a**を入れて泡立て器でよく混ぜる。①を加えて混ぜ合わせる。

3 フライパンに揚げ油を深さ2cmくら

い入れて中温に熱する。②を木べらですくって入れる。フライパンにギッチリ入れてかまわない。衣が固まったら、たまに返しながら弱めの中火でじっくり揚げる。

4 全体がカリッとしてきつね色になったら、火を強めてカラッと仕上げる。器に盛って塩を添える。

にんじんのナムル　和え

材料（2人分）

にんじん…1/2本

a
- **いりごま（黒）…大さじ2**
- **砂糖…小さじ1**
- **塩…1〜2つまみ**
- **ごま油…少々**

作り方

1 にんじんは皮をむいて2mm厚さの斜め切りにしてから細切りにする。歯応えが残る程度にサッとゆでる。

2 ボウルに①を入れて**a**を加えて手で混ぜる。

にんじんとオリーブのサラダ　サラダ

材料（2人分）

にんじん…小1本

オリーブ（黒、種なし）…10個

a
- **酢、オリーブ油…各大さじ1**
- **砂糖…小さじ1**
- **塩…1つまみ**
- **こしょう…適量**

作り方

1 にんじんは皮をむいて2mm厚さの斜め切りにしてから細切りにする。オリーブはみじん切りにする。

2 ボウルに**a**とオリーブを入れて混ぜ、にんじんを加えて和える。

にんじんのピリ辛サラダ　サラダ

材料（2〜3人分）

にんじん…1本

長ねぎ…10cm

a
- **ごま油…大さじ1**
- **オイスターソース、マヨネーズ、酢…各大さじ1/2**
- **ラー油…適量**

作り方

1 にんじんは皮をむいて長さを半分に切ってからせん切りにする。長ねぎはみじん切りにする。

2 ボウルに**a**を混ぜ合わせ、①を加えて和える。

にんじんのマリネ　漬け

材料（2〜3人分）

にんじん…1本

a
- **酢…大さじ2と1/2〜3**
- **オリーブ油…大さじ1/2**
- **塩…2つまみ**
- **こしょう…少々**

作り方

1 にんじんは皮つきのまま長さを3等分に切ってから縦2〜6等分に切る。

2 ボウルまたはポリ袋に**a**を入れて、にんじんを加えて混ぜる。冷蔵庫で30分以上つける。

キャベツとにんじんの浅漬け　漬け

材料（2人分）

にんじん…2cm

キャベツ…1/8個

しょうが…1/2かけ

a［ **塩、酒…各小さじ1/2**

作り方

1 キャベツは一口大にちぎる。にんじんは薄い半月切り＊にする。しょうがはせん切りにする。

2 ボウルまたはポリ袋に①を入れて**a**を加えて手で混ぜる。冷蔵庫に入れて20分くらいつける。

＊14ページ❷参照

にんじんのカールきんぴら　炒め

材料（2〜3人分）

にんじん…1本

赤唐辛子…2本

ごま油…大さじ1/2

a
- **いりごま（白、黒）…各大さじ1**
- **みりん…大さじ1**
- **しょうゆ…大さじ1/2**

作り方

1 にんじんは皮をむいてピーラーで長

い薄切りにする。

2 フライパンを熱してごま油をひき、①を強火で炒める。少ししんなりしたら赤唐辛子のへたを取って種ごと加えてザッと炒める。**a**を加えて炒め合わせる。

にんじんとアスパラのバターソース

煮

材料（2〜3人分）

にんじん…1本

グリーンアスパラガス…1束

a ┌ **バター…大さじ1〜2**
　 └ **塩…1つまみ**

こしょう…適量

作り方

1 にんじんは皮をむいて1cm厚さの輪切りにする。アスパラガスは根元を1cmくらい切り落として、ピーラーで下1/3の皮をむいて長さを半分に切る。**a**のバターを溶かして塩を加えてよく混ぜる。

2 鍋に湯を沸かして塩を加え、にんじんをゆでる。やわらかくなったら取り出して、同じ湯でアスパラガスをサッとゆでる。

3 器に②を盛って**a**をかけ、こしょうをふる。

にんじんのバター煮

煮

材料（2〜3人分）

にんじん…1本

a ┌ **水…カップ1**
　 │ **バター…大さじ1と1/2**
　 │ **砂糖…小さじ1**
　 └ **塩…小さじ1/4**

作り方

1 にんじんは皮をむいて長さを半分に切ってから、太いほうは縦4等分に切る。細いほうは半分に切る。

2 鍋に**a**を入れて①を加える。ふたをして中火で15〜17分煮る。途中、何度か混ぜる。にんじんに竹串がスーッと通ったらできあがり。

にんじん炊き込みごはん

米

材料（4人分）

米…2合

おろしにんじん…カップ1/2

帆立て貝柱水煮缶…小1缶（45〜65g）

a ┌ **塩…小さじ1/2**
　 └ **こしょう…適量**

バター…大さじ1

こしょう…少々

作り方

1 米は洗って炊飯器に入れる。目盛りに合わせて水を注ぎ、そこから水大さじ4を取り除く。**a**を加えて混ぜる。

2 にんじん、帆立てを缶汁ごと①に加え、普通に炊く。

3 炊きあがったらバターを加えて、ぬらしたしゃもじで切るように混ぜる。器に盛ってこしょうをふる。

にんじんポタージュ

汁

材料（3〜4人分）

にんじん…1本

玉ねぎ…1/2個

牛乳…カップ2

生クリーム…カップ1/2

砂糖…大さじ1/2

塩、こしょう…各適量

作り方

1 にんじんは皮をむいて1cm厚さの輪切りにする。玉ねぎは縦薄切りにする。

2 鍋に①と水カップ2を入れ、ふたをして10分くらいゆでる。にんじんがやわらかくなったらミキサーに入れる。牛乳カップ1を加えてなめらかになるまでミキサーを回す。

3 なめらかになったら鍋に移して、残りの牛乳、生クリーム、砂糖を加えて中火にかけ、木べらで混ぜながら煮る。フツフツしてきたら塩小さじ1を加えて混ぜる。味をみて薄ければさらに塩を加えてととのえる。器に盛ってこしょうをふる。

写真…47ページ

その他のにんじんのレシピ

- 蒸し野菜、みそ辛子マヨディップ…**P71**
- 春野菜のスープ煮…**P73**
- ホイコーロー…**P80**

ねぎ

関西では青いねぎ、関東では白いねぎが主流。もちろん、それぞれおいしい。薬味としても大活躍で、本書でもいちばん登場してるかも

青ねぎの卵焼き 焼

材料（2人分）

万能ねぎ…1/2束

しらす…大さじ3

a

卵…3個

砂糖、牛乳…各大さじ2

マヨネーズ…小さじ1

サラダ油…大さじ1/2

作り方

1 万能ねぎは小口切り*にする。

2 ボウルに**a**を入れてよく混ぜ、①、しらすを加えて混ぜる。

3 フライパンを熱してサラダ油をひき、②を流し入れる。菜箸で数回グルグル混ぜてから、いじらず中火で加熱する。表面が乾きはじめたら火を弱め、手前からパタンパタンと三つ折りにする。食べやすい大きさに切って器に盛る。

＊14ページ❶参照

ゆで豚のにんにくねぎじょうゆ ゆで

材料（2人分）

豚ばら薄切り肉…200g

長ねぎ…10cm

きゅうり…1本

a
- おろしにんにく…1/3かけ分
- しょうゆ…大さじ1
- ごま油…大さじ1/2
- 豆板醤《トウバンジャン》…小さじ1

作り方

1 きゅうりは長さを3等分に切ってから縦薄切りにする。長ねぎはみじん切りにしてボウルに入れ、**a**を加えて混ぜる。

2 鍋に湯を沸かして塩、酒を加え、豚肉を入れて菜箸でほぐしながらゆでる。肉の色が完全に変わったら、ざるにあげて水けをきる。

3 器に①のきゅうりと②を盛り、①で混ぜたたれを回しかける。

ねぎと桜えびのかき揚げ 揚

材料（4人分）

長ねぎ…2本

桜えび…大さじ4

a
- 薄力粉…カップ1
- 水…カップ3/4
- 塩…1つまみ

揚げ油…適量

塩…適量

作り方

1 長ねぎは5mm厚さの小口切りにする。

2 ボウルに**a**を入れてよく混ぜる。①、桜えびを加えて混ぜる。

3 フライパンに揚げ油を深さ2cmくらい入れて中温に熱する。②をスプーンですくって入れ、小さめのかき揚げを作る。フライパンにギッチリ入れて中火で揚げる。まわりが固まってきたら、たまに返しながら、全体がうまそうなきつね色になるまでじっくり揚げる。好みで塩をつけて食べる。

＊14ページ❶参照

写真…35ページ

焼きねぎのマリネ 漬け

材料（4人分）

長ねぎ…2本

a
- 酢…大さじ1と1/2
- しょうゆ…大さじ1/2
- 砂糖…小さじ1/2
- こしょう…たっぷり

サラダ油…大さじ1/2

作り方

1 長ねぎは3cm長さに切る。ボウルまたはバットに**a**を混ぜ合わせる。

2 フライパンを熱してサラダ油をひき、ねぎを中火で焼く。いい焼き目がついたら**a**に加えて混ぜる。ラップをして冷蔵庫で10分くらいつける。

ハムチャーハン 米

材料（2人分）

温かいご飯…2人分

ハム…3枚

長ねぎ…1本

にんにく…1かけ

卵…2個

ごま油…大さじ1〜1と1/2

酒…大さじ1

しょうゆ、塩、こしょう…各適量

作り方

1 ハムは細切りにする。長ねぎ、にんにくはみじん切りにする。卵は溶く。

2 フライパンを熱してごま油をひき、にんにく、長ねぎを中火で炒める。いい匂いがしてきたらハムを加えて強火でザッと炒める。

3 具をフライパンの端に寄せて、空いたところに溶き卵を流し入れる。すぐに卵の上にご飯をのせる。卵とご飯をよく混ぜ合わせる。卵とご飯が混ざったら全体を炒め合わせ、パラパラになるまでじっくりじっくり炒める。パラパラになったら酒を加えてザッと混ぜ、味をみながらしょうゆ、塩、こしょうで調味する。

ねぎチヂミ 粉

材料（2〜3人分）

帆立て貝柱水煮缶…小1缶（45〜65g）

万能ねぎ…1束

白玉粉…大さじ4

薄力粉…大さじ3

卵…1個

a
ごま油…小さじ1
しょうゆ…小さじ1/2
塩、砂糖…各1つまみ

サラダ油…大さじ1と1/2

ごま油…少々

b
しょうゆ…大さじ2
酢…大さじ1
砂糖、一味唐辛子、すりごま(白)、ごま油…各大さじ1/2
こしょう…適量

作り方

1 万能ねぎは5㎝長さに切る。

2 ボウルに白玉粉と水カップ1/4を入れて指でよく混ぜる。混ざったら、卵、薄力粉、**a**を加えて泡立て器でよく混ぜる。なめらかになったら①、帆立てを缶汁ごと加えて混ぜる。

3 フライパンを熱してサラダ油をひき、②を流し入れて丸くととのえる。中火でよく焼く。カリッとうまそうな焼き色がついたら返して、ごま油をフライパンの縁から回し入れる。裏もこんがり焼く。

4 食べやすい大きさに切って器に盛り、**b**を混ぜ合わせて添える。

その他のねぎのレシピ

- 担々麺…P348
- ジャージャー麺…P348
- 汁ビーフン(牛)…P356

白菜

料理によって、そのままザクザク切って使うときと、葉と軸に切りわけて使うときがある。食感が変わって軸も食べやすくなる

白菜とチキンのグラタン　焼

材料（2人分）

鶏もも肉…250g
白菜…1/8個
にんにく…1かけ
サラダ油…適量
ワイン(白)…大さじ1
生クリーム…カップ1/2
塩、こしょう…各適量
ピザ用チーズ…カップ1
パン粉…大さじ2～3

作り方

1 白菜は葉と軸に切り分け、葉はザク切り、軸は長さを2～3等分して縦細切りにする。にんにくはみじん切りにする。鶏肉は脂身を取り除いて一口大に切る。

2 フライパンを熱してサラダ油大さじ1をひく。鶏肉を皮を下にして並べ、強火で焼く。両面こんがり焼いたらにんにくを加えて炒める。いい匂いがしてきたら、白菜を何回かにわけて加え、塩、こしょう各少々をふって炒める。

3 白菜がしんなりしたらワインを加えてザッと炒め、生クリームを加えて中火で2分煮詰める。味をみて塩、こしょうでととのえる。

4 耐熱皿にサラダ油少々をぬり、③を入れてピザ用チーズ、パン粉をかける。250℃に温めたオーブンで、チーズが溶けて焼き色がつくまで8～10分焼く。

白菜と鮭のみそ煮　煮

材料（2人分）

生鮭…2切れ
白菜…1/8個
にら…1/2束
しょうが…1かけ
a［酒、みそ、しょうゆ…各大さじ1
**　みりん…大さじ1/2**
**　砂糖…小さじ1］**
ごま油…大さじ1
バター…大さじ1/2
しょうゆ、いりごま(白)…各適量

作り方

1 白菜は葉と軸に切り分け、葉はザク切り、軸は長さを2～3等分にして縦細切りにする。にらは5cm長さに切る。しょうがはせん切りにする。鮭は水けをふく。**a**を混ぜ合わせておく。

2 フライパンを熱してごま油をひき、鮭を並べる。上にしょうが、白菜の半量をのせ、**a**の半量をかける。さらに残りの白菜、**a**、にらをのせ、ふたをして（ふたが浮いていてもOK）強めの中火で8分加熱する。

3 バターを落として全体をザッと混ぜ、味をみて薄ければしょうゆでととのえる。器に盛って、いりごまをふる。

牛肉と白菜の一気煮　煮

材料（2人分）

牛肩ロース薄切り肉…150g
白菜…1/4個
しょうが…1かけ
赤唐辛子…1本
a［しょうゆ…大さじ1強
**　酒、みりん…各大さじ1**
**　砂糖…大さじ1/2］**

作り方

1 白菜は葉と軸に切り分け、葉はザク切り、軸は長さを2～3等分にして縦細切りにする。しょうがはせん切りにする。赤唐辛子はへたと種を取り除く。牛肉は一口大に切る。

2 鍋に**a**、①を入れ、ふたをして強火で5分煮る。たまに混ぜる。

白菜のクリーム煮　煮

材料（2人分）

白菜…1/8個
マッシュルーム缶…小1缶
帆立て貝柱水煮缶…1缶(45～65g)
しょうが…1かけ

ごま油…大さじ1

a
- 牛乳…カップ1/2
- 酒、片栗粉…各大さじ1/2
- 塩…1つまみ

塩、こしょう…各適量

作り方

1 白菜は葉と軸に切り分け、葉はザク切り、軸は長さを2〜3等分にして縦細切りにする。しょうがはせん切りにする。マッシュルームは缶汁をきる。aを混ぜ合わせておく。

2 フライパンを熱してごま油をひき、しょうがを弱火で炒める。香りが出てきたら白菜の軸を加えて強火にしてザッと炒める。葉を3回くらいにわけて加え、炒める。

3 白菜が少ししんなりしたら、マッシュルーム、帆立てを缶汁ごと加えて炒め合わせる。全体に油がまわったら、aをもう一度よく混ぜてから加える。フツフツとしてきたら火を弱めて、たまに混ぜながら中火で煮る。とろみがついたら味をみて塩、こしょうでととのえる。

骨つき豚と白菜のコトコト煮

煮

材料（2〜3人分）

スペアリブ…500〜600g

白菜…1/4個

酒…大さじ1

塩、こしょう…各適量

作り方

1 白菜は縦半分に切って芯を取る。

2 大きめの鍋に水を七分目ほど入れて沸かす。沸騰したらスペアリブを入れる。あくを取りながら弱火で2時間ほど煮る。

3 ②のスペアリブとゆで汁をいったんボウルなどにあけ、ゆで汁カップ1と1/2とスペアリブを鍋に戻す。ゆで汁が少ないときは水を加える。酒、塩小さじ1/4を加えて混ぜ、白菜を加えて弱火で10分煮る。味をみて薄ければ塩でととのえる。器に盛ってこしょうをふる。

白菜と鶏のチゲ

鍋

材料（4人分）

鶏骨つきぶつ切り肉…600g

白菜…1/2個

にんにく…3かけ

キムチ…200g

酒…大さじ1

a
- 赤みそ…大さじ2
- コチュジャン…大さじ1
- 砂糖…大さじ1/2
- すりごま（白）…大さじ3

しょうゆ、ごま油、一味唐辛子…各適量

作り方

1 白菜は葉と軸に切り分け、葉はザク切り、軸は長さを2〜3等分にして縦細切りにする。にんにくはみじん切りにする。キムチは大きければ適当な大きさに切る。aを混ぜ合わせておく。

2 鍋を熱してごま油大さじ1をひき、鶏肉を強火で焼く。焼き目がついたらにんにくを加えて炒める。いい匂いがしてきたら、酒、水カップ6を加え、沸いてきたら火を弱めてあくを取りながら40分煮る。

3 キムチ、aを加えて混ぜる。白菜を加えてしんなりするまで少し煮る。味をみて薄ければ、しょうゆでととのえる。ごま油を回しかけ、一味唐辛子をふる。

白菜のアツアツドレッシングサラダ

サラダ

材料（2〜3人分）

白菜…1/8個

ベーコン…3枚

オリーブ油…大さじ1/2

a
- おろしにんにく…少々
- マヨネーズ…大さじ1〜2
- 酢…大さじ1
- 塩、砂糖…各1つまみ
- カレー粉…少々

こしょう…少々

作り方

1 白菜は葉と軸に切り分け、葉は一口大にちぎり、軸は5cm長さの斜め薄切りにする。ベーコンは1cm幅に切る。

2 フライパンを熱してオリーブ油をひき、ベーコンを中火で炒める。ベーコンの縁がカリッとしてきたら火を止めて、aを加えてザッと混ぜる。

3 ボウルに白菜を入れてアツアツの②を加えて和える。器に盛ってこしょうをふる。

写真…45ページ

白菜の明太マヨサラダ

サラダ

材料（2〜3人分）

白菜…1/8個

明太子…1/2腹

マヨネーズ…大さじ2

砂糖…1つまみ

作り方

1 白菜は太めのせん切りにする。

2 明太子は薄皮を取り除いてほぐしてボウルに入れ、マヨネーズ、砂糖を加えて混ぜ、①を加えて和える。

白菜の浅漬け

漬け

材料（4人分）

白菜…1/8個

塩…適量

おろししょうが…少々

ごま油…少々

作り方

1 白菜は葉と軸に切り分け、葉はザク切り、軸は長さを2〜3等分にして縦細切りにする。

2 ボウルに①を入れて塩小さじ1を加えて混ぜる。皿をのせて、その上に重しになるものをのせ、15分つける。味をみて薄ければ塩でととのえる。おろししょうが、ごま油を加えてザッと混ぜる。

水キムチ

漬け

材料（作りやすい分量）

白菜…1/2個

赤唐辛子…5本

つけ汁

- にんにく…3かけ
- しょうが…2かけ
- 白玉粉…大さじ4
- 塩…大さじ2
- 砂糖…小さじ1

作り方

1 白菜は3cm角くらいのザク切りにし、赤唐辛子はへたと種を取り除いて大きいボウルに入れる。

2 つけ汁を作る。にんにく、しょうがは薄切りにする。鍋に白玉粉を入れ、水カップ1を加えて手でよく混ぜる。粉っぽさがなくなったら水カップ5を加えてよく混ぜる。にんにく、しょうが、塩、砂糖を加えて中火にかける。泡立て器で混ぜながら煮詰める。

3 とろみがついて半透明になったら熱々のうちに①のボウルに加えてザッと混ぜる。粗熱がとれたらラップをして、寒い時季なら常温で、暖かい時季は冷蔵庫で1日つける。よく冷やして食べるとおいしい。

白菜と豚肉のカレー

米

材料（4〜5人分）

温かいご飯…4人分

豚ばら薄切り肉…200g

白菜…1/4個

玉ねぎ…1個

じゃがいも（メークイン）…2個

サラダ油…大さじ1

カレールウ…1箱（約6皿分）

作り方

1 白菜は葉と軸に切り分け、葉はザク切り、軸は長さを2〜3等分にして縦細切りにする。玉ねぎは縦薄切りにする。じゃがいもは芽を取って皮つきのまま一口大に切り、水に3分さらす。豚肉は一口大に切る。

2 鍋を熱してサラダ油をひき、玉ねぎを中火で炒める。きつね色になったら豚肉を加えて強火にして炒める。肉の色が変わったら、水けをきったじゃがいもを加えて炒める。

3 じゃがいもに油がまわったら、カレールウの箱の表示量からカップ1/2を減らした量の水を加える。沸いてきたら火を弱め、あくを取りながら15分煮る。じゃがいもに竹串を刺してスーッと通ったらカレールウを加えて溶かす。白菜を何回かにわけて加える。とろみがつくまで混ぜながら10分くらい煮る。器にご飯を盛ってかける。

白菜の中華丼　米

材料（2人分）

温かいご飯…2人分

豚肩ロース薄切り肉…150g

白菜…1/8個

にんじん…3〜4cm

にんにく、しょうが…各1かけ

a
- **片栗粉…大さじ1/2**
- **水…大さじ1**

b
- **水…カップ1/2**
- **オイスターソース、酒…各大さじ1**
- **しょうゆ…大さじ1/2**

ごま油…大さじ1

塩、こしょう…各適量

作り方

1 白菜は葉と軸に切り分け、葉はザク切り、軸は長さを2〜3等分して縦細切りにする。にんじんは薄い短冊切りにする。にんにく、しょうがはみじん切りにする。**a**、**b**をそれぞれ混ぜ合わせておく。

2 フライパンを熱してごま油をひき、にんにく、しょうがを弱火で炒める。いい匂いがしてきたら豚肉を加えて塩、こしょう各少々をふり、強火にして炒める。

3 肉の色が変わったら、にんじん、白菜の軸を加えて炒める。少ししんなりしたら白菜の葉を加えて炒める。全体に油がまわったら**b**を加える。

4 フツフツしてきたら火を止めて、**a**をもう一度よく混ぜてから加え、素早く混ぜる。再び火をつけて、混ぜながらとろみがつくまで煮る。味をみて薄ければ塩、こしょうでととのえる。器にご飯を盛ってかける。

焼き餃子2　粉

材料（2〜3人分）

豚ひき肉…100g

白菜…1/8個

にら…1束

塩…小さじ1/2

a
- **おろししょうが、おろしにんにく…各少々**
- **オイスターソース…大さじ1**
- **片栗粉…大さじ1**
- **ごま油…小さじ1**
- **酒、しょうゆ…各小さじ1/2**
- **こしょう…少々**

餃子の皮…1袋（約28枚）

サラダ油…大さじ1

ごま油…大さじ1/2

酢、しょうゆ、ラー油…各適量

作り方

1 白菜、にらはみじん切りにしてボウルに入れ、塩をふって混ぜて10分おく。しっかり水けを絞ってボウルに戻し、ひき肉、**a**を加えて手でよく混ぜる。

2 餃子の皮は縁に水をグルリとつけ、真ん中に①をティースプーン1杯分のせる。具を包むように半分に折って、片側にひだを寄せながらピッチリと閉じる。

3 フライパンにサラダ油をひき、②を並べる。餃子の高さの半分くらいまで水を注ぎ、ふたをして強火で蒸し焼きにする。

4 水分が少なくなって泡が大きくなり、パチパチと音がしてきたら、ふたを取ってごま油を回し入れ、再びふたをして焼く。水分がなくなってカリッと焼き目がついたらできあがり。好みで酢、しょうゆ、ラー油をつけて食べる。

皮から作る水餃子　粉

皮の材料（作りやすい分量）

a
- **強力粉…カップ2と1/2**
- **薄力粉…カップ1/2**

打ち粉（強力粉）…適量

作り方

1 ボウルに**a**をザッと混ぜ合わせて真ん中をくぼませる。ぬるま湯カップ3/4を加え、菜箸でザッと混ぜてから手でよくこねる。

2 様子を見ながらぬるま湯カップ1/2を足して、なめらかになるまでしっかりこねる。なめらかになったらラップで包んで15分ほど休ませる。

3 生地を半分にし、めん棒で厚さ2mmほどにのばす。コップなどで丸く抜く。抜いた生地はくっつかないように打ち粉を両面にまぶしておく。あまった生地はまとめて再びめん棒でのばして同様に抜く。もう半分の生地も同様に作る。

餃子の材料（皮に合わせた分量）

豚ひき肉…180g

白菜…1/8個
餃子の皮…1回分
長ねぎ…1/2本
しょうが…1かけ
片栗粉…大さじ1
a［水…大さじ4〜5
酒…大さじ1
ごま油…大さじ1/2
しょうゆ…小さじ1
塩…小さじ1/2
こしょう…適量］
酢、しょうゆ、ラー油…各適量

水餃子の作り方

1 白菜、長ねぎはみじん切りにする。しょうがはせん切りにする。

2 ボウルにひき肉、**a**を入れて手でよく混ぜる。なめらかになったら①、片栗粉を加えてさらによく混ぜる。

3 餃子の皮の縁に水をグルリとつけ、真ん中に②をティースプーン1杯分のせる。具を包むように半分に折ってピッチリと閉じる。

4 鍋にたっぷりの湯を沸かして塩を加える。③の半量を入れて強めの中火で5〜6分ゆでる。1個割ってみて火が通っているかを確認する。残りも同様にゆでる。ゆで汁ごと器に盛って、好みで酢、しょうゆ、ラー油を混ぜ合わせてつけながら食べる。

白菜のコーンスープ 汁

材料（2〜3人分）

白菜…1/8個
a［クリームコーン缶…小1缶
牛乳…カップ1と1/2
固形スープの素…1/2個
砂糖…小さじ1/2］
塩…小さじ1/2
こしょう…適量

作り方

1 白菜は葉と軸に切り分け、葉はザク切り、軸は長さを2〜3等分にして縦細切りにする。

2 鍋に**a**を入れて強めの中火にかけ、フツフツとしてきたら弱火にする。①を加えて混ぜながら3分煮る。白菜がしんなりしたら、味をみて塩、こしょうでととのえる。

中華スープ 汁

材料（2〜3人分）

帆立て貝柱…3個
白菜…大3枚
春雨…20g
長ねぎ…1/2本
にんにく、しょうが…各1かけ
a［片栗粉…大さじ1/2
水…大さじ1］
酒…大さじ1
オイスターソース…大さじ1
しょうゆ…小さじ1
塩、こしょう、ごま油…各適量

作り方

1 春雨は袋の表示通りにもどす。帆立ては4等分に切る。白菜は葉と軸に切り分け、葉はザク切り、軸は長さを2〜3等分にして縦細切りにする。長ねぎ、にんにく、しょうがはみじん切りにする。**a**を混ぜ合わせておく。

2 鍋を熱してごま油大さじ1をひき、にんにく、しょうが、長ねぎを中火で炒める。いい匂いがしてきたら帆立てを加えて強火で炒める。

3 帆立ての色が変わったら酒、オイスターソースを加えてザッと炒め、水カップ3、しょうゆを加える。沸いてきたら火を弱めてあくを取りながら8分煮る。

4 春雨、白菜の軸、葉の順に加える。白菜がしんなりしたら味をみて塩でととのえる。火を止めて**a**をもう一度よく混ぜ合わせてから加え、素早く混ぜる。再び火をつけてとろみがつくまで煮る。器に盛ってごま油を回しかけ、こしょうをふる。

野菜たっぷりのピリ辛スープ 汁

材料（2〜3人分）

豚こま切れ肉…100g
白菜…1/8個
にら…1/2束
にんにく、しょうが…各1かけ
ごま油…大さじ1
豆板醤《トウバンジャン》…小さじ1
酒…大さじ2
オイスターソース、みりん
…各大さじ1/2
塩、こしょう…各少々

しょうゆ…適量

作り方

1 白菜は葉と軸に切り分け、葉はザク切り、軸は長さを2〜3等分して縦細切りにする。にらは5cm長さに切る。にんにく、しょうがはみじん切りにする。

2 鍋を熱してごま油をひき、にんにく、しょうが、豆板醤を弱火で炒める。いい匂いがしてきたら豚肉を加えて強火にして炒める。

3 肉の色が変わったら白菜を加えて、塩、こしょうをふって炒める。白菜に油がまわったら酒、水カップ2と1/2、オイスターソース、みりんを加える。煮立ったら火を弱めて、あくを取りながら5分煮る。最後ににらを加えてサッと煮る。味をみてしょうゆでととのえる。

その他の白菜のレシピ

- 鶏ぶつ鍋…**P130**
- 豆乳鍋…**P196**
- 豚肉と白菜のみそ鍋…**P246**
- 白菜と豚ひき肉の煮物…**P259**
- 白菜とベーコンのミルクスープ…**P264**
- 鮭のちゃんちゃん焼き1…**P279**
- ぶりと白菜の重ね煮…**P292**
- ホタテと白菜のグラタン…**P294**
- あんかけかた焼きそば…**P348**

ピーマン

ピーマンは生長の度合いによって色が変わる。赤ピーマンももともとは緑。パプリカはピーマンより肉厚で甘みが強く、生でもおいしい

チンジャオロースー

材料(2人分)

豚肩ロース薄切り肉…250g
ピーマン…1個
たけのこ(水煮)…80g
しいたけ…2個
にんにく、しょうが…各1かけ
片栗粉…大さじ2
ごま油…大さじ2
酒、オイスターソース…各大さじ1
塩、こしょう…各適量

作り方

1 ピーマン、たけのこは5mm幅の細切りにする。しいたけは5mm厚さに切る。にんにく、しょうがはみじん切りにする。豚肉は繊維に沿って1cm幅に切り、ボウルに入れて片栗粉を加えて混ぜる。

2 フライパンを熱してごま油大さじ1をひき、豚肉を入れてほぐしながら強火で炒める。肉の色が変わったら取り出す。

3 フライパンをサッとふいて熱し、ごま油大さじ1をひいてにんにく、しょうがを弱火で炒める。いい匂いがしてきたらたけのこ、しいたけ、ピーマンの順に加えて強火で炒める。

4 野菜が少ししんなりしたら、②を戻し入れて、酒を加えてザッと混ぜる。オイスターソースを加えて炒め合わせ、味をみて塩、こしょうでととのえる。

豚肉とピーマンのオイスター炒め

材料(2人分)

豚肩ロース薄切り肉…120g
ピーマン…1個
赤パプリカ…1/2個
たけのこ(水煮)…70g
にんにく、しょうが…各1かけ
ごま油…大さじ1強
酒…大さじ2
a［オイスターソース…大さじ1/2
**　 しょうゆ…小さじ1**
塩、こしょう…各適量

作り方

1 ピーマン、パプリカ、たけのこは縦細切りにする。にんにく、しょうがはみじん切りにする。豚肉は一口大に切る。

2 フライパンを熱してごま油をひき、にんにく、しょうがを弱火で炒める。いい匂いがしてきたら豚肉を加えて塩、こしょう各少々をふって強火にして炒める。

3 肉の色が変わったらピーマン、パプリカ、たけのこを加えて炒める。ピーマンが少ししんなりしたら酒を加えてザッと混ぜる。**a**を加えて炒め合わせ、味をみて塩、こしょうでととのえる。

豚肉とピーマンのピリ辛みそ炒め

ソテー

材料（2人分）

豚肩ロース薄切り肉…160g

ピーマン…2個

赤パプリカ…1個

にんにく、しょうが…各1かけ

ごま油…大さじ1

a
- **みそ、みりん、酒…各大さじ1**
- **豆板醤《トウバンジャン》、しょうゆ…各小さじ1**

塩、こしょう…各適量

作り方

1 ピーマン、パプリカは縦細切りにする。豚肉は一口大に切る。にんにく、しょうがはみじん切りにする。**a**を混ぜ合わせておく。

2 フライパンを熱してごま油をひき、にんにく、しょうがを弱火で炒める。いい匂いがしてきたら豚肉を加えて、塩、こしょう各少々をふって強火で炒める。肉に焼き目がついたらピーマン、パプリカを加えて炒める。

3 ピーマン、パプリカが少ししんなりしたら**a**を加えて炒め合わせる。味をみて薄ければ、塩、こしょうでととのえる。

ピーマンと鶏肉のトマトシチュー

煮

材料（2〜3人分）

鶏もも肉…1枚

ピーマン…2個

黄パプリカ…1個

にんにく…1かけ

オリーブ油…大さじ1

ワイン（白）…大さじ1

ホールトマト缶…1缶（400g）

オレガノ（乾燥）…小さじ1

塩、こしょう…各適量

粉チーズ…適量

作り方

1 ピーマン、パプリカは縦細切りにする。鶏肉は脂身を取り除いて一口大に切る。にんにくはみじん切りにする。

2 鍋を熱してオリーブ油をひき、鶏肉を皮を下にして並べる。塩、こしょう各少々をふって強火で両面をこんがり焼く。焼き目がついたらにんにくを加えて炒める。いい匂いがしてきたらピーマン、パプリカを加えて炒める。

3 全体に油がまわったらワイン、ホールトマト、オレガノ、水カップ1/4、塩小さじ1/4を加える。トマトを木べらでつぶしながら中火で7〜8分煮る。味をみて塩、こしょうでととのえる。器に盛って粉チーズをかける。

ピーマンの黒ごま和え

和え

材料（2人分）

ピーマン…1個

赤パプリカ…1個

しょうが…1かけ

ごま油…大さじ1

酒…大さじ2

a
- **みりん…大さじ1/2**
- **オイスターソース…大さじ1弱**
- **ねりごま（黒）…大さじ1**

作り方

1 ピーマン、パプリカは3cm角に切る。しょうがはせん切りにする。**a**を混ぜ合わせておく。

2 フライパンを熱してごま油をひき、パプリカを入れて強めの中火で炒める。少し焼き目がついたらピーマン、しょうがを加えて炒める。

3 ピーマンが少ししんなりしたら酒を加えてザッと炒め、**a**を加えて炒め合わせる。

カラーピーマンのマリネ

漬け

材料（3〜4人分）

ピーマン…2個

赤パプリカ、黄パプリカ…各1個

アンチョビ…3切れ

a
- **おろしにんにく…少々**
- **酢…大さじ2と1/2**
- **オリーブ油…大さじ1**

砂糖…2つまみ
こしょう…少々

作り方

1 ピーマンは縦4等分に切り、赤パプリカ、黄パプリカは縦8等分に切る。アルミホイルの上に並べてトースターで12〜13分こんがりと焼く。

2 アンチョビはみじん切りにしてボウルに入れ、**a**を加えてよく混ぜる。①を加えて和え、冷蔵庫で15分くらいつける。

ピクルス

漬け

材料（2人分）

ピーマン…1個
赤パプリカ…1個
きゅうり…1本
玉ねぎ…1/4個
塩…小さじ1/3
赤唐辛子…1本
a 酢…大さじ1と1/2
オリーブ油…大さじ1
砂糖…小さじ1/2
塩…1つまみ
粒こしょう、カレー粉…各少々

> **種類が豊富な酢の選び方**
>
> 風味がそれぞれ違うけれど、好みで選べばそれでいい。米酢がいちばんフラットでクセがないかな。

作り方

1 ピーマン、パプリカは2cm角に切る。きゅうりはへたを切り落として2cm厚さの輪切りにする。玉ねぎは縦薄切りにする。ボウルに赤唐辛子以外の野菜を入れて塩を加えて混ぜ、10分おく。出てきた水けをしっかりきる。

2 ①に**a**、赤唐辛子をへたと種を取って加えてよく混ぜる。ラップをして冷蔵庫で30分くらいつける。

ピーマンのクタクタ煮

煮

材料（2人分）

ピーマン…2個
a 水…カップ1/4
みりん…大さじ1
しょうゆ…大さじ1/2
ごま油…少々

作り方

1 ピーマンは5mm幅の輪切りにする。

2 鍋に**a**、①を入れ、ふたをしてたまに混ぜながら強火で5分煮る。

いり豆腐 1

ソテー

材料（2〜3人分）

豆腐（木綿）…小1丁
豚肩ロース薄切り肉…100g
ピーマン…1個
にんじん…3cm
長ねぎ…1本
にんにく、しょうが…各1かけ
卵…2個
桜えび…大さじ2
ごま油…大さじ1強
a 酒、みりん…各大さじ1
塩、しょうゆ…各小さじ1/3
塩、こしょう…各適量

作り方

1 豆腐は水きり＊をする。ピーマンは縦細切りにする。にんじんは薄い半月切り＊＊にする。長ねぎは5cm長さの斜め切りにする。にんにく、しょうがはみじん切りにする。豚肉は一口大に切る。卵は溶いておく。

2 フライパンを熱してごま油をひき、にんにく、しょうがを弱火で炒める。いい匂いがしてきたら豚肉を加えて、塩、こしょう各少々をふり、強火にして炒める。肉の色が変わったら長ねぎ、にんじん、ピーマンの順に加えて炒める。

3 野菜がしんなりしたら端に寄せて、空いたところに溶き卵を流し入れる。木べらで卵の部分だけ混ぜていり卵にする。それから全体を混ぜて炒め合わせる。

4 豆腐、桜えびを加え、豆腐を木べらで好みの大きさにくずしながら炒める。豆腐がアツアツになったら、**a**を加えて炒め合わせる。味をみて薄ければ塩、こしょうでととのえる。

＊18ページ参照　＊＊14ページ❷参照

ピーマンのアンチョビソテー

ソテー

材料（2人分）

ピーマン…1個
赤パプリカ、黄パプリカ…各1/2個
にんにく…1かけ
アンチョビ…3切れ
オリーブ油…大さじ1
ワイン（白）…大さじ2

酢…大さじ1

塩、こしょう…各少々

作り方

1 赤パプリカ、黄パプリカは縦8等分に切る。ピーマンは縦4等分に切る。にんにくはみじん切りにする。アンチョビはみじん切りにする。

2 フライパンを熱してオリーブ油をひき、パプリカ、ピーマン、にんにくを入れて塩、こしょうをふって強火で炒める。焼き目がついたらワイン、アンチョビを加えて炒め合わせる。火を止めて酢を加えてザッと混ぜる。

焼きピーマン

焼

材料（2人分）

ピーマン…1個

赤パプリカ、黄パプリカ…各1/2個

塩、こしょう…各少々

オリーブ油…適量

作り方

1 ピーマンは縦4等分に切る。赤と黄のパプリカは縦6〜8等分に切る。

2 アルミホイルの上に①を並べる。塩、こしょうをふってオリーブ油を回しかけて、トースターまたはグリルで焼き目がつくまで焼く。

ピーマンのきんぴら

材料（1〜2人分）

ピーマン…1個

赤唐辛子…1〜2本

ごま油…大さじ1/2

a
- **すりごま（白）…大さじ1**
- **みりん…小さじ2**
- **しょうゆ…小さじ1**

作り方

1 ピーマンは縦細切りにする。赤唐辛子はへたと種を取り除く。

2 フライパンを熱してごま油をひき、ピーマン、赤唐辛子を強火で炒める。少ししんなりしたら、**a**を加えて炒め合わせる。

その他のピーマンのレシピ

- 焼き野菜のサラダ…**P65**
- いんげんと赤パプリカのアーリオオーリオ…**P66**
- 夏野菜の炊き合わせ…**P68**
- チキンインドカレー…**P69**
- ミックスピクルス…**P78**
- アジアンサラダ…**P83**
- チキンと夏野菜のサッと煮…**P128**
- ラタトゥイユ…**P129**
- フリッター…**P129**
- 夏野菜とベーコンのトマトソースパスタ…**P130**
- ミネストローネ…**P135**
- 春巻き…**P144**
- 麻婆なす…**P159**
- れんこんと豚のオイスターソース炒め…**P204**
- ごま焼き肉…**P219**
- ビーフストロガノフ…**P223**
- デミグラオムライス…**P224**
- 砂肝とピーマンのピリ辛炒め…**P227**
- グリーンカレー…**P236**
- チャプチェ…**P242**
- 薄切り肉の黒酢酢豚…**P247**
- なすのドライカレー…**P252**
- いわしの南蛮漬け…**P267**
- えびのココナッツミルク煮…**P272**
- エビフライ…**P273**
- かじきのピザソテー…**P275**
- かじきの中華炒め…**P276**
- スペインオムレツ…**P318**
- ドライカレー…**P332**
- チキンドライカレー…**P332**
- 豆腐のドライカレー…**P333**
- なすと鶏肉のドライカレー…**P333**
- 牛すじカレー…**P334**
- そうめんチャンプルー…**P343**
- ナポリタン…**P352**

ブロッコリー

栄養たっぷりの緑黄色野菜。見た目と違って味にクセがなく、調理法や調味料をあまり選ばない優秀素材。カリフラワーの弟分的存在

有頭えびのスパイシー炒め

材料（4人分）

有頭えび…8尾

ブロッコリー…1株

にんにく…3かけ

しょうが…1かけ

赤唐辛子…2〜3本

サラダ油…大さじ2

ガラムマサラ…小さじ1

酒…大さじ2

塩…適量

こしょう…少々

作り方

1 えびはよく洗って水けをふき、竹串で背わたを取り除く*。ブロッコリーは小房に切り分ける。茎があれば皮を削るように厚めにむいて、適当な大きさに切る。にんにく、しょうがはみじん切りにする。赤唐辛子はへたを取り除いて種ごと小口切り**にする。

2 フライパンを熱してサラダ油大さじ1をひき、塩2つまみを入れて混ぜ、ブロッコリーを加えて強火で炒める。焼き目がついて少ししんなりしたら取り出す。

3 フライパンにサラダ油大さじ1を足し、えびを入れて塩小さじ1/2をふり、強火で炒める。えびの色が変わったら、にんにく、しょうがを加えて炒める。にんにくが色づいてきたら酒を加えてザッと混ぜる。②を戻し入れて赤唐辛子、ガラムマサラ、こしょうを加えて炒め合わせる。

*16ページ参照　**14ページ❶参照

牛肉とブロッコリーのオイスター炒め

材料（2人分）

牛肩ロース薄切り肉…150g

ブロッコリー…1/2株

にんにく、しょうが…各1かけ

ごま油…大さじ1と1/2

塩…1つまみ

a
- 酒…大さじ2
- オイスターソース…大さじ1弱
- しょうゆ…大さじ1/2

作り方

1 牛肉は一口大に切る。ブロッコリーは小房に切り分ける。茎があれば皮を削るように厚めにむいて、適当な大きさに切る。にんにく、しょうがはみじん切りにする。

2 フライパンを熱してごま油大さじ1をひく。塩を入れ、ブロッコリーを加えて強火で炒める。焼き目がついたら皿に取り出す。

3 ②のフライパンにごま油大さじ1/2を足して熱し、にんにく、しょうが、牛肉を入れて強火で炒める。

4 肉に焼き目がついたら②を戻して**a**を加え、ザッと炒め合わせる。

帆立てと春野菜ののり炒め

材料（2人分）

帆立て貝柱…6個

ブロッコリー…1/2株

たけのこ（水煮）…70g

にんにく、しょうが…各1かけ

焼きのり…大2枚

ごま油…大さじ1

酒…大さじ2

オイスターソース…大さじ1

塩、こしょう…各適量

作り方

1 帆立ては水けをふいて半分に切る。ブロッコリーは小さめの小房に切り分ける。茎があれば皮を削るように厚めにむいて、適当な大きさに切る。たけのこは縦5mm厚さに切る。にんにく、しょうがはみじん切りにする。焼きのりはちぎる。

2 フライパンを熱してごま油をひき、にんにく、しょうがを弱火で炒める。いい匂いがしてきたら、ブロッコリー、帆立てを加えて塩、こしょう各少々をふって中火で炒める。

3 ブロッコリーに少し焼き目がついたら、たけのこを加えてザッと炒める。酒、オイスターソースを加えて炒め合わせる。味をみて塩、こしょうでととのえる。焼きのりを加えてザッと混ぜる。

ブロッコリーとじゃがいものソテー

材料（2人分）

ブロッコリー…1/2株

じゃがいも…2個

オリーブ油…大さじ1

塩…適量

作り方

1 じゃがいもは皮をむいて7mm厚さの輪切りにして、水に3分さらす。ブロッコリーは小房に切り分ける。茎があれば皮を削るように厚めにむいて適当な大きさに切る。

2 フライパンを熱してオリーブ油大さじ1/2をひく。水けをきったじゃがいもを並べて塩少々をふり、ふたをして中火で焼く。両面こんがり焼いて、竹串がスーッと通ったら取り出す。ブロッコリーも同様に焼く。それだけ。

ブロッコリーの アーリオオーリオ　パン

材料（2〜3人分）

ブロッコリー…1株

にんにく…1かけ

赤唐辛子…1本

オリーブ油…大さじ1と1/2

塩、こしょう…各適量

作り方

1 ブロッコリーは小房に切り分ける。茎があれば皮を削るように厚めにむいて、適当な大きさに切る。にんにくはみじん切りにする。赤唐辛子はへたと種を取り除く。

2 フライパンを熱してオリーブ油をひく。にんにく、ブロッコリーを入れて塩2つまみをふって強めの中火で炒める。焼き目がついたら赤唐辛子を加えてザッと炒める。味をみて薄ければ塩を加えてととのえる。器に盛ってこしょうをたっぷりふる。

写真…45ページ

ブロッコリーの 帆立てあんかけ　煮

材料（2人分）

帆立て貝柱水煮缶…小1缶（45〜65g）

ブロッコリー…1株

長ねぎ…10cm

しょうが…1/2かけ

ごま油…大さじ1

酒…大さじ1

a
- **水…カップ3/4**
- **片栗粉…大さじ1/2**

卵白…1個分

塩、こしょう…各適量

作り方

1 ブロッコリーは小房に切り分ける。茎があれば皮を削るように厚めにむいて適当な大きさに切る。長ねぎ、しょうがはみじん切りにする。**a**を混ぜ合わせる。

2 フライパンを熱してごま油をひき、ねぎ、しょうがを中火で炒める。いい匂いがしてきたら帆立てを缶汁ごと加え、強火で炒める。

3 油がまわったら酒を加えてザッと混ぜて火を止める。**a**をもう一度よく混ぜてからフライパンに回し入れて、素早く混ぜる。中火にかけて混ぜながらとろみをつける。味をみて塩、こしょうでととのえる。

4 卵白を溶いて菜箸につたわらせながら回し入れ、混ぜながら卵白がふんわり固まるまで弱火で煮る。

5 ブロッコリーは塩を加えた湯でサッとゆでて、水けをきって器に盛る。上から④をかける。

ブロッコリーの フリット　揚

材料（2人分）

ブロッコリー…1/2株

a
- **薄力粉…120〜130g**
- **ビール…カップ1/2**
- **塩…小さじ1/4**

揚げ油…適量

b
- **マヨネーズ…大さじ1**
- **ケチャップ…大さじ1/2**

塩…適量

作り方

1 ブロッコリーは小房に切り分ける。茎があれば皮を削るように厚めにむいて、適当な大きさに切る。

2 ボウルに**a**を混ぜ合わせる。

3 フライパンに揚げ油を深さ2cm入れて中温に熱する。ブロッコリーを②にくぐらせてたっぷりと衣をつけてフライパンに入れ、中火で揚げる。衣が固まってきたら、たまに返しながら揚げる。全体がカラッとしてきたらできあがり。好みで塩または**b**を混ぜ合わせたものをつけながら食べる。

ブロッコリーのカレーマヨ和え

和え

材料（2〜3人分）

ブロッコリー…1株

a
- マヨネーズ…大さじ2
- 牛乳…大さじ1/2
- オリーブ油…小さじ1
- カレー粉…小さじ1
- 塩…1つまみ
- こしょう…少々

作り方

1 ブロッコリーは小房に切り分ける。茎があれば皮を削るように厚めにむいて適当な大きさに切る。塩を加えた湯でサッとゆでて水けをきる。

2 ボウルにaを混ぜ合わせ、①を加えて和える。

ブロッコリーのごまマヨ和え

和え

材料（2人分）

ブロッコリー…1/4株

a
- いりごま（白）、マヨネーズ…各大さじ1/2
- しょうゆ…少々

作り方

1 ブロッコリーは小房に切り分ける。茎があれば皮を削るように厚めにむいて適当な大きさに切る。塩を加えた湯でサッとゆでて水けをきる。

2 ボウルにaを混ぜ合わせ、①を加えて和える。

ブロッコリーのじゃこごま和え

和え

材料（2〜3人分）

ブロッコリー…1株

ちりめんじゃこ…大さじ3

a
- 削り節（ソフトパック）…1パック（5g）
- いりごま（白）…大さじ1
- 酢、しょうゆ…各大さじ1
- ごま油…大さじ1/2

作り方

1 ブロッコリーは小さめの小房に切り分ける。茎があれば皮を削るように厚めにむいて、適当な大きさに切る。塩を加えた湯でサッとゆでて水けをきる。

2 じゃこはトースターでカリカリになるまで5〜10分焼く。

3 ボウルにaを混ぜ合わせて①を加えて和える。器に盛って②をかける。

ブロッコリーのナムル

和え

材料（2〜3人分）

ブロッコリー…1株

a
- おろしにんにく…少々
- すりごま（白）…大さじ2
- ごま油…大さじ1
- 砂糖…小さじ1

塩、砂糖…各適量

作り方

1 ブロッコリーは小房に切り分ける。茎があれば皮を削るように厚めにむいて、適当な大きさに切る。塩を加えた湯でサッとゆでて水けをきる。

2 ボウルにaを混ぜ合わせて①を加えて和える。味をみて薄ければ塩、砂糖でととのえる。

ブロッコリーのサラダ

サラダ

材料（2人分）

ブロッコリー…1/2株

a
- マヨネーズ、レモン汁…各大さじ1
- オイスターソース…少々

塩…適量

作り方

1 ブロッコリーは小房に切り分ける。茎があれば皮を削るように厚めにむいて適当な大きさに切る。塩を加えた湯でサッとゆでて水けをきる。

2 ボウルにaを混ぜ合わせ、①を加えて和える。味をみて薄ければ塩でととのえる。

ブロッコリーのマリネ

漬け

材料（2〜3人分）

ブロッコリー…1株

a
- 酢…大さじ1
- 塩、砂糖…各2つまみ
- こしょう…適量

作り方

1 ブロッコリーは小房に切り分ける。茎があれば皮を削るように厚めにむいて、適当な大きさに切る。塩を加えた湯でサッとゆでて水けをきる。

2 ボウルまたはポリ袋に①、**a**を入れてよく混ぜ、冷蔵庫で15分以上つける。

ブロッコリーのペンネ

麺

材料（2〜3人分）

ペンネ…150g

ブロッコリー…1株

にんにく…1かけ

オリーブ油…大さじ1

ワイン（白）…大さじ2

粉チーズ…大さじ1

塩、こしょう…各適量

作り方

1 ブロッコリーは茎があれば皮を削るように厚めにむいて、全部粗みじん切りにする。にんにくはみじん切りにする。

2 ペンネは塩を加えた湯で表示時間より1分短めにゆでる。

3 フライパンを熱してオリーブ油をひき、にんにくを弱火で炒める。いい匂いがしてきたらブロッコリーを加えて、塩、こしょうをふって強火で炒める。少しだけ焼き目がついたらワインを加えてザッと混ぜる。パスタのゆで汁お玉1杯を加えて中火で煮る。

4 水けがなくなったら粉チーズを加えて混ぜる。ゆであがった②を加えて和え、味をみながら塩、こしょうで調味する。

ブロッコリーとオリーブのパスタ

麺

材料（2人分）

スパゲッティ…150g

ブロッコリー…1/2株

オリーブ（黒、種なし）…8粒

にんにく…1かけ

赤唐辛子…1本

バジル（生）…6〜7枚

オリーブ油…大さじ1と1/2

ワイン（白）…大さじ1

塩、こしょう…各適量

作り方

1 ブロッコリーは小房に切り分ける。茎があれば皮を削るように厚めにむいて、適当な大きさに切る。オリーブは輪切りにする。にんにくは木べらでつぶす。赤唐辛子はへたと種を除く。

2 スパゲッティは塩を加えた湯で表示時間より1分〜1分30秒短めにゆでる。

3 フライパンを熱してオリーブ油とにんにく、赤唐辛子、塩 2 つまみを入れて弱火でじっくり炒める。にんにく、赤唐辛子に焼き目がついたら取り出して、ブロッコリーを入れて強火で炒める。ブロッコリーに少し焼き目がついたらオリーブ、ワインを加えてザッと炒める。

4 ③にゆであがった②、パスタのゆで汁お玉1杯、バジルを加えて強火で混ぜながら水分を少しとばす。味をみながら塩、こしょうで調味する。器に盛って取り出しておいたにんにく、赤唐辛子をのせる。

その他のブロッコリーのレシピ

- 蒸し野菜、みそ辛子マヨディップ…P71
- ハムとブロッコリーのサラダ…P262
- パングラタン…P358

ほうれんそう

ほうれんそうをゆでるときは、葉先から入れたほうがシャキッと仕上がる。ゆで時間は箸で返しながら、サッと15〜20秒くらいでOK

常夜鍋

鍋

材料（2人分）

豚肩ロース薄切り肉…300g

ほうれんそう…1束

だし昆布…3×5cm

酒…カップ1/4

塩…少々

a
- 大根おろし…6cm分
- しょうゆ…大さじ1と1/2
- いりごま（白、黒）…各大さじ1/2
- ごま油…大さじ1/2
- オイスターソース…小さじ1
- 七味唐辛子…適量

作り方

1 ほうれんそうは根元を切り落とす。**a**を混ぜ合わせて、たれを作っておく。

2 鍋に七分目まで水を入れ、昆布を入れて15分おく。火にかけて沸いてきたら昆布を取り出し、酒、塩を加える。

3 豚肉は適量を広げて②に入れる。ほうれんそうも適量を加えて、あくを取りながら煮る。

4 煮えた順に**a**のたれにからめて食べる。豚肉、ほうれんそうを適宜足しながら食べる。

ほうれんそうのおひたし

おひたし

材料(2〜3人分)

ほうれんそう…1束

削り節(ソフトパック)、しょうゆ…各適量

作り方

1 ほうれんそうは塩を加えた湯でサッとゆでて、流水でよく洗って水けをしっかり絞る。5cm長さに切る。

2 器に盛って削り節をちらし、しょうゆをたらす。

ほうれんそうのカリカリおひたし

おひたし

材料(2〜3人分)

ほうれんそう…1束

ちりめんじゃこ…大さじ3〜4

いりごま(白、黒)…各適量

しょうゆ…少々

作り方

1 ほうれんそうは塩を加えた湯でサッとゆでて、流水でよく洗って水けをしっかり絞る。長さを3等分に切る。

2 じゃこはトースターでカリカリになるまで焼く。

3 器にほうれんそうを盛り、じゃことごまをちらし、しょうゆをたらす。

ほうれんそうのナムル

和え

材料(2〜3人分)

ほうれんそう…1束

a
- **おろしにんにく…1/2かけ分**
- **すりごま(白)…大さじ3**
- **ごま油…大さじ1と1/2**
- **砂糖…2つまみ**
- **塩…適量**

作り方

1 ほうれんそうは塩を加えた湯でサッとゆでて、流水でよく洗って水けをしっかり絞る。5cm長さに切る。

2 ボウルに①、**a**を入れて手でよく混ぜる。

ほうれんそうのごま和え

和え

材料(2〜3人分)

ほうれんそう…1束

a
- **すりごま(白)…各大さじ2**
- **みりん…大さじ1**
- **しょうゆ…小さじ1**
- **砂糖…2つまみ**
- **塩…1つまみ**

作り方

ほうれんそうは塩を加えた湯でサッとゆでて、流水でよく洗って水けをしっかり絞る。5cm長さに切る。ボウルに入れ、**a**を加えて和える。

ほうれんそうの白和え

和え

材料(2人分)

ほうれんそう…1/2束

豆腐(木綿)…1/2丁

a
- **おろししょうが…少々**
- **すりごま(白)…大さじ1**
- **マヨネーズ…大さじ1/2**
- **みそ…小さじ1**
- **砂糖…小さじ1/2**

作り方

1 豆腐は水きりをする。

2 ほうれんそうは塩を加えた湯でサッとゆでて、流水でよく洗って水けをしっかり絞る。5cm長さに切る。

3 ボウルに①を入れてスプーンの背でつぶし、**a**を加えてよく混ぜる。②を加えて和える。

＊18ページ参照

写真…57ページ

ほうれんそうサラダ

サラダ

材料(2人分)

サラダほうれんそう…1/2束

a
- **いりごま(黒)…大さじ1**
- **マヨネーズ…大さじ1弱**

野菜 ほ

└ **酢…大さじ1/2**

作り方

1 ほうれんそうは根元を切り落とす。

2 ボウルに**a**を混ぜ合わせ、①を加えて和える。

ほうれんそうのソテー

材料（2〜3人分）

ほうれんそう…1束

サラダ油…小さじ1

バター…大さじ1/2

塩、こしょう…各適量

作り方

1 ほうれんそうは塩を加えた湯でサッとゆでて、流水でよく洗って水けをしっかり絞る。5cm長さに切る。

2 フライパンを熱してサラダ油をひき、バターを入れ、①を強火で炒める。味をみて塩、こしょうでととのえる。

チキンとほうれんそうのインドカレー

米　粉

材料（4人分）

温かいご飯またはナン…4人分

鶏骨つきぶつ切り肉…600g

ほうれんそう…1束

しめじ…1パック

玉ねぎ…1個

ローリエ…1枚

にんにく…3かけ

しょうが…1かけ

a ┌ **カレー粉…大さじ2**
│ **ガラムマサラ…小さじ2**
│ **クミンパウダー、カイエンペッパー…各小さじ1**
└ **クミンシード…小さじ1/2**

サラダ油…大さじ2

バター…大さじ2

b ┌ **プレーンヨーグルト…カップ1**
└ **砂糖…小さじ2**

塩…適量

作り方

1 鍋を熱してサラダ油大さじ1をひき、鶏肉を皮を下にして並べて強火で焼く。両面こんがり焼いたら、ローリエ、水カップ4を加える。沸いてきたら火を弱めて、あくを取りながら40分煮る。

2 しめじは根元を切り落として小房にわける。玉ねぎは縦薄切りにする。にんにくとしょうがはみじん切りにする。ほうれんそうは塩を加えた湯でサッとゆでて、流水でよく洗って水けをしっかり絞る。5cm長さに切る。**a**を混ぜ合わせておく。

3 フライパンを熱してサラダ油大さじ1をひき、バターを入れ、バターが溶けたら、にんにく、しょうがを弱火で炒める。いい匂いがしてきたら、玉ねぎを加えて強火にして炒める。玉ねぎがしんなりしたら火を弱め、たまに返しながらじっくり炒める。

4 玉ねぎがきつね色になったらしめじを加えて炒める。油がまわったら**a**を加えて炒め、なじんだら①の鍋に加える。塩小さじ2を加えて10分煮る。ほうれんそう、**b**を加えてさらに5分煮て、味をみて塩でととのえる。器にご飯を盛ってかける（または器に盛ってナンを添える）。

ほうれんそうのココナッツミルクのカレー

米

材料（4人分）

温かいご飯…4人分

合いびき肉…200g

ほうれんそう…1束

玉ねぎ…1個

にんにく、しょうが…各1かけ

ココナッツミルク…カップ2

カレールウ…1箱（5〜6皿分）

ローリエ…1枚

サラダ油…大さじ1

ウスターソース…小さじ2

塩、こしょう、シナモン…各少々

作り方

1 ほうれんそうは塩を加えた湯でサッとゆでて、流水でよく洗う。水けをしっかり絞って細かく刻む。玉ねぎ、にんにく、しょうがはみじん切りにする。

2 鍋を熱してサラダ油をひき、にんにく、しょうがを弱火で炒める。いい匂いがしてきたら、玉ねぎを加えて強火にして炒める。薄いきつね色になったらひき肉を加えて、塩、こしょうをふり、ほぐしながら炒める。

3 肉の色が変わったら、ココナッツミルク、カレールウの箱の表示量からカップ2を減らした量の水、ローリエ、シナモンを加えて混ぜる。沸いてきたら火を弱めて10分煮る。

4 火を止めてカレールウを溶き入れる。弱めの中火にかけて混ぜながら、とろみがつくまで煮込む。最後にほうれんそう、ウスターソースを加えてひと煮する。器にご飯を盛ってかける。

ほうれんそうのラザニア

麺

材料 (4〜6人分)

ラザニア…120g
合いびき肉…250g
ほうれんそう…1束
しめじ…1パック
玉ねぎ…1/2個
にんにく…2かけ
薄力粉…大さじ1
a ホールトマト缶…1缶(400g)
トマトジュース…小1本(190g)
水…カップ1/4
オレガノ(乾燥)、ナツメグ…各小さじ1/2
生クリーム…カップ1/4
ピザ用チーズ…カップ1
塩、こしょう、オリーブ油…各適量

> 葉野菜はゆでたら水につけるべきか
>
> ゆでた野菜を水につけるのは、あくを取る目的のときと、冷ます目的のときがある。どっちも必要ないこともある。

作り方

1 ほうれんそうは塩を加えた湯でサッとゆでて、流水でよく洗って水けをしっかり絞る。5cm長さに切る。

2 しめじは根元を切り落として小房にわける。玉ねぎ、にんにくはみじん切りにする。

3 フライパンを熱してオリーブ油大さじ2をひき、玉ねぎ、にんにくを中火で炒める。少し色づいてきたら合いびき肉を加え､強火にしてほぐしながら炒める。肉の色が変わったら、しめじを加えて炒める。

4 全体に油がまわったら薄力粉を加えて炒め合わせる。**a**を加えてトマトをつぶしながら煮る。フツフツしてきたら火を弱めて20分煮る。味をみて塩、こしょうでととのえる。

5 パスタは塩、オリーブ油各少々を加えた湯で表示時間通りにゆでる。

6 耐熱皿に④のソースの1/3量を入れ、パスタ、ほうれんそう、生クリーム、チーズの順に重ねていく｡最後はソース、チーズになるようにする。200℃に温めたオーブンでうまそうな焼き目がつくまで10〜15分焼く。

ほうれんそうのキッシュ

粉

材料 (4〜6人分)

冷凍パイシート(市販品)…1枚(150g)
ハム…5枚
ほうれんそう…1/2束
プロセスチーズ…70g
a 卵…3個
生クリーム…カップ1/2
牛乳…カップ1/4
塩、こしょう…各少々

作り方

1 ほうれんそうは塩を加えた湯でサッとゆでて、流水でよく洗って水けをしっかり絞る。5cm長さに切る。

2 ハムとチーズは1cm角に切る。

3 ボウルに**a**をよく混ぜ合わせ、①、②を加えて混ぜる。

4 パイシートは表示通り室温にもどして、めん棒でひと回り大きくのばす。直径20cmのパイ皿にピッタリしき詰め、あまった部分は縁に沿って包丁やナイフで切る。切り取ったパイ生地は、まとめて細長くのばして、縁にグルリとはりつける。縁をフォークで押さえて全面にフォークの先で穴をあける。

5 ④に③を流し入れて、180℃に温めたオーブンで20〜25分焼く。こんがり焼き色がついたらできあがり。

写真…45ページ

その他のほうれんそうのレシピ

- ビーフシチュー…P221
- ぶり照り丼…P293
- 豆腐ステーキ…P313
- チキンのヨーグルトカレー…P336

水菜

あくやクセがなくて、生のままでもおいしく、他の素材と合わせやすい水菜。ゆでたり鍋に入れたら、10～20秒加熱するだけでOK

水菜の煮びたし　煮

材料（2人分）

水菜…1束

だし汁…カップ1

a［ みりん…小さじ1
　 しょうゆ…小さじ1/2
　 塩…2つまみ

作り方

1 水菜は根元を切り落として半分に切る。

2 鍋にだし汁を入れて温め、**a**を加えて混ぜる。①を加えてひと煮する。

水炊き　鍋

材料（2～3人分）

鶏もも肉…2枚

鶏がら…1羽分

水菜…1束

えのきだけ…1パック

長ねぎ…1本

油揚げ…1枚

しょうが…1かけ

薄口しょうゆ…小さじ1

塩、こしょう、しょうゆ…各適量

作り方

1 鍋に水2ℓを入れて沸かし、鶏がら、しょうがを3等分に切って加えてあくを取りながら1時間煮る。

2 水菜は根元を切り落として5cm長さに切る。えのきは根元を切り落として小房にわける。油揚げは1.5cm幅に切る。長ねぎは5cm長さの斜め切りにする。鶏肉は脂身を取り除いて一口大に切る。

3 1時間たったら鍋から鶏がら、しょうがを取り除く。塩小さじ1/4、薄口しょうゆを加えて混ぜ、鶏肉を加えてあくを取りながら5～7分煮る。

4 えのき、油揚げ、長ねぎを加え、ねぎがしんなりしたら味をみながら塩でととのえる。仕上げに水菜を加えてひと煮する。塩、こしょう、しょうゆを添え、好みで調味しながら食べる。

水菜とじゃこのサラダ1　サラダ

材料（2人分）

水菜…1/2束

ちりめんじゃこ…大さじ2

a［ 酢、いりごま（白）…各大さじ1
　 サラダ油…大さじ1/2
　 しょうゆ…小さじ1/2
　 塩…1つまみ
　 こしょう…少々

作り方

1 水菜は根元を切り落として5cm長さに切る。

2 ボウルに**a**を混ぜ合わせて、①、じゃこを加えて和える。

水菜とじゃこのサラダ2　サラダ

材料（2～3人分）

水菜…1/2束

きゅうり…1本

トマト…1個

ちりめんじゃこ…大さじ4

a［ おろししょうが…少々
　 いりごま（白、黒）、酢
　 　…各大さじ2
　 ごま油…大さじ1と1/2
　 しょうゆ…大さじ1

塩…適量

作り方

1 水菜は根元を切り落として5cm長さに切る。きゅうりは縦半分に切ってから斜め薄切りにする。トマトは1.5cm角に切る。じゃこはトースターでこんがり焼く。

2 ボウルに**a**を混ぜ合わせ、①を加えて和える。味をみて薄ければ塩でととのえる。

水菜とせん切り野菜のかにサラダ　サラダ

材料（2～3人分）

かに缶…小1缶（約55g）

水菜…1/2束

大根…4cm

にんじん…4cm

a
- おろししょうが…少々
- いりごま(白)…大さじ1
- レモン汁、マヨネーズ…各大さじ1
- ごま油、しょうゆ…各大さじ1/2
- 砂糖、塩…各1〜2つまみ

作り方

1 水菜は根元を切り落として5cm長さに切る。大根、にんじんは縦せん切りにする。

2 ボウルにかにを缶汁ごと入れ、**a**を加えて混ぜる。①を加えて和える。

水菜のサラダ

サラダ

材料 (2〜3人分)

水菜…1/2束

油揚げ…1/2枚

a
- 酢、しょうゆ、ごま油…各大さじ1/2
- 砂糖…1つまみ

作り方

1 油揚げはアルミホイルの上にのせ、トースターで焼き目がつくまで焼く。7mm幅に切る。

2 水菜は根元を切り落として5cm長さに切る。

3 ボウルに**a**を混ぜ合わせて、①、②を加えて和える。

水菜のサラダ きのこソテーのせ

サラダ

材料 (2〜3人分)

ベーコン…2枚

水菜…1/2束

まいたけ、しめじ…各1パック

にんにく…1かけ

ごま油…大さじ1

酒…大さじ1

みりん…大さじ1/2

しょうゆ…小さじ2

塩、こしょう…各適量

作り方

1 水菜は根元を切り落として5cm長さに切る。まいたけは小房にわけ、しめじは根元を切り落として小房にわける。ベーコンは1cm幅に切る。にんにくはみじん切りにする。

2 フライパンを熱してごま油をひき、にんにくを弱火で炒める。いい匂いがしてきたらベーコン、きのこを加えて強火にして炒める。少し焼き目がついたら、酒、みりん、しょうゆを加えて炒め合わせる。味をみて塩、こしょうでととのえる。

3 ボウルに水菜を入れ、熱々の②を加えて和える。味をみて薄ければ塩、こしょうでととのえる。

豆腐と水菜のサラダ

サラダ

材料 (2〜3人分)

水菜…1/2束

豆腐(木綿)…1/2丁

トマト…1/2個

a
- 酢…大さじ1と1/2
- しょうゆ、ごま油、いりごま(白)…各大さじ1

作り方

1 豆腐は水きりをする。

2 水菜は根元を切り落として5cm長さに切る。トマトは横5mmの薄切りにする。

3 ボウルに**a**を混ぜ合わせて、豆腐をスプーンで適当な大きさにすくって加える。さらに水菜、トマトを加えて和える。

＊18ページ参照

三つ葉

ちょっとした飾りや薬味としての出番がほとんどの三つ葉。加熱すると、ものすごくカサが減るので、1束まるまるおひたしもおすすめ

三つ葉の卵焼き

焼

材料 (2人分)

三つ葉…1/3束

しらす…大さじ2

いりごま(白)…大さじ2

a
- 卵…3個
- 牛乳…大さじ2
- 塩…1つまみ
- しょうゆ…少々

サラダ油…適量

作り方

1 三つ葉は根元を切り落として1cm幅に切る。**a**を溶き混ぜる。

2 フライパンを熱してサラダ油大さじ1/2をひく。**a**の1/5量を流し入れ、素早く広げる。手前に三つ葉、しらす、いりごまをのせ手前からクルクルと巻く。

3 ②をフライパンの端に寄せ、空いたところに**a**の1/5量を流し入れ、巻いた卵の下にも卵液がいきわたるように流し込む。②に巻きつけるようにクルクルパタンパタンと巻いていく。油が足りなければ適宜足して同様にあと3回繰り返して巻き、最後に火を強めて全体に焼き目をつける。

三つ葉の塩もみ　漬け

材料（2人分）

三つ葉…1/2束

塩…小さじ1/4

作り方

三つ葉は根元を切り落として適当な長さに切る。ボウルに入れて塩をふってもむ。5分おいて水けを絞る。

三つ葉の煮びたし　おひたし

材料（2人分）

三つ葉…1束

a［だし汁…カップ1
**　しょうゆ、みりん…各小さじ1**

作り方

1 三つ葉は根元を切り落として適当な長さに切る。

2 鍋に**a**を入れて温め、①を加えてひと煮する。

三つ葉と牛肉のサラダ　サラダ

材料（2人分）

牛しゃぶしゃぶ用肉…150g

三つ葉…1束

赤唐辛子…1本

a［しょうゆ…大さじ1/2
**　ごま油…大さじ1/2**

こしょう…適量

作り方

1 三つ葉は根元を切り落として4cm長さに切る。赤唐辛子はへたと種を除いて小口切り＊にする。

2 鍋に湯を沸かして酒、塩を加え、牛肉を入れて色が変わるくらいまでサッとゆでて水けをきる。

3 ボウルに**a**を混ぜ合わせ、①、②を加えて和える。器に盛ってこしょうをふる。

＊14ページ❶参照

鮭と三つ葉の混ぜご飯　米

材料（2人分）

温かいご飯…茶わん2杯強

甘塩鮭…1切れ

三つ葉…1/2束

a［ごま油、マヨネーズ、オイスターソース…各大さじ1/2
**　しょうゆ…少々**

しょうゆ、こしょう…各適量

作り方

1 鍋に湯を沸かして塩を加え、鮭を水けをふいて入れ、ゆでる。火が通ったら取り出して、少し冷ましてから皮と骨を取り除いて身をほぐす。

2 三つ葉は根元を切り落として2cm長さに切る。

3 ボウルにご飯、①、②、**a**を入れて、ぬらしたしゃもじで切るようにサックリと混ぜる。味をみて薄ければしょうゆ、こしょうでととのえる。

三つ葉のお吸い物　汁

材料（2人分）

三つ葉…1束

a［だし汁…カップ1
**　しょうゆ、みりん…各小さじ1**

塩…適量

作り方

1 三つ葉は根元を切り落として2cm長さに切る。

2 鍋に**a**を入れて温め、①を加えてひと煮する。味をみて塩でととのえる。

煮干しのスープ　汁

材料（2～3人分）

三つ葉…1/2束

煮干し…5〜6尾

a　しょうゆ、酒…各大さじ1と1/2
　　砂糖…小さじ1/2

塩、こしょう…各適量

作り方

1 煮干しは頭と腹わたを取り除く。鍋に水カップ4と煮干しを入れて15分以上つけておく。三つ葉は根元を切り落として2cm長さに切る。

2 ①の鍋を中火にかけてフツフツしてきたら**a**を加えて混ぜる。味をみて塩でととのえる。三つ葉を加えてひと煮する。器に盛ってこしょうをふる。

その他の三つ葉のレシピ

- かつ丼…P249
- うなぎちらし寿司…P302
- にゅうめん…P345

もやし

高級中華料理店に行くと、きれいに取られている「ひげ」。ひげを取るとえぐみがなくなるけれど、えぐみこそがもやしの風味という考え方もある

もやし炒め

材料（2〜3人分）

もやし…1袋

にんにく…1かけ

サラダ油、バター…各大さじ1/2

塩…1つまみ

しょうゆ、こしょう…各適量

作り方

1 もやしは暇ならひげを取る。にんにくは木べらでつぶす。

2 フライパンを熱してサラダ油をひく。もやしとにんにくを入れて塩をふり、強火で炒める。

3 もやしに焼き目がついたらしょうゆを加えてからめる。火を止めてバターを加え、こしょうをふって混ぜる。

もやしの豆板醤炒め

材料（2〜3人分）

豆もやし…1袋

にんにく、しょうが…各1かけ

ごま油…大さじ1

豆板醤《トウバンジャン》…小さじ1

酒…大さじ1

しょうゆ…大さじ1/2

こしょう…適量

作り方

1 豆もやしは暇ならひげを取る。にんにく、しょうがはみじん切りにする。

2 フライパンを熱してごま油をひき、豆板醤、にんにく、しょうがを弱火で炒める。いい匂いがしてきたら豆もやしを加えて強火にして炒める。

3 豆もやしに少し焼き目がついたら、酒を加えてザッと混ぜ、しょうゆ、こしょうを加えて炒め合わせる。

もやしのみそバター炒め

材料（2〜3人分）

もやし…1袋

a　おろしにんにく…少々
　　酒…大さじ1と1/2
　　みりん…大さじ1
　　みそ…大さじ1弱
　　砂糖…小さじ1弱

バター…大さじ1/2

サラダ油…大さじ1

こしょう…少々

作り方

1 もやしは暇ならひげを取る。**a**を混ぜ合わせておく。

2 フライパンを熱してサラダ油をひき、もやしを強火で炒める。もやしが透き通って焼き目がついたら**a**を加えて炒め合わせる。火を止めてバターを落としてからめる。器に盛ってこしょうをふる。

ゆでもやしの牛肉あんかけ

材料（2〜3人分）

牛切り落とし肉…100g

もやし…1袋

たけのこ（水煮）…100g

しいたけ…2個

長ねぎ…1/2本

にんにく、しょうが…各1かけ

a　酒…大さじ2
　　しょうゆ…大さじ1と1/2

オイスターソース…大さじ1/2
豆板醤《トウバンジャン》、砂糖…各小さじ1

b　片栗粉…大さじ1
水…大さじ2

ごま油…大さじ1強
塩、こしょう…各適量

作り方

1 もやしは暇ならひげを取る。たけのこ、しいたけは7mm角に切る。長ねぎ、にんにく、しょうがはみじん切りにする。**b**を混ぜ合わせておく。

2 フライパンを熱してごま油をひき、にんにく、しょうが、長ねぎを入れて中火で炒める。いい匂いがしてきたら牛肉を加えて強火にして炒める。肉の色が変わったらたけのこ、しいたけを加えて炒める。

3 全体に油がまわったら水カップ3/4と**a**を加える。沸いてきたら味をみて塩、こしょうでととのえる。火を止めて**b**をもう一度よく混ぜ合わせてから回し入れ、素早く全体を混ぜる。中火にかけて、とろみがつくまで混ぜながら煮る。

4 もやしは塩を加えた湯でサッとゆでて水けをきる。器に盛って、熱々の③をかける。

豆乳鍋

鍋

材料（2人分）

豚肩ロース薄切り肉…200g
白菜…1/8個
もやし…1/2袋
厚揚げ…1枚
にんにく…2かけ
しょうが…1かけ
豆板醤《トウバンジャン》…小さじ2
酒…大さじ1
a　豆乳（無調整）…カップ2
水…カップ1/2
オイスターソース…大さじ1
塩、こしょう…各適量
ごま油…適量

作り方

1 白菜は葉と軸に切り分けて、葉は一口大に切り、軸は長さを2〜3等分にして縦細切りにする。もやしは暇ならひげを取る。厚揚げは縦半分に切ってから横1cm幅に切る。にんにく、しょうがはみじん切りにする。

2 鍋を熱してごま油大さじ1をひき、にんにく、しょうがを弱火で炒める。いい匂いがしてきたら豆板醤を加えて炒め、なじんだら豚肉を加えて強火にして炒める。肉の色が変わったら厚揚げ、もやしを加えて炒める。

3 全体に油がまわったら酒を加えてザッと炒め、**a**を加える。フツフツしてきたら火を弱め、あくを取りながら5分煮る。オイスターソースを加えて混ぜ、白菜を加えてひと煮する。味をみて塩、こしょうでととのえる。好みでごま油少々を回しかける。

もやしとエリンギのキムチ和え

和え

材料（2人分）

豚ばら薄切り肉…100g
もやし…1/2袋
エリンギ
…1パック
キムチ…100g
a　おろしにんにく
…少々
すりごま（白）
…大さじ1
しょうゆ、ごま油、水、みりん
…各小さじ2
コチュジャン、砂糖
…各小さじ1/2
酒…少々
しょうゆ…適量

> **もやしのゆで時間**
> 好みにもよるけれど、ゆで時間は10〜30秒。しゃっきり仕上げたい。

作り方

1 エリンギは適当な太さにさく。もやしは暇ならひげを取る。キムチは大きければ食べやすく切る。豚肉は一口大に切る。

2 もやしは塩を加えた湯でサッとゆでてすくい取り、水けをきる。次にエリンギを湯に入れてしんなりするまでゆでてすくい取り、水けをきる。湯に酒を加え、最後に豚肉を入れて色が変わるまでゆでて水けをきる。

3 ボウルに**a**を混ぜ合わせ、キムチ、②を加えて和える。味をみて薄ければしょうゆでととのえる。

もやしのピリ辛和え

和え

材料（2人分）

もやし…1/2袋

a ごま油…大さじ1/2
しょうゆ…小さじ1
豆板醤《トウバンジャン》…小さじ1/2
砂糖…少々

作り方

1 もやしは暇ならひげを取る。塩を加えた湯でサッとゆでて水けをきる。

2 ボウルに①、aを入れて和える。

もやしとハムのからし和え

和え

材料（2人分）

もやし…1/2袋

ハム…3枚

a しょうゆ、サラダ油…各小さじ1
からし、砂糖…各小さじ1/2
塩…少々

作り方

1 もやしは暇ならひげを取る。塩を加えた湯でサッとゆでて水けをきる。ハムは7mm幅に切る。

2 ボウルにaを混ぜ合わせ、①を加えて和える。

もやしナムル

和え

材料（2人分）

もやし…1/2袋

a 酢…小さじ1
カレー粉、サラダ油…各小さじ1/2
塩、砂糖…各2つまみ

作り方

1 もやしは暇ならひげを取る。塩を加えた湯でサッとゆでて水けをきる。

2 ボウルにaを混ぜ合わせ、①を加えて和える。

もやしとハムの塩焼きそば1

麺

材料（2人分）

焼きそば用麺…2玉

もやし…1/2袋

キャベツ…1/8個

ハム…3枚

ごま油…大さじ1

酒…大さじ2〜3

オイスターソース…大さじ1

塩、こしょう…各適量

作り方

1 もやしは暇ならひげを取る。キャベツは一口大に切る。ハムは細切りにする。

2 フライパンを熱してごま油をひき、もやしを入れて強火で炒める。少ししんなりしたらキャベツとハムを加えて炒める。

3 全体に少し焼き目がついたら、麺、酒、水大さじ2を加え、麺をほぐしながら中火で炒める。

4 麺が完全にほぐれたらオイスターソースを加えて炒め合わせ、味をみて塩、こしょうでととのえる。

もやしのスープ

汁

材料（2人分）

もやし…1/2袋

煮干し…5尾

オイスターソース…小さじ1/2

塩…適量

作り方

1 もやしは暇ならひげを取る。煮干しは頭とわたを取り除く。鍋に水カップ2と1/2と煮干しを入れ、15分以上つけておく。そのまま火にかけ、沸いてきたらもやしを加えて弱火で3分煮る。

2 オイスターソースを加えて混ぜ、味をみながら塩でととのえる。

その他のもやしのレシピ

- きゅうりともやしのごま酢和え…P90
- ゴーヤチャンプル…P98
- ゴーヤと牛肉のみそ炒め…P98
- 春巻き…P144
- もつの炒め煮…P166
- 豚にら焼きそば…P167
- 厚揚げの中華あん…P251
- もやしとハムの塩焼きそば2…P262
- いかわたみそ炒め…P268
- ひき肉としらたきのカレー炒め…P324
- 焼きうどん…P341
- そうめんチャンプルー…P343
- 担々麺…P348
- 冷やし中華…P349
- 和えビーフン…P356
- 汁ビーフン（鶏）…P356
- えびビーフン…P357

野菜〔り〕

リーフレタス

チリチリとカールのかかった葉先が特徴のレタスの仲間。サラダはもちろん、肉を巻いて食べてもおいしい!

グリーンサラダ

サラダ

材料（2人分）

リーフレタス…1/4個
きゅうり…1本
a ┌ おろしにんにく…少々
　│ オリーブ油、酢…各大さじ1
　│ 塩…2つまみ
　└ こしょう…適量

作り方

1 レタスは一口大にちぎる。きゅうりはピーラーで皮を縞目にむいてから1cm厚さの輪切りにする。

2 ボウルに**a**を混ぜ合わせ、①を加えて和える。

チーズドレッシングのサラダ

サラダ

材料（4人分）

リーフレタス…1/3個
ルッコラ…1束
a ┌ 粉チーズ…大さじ3
　│ おろしにんにく…少々
　│ オリーブ油、酢…各大さじ1
　│ マヨネーズ…大さじ1/2
　│ 塩…2つまみ
　└ こしょう…適量
こしょう…適量

作り方

1 リーフレタスは一口大にちぎる。ルッコラは根元を切り落とす。

2 ボウルに**a**を混ぜ合わせて、①を加えて和える。器に盛ってこしょうをふる。

豆腐の香味野菜サラダ

サラダ

材料（2人分）

リーフレタス…3〜4枚
豆腐（木綿）…1/2丁
きゅうり…1本
青じそ…6枚
みょうが…1個
長ねぎ…5cm
a ┌ いりごま（白）…大さじ1と1/2
　│ おろししょうが…少々
　│ 酢…大さじ1と1/2
　│ ごま油、しょうゆ…各大さじ1
　└ 塩、砂糖…各2つまみ
しょうゆ…適量

作り方

1 豆腐は水きり*をする。

2 レタスは一口大にちぎる。青じそ、みょうがはせん切りにする。きゅうりはめん棒などでたたいて一口大にちぎる。長ねぎは白髪《しらが》ねぎ**にする。

3 ボウルに**a**を混ぜ合わせて、豆腐をちぎりながら加えて混ぜる。さらにレタス、きゅうりを加える。味をみて薄ければしょうゆでととのえる。器に盛って青じそ、みょうが、ねぎをちらす。

＊18ページ参照　＊＊15ページ⑮参照

生ハムのサラダ ポーチドエッグのせ

サラダ

材料（2人分）

生ハム…4枚
リーフレタス…4〜5枚
卵…1個
ミニトマト…5個
a ┌ おろしにんにく…少々
　│ オリーブ油、マヨネーズ
　│ 　…各大さじ1
　│ バルサミコ酢…大さじ1/2
　│ 砂糖、塩…各1つまみ
　└ こしょう…適量

作り方

1 ポーチドエッグを作る（作り方→319ページ）。

2 トマトはへたを取って4等分に切る。リーフレタスは一口大にちぎる。**a**を混ぜておく。

3 器にリーフレタス、生ハムを盛ってトマトをちらす。**a**を回しかけて真ん中に①を落とす。

ブレッドサラダ

サラダ

材料（4人分）

バゲット…6cm

鶏もも肉…1枚

リーフレタス…1/2個

ルッコラ…1束

トマト…1個

うずらの卵水煮缶…1/2缶（約5個）

a［おろしにんにく…1/2かけ分
オリーブ油…大さじ1
塩…2つまみ
こしょう…少々

b［パルメザンチーズ（すりおろす）…10g
酢…大さじ2
水…大さじ1
塩…2つまみ
こしょう…適量

オリーブ油…大さじ1

塩、こしょう…適量

作り方

1 レタスは一口大にちぎる。ルッコラは根元を切り落とす。トマトは1.5cm角に切る。うずらの卵は缶汁をきる。すべてをボウルに入れる。

2 バゲットは1cm厚さに切ってから半分に切り、**a**を混ぜ合わせてぬって、カリッとするまでトースターで焼く。

3 鶏肉は脂身を取り除いて1cm弱幅に切る。フライパンを熱してオリーブ油をひいて、鶏肉を入れる。塩、こしょう少々をふって強火で炒める。全体にバキッと焼き目がついたら火を止め、**b**を加えてからめる。

4 ①のボウルに②、③を加えて和える。味をみて薄ければ塩でととのえる。器に盛ってこしょうをふる。

豚しゃぶ サラダうどん

麺

材料（2人分）

冷凍うどん…2玉

豚しゃぶしゃぶ用肉…120g

リーフレタス…2〜3枚

にんじん…3cm

青じそ…5枚

みょうが…1個

a［めんつゆ（つけつゆの濃さ）…カップ1
おろししょうが…少々
マヨネーズ、ごま油…各大さじ1/2

いりごま（白）…適量

作り方

1 リーフレタスは一口大にちぎる。にんじん、みょうがはせん切りにする。青じそは粗みじん切りにする。

2 豚肉は色が変わるまでゆでて水けをきる。ボウルに**a**を混ぜ合わせて、豚肉を加えて和える。

3 うどんは袋の表示通りにゆで、流水でザッと洗ってから氷水につけて冷やし、しっかり水けをきる。

4 器に③を盛って②をかけ、①をのせていりごまをふる。混ぜながら食べる。

その他のリーフレタスのレシピ

- サーモンとルッコラのサラダピザ…P201
- 豚しゃぶ梅だれとごまだれ…P244
- パリパリ油揚げのそばサラダ…P309
- カレーチキンサンド…P360
- しょうが焼きサンド…P361
- チキンサンド…P361

ルッコラ

最近、あたりまえに買えるようになった新顔野菜。まるでごまのような風味で、とてもなじみやすい。やっぱりまずは生で食べたい

たいのカルパッチョ

生

材料（3〜4人分）

たいの刺身…1さく

ルッコラ…1/2束

バジル（生）…4枚

a［おろしにんにく…少々
オリーブ油、レモン汁…各大さじ1
塩…3つまみ
こしょう…適量

パルメザンチーズ…適量

作り方

1 たいは薄くそぎ切りにする。ルッコラは根元を切り落とす。**a**を混ぜ合わせておく。

2 器にたいを並べ、ルッコラとバジルをのせて**a**を回しかける。チーズを削ってちらす。

＊15ページ⑫参照

ルッコラサラダ

サラダ

材料（2人分）

ルッコラ…1束

ミニトマト…4個

a
- おろしにんにく…少々
- パルメザンチーズ（すりおろす）…5g
- オリーブ油、酢…各大さじ1
- 塩…1〜2つまみ
- こしょう…少々

作り方

1 ルッコラは根元を切り落とす。ミニトマトはへたを取って輪切りにする。

2 ボウルに**a**を混ぜ合わせて、①を加えて和える。

ルッコラとクルトンのサラダ

サラダ

材料（2人分）

ルッコラ…1束

クルトン…大さじ3

a
- 酢、オリーブ油…各大さじ1
- マヨネーズ…大さじ1/2
- 塩…2つまみ
- こしょう…適量

作り方

1 ルッコラは根元を切り落とす。

2 ボウルに**a**を混ぜ合わせ、①、クルトンを加えて和える。

ルッコラと生ハムのサラダ

サラダ

材料（4人分）

ルッコラ…1束

レタス…3〜4枚

トマト…1個

生ハム…4枚

ゴルゴンゾーラチーズ…40g

くるみ…大さじ3

a
- おろしにんにく…少々
- 酢…大さじ2
- オリーブ油…大さじ1
- 塩、砂糖…各2つまみ
- こしょう…少々

こしょう…少々

作り方

1 ルッコラは根元を切り落とす。レタスは一口大にちぎる。トマトは食べやすい大きさに切る。

2 **a**を混ぜ合わせて、ゴルゴンゾーラをちぎって加えて混ぜる。

3 器に①と生ハムを盛って②を回しかけ、くるみをちらしてこしょうをふる。

ルッコラとベーコンのサラダ

サラダ

材料（4人分）

ルッコラ…1束

レタス…大3〜4枚

ベーコン…2枚

a
- おろしにんにく…少々
- 酢…大さじ1と1/2
- オリーブ油…大さじ1
- 粒マスタード…小さじ1
- 塩…2〜3つまみ
- こしょう…少々

作り方

1 ルッコラは根元を切り落とす。レタスは一口大にちぎる。

2 ベーコンは2cm幅に切ってアルミホイルにのせ、トースターでカリッとするまで焼く。

3 ボウルに**a**を混ぜ合わせて、①、②を加えて和える。

牛肉のカルパッチョ

サラダ

材料（2人分）

牛ステーキ用肉（室温に戻しておく）…120g

ルッコラ…1束

パルメザンチーズ、オリーブ油、レモン汁、塩、こしょう…各適量

作り方

1 ルッコラは根元を切り落とす。

2 フライパンをよく熱してオリーブ油大さじ1/2をひく。牛肉を入れて塩、こしょう各少々をふり、強火で焼く。パキッと焼き目がついたらひっくり返して両面に焼き目をつける。取り出して薄くそぎ切り＊にする。

3 器に①、②を盛る。塩をふってオリーブ油を回しかけ、レモン汁をかける。パルメザンチーズを削ってちらし、こしょうをふる。

＊15ページ⑫参照

サーモンとルッコラのサラダピザ

粉

材料（1枚分）

ピザ生地

- **強力粉…100g**
- **塩、砂糖…各1つまみ**
- **オリーブ油…小さじ1強**

トッピング

- **スモークサーモン…4枚**
- **ルッコラ…1束**
- **リーフレタス…3〜4枚**
- **a**
  - **おろしにんにく…少々**
  - **オリーブ油…大さじ2**
  - **酢…大さじ1**
  - **塩、こしょう…各適量**
- **b**
  - **マヨネーズ、牛乳…各大さじ1**
  - **こしょう…少々**

作り方

1 ピザ生地を作る。ボウルに強力粉、塩、砂糖、オリーブ油を入れて混ぜ、様子を見ながらぬるま湯50〜60ccを加え、手でまとめるように混ぜる。ひとまとまりになったらしっかりこねる。表面がなめらかになったらラップをして室温に10分おく。

2 調理台の上に強力粉（分量外）をふり、①をめん棒で2mm強くらいの厚さにのばす。天パンにクッキングシートをしいて生地をのせ、全体にフォークで穴をあける。250℃に温めたオーブンで生地だけ7〜10分焼く。

3 トッピングの準備をする。サーモンは2cm幅に切る。ルッコラは根元を切り落とす。レタスは一口大にちぎる。ボウルに**a**を混ぜ合わせてサーモン、ルッコラ、レタスを加えて和える。別のボウルに**b**を混ぜ合わせておく。

4 ピザが焼けたら③を美しくのせる。**b**を回しかける。

その他のルッコラのレシピ

● ブレッドサラダ…P199

レタス

生のシャキシャキとした食感もおいしいけど、炒めたり、スープに入れて、しんなりショリショリとした食感もまたおいしい。

レタスとチキンの炒め物

メイン

材料（2人分）

- **鶏もも肉…1枚**
- **レタス…1/2個**
- **a**
  - **酒…大さじ1**
  - **しょうゆ…大さじ1弱**
  - **みりん…大さじ1/2**
- **サラダ油…大さじ1**
- **塩、こしょう…各適量**
- **バター…大さじ1/2**

作り方

1 レタスは一口大にちぎる。鶏肉は脂身を取り除いて一口大に切る。**a**を混ぜ合わせておく。

2 フライパンを熱してサラダ油をひき、鶏肉を皮を下にして並べる。塩、こしょう各少々をふって中火でしっかり焼く。

3 両面こんがり焼いたらレタスを加えてザッと炒める。レタスに油がまわったら**a**を加えて炒め合わせる。味をみて塩、こしょうでととのえる。火を止めて仕上げにバターを加えて混ぜる。

写真…45ページ

レタスのオイスター炒め

メイン

材料（2人分）

- **レタス…1/2個**
- **にんにく…2かけ**
- **ちりめんじゃこ…大さじ3**
- **ごま油…大さじ1**
- **酒…大さじ1**
- **オイスターソース…大さじ1/2**
- **塩、こしょう…各適量**

作り方

1 レタスは一口大にちぎる。にんにくは縦薄切りにする。

2 フライパンを熱してごま油をひき、にんにくを入れて弱火で炒める。にんにくに少し焼き色がついたら、塩少々、じゃこ、レタスを加えて強火でザッと炒める。

3 レタスに油がまわったら、酒、オイスターソースを加えて炒め合わせる。味をみて塩、こしょうでととのえる。

豚肉とレタスのしょうが焼き

焼

材料 (2人分)

豚肩ロース薄切り肉…200g
レタス…1/2個
a ┌ おろししょうが…1かけ分
　│ 酒、しょうゆ…各大さじ1
　│ いりごま(白)…大さじ1
　│ オイスターソース…大さじ1/2
　└ みりん、ごま油…各小さじ1
サラダ油…大さじ1強
しょうゆ、オイスターソース…各適量

作り方

1 レタスは一口大にちぎる。豚肉は一口大に切る。aを混ぜ合わせておく。

2 フライパンを熱してサラダ油をひく。豚肉を広げながら入れて、強火で焼きつけるように炒める。焼き目がついたら、aを加えて炒め合わせる。

3 レタスを2～3回にわけて加え、ザッと炒める。味をみて薄ければ、しょうゆ、オイスターソースでととのえる。

ゆでレタスのねぎソース

ゆで

材料 (2人分)

レタス…1/2個
長ねぎ…10cm
a ┌ 桜えび…大さじ2
　│ おろししょうが…少々
　│ ごま油、水…各大さじ1
　│ オイスターソース…小さじ1/2
　│ 塩…小さじ1/4
　└ こしょう…適量

作り方

1 長ねぎはみじん切りにしてボウルに入れて、aを加えて混ぜる。

2 鍋に湯を沸かしてレタスを1枚ずつ入れてゆでる。

3 器にレタスを盛って①をかける。

レタスのじゃこサラダ

サラダ

材料 (2～3人分)

レタス…4～5枚
ちりめんじゃこ…大さじ3～4
削り節(ソフトパック)…1パック(5g)
a ┌ おろししょうが…1/2かけ分
　│ おろしにんにく…少々
　│ ごま油、しょうゆ…各大さじ1弱
　└ 酢…大さじ1/2～1

作り方

1 レタスは一口大にちぎる。じゃこはアルミホイルにのせてトースターでカリカリになるまで焼く。

2 ボウルにaを混ぜ合わせて、①を加えて和える。器に盛って削り節をかける。

レタスのマスタードサラダ

サラダ

材料 (2人分)

レタス…1/4個
a ┌ おろしにんにく…少々
　│ オリーブ油…大さじ1
　│ 酢…大さじ1/2
　│ 粒マスタード…小さじ1/2
　│ 塩…2つまみ
　└ こしょう…適量

作り方

1 レタスは一口大にちぎる。

2 ボウルにaを混ぜ合わせ、①を加えて和える。

タコライスのレタス包み

その他

材料 (2人分)

温かいご飯…2人分
牛ひき肉…100g
レタス…3枚
トマト…1/2個
アボカド…1/2個
玉ねぎ…1/2個
にんにく…1かけ
a ┌ 酒、しょうゆ…各大さじ1
　│ ウスターソース…大さじ1弱
　│ ケチャップ…大さじ1/2
　│ 砂糖…2つまみ
　└ チリパウダー…小さじ1弱
オリーブ油…大さじ1
塩、こしょう…各適量
ピザ用チーズ…大さじ2～3

作り方

1 トマトは5mm角に切る。アボカドは1cm角に切る。玉ねぎ、にんにくはみじん切りにする。aを混ぜ合わせておく。

2 フライパンを熱してオリーブ油をひき、にんにくを弱火で炒める。いい匂いがしてきたら玉ねぎを加えて中火で炒める。玉ねぎがしんなりしたら、ひき肉を加えて強火でほぐしながら炒める。

3 肉の色が変わったら**a**を加えて炒め合わせる。調味料がなじんだら味をみて、薄ければ塩、こしょうでととのえる。

4 器にレタスをしいてその上にご飯を盛る。③をかけて、チーズ、トマト、アボカドをちらし、こしょうをふる。

鶏ひき肉とレタスのカレースープ　汁

材料（2人分）

鶏ひき肉…100g
レタス…1/2個
にんにく、しょうが…各1かけ
オリーブ油…大さじ1
a
- **水…カップ2**
- **レモン汁…大さじ2**
- **酒…大さじ1**
- **カレー粉…小さじ1/2**

塩、こしょう…各適量
万能ねぎ（小口切り）…適量

作り方

1 レタスは一口大にちぎる。にんにく、しょうがはみじん切りにする。

2 鍋を熱してオリーブ油をひき、にんにく、しょうがを弱火で炒める。いい匂いがしてきたらひき肉を加えて炒める。肉の色が変わったら**a**を加えて、あくを取りながら弱めの中火で10分煮る。

3 レタスを加えてひと煮する。味をみて塩、こしょうでととのえる。器に盛って万能ねぎをちらす。

＊14ページ❶参照

レタスの中華スープ　汁

材料（2～3人分）

手羽元…4本
レタス…4～5枚
オイスターソース…大さじ1
塩、こしょう、ごま油…各適量

作り方

1 レタスは一口大にちぎる。

2 鍋に水カップ3と1/2を入れて沸かし、手羽元、オイスターソースを入れて、あくを取りながら20分煮る。

3 レタスを加えてひと煮して、味をみて塩、こしょうでととのえる。器に盛ってごま油をたらす。

その他のレタスのレシピ

- ルッコラと生ハムのサラダ…**P200**
- ルッコラとベーコンのサラダ…**P200**
- きのこのおかかのサラダ…**P213**
- タコス…**P224**
- ハンバーガー…**P254**
- ひき肉和えそうめん…**P343**
- ジャージャー麺…**P348**
- タイ風ひき肉あえ麺…**P350**
- フォーガー（鶏）…**P357**

れんこん

ショリショリほこほこした食感で、煮ても焼いても炒めても揚げてもうまい。あくがあるので、切ったら酢水にさらしてから調理する

れんこんバーグ　焼

材料（2人分）

鶏ひき肉…200g
れんこん…1/2節（約150g）
玉ねぎ…1/2個
塩…小さじ1/4
ナツメグ…小さじ1/4
こしょう…少々
サラダ油…適量
a
- **水…カップ1/2**
- **ケチャップ…大さじ2**
- **ウスターソース、バター…各大さじ1**
- **酒…大さじ1/2**
- **しょうゆ…小さじ1**

作り方

1 玉ねぎはみじん切りにする。フライパンを熱してサラダ油大さじ1/2をひき、玉ねぎを炒める。少ししんなりしたら取り出して冷ます。

2 れんこんは皮をむいて2/3量はすりおろす。残りは粗みじん切りにし、酢水に3分さらして水けをきる。

3 ボウルにひき肉、塩、こしょう、ナツメグを入れて手でよく混ぜる。さらに①、②を加えてよく混ぜる。手にサラダ油少々をぬって4等分する。キャッチボールをするようにしながら空気を抜いてハンバーグ形にまとめる。

4 フライパンを熱してサラダ油をひき、③を並べて強火で焼く。焼き目がついたら返して両面をこんがり焼く。ハンバーグの高さの半分まで水を注ぎ、ふたをして中火で蒸し焼きにする。**a**は混ぜ合わせる。

5 水分がなくなったらフライパンに**a**を加えて、少しとろみがつくまで中火で煮詰める。

れんこんのひき肉はさみ焼き 焼

材料（2人分）

豚ひき肉…150g

れんこん…1/2節（150g）

a
- **おろししょうが…少々**
- **卵…1個**
- **塩…小さじ1/4**
- **砂糖…2つまみ**
- **粉山椒…適量**

b
- **水…カップ1/4**
- **しょうゆ、みりん…各大さじ1/2**
- **砂糖…小さじ1/2**

サラダ油…大さじ1

粉山椒、薄力粉…各適量

作り方

1 れんこんは皮をむいて5mm厚さの輪切りにして、酢水に3分さらす。

2 ボウルにひき肉、**a**を入れて手でよく混ぜる。

3 水けをふいたれんこんに薄力粉をまぶし、②をはさむ。

4 フライパンを熱してサラダ油をひいて③を並べる。ふたをして弱めの中火で焼く。焼き目がついたらひっくり返す。返してからはふたはせずに焼く。両面がこんがり焼けたら**b**を加えてからめる。器に盛って山椒をかける。

れんこんと豚のオイスターソース炒め 炒

材料（2人分）

豚肩ロース薄切り肉…200g

れんこん…1/2節（約150g）

ピーマン…1個

にんにく…2かけ

しょうが…1かけ

ごま油…大さじ1と1/2

酒、オイスターソース…各大さじ1

しょうゆ、いりごま（白）…各適量

作り方

1 れんこんは皮をむいて5mm厚さの半月切りにする。酢水に3分さらす。ピーマンは縦細切りにする。にんにく、しょうがはみじん切りにする。豚肉は一口大に切る。

2 フライパンを熱してごま油大さじ1をひき、水けをきったれんこんを強めの中火で炒める。焼き目がついて竹串が通ったら取り出す。

3 フライパンにごま油大さじ1/2を足して、にんにく、しょうがを入れて弱火で炒める。いい匂いがしてきたら、豚肉を加えて強火で炒める。肉の色が変わったらピーマンを加えて炒める。ピーマンが少ししんなりしたら②を戻し入れて炒め合わせる。酒、オイスターソースを加えて混ぜる。味をみて、しょうゆでととのえる。器に盛っていりごまをふる。

＊14ページ❷参照

鶏肉とれんこんのバターじょうゆ煮 煮

材料（2人分）

鶏もも肉…1枚

れんこん…1節（約250g）

しょうが…1かけ

a
- **水…カップ2**
- **しょうゆ…大さじ1と1/2**
- **酒、みりん…各大さじ1**
- **砂糖…小さじ1**
- **バター…大さじ1/2**

万能ねぎ（小口切り）…適量

作り方

1 鶏肉は脂身を取り除いて大きめの一口大に切る。れんこんは皮をむいて縦4等分に切ってから一口大の乱切りにする。酢水に3分さらして水けをきる。しょうがは薄切りにする。

2 鍋に**a**を合わせて強火にかけ、バターが溶けたら、れんこん、鶏肉、しょうがを加えてふたをする。たまにかき混ぜながら中火で15分煮る。器に盛って万能ねぎをちらす。

＊14ページ❶参照　＊＊14ページ❹参照

れんこんと 豚肉の煮物

材料（2人分）

豚ばら薄切り肉…150g

れんこん…1節（約250g）

しょうが…1/2かけ

a
- **水…カップ3/4**
- **しょうゆ…大さじ2**
- **いりごま（白）、酒、みりん、砂糖…各大さじ1**
- **サラダ油…少々**

一味唐辛子…適量

作り方

1 れんこんは皮をむいて5cm長さに切り、縦に4〜6等分に切る。酢水に3分さらす。豚肉は大きめの一口大に切る。しょうがはせん切りにする。

2 鍋に**a**、水けをきったれんこん、しょうがを入れてふたをして強火にかける。沸いてきたら豚肉を加えて再びふたをして弱めの中火で10分煮る。たまに混ぜる。

3 れんこんに竹串がスーッと通ったらできあがり。器に盛って好みで一味唐辛子をふる。

筑前煮

材料（4人分）

れんこん…1節（約250g）

ごぼう…1/2本

にんじん…1本

こんにゃく…1枚

ごま油…大さじ1

赤唐辛子…1本

a
- **酒、しょうゆ…各大さじ2**
- **砂糖、みりん…各大さじ1**

作り方

1 れんこんは皮をむいて一口大の乱切りにする。ごぼうはたわしで汚れを落とし、一口大の乱切りにする。れんこんとごぼうを一緒に酢水に3分さらして水けをきる。にんじんは皮をむいて一口大の乱切りにする。こんにゃくはスプーンで一口大にちぎる。

2 鍋にごぼうを入れてたっぷりの水を加え、強火でゆでる。沸いてきたら①の他の材料も加えてゆでる。再び沸いてきたらざるにあげて水けをきる。

3 鍋を熱してごま油をひき、②、赤唐辛子のへたと種を取って加えて強火で炒める。油がまわったら**a**を加えてザッと炒める。水をひたひたに注ぎ、たまに返しながら強火で10分くらい煮る。野菜に竹串がスーッと通って汁けが少なくなってきたらできあがり。

＊14ページ❹参照

焼きれんこん

材料（2〜3人分）

れんこん…1節（約250g）

サラダ油…大さじ1と1/2

塩…少々

作り方

1 れんこんは皮つきのまま1.5cm厚さの半月切りにする。酢水に3分さらす。

2 フライパンを熱してサラダ油をひき、水けをふいた①を並べて強めの中火で焼く。両面にしっかり焼き目がついたらできあがり。器に盛って塩をふる。

＊14ページ❷参照

写真…47ページ

れんこん アンチョビ炒め

材料（2人分）

れんこん…1節（約250g）

アンチョビ…4切れ

にんにく…1かけ

オリーブ油…大さじ1

塩、こしょう…各適量

作り方

1 れんこんは皮つきのまま小さめの乱切りにして酢水に3分さらす。アンチョビは細かく刻む。にんにくはみじん切りにする。

2 フライパンを熱してオリーブ油をひき、水けをふいたれんこんを入れて中火で炒める。少し焼き目がついたらにんにくを加えて炒める。にんにくが色づいてきたらアンチョビを加えて混ぜる。味をみて塩、こしょうでととのえる。

＊14ページ❹参照

れんこんきんぴら

材料（2〜3人分）

れんこん…1節（約250g）

野菜〔れ〕

赤唐辛子…2本
ごま油…大さじ1弱
みりん…大さじ1
しょうゆ…大さじ1/2

作り方

1 れんこんは皮をむいて薄い半月切り*にして、酢水に3分さらす。

2 フライパンを熱してごま油をひき、水けをふいたれんこんを入れて強火で炒める。焼き目がついたら赤唐辛子をへたと種を取り除いて加え、ザッと炒める。

3 赤唐辛子に少し焼き目がついたら、みりん、しょうゆを加えて炒め合わせる。

＊14ページ❷参照

れんこんのみそ炒め

材料（4人分）

れんこん…1節（約250g）
サラダ油…大さじ1
a［みりん、水…各大さじ1
**　みそ…小さじ1**

作り方

1 れんこんは皮つきのまま5mm厚さの輪切りにして酢水に3分さらす。**a**を混ぜ合わせる。

2 フライパンを熱してサラダ油をひき、水けをふいたれんこんを入れて強火で炒める。全体に焼き目がついたら、**a**を加えて炒め合わせる。

れんこんフライ

揚

材料（4人分）

れんこん…1節（約250g）
溶き卵…1〜2個分
薄力粉、パン粉、揚げ油…各適量
マヨネーズ、一味唐辛子…各適量

作り方

1 れんこんは皮をむいて1cm厚さの輪切りにし、酢水に3分さらして水けをしっかりふく。

2 れんこんに薄力粉、溶き卵、パン粉の順に押さえながらしっかり衣をつける。

3 フライパンに揚げ油を深さ2cm入れて中温に熱し、②をフライパンにギッチリ入れて中火で揚げる。衣が固まってきたらたまに返す。全体がきつね色になったら竹串を刺し、スーッと通ったら火を強めてカラッと仕上げる。器に盛ってマヨネーズと一味唐辛子を添える。

れんこんの梅肉和え

和え

材料（2〜3人分）

れんこん…1節（約250g）
梅干し…2個
削り節（ソフトパック）…1パック（5g）
ごま油、しょうゆ…各少々

作り方

1 れんこんは皮をむいて1.5cm厚さのいちょう切り*にする。酢を加えた湯でゆでて、水けをきる。

2 梅干しは種を取り除き、細かくたたいてボウルに入れる。削り節、ごま油、しょうゆを加えて混ぜ、①を加えて和える。

＊14ページ❸参照

れんこんのナムル

和え

材料（2〜3人分）

れんこん…1節（約250g）
a［おろししょうが…少々
**　ごま油…大さじ1**
**　酢、しょうゆ…各大さじ1/2**
**　カレー粉…小さじ1/2**
**　砂糖…2つまみ**

作り方

1 れんこんは皮をむいて1.5cm厚さのいちょう切り*にする。酢を加えた湯でゆで、水けをきる。

2 ボウルに**a**を混ぜ合わせて①のれんこんを加えて和える。

＊14ページ❸参照

れんこんのワサビマヨ

和え

材料（2人分）

れんこん…1節（約250g）
a［マヨネーズ…大さじ1
**　酢…大さじ1/2**
**　わさび…小さじ1**
**　塩…1〜2つまみ**
**　こしょう…適量**

作り方

1 れんこんは皮をむいて1.5cm厚さのいちょう切りにする。酢を加えた湯でゆでて、水けをきる。

2 ボウルに**a**を混ぜ合わせ、①を加えて和える。

＊14ページ❸参照

にんじんとれんこんのマリネ 漬け

材料（2〜3人分）

れんこん…1節（約250g）

にんじん…小1本

a
- **おろしにんにく…少々**
- **酢…大さじ2〜3**
- **オリーブ油…大さじ1/2**
- **バジル（乾燥）…小さじ1/2**
- **塩…2つまみ**
- **砂糖…1つまみ**
- **こしょう…少々**

作り方

1 れんこんは皮をむいて1cm角の拍子木切りにする。酢水に3分さらして水けをきる。鍋にれんこん、ひたひたの水を入れて、竹串が通るまでゆでる。にんじんは長さを半分に切ってから1cm角の拍子木切りにする。

2 ボウルに**a**を混ぜ合わせる。①を加えて和え、ラップをして冷蔵庫で20分以上つける。

＊14ページ❼参照

焼きれんこんのピクルス 漬け

材料（2〜3人分）

れんこん…1節（約250g）

アンチョビ…3切れ

オリーブ油…大さじ1

a
- **酢…大さじ2**
- **砂糖…2つまみ**
- **塩…1つまみ**
- **オリーブ油…少々**
- **こしょう…適量**

作り方

1 れんこんは皮をむいて1cm厚さのいちょう切りにする。酢水に3分さらす。フライパンにオリーブ油をひき、水けをふいたれんこんを並べて、両面にこんがり焼き目がつくまで強火で焼く。

2 アンチョビはみじん切りにしてボウルに入れ、**a**を加えて混ぜる。①をフライパンの油ごと加えて和える。ラップをして冷蔵庫で30分くらいつける。

＊14ページ❸参照

根菜ドライカレー 米

材料（4人分）

温かいご飯…4人分

合いびき肉…200g

れんこん…1節（約250g）

いんげん…1/2袋

にんじん…1/2本

玉ねぎ…1個

にんにく…1かけ

サラダ油、バター…各大さじ1

a
- **酒…大さじ2**
- **カレー粉…大さじ1と1/2**
- **オイスターソース、しょうゆ…各大さじ1**
- **砂糖…小さじ1**

塩、こしょう…各適量

作り方

1 れんこんは皮をむいて1cm角に切って、酢水に3分さらす。いんげんはへたを切り落とし、1cm幅に切る。にんじん、玉ねぎは1cm角くらいに切る。にんにくはみじん切りにする。

2 フライパンを熱してサラダ油をひいてバターを入れ、にんにくを弱火で炒める。いい匂いがしてきたら玉ねぎを加えて中火で炒める。少しきつね色になってきたら、ひき肉を加えてほぐしながら強火で炒める。肉の色が変わりはじめたらにんじん、水けをきったれんこんを加えてよく炒める。

3 れんこんが透き通ってきたら**a**、いんげんを加えて炒め合わせる。味をみて薄ければ塩、こしょうでととのえる。器にご飯を盛ってかける。

れんこんとベーコンのチャーハン 米

材料（2人分）

温かいご飯…茶わん2杯強

れんこん…1/2節（約150g）

ベーコン…3枚

にんにく…1かけ

サラダ油…小さじ1

バター…大さじ1と1/2

しょうゆ…小さじ1

塩、こしょう…各適量

パセリ(みじん切り)…適量

作り方

1 れんこんは皮をむいて5mm角に切って酢水に3分さらす。ベーコンは1cm幅に切る。にんにくはみじん切りにする。

2 フライパンを熱してサラダ油をひいてバター大さじ1を入れて、にんにく、ベーコンを中火で炒める。ベーコンに焼き目がついたら水けをふいたれんこんを加えて、塩、こしょう各少々をふって強火で炒める。

3 れんこんが透き通ってきたら、ご飯を加えて木べらでほぐしながら中火でよく炒める。ご飯がパラッとしてきたら、しょうゆを加えて炒め合わせ、味をみて塩、こしょうでととのえる。仕上げにパセリと残りのバターを加えて混ぜる。

その他のれんこんのレシピ

- 根菜ごま煮…**P99**
- 根菜フライ…**P101**
- ごぼうのおかずきんぴら…**P102**
- にんにくソーセージチャーハン…**P261**
- 鶏とひじきの煮物…**P301**
- 大豆とれんこんのカレー炒め…**P311**
- 煮しめ(こんにゃく)…**P324**
- 根菜カレーライス…**P335**

きのこ

えのきだけ

鍋や煮物、炒め物などにもしんなりクキクキとした食感がおいしいきのこ。ひとつひとつは細く頼りないけれど、束になればうまみもたっぷり

きのこのアーリオオーリオ　メイン

材料（3〜4人分）

えのきだけ…1パック
エリンギ…1パック
しめじ…1パック
にんにく…2かけ
赤唐辛子…2本
ワイン（白）…大さじ1
オリーブ油…大さじ2
塩、こしょう…各適量

作り方

1 エリンギは食べやすい大きさにさく。しめじとえのきは根元を切り落とし、それぞれ小房にわける。にんにくはみじん切りにする。赤唐辛子はへたと種を取り除く。

2 フライパンを熱して、オリーブ油と塩3つまみを入れてから、にんにくを弱火で炒める。少し焼き目がついたら赤唐辛子、きのこを数回にわけて加え、強火で炒める。

3 きのこがしんなりしたらワインを加えてザッと混ぜる。味をみて薄ければ、塩、こしょうでととのえる。

写真…52ページ

えのきと厚揚げの豆板醤和え　和え

材料（2人分）

えのきだけ…1パック
厚揚げ…1枚
a
- **おろしにんにく…少々**
- **ごま油、オイスターソース、豆板醤《トウバンジャン》…各小さじ1**

作り方

1 厚揚げはトースターまたはグリルで表面にこんがり焼き色がつくまで焼いて5mm幅に切る。

2 えのきは根元を切り落として小房にわけ、塩を加えた湯でサッとゆでる。

3 ボウルに**a**を混ぜ合わせ、①、水けをきった②を加えて和える。

その他のえのきだけのレシピ

- 鶏ぶつ鍋…P130
- 豚肉と大根の混ぜご飯…P143
- 豆腐と豚肉のチゲ…P166
- 水炊き…P192
- ひき肉ときのこのドライカレー…P211
- まいたけのすき煮…P215
- 鶏すき鍋…P230
- 豚キムチ2…P240
- ぶりのみぞれ鍋…P293

エリンギ

クセがなくて、しっかりした歯ごたえがうれしいエリンギはどんな味ともあう。包丁で切らずに手でさいて使うことも多い

きのことベーコンの磯和え　和え

材料（2人分）

エリンギ…1パック
ベーコン…2枚
青のり…大さじ1/2
塩、しょうゆ…各少々

作り方

1 エリンギは適当な太さにさく。ベーコンは1.5cm幅に切る。

2 アルミホイルの上に①をのせて、エリンギには塩をふる。ベーコンに焼き目がつくまで5〜7分焼く。

3 ボウルに②、青のり、しょうゆを入れて和える。

きのこのマリネ　漬け

材料（3〜4人分）

好みのきのこ（しめじ、まいたけ、エリンギなど）
…合わせて2パック（約250g）
a
- **おろしにんにく…少々**
- **酢…大さじ4**
- **オリーブ油…大さじ1**
- **砂糖…2つまみ**

塩、こしょう…各適量

作り方

1 しめじは根元を切り落として小房にわける。まいたけは小房にわける。エリンギは適当な太さにさく。きのこはサッとゆでて水けをきる。

2 ボウルに**a**を混ぜ合わせ、①を加えて和える。冷蔵庫に入れて20分以上つける。

写真…53ページ

魚介のクリームカレー　米

材料 (4人分)

パセリライス

- **温かいご飯…茶わん4杯強**
- **パセリ(みじん切り)…大さじ1と1/2**
- **バター…大さじ1**
- **おろしにんにく…少々**
- **こしょう…適量**

えび…12尾

帆立て貝柱…6個

エリンギ…1パック

玉ねぎ…1/2個

にんにく…1かけ

オリーブ油…大さじ1

ワイン(白)…大さじ3

カレー粉…大さじ1強

生クリーム、牛乳…各カップ1

塩、こしょう…各適量

作り方

1 エリンギは適当な太さにさく。玉ねぎは縦薄切りにする。にんにくはみじん切りにする。えびは殻をむいて背開きにして背わたを取り除く。帆立ては半分に切る。

2 フライパンを熱してオリーブ油をひき、にんにくを弱火で炒める。いい匂いがしてきたら玉ねぎを加えて強火で炒める。玉ねぎがしんなりしたらえび、帆立て、エリンギの順に加えて炒める。

3 魚介の色がほぼ変わったらワインを加えてザッと混ぜ、カレー粉を加えて炒め合わせる。生クリーム、牛乳を加えて中火で煮詰める。少しとろみがついたら味をみながら塩、こしょうで調味する。

4 パセリライスを作る。ボウルにすべての材料を入れて混ぜる。器に盛って③をかけ、こしょうをふる。

＊16ページ参照

きのことチャーシューの炊き込みご飯　米

材料 (4人分)

米…2合

チャーシュー…200g

エリンギ…1パック

しめじ…1パック

しょうが…1かけ

ぎんなん水煮缶…1缶(約12個)

うずらの卵水煮缶…1缶(約10個)

a
- **みりん、酒、オイスターソース…各大さじ1**
- **しょうゆ…大さじ1/2**

万能ねぎ(小口切り)…適量

いりごま(白)…適量

作り方

1 チャーシューは1.5cm角に切る。エリンギは大きいものは長さを半分に切ってから3mm厚さに切る。しめじは根元を切り落として小房にわける。しょうがはせん切りにする。ぎんなん、うずらの卵は缶汁をきる。

2 米は洗って炊飯器に入れる。まず普通に目盛りに合わせて水を注いでから、水大さじ4を取り除く。

3 **a**を加えて混ぜる。チャーシュー、きのこ、ぎんなん、うずらの卵、しょうがをのせて炊く。炊きあがったら全体を混ぜる。器に盛って万能ねぎ、いりごまをふる。

＊14ページ❶参照

きのこのフェトチーネ　麺

材料 (2人分)

フェトチーネ…150g

エリンギ…1/2パック

しめじ…1/2パック

にんにく…1かけ

オリーブ油…大さじ1

ワイン(白)…大さじ2

生クリーム…カップ1/2

牛乳…カップ1/4

塩、こしょう…各適量

作り方

1 エリンギは適当な太さにさく。しめじは根元を切り落として小房にわける。にんにくはみじん切りにする。

2 フライパンを熱してオリーブ油をひき、きのこを入れて強火で炒める。少し焼き目がついたらにんにくを加えて炒める。にんにくが色づいたらワインを加えてザッと混ぜ、生クリーム、牛乳を加えて中火で3分くらい煮詰める。

3 パスタは塩を加えた湯で表示時間より1分短めにゆでる。ゆであがったら②に加えて和え、味をみながら塩、こしょうで調味する。

その他のエリンギのレシピ

- きのことクレソンのサラダ…P97
- さわらと菜の花のクリームパスタ…P164
- もやしとエリンギのキムチ和え…P196
- きのこのアーリオオーリオ…P209
- きのこのトースター焼き…P211
- きのこのリゾット…P214
- チキンときのこのカレー…P214
- きのこフライ…P216
- チャプチェ…P242
- いかときのこのイタリアン…P268
- 鮭のちゃんちゃん焼き2…P279
- 厚揚げときのこのベジカレー…P307
- なすとひき肉のトマトソースパスタ…P330

しいたけ

干ししいたけは、もどし汁がだしにもなる、うまみ成分がたっぷりのきのこ。軸もとてもおいしいので、根元だけ切り落として食べよう

きのこのトースター焼き

焼

材料（2人分）

しいたけ…2個
エリンギ…1/2パック
塩…少々
a　おろしにんにく…少々
　ごま油…大さじ1
　塩、砂糖…各1つまみ

作り方

1 エリンギは適当な太さにさく。しいたけは根元を切り落として4等分に切る。トースターの天パンにきのこを並べて塩をふり、7〜10分焼く。

2 きのこがしんなりして少し焼き色がついたらボウルに入れて、**a**を加えて和える。

ひき肉ときのこのドライカレー

米

材料（2人分）

温かいご飯…2人分
合いびき肉…120g
しいたけ…3個
えのきだけ…1パック
玉ねぎ…1/2個
にんにく…2かけ
しょうが…1かけ
ごま油…大さじ1
a　カレー粉…大さじ1強
　オイスターソース、酒…各大さじ1
　しょうゆ…小さじ1
　砂糖…2つまみ
しょうゆ、塩、こしょう…各適量

作り方

1 しいたけは根元を切り落として5mm角に切る。えのきは根元を切り落として小房にわける。玉ねぎ、にんにく、しょうがはみじん切りにする。

2 フライパンを熱してごま油をひき、にんにく、しょうがを弱火で炒める。いい匂いがしてきたら玉ねぎを加え、しんなりするまで炒めて、ひき肉を加えて塩、こしょう各少々をふって強火で炒める。

3 肉の色が変わったら、しいたけ、えのきを加えて炒める。しんなりしたら**a**を加えて炒め合わせる。味をみて薄ければしょうゆ、塩、こしょうでととのえる。器にご飯を盛ってかける。

干ししいたけとベーコンのフェトチーネ

麺

材料（2人分）

フェトチーネ…120g
干ししいたけ…3〜4個

ベーコン…3枚
にんにく…1かけ
オリーブ油…大さじ1
ワイン(白)…大さじ1
生クリーム…カップ1/2
牛乳…カップ1/4
塩、こしょう…各適量

作り方

1 干ししいたけはぬるま湯でもどす。根元を切り落として5mm角に切る。ベーコンは2cm幅に切る。にんにくはみじん切りにする。

2 フライパンを熱してオリーブ油をひき、にんにくを弱火で炒める。いい匂いがしてきたらベーコン、干ししいたけの順に加えて中火から強火で炒める。ベーコンがカリッとしてきたらワインを加えてザッと混ぜ、生クリームと牛乳を加えて中火でとろみがつくまで煮詰める。

3 パスタは塩を加えた湯で表示時間より1分短めにゆでる。ゆであがったら②に加えて混ぜる。味をみながら塩、こしょうで調味する。

しいたけ揚げ餃子

粉

材料 (2〜3人分)

豚ひき肉…200g
しいたけ…6個
a ┌ おろしにんにく…少々
　│ オイスターソース…大さじ1
　│ ごま油…大さじ1/2
　│ しょうゆ、片栗粉…各小さじ1
　└ こしょう…少々
餃子の皮…1袋(約28枚)
揚げ油…適量

作り方

1 しいたけは根元を切り落として5mm角に切る。ボウルに入れてひき肉、aを加えて手でよく混ぜる。

2 餃子の皮の縁に水をぐるりとつけ、真ん中に①をティースプーン1杯分のせる。具を包むように半分に折って、片側にひだを寄せながらピッチリ閉じる。

3 フライパンに揚げ油を深さ2cmくらい入れて中温に熱し、②を閉じ口を下にして入れる。中火で全体がきつね色になるまでじっくり揚げる。

きのこ汁

汁

材料 (2人分)

しいたけ…2個
しめじ…1/2パック
だし汁(煮干しでとったもの)
　…カップ2と1/2
みそ…約大さじ1と1/2
粉山椒…適量

作り方

1 しいたけは根元を切り落として薄切りにする。しめじは根元を切り落として小房にわける。

2 鍋にだし汁を入れて温め、①を加えて5分煮る。味をみながらみそを溶き入れる。器に盛って粉山椒をふる。

その他のしいたけのレシピ

● キャベツ水餃子…P87
● 春巻き…P144
● チンジャオロースー…P181
● ゆでもやしの牛肉あんかけ…P195
● 肉だんご…P251
● 白菜と豚ひき肉の煮物…P259
● 天ぷら…P273
● 厚揚げの豚きのこあんかけ…P307
● 牛肉と納豆としいたけのオイスター炒め…P315
● かにたま…P317
● 鶏五目混ぜご飯…P338
● 担々麺…P348
● 豚にらビーフン…P357

しめじ

香り松たけ、味しめじ、と昔からいわれるくらい、うまみが詰まったきのこ。本しめじ、ぶなしめじなど何種類かあるけれど基本的な扱い方は一緒

チキンときのこのトマトクリーム煮

煮

材料 (2人分)

鶏もも肉…1枚
しめじ…1パック
にんにく…2かけ
オリーブ油…大さじ1
ワイン(白)…大さじ1
ホールトマト缶…1/2缶(200g)

生クリーム…カップ1/2
塩、こしょう…各適量
クレソン…適量

作り方

1 しめじは根元を切り落として小房にわける。にんにくはみじん切りにする。鶏肉は脂身を取り除いて1cm幅に切る。
2 フライパンを熱してオリーブ油をひく。鶏肉を並べて塩、こしょう各少々をふって中火で両面をこんがり焼く。
3 鶏肉に焼き目がついたらにんにくを加えて炒める。いい匂いがしてきたらしめじを加えて強火にして炒める。しめじがしんなりしたらワインを加えてザッと炒め、ホールトマト、生クリームを加える。木べらでトマトをつぶしながら中火で煮詰める。少しとろみがついたら味をみながら塩、こしょうでととのえる。器に盛ってクレソンをちらす。

きのこのおかかのサラダ サラダ

材料（2人分）
しめじ…1パック
まいたけ…1パック
レタス…1/4個
削り節（ソフトパック）…1パック（5g）
a ┌ おろしにんにく、おろししょうが…各少々
　│ マヨネーズ…大さじ1
　│ ごま油…小さじ1
　└ しょうゆ…小さじ1/2
サラダ油…大さじ1/2
酒、塩、こしょう…各少々

作り方

1 しめじは根元を切り落として小房にわける。まいたけは小房にわける。レタスは一口大にちぎる。ボウルに**a**を混ぜ合わせる。
2 フライパンを熱してサラダ油をひき、きのこを強火で炒める。少ししんなりしたら酒を加えてザッと混ぜ、塩、こしょうをふって炒め合わせる。
3 ①のボウルに②、レタス、削り節の順に加えて和える。

写真…53ページ

きのこと玉ねぎのマリネ 漬け

材料（2〜3人分）
好みのきのこ（しめじ、まいたけ、エリンギなど）…2パック
玉ねぎ…1/4個
a ┌ おろしにんにく…少々
　│ 酢、オリーブ油…各大さじ1
　│ 粒マスタード…小さじ1
　│ 塩…小さじ1/2
　└ パセリ（みじん切り）…適量

作り方

1 きのこは根元があれば切り落として食べやすく切る。玉ねぎは縦薄切りにして水に5分さらし、水けをきる。
2 鍋に湯を沸かしてきのこをサッとゆで、水けをきる。
3 ボウルに**a**を混ぜ合わせ、②、玉ねぎを加えて和える。ラップをして冷蔵庫で30分以上つける。

きのこの納豆炒め メイン

材料（2人分）
しめじ…1パック
納豆…1パック
しょうが…1/2かけ
ごま油…大さじ1/2
a ┌ 水…大さじ2
　│ 青のり、みりん…各大さじ1
　└ 酒、しょうゆ…各大さじ1/2
塩…少々

作り方

1 しめじは根元を切り落として小房にわける。納豆は流水で洗ってぬめりを取る。しょうがはみじん切りにする。
2 フライパンを熱してごま油をひき、しょうがを弱火で炒める。香りが出てきたらしめじを加えて塩をふって炒める。しめじが少ししんなりしたら納豆、**a**を加えて炒め合わせる。

しめじごはん 米

材料（4人分）
米…2合
鶏もも肉…150g
しめじ…1パック
にんじん…1/2本
しょうが…1/2かけ
a ┌ しょうゆ、みりん、酒
　└ …各大さじ1

└ 塩…1つまみ

青のり、いりごま(白)…各適量

作り方

1 しめじは根元を切り落として小房にわける。にんじんは縦細切りにする。鶏肉は脂身を取り除いて小さめの一口大に切る。しょうがはせん切りにする。

2 米は洗って炊飯器に入れ、目盛りに合わせて水を加える。そこから水大さじ3を取り除く。**a**を加えてザッと混ぜ、①をのせて平らにして普通に炊く。

3 炊きあがったら全体をサックリ混ぜる。器に盛って青のり、いりごまをふる。

さんまときのこのバターごはん

材料 (4人分)

米…2合

さんま…2尾

しめじ…1パック

しょうが…1かけ

a ┌ **みりん、酒…各大さじ2**
　│ **しょうゆ…大さじ1強**
　│ **バター…大さじ1と1/2**
　└ **塩…2つまみ**

塩…少々

万能ねぎ(小口切り＊)、いりごま(白)…各適量

作り方

1 さんまは水けをふいて塩をふり、グリルに並べてこんがりと焼く。半分に切る。

2 しめじは根元を切り落として小房にわける。しょうがはせん切りにする。

3 米は洗って炊飯器に入れ、目盛りに合わせて水を注ぐ。そこから水大さじ5と1/2を取り除いてから**a**を加えて混ぜる。

4 ①、②をのせて普通に炊く。炊きあがったらさんまの骨とわたを取り除いて身をほぐし、再び炊飯器に戻す。しゃもじで全体をサックリ混ぜる。器に盛って万能ねぎ、いりごまをふる。

＊14ページ❶参照

きのこのリゾット

材料 (2〜3人分)

米…1合

しめじ、エリンギ…各1パック

玉ねぎ…1/4個

にんにく…1かけ

オリーブ油…適量

バター…大さじ1/2

ワイン(白)…大さじ1

a ┌ **生クリーム…カップ1/2**
　└ **粉チーズ…大さじ3**

塩、こしょう…各適量

作り方

1 しめじは根元を切り落として小房にわける。エリンギは適当な太さにさく。玉ねぎ、にんにくはみじん切りにする。

2 フライパンを熱してオリーブ油大さじ1/2をひいてバターを入れ、にんにくを弱火で炒める。いい匂いがしてきたら玉ねぎを加えて強火にして炒める。玉ねぎがしんなりしたらきのこを加えて炒める。

3 きのこに油がまわったら米を加えて炒める。米が少し透き通ってきたらワイン、水カップ1と1/2を加え、混ぜながら煮る。水分がなくなってきたらさらに水カップ1/2を足して混ぜながら煮る。

4 再び水分がなくなってきたら米を食べてみて、少し芯が残る程度にやわらかくなったら(米がまだ固かったらさらに水カップ1/2を加えて煮る)、**a**を加えて混ぜ、味をみて塩、こしょうでととのえる。

5 器に盛ってオリーブ油少々を回しかけ、こしょうをふる。

チキンときのこのカレー

材料 (4人分)

温かいご飯…4人分

鶏もも肉…2枚

しめじ…1パック

エリンギ…1パック

玉ねぎ…1個

好みのナッツ(アーモンドスライス、カシューナッツなど、あれば)…大さじ4〜5

サラダ油…大さじ1強

カレールウ…1箱(5〜6皿分)

板チョコレート…10g

しょうゆ…小さじ1弱

作り方

1 しめじは根元を切り落として小房にわける。エリンギは適当な太さにさく。玉ねぎは縦薄切りにする。鶏肉は脂身を取り除いて一口大に切る。ナッツはトースターできつね色になるまで焼く。

2 鍋を熱してサラダ油をひき、鶏肉を皮を下にして並べて強火で焼く。カリッと焼き色がついたら返し、玉ねぎを加えて炒める。玉ねぎがしんなりして薄いきつね色になったら、きのこを加えてザッと炒める。

3 カレールウの箱の表示量の水を加える。沸いてきたら火を弱めてあくを取りながら15分煮る。

4 火を止めて、カレールウを割り入れて混ぜる。弱火にかけて混ぜながら煮込む。とろみがついたら、チョコレート、しょうゆを加えて混ぜる。器にご飯を盛ってかける。ナッツをちらす。

その他のしめじのレシピ

- きのことクレソンのサラダ…P97
- チキンカレー1…P120
- えびとたけのこのココナッツミルクカレー…P145
- ほうれんそうのココナッツミルクのカレー…P190
- ほうれんそうのラザニア…P191
- 水菜のサラダきのこソテーのせ…P193
- きのことチャーシューの炊き込みご飯…P210
- きのこのフェトチーネ…P210
- きのこのアーリオオーリオ…P209
- きのこのマリネ…P209
- きのこ汁…P212
- 豚こまときのこの煮物…P215
- 簡単ビーフシチュー…P220
- ビーフストロガノフ…P223
- チキンカレー2…P236
- 豚ときのこのクリーム煮…P243
- 豆乳キムチ鍋…P246
- ポークハヤシカレー…P248
- ポークストロガノフ丼…P248
- いかときのこのイタリアン…P268
- レッドカレー…P274
- さんまのきのこソース…P283
- 厚揚げの豚きのこあんかけ…P307
- 厚揚げときのこのベジカレー…P307
- 炒め野菜カレー…P334
- きのこピラフ…P340
- きのことゴルゴンゾーラのフェトチーネ…P351

まいたけ

スーパーに並んでいるまいたけのほとんどは根っこの部分(石づき)がありません。なので下処理は好きな大きさに手でさくだけ。簡単

まいたけのすき煮　煮

材料（2人分）

牛肩ロース薄切り肉…150g
まいたけ…1パック
えのきだけ…1パック
春菊…1/2束
しらたき…1/2袋
ゆで卵…2個
a
水…カップ1/2
しょうゆ…大さじ2と1/2
砂糖、みりん…各大さじ1と1/2

作り方

1 まいたけは小房にわける。えのきは根元を切り落として小房にわける。春菊は根元を切り落として3等分に切る。牛肉は一口大に切る。しらたきはざるに入れて熱湯を回しかけ、キッチンバサミでザクザク切る。

2 鍋に**a**を合わせて煮立て、牛肉、ゆで卵、まいたけ、えのき、しらたきの順に、それぞれが混ざらないように入れる。煮汁をからめながら5〜8分煮る。

3 最後に春菊を加え、ふたをして1分煮る。

豚こまときのこの煮物　煮

材料（2人分）

豚こま切れ肉…150g
まいたけ…1パック
しめじ…1パック
しょうが…1かけ
a
水…カップ1/2
しょうゆ…大さじ2
みりん…大さじ1
酒…大さじ1/2
砂糖…小さじ1

万能ねぎ(小口切り)…適量

作り方

1 まいたけは小房にわける。しめじは根元を切り落として小房にわける。しょうがはせん切りにする。

2 鍋に**a**を合わせて煮立て、豚肉、①を加えてふたをする。たまに混ぜながら強めの中火で10分煮る。器に盛って万能ねぎをちらす。

＊14ページ❶参照

写真…53ページ

きのこフライ

揚

材料（2〜3人分）

まいたけ…1パック

エリンギ…1パック

溶き卵…2〜3個分

薄力粉、パン粉、揚げ油…各適量

塩、好みのソース、からし…各適量

作り方

1 まいたけは小房にわける。エリンギは適当な太さにさく。

2 ①に薄力粉を軽くまぶし、溶き卵にくぐらせ、パン粉をつける。

3 フライパンに揚げ油を深さ3cm入れて中温に熱し、②を入れて中火で揚げる。衣が固まってきたらたまに返しながら揚げ、全体がうまそうなきつね色になったら、火を強めてカラッと仕上げる。器に盛って塩、好みのソース、からしを添える。

写真…53ページ

その他のまいたけのレシピ

- 炊き込みごはん…**P103**
- 水菜のサラダきのこソテーのせ…**P193**
- きのこのマリネ…**P209**
- きのこのおかかのサラダ…**P213**
- チキンカレー2…**P236**
- さんまのきのこソース…**P283**
- さんまのカレー煮…**P284**
- 厚揚げときのこのベジカレー…**P307**
- 大豆ときのこのピリ辛炒め…**P310**
- きのこピラフ…**P340**

マッシュルーム

スライスして生のままサラダにしてもおいしいし、加熱してうまみを引き出したスープも絶品！　土のついた根元はしっかり取り除く

スペイン風マッシュルームの炒め煮

煮

材料（2〜3人分）

マッシュルーム…2パック

にんにく…2かけ

オリーブ油…大さじ4〜5

塩…小さじ1/3

作り方

1 マッシュルームは根元を切り落として、大きければ縦半分に切る。にんにくはみじん切りにする。

2 小鍋にオリーブ油を入れて熱し、マッシュルームを加えて中火で加熱する。少し焼き目がついたらにんにくを加えて炒め煮にする。

3 にんにくに色がついてきたら塩を加え、混ぜて味をととのえる。

写真…53ページ

マッシュルームとじゃがいものホットサラダ

サラダ

材料（2人分）

マッシュルーム…1パック

じゃがいも…2個

クリームチーズ…30g

オリーブ油…大さじ1

塩…2つまみ

こしょう…少々

作り方

1 じゃがいもは皮をむき、2cm角に切って水に3分さらす。マッシュルームは根元を切り落として縦半分に切る。

2 フライパンを熱してオリーブ油をひき、水けをきったじゃがいもを入れて炒める。油がまわったらふたをして弱火にする。

3 じゃがいもに竹串がスーッと通ったら、ふたを取ってマッシュルームを加えて強火で炒める。

4 全体に焼き目がついたらボウルに移してクリームチーズ、塩、こしょうを加えて和える。

ブラウン マッシュルームの ポタージュ

汁

材料（3〜4人分）

ブラウンマッシュルーム…1パック

玉ねぎ…1/2個

にんにく…1/2かけ

オリーブ油…大さじ1

ワイン（白）…大さじ1

牛乳…カップ1と1/2

生クリーム…適量

砂糖…大さじ1/2

塩、こしょう…各適量

作り方

1 マッシュルームは根元を切り落として縦半分に切る。玉ねぎは縦薄切りにする。にんにくはみじん切りにする。

2 鍋を熱してオリーブ油をひき、にんにくを弱火で炒める。いい匂いがしてきたら、玉ねぎ、マッシュルームを加えて強火にして炒める。全体がしんなりしたらワインを加えてザッと炒め、水カップ2を加える。沸いてきたら火を弱めて、あくを取りながら10分煮る。

3 ミキサーに②、牛乳を入れて、なめらかになるまで回す。なめらかになったら鍋に戻し入れて生クリームカップ1/2、砂糖を加えて混ぜる。中火にかけて、フツフツしてきたら味をみながら塩で調味する。器に盛って生クリームを回し入れ、こしょうをガリガリふる。

その他のマッシュルームのレシピ

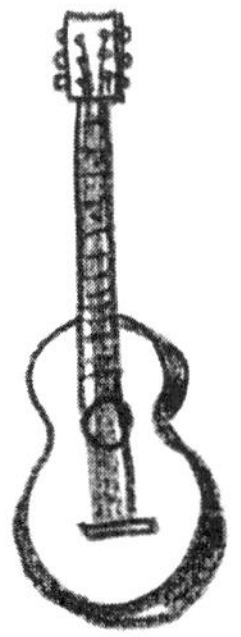

肉

牛肉

肉の中でもスペシャルな存在。ステーキのときは室温に戻して、焼き目は迷わずバシッとつける。肉の持つ、うまみとコクをたっぷり味わおう

牛たたき

材料（4人分）

牛もも肉…400g
サラダ油…大さじ1/2
バター…10g
しょうゆ…大さじ2
わさび…小さじ1
こしょう…少々

作り方

1 牛肉は作りはじめる15分前には冷蔵庫から出しておく。フライパンをよく熱してサラダ油をひく。牛肉を入れてふたをして強めの中火で焼く。返しながら全面にバキッと焼き目をつけて取り出す。

2 バターを溶かして、しょうゆ、わさびを加えて混ぜる。

3 ①を食べやすく切って器に盛り、②をかけてこしょうをふる。

ステーキ　にんにくじょうゆ・わさびバターじょうゆ・レモン塩

材料（4人分）

牛ステーキ用肉…4枚
a ┌ **にんにく（みじん切り）…1かけ**
　└ **しょうゆ…大さじ3**
b ┌ **しょうゆ…大さじ3**
　│ **溶かしバター…大さじ1**
　└ **わさび…小さじ1弱**
c ┌ **レモン汁…大さじ2と1/2**
　└ **塩…小さじ1**
サラダ油…適量
塩、こしょう…各適量

作り方

1 牛肉は作りはじめる15分前には冷蔵庫から出しておく。

2 **a**、**b**、**c**をそれぞれ混ぜ合わせる。

3 フライパンをよく熱してサラダ油大さじ1をひく。牛肉2枚を並べて塩、こしょうをふって強火で焼く。バキッと焼き目をつけたら返して両面こんがり焼く。サラダ油少々を足してもう2枚も同様に焼く。器に盛って②を添える。

重ねステーキ

材料（2人分）

牛肩ロース薄切り肉…200〜250g
a ┌ **おろしにんにく…少々**
　│ **バター（室温に戻したもの）**
　└ **…大さじ1**
サラダ油…大さじ1
塩、こしょう…各少々
しょうゆ…適量

作り方

1 牛肉は半量にわけて、それぞれ重ねて手で軽く押さえる。大きければ食べやすい大きさに切る。**a**を混ぜ合わせておく。

2 フライパンを熱してサラダ油をひく。牛肉を並べて塩、こしょうをふって、強火で焼く。バキッと焼き目をつけたら返して両面こんがり焼く。

3 器に盛って**a**をのせ、しょうゆをたらす。

和風おろしステーキ

材料（2人分）

牛ステーキ用肉…2枚
大根…5cm
a ┌ **おろしにんにく…少々**
　│ **バター、しょうゆ、酒、水**
　│ **…各大さじ2**
　└ **みりん…大さじ1**
サラダ油…大さじ1/2
塩…少々
こしょう…適量
万能ねぎ（小口切り）…適量

作り方

1 牛肉は作りはじめる15分前には冷蔵庫から出しておく。大根はすりおろして水けを絞る。

2 小鍋に**a**を入れて中火にかける。バターが溶けて煮立ったら、大根おろしを加えてひと煮する。

3 フライパンをよく熱してサラダ油をひく。牛肉を並べて塩、こしょう少々をふって強火で焼く。バキッと焼き目をつけたら返して両面こんがり焼く。器に盛って②をかけ、万能ねぎをちらしてこしょうをガリガリかける。

＊14ページ❶参照

焼き肉

材料（4〜6人分）

牛焼き肉用（カルビ、ハラミなど）…400g

a
- **おろしにんにく…1かけ分**
- **しょうゆ…大さじ1と1/2**
- **砂糖…大さじ1強**
- **ごま油…大さじ1**
- **酒…大さじ1/2**
- **コチュジャン…小さじ1強**

作り方

1 ポリ袋に**a**を混ぜ合わせ、牛肉を加えて袋の口を閉じ、袋の上からもむ。冷蔵庫で30分以上つける。

2 網または鉄板（フライパンの場合はサラダ油適量をひく）でうまそうな焼き目がつくまで強火で焼く。

ごま焼き肉

材料（2人分）

牛肩ロース薄切り肉…200g

赤パプリカ…1/2個

キャベツ…1/8個

a
- **おろしにんにく…少々**
- **水、いりごま（白）…各大さじ2**
- **しょうゆ…大さじ1**
- **砂糖…大さじ1/2**
- **コチュジャン…小さじ1/2**

サラダ油…大さじ1

作り方

1 赤パプリカは縦4等分に切る。キャベツは一口大にちぎる。牛肉は大きめの一口大に切る。**a**を混ぜ合わせる。

2 フライパンを熱してサラダ油大さじ1/2をひき、赤パプリカを入れて強めの中火で炒める。焼き目がついたら取り出す。

3 フライパンを再度熱してサラダ油大さじ1/2を足し、牛肉を強火で炒める。肉に焼き目がついたら②を戻し入れ、**a**を加えて炒め合わせる。器にキャベツをしいてのせる。

プルコギ

材料（2人分）

牛切り落とし肉…150g

もやし…1/2袋

玉ねぎ…1/2個

にんじん…5cm

にら…1/2束

a
- **おろしにんにく…1かけ分**
- **しょうゆ…大さじ1と1/2**
- **すりごま（白）…大さじ2**
- **酒…大さじ1**
- **みりん、コチュジャン…各大さじ1/2**
- **砂糖…小さじ1**
- **塩…1つまみ**
- **ごま油…少々**

ごま油…大さじ2

七味唐辛子…適量

作り方

1 もやしは暇ならひげを取る。にんじんは縦細切りにする。にらは5cm長さに切る。玉ねぎは縦薄切りにする。

2 ボウルに**a**を混ぜ合わせて牛肉を加えて手でよくもみ込む。なじんだら①を加えてさらによく混ぜる。

3 フライパンを熱してごま油をひき、②を入れる。たまに全体を混ぜながら中火でじっくり炒め煮にする。肉に火が通って野菜がしんなりしたらできあがり。器に盛って七味唐辛子をふる。

写真…27ページ

牛肉と小松菜のオイスター煮

材料（1人分）

牛肩ロース薄切り肉…80g

小松菜…1/2束

しょうが…1/2かけ

a
- **水…カップ1/2**
- **オイスターソース、みりん…各大さじ1**
- **しょうゆ…少々**

ごま油…少々

作り方

1 小松菜は根元を切り落として5cm長

さに切る。しょうがはせん切りにする。牛肉は一口大に切る。

2 鍋に**a**を入れて煮立てる。①を加え、ふたをして強めの中火で6〜8分煮る。途中で何回か混ぜる。

3 器に盛ってごま油をたらす。

牛肉と大根のチーズトマト煮

煮

材料（2人分）

牛肩ロース薄切り肉…250g

大根…4cm

にんにく…2かけ

オリーブ油…大さじ2

ワイン（白）…大さじ1

ホールトマト缶…1缶（400g）

バジル（生）…5〜6枚

ピザ用チーズ…カップ1/2

作り方

1 大根は皮をむいて5mm厚さの輪切りにする。にんにくは縦薄切りにする。牛肉は一口大に切る。

2 フライパンを熱してオリーブ油をひき、大根を並べて強火で焼く。両面に焼き目をつけたらにんにくを加えて炒める。いい匂いがしてきたら牛肉を加えて炒める。

3 肉の色が変わったらワインを加えて混ぜ、ホールトマト、バジルを加える。トマトをつぶしながら強めの中火で3分煮る。チーズを加えてふたをしてチーズが溶けるまで少し煮る。

牛すじ煮

煮

材料（4人分）

牛すじ肉…400g

a
- **長ねぎの青い部分…1本**
- **にんにく、しょうが（ともに半分に切ったもの）…各1かけ分**

こんにゃく…1/2枚

にんじん…5cm

b
- **しょうゆ、砂糖…各大さじ2**
- **みりん、すりごま（白）…各大さじ1**

塩…適量

万能ねぎ（小口切り*）、七味唐辛子…各適量

作り方

1 鍋にたっぷりの湯を沸かし、牛すじと**a**を入れる。あくを取りながらトロトロになるまで2〜3時間煮る。

2 こんにゃくは縦半分に切ってから3mm厚さに切り、2〜3分ゆでる。にんじんは薄い半月切り**にする（皮はむいてもむかなくてもOK）。

3 ①をいったんボウルなどにあけて、牛すじと煮汁カップ1を鍋に戻す。水カップ1を加えて強火にかける。沸騰したら中火にして、②、**b**を加えて20分煮る。味をみて薄ければ塩でととのえる。器に盛って万能ねぎをちらし、好みで七味唐辛子をふる。

＊14ページ❶参照　＊＊14ページ❷参照

肉豆腐

煮

材料（2人分）

牛肩ロース薄切り肉…100g

長ねぎ…1本

豆腐（木綿）…1丁

a
- **水…カップ3/4**
- **しょうゆ…大さじ1と1/2**
- **みりん、酒…各大さじ1**
- **砂糖…大さじ1強**

七味唐辛子…適量

作り方

1 長ねぎは1cm厚さの斜め切りにする。豆腐は水けをふいて6等分に切る。牛肉は一口大に切る。

2 鍋に**a**を入れて煮立てる。①を加えてふたをしてたまに混ぜながら弱めの中火で5分煮る。器に盛って七味唐辛子をふる。

簡単ビーフシチュー

煮

材料（4人分）

牛ステーキ用肉…2枚

小玉ねぎ…8個

にんじん…1本

しめじ…1パック

サラダ油…大さじ1/2

バター…大さじ1

ワイン（赤）…大さじ3

a
- **デミグラスソース缶…1缶（290g）**
- **水…カップ1/2**
- **トマトピューレ…大さじ2**
- **ウスターソース…大さじ1/2**

しょうゆ…小さじ1
砂糖…2つまみ

塩…適量

生クリーム…適量

作り方

1 小玉ねぎは皮をむいて縦半分に切る。にんじんは皮をむいて7mm厚さの輪切りにする。しめじは根元を切り落として小房にわける。牛肉は4等分に切る。

2 鍋を熱してサラダ油とバターを入れ、バターが溶けたら牛肉を並べて強火で焼く。両面こんがり焼いたら小玉ねぎ、にんじん、しめじの順に加えて炒める。

3 全体に油がまわったらワインを加えてザッと炒め、**a**を加える。沸いてきたら火を弱めて15分煮る。味をみて薄ければ塩でととのえる。器に盛って生クリームを回しかける。

ビーフシチュー 煮

材料(4人分)

牛すね肉、またはかたまり肉、またはシチュー用肉…1kg

玉ねぎ…1個

じゃがいも(メークイン)…2個

にんじん…1本

マッシュルーム…1パック

ほうれんそう…1束

ローリエ…1枚

ワイン(赤)…大さじ2

デミグラスソース缶…1缶(290g)

ケチャップ、ウスターソース…各大さじ1

塩、こしょう…各適量

サラダ油、生クリーム…各適量

作り方

1 玉ねぎは2cm幅に切る。牛肉は6〜8cm角に切る。フライパンを熱してサラダ油大さじ1/2をひき、玉ねぎを強火で炒める。少し焼き目がついたら取り出す。フライパンにサラダ油少々を足し、牛肉の1/3量を並べて全体にこんがりと焼き目をつけて取り出す。残りも同様に焼く。

2 大きめの鍋に①、かぶるくらいの水、ローリエを入れて強火にかける。沸いてきたら火を弱めてあくを取りながら3時間煮る。途中で水分が少なくなったら水を適宜足して、牛肉にかぶるくらいの量を維持する。

3 じゃがいもは皮をむいて縦半分に切って水に3分さらす。にんじんは皮をむいて1.5cm厚さの輪切りにする。マッシュルームは根元を落として縦半分に切る。ほうれんそうは塩を加えた湯で30秒ゆでる。流水でよく洗ってから水けを絞り、5cm長さに切る。

4 ②をいったんボウルなどにあけて、牛肉、玉ねぎと煮汁カップ2と1/2を取りわけておく。鍋を洗う。

5 鍋を熱してサラダ油大さじ1をひき、水けをきったじゃがいも、にんじん、マッシュルームを入れて強火で炒める。全体に油がまわったら、ワイン、④、デミグラスソースを加える。フツフツとしてきたら火を弱めて、あくを取りながら20分煮る。

6 ケチャップ、ウスターソースを加えて混ぜ、味をみながら塩、こしょうでととのえる。ほうれんそうを加えてひと煮する。器に盛って好みで生クリームを回しかける。

ピリ辛春雨の炒め煮2 煮

材料(2〜3人分)

牛切り落とし肉…200g

でんぷん春雨(マロニーなど)…50g

たけのこ(水煮)…100g

にんじん…5cm

長ねぎ…1本

にんにく、しょうが…各1かけ

赤唐辛子…2本

a
水…カップ1/2
オイスターソース…大さじ1と1/2
酒…大さじ1
酢、しょうゆ…各大さじ1/2
豆板醤《トウバンジャン》…小さじ1
砂糖…2つまみ

ごま油…大さじ1

しょうゆ、こしょう…各適量

作り方

1 春雨は袋の表示通りにもどす。にんじんは半月切りにする。たけのこは縦5mm厚さに切る。長ねぎは1cm厚さの斜め切りにする。にんにく、しょうが

春雨の種類と使い分け2

(P136のつづき)の春雨じゃなければ、というものがある。例えばサクサクに揚げる場合は芋。韓国のモチモチも芋の春雨です。

はみじん切りにする。赤唐辛子はへたと種を取り除く。

2 フライパンを熱してごま油をひき、にんにく、しょうがを弱火で炒める。いい匂いがしてきたら牛肉、長ねぎを加えて強火で炒める。

3 肉の色が変わったら、赤唐辛子、たけのこ、にんじんを加えて炒める。野菜に油がまわったら春雨、**a**を加えて、春雨をほぐしながら炒め合わせる。味をみてしょうゆ、こしょうでととのえる。

＊14ページ❷参照

厚切りしゃぶしゃぶ 鍋

材料（2～3人分）

牛ステーキ用肉…2枚

万能ねぎ…4本

a
- **大根おろし（水けを絞ったもの）…大さじ3**
- **おろししょうが…少々**
- **しょうゆ…大さじ1と1/2**

b
- **おろしにんにく…1/2かけ分**
- **しょうゆ…大さじ1と1/2**

酒…少々

塩、こしょう、ゆずこしょう…各適量

作り方

1 牛肉は15分前には冷蔵庫から出しておく。万能ねぎは5cm長さに切る。**a**、**b**はそれぞれ混ぜ合わせる。

2 鍋に湯を沸かして塩、酒を加え、牛肉1枚を2分30秒くらいゆでる。もう1枚も同様にゆでる。水けをふいて食べやすい大きさのそぎ切り＊にする。

3 器に②、万能ねぎを盛って、**a**、**b**、ゆずこしょう、塩、こしょうを添える。好みでたれや塩などをつけて食べる。

＊15ページ⓬参照

すき焼き 鍋

材料（2人分）

牛すき焼き用肉…250～300g

春菊…1/2束

長ねぎ…2本

焼き豆腐…1/2丁

しらたき…1/2袋

牛脂またはサラダ油…適量

砂糖、しょうゆ、みりん…各適量

卵…2個

作り方

1 長ねぎは3cm長さに切る。豆腐は8等分に切る。春菊は根元を切り落として、長さを4等分に切る。しらたきはサッと下ゆでする。

2 鍋を熱して牛脂を入れて全体によくなじませる。長ねぎを入れて強火で焼きつけるように炒めてから端に寄せ、空いたところに牛肉を広げる。強火のまま両面を焼き、砂糖、しょうゆ、みりん各大さじ3を加えて煮る。

3 全体がグツグツしてきたら、ねぎと肉を寄せ、空いたところにその他の具も加えて強めの中火で煮る。水分が足りなければ水を適宜加え、味が薄ければ砂糖、しょうゆ、みりんでととのえる。煮えたものから溶いた卵にからめて食べる。

牛丼 米

材料（2人分）

温かいご飯…2人分

牛切り落とし肉…150g

玉ねぎ…1/2個

しょうが…1/2かけ

サラダ油…大さじ1

a
- **水…カップ3/4**
- **しょうゆ…大さじ1と1/2～2**
- **すりごま（白）…大さじ1と1/2**
- **酒、みりん…各大さじ1**
- **砂糖…小さじ1**

卵黄…2個分

紅しょうが…適量

作り方

1 玉ねぎは薄切りにする。しょうがはせん切りにする。

2 フライパンを熱してサラダ油をひき、しょうが、牛肉を強火で炒める。肉の色が変わりはじめたら玉ねぎを加えて炒める。

3 玉ねぎがしんなりしたら**a**を加え、少しずらしてふたをして中火で5～7分煮る。器にご飯を盛ってかける。真ん中に卵黄を落として紅しょうがを添える。

ハヤシライス 米

材料（4人分）

温かいご飯…4人分

牛肩ロース薄切り肉…250g
玉ねぎ…1個
サラダ油…大さじ1/2
バター…大さじ2
ワイン(赤)…大さじ2
a
- **デミグラスソース缶…1缶(290g)**
- **水…カップ1**
- **トマトジュース…小1本(190g)**
- **ウスターソース、ケチャップ…各大さじ1**
- **しょうゆ…小さじ1**
- **インスタントコーヒー(あれば)…少々**

塩、こしょう、生クリーム…各適量

作り方

1 玉ねぎは横薄切りにする。牛肉は一口大に切る。

2 フライパンを熱してサラダ油とバターを入れ、玉ねぎを強火で炒める。しんなりしたら火を弱めてきつね色になるまでしっかり炒める。

3 牛肉を加えて塩、こしょうをふって強火で炒め、肉の色が変わったらワインを加えてザッと炒め、**a**を加えてたまに混ぜながら弱火で20分くらい煮る。味をみて塩、こしょうでととのえる。

4 器にご飯を盛って③をかけ、生クリームを回しかける。

写真…26ページ

ビーフカレー　米

材料 (作りやすい分量)

温かいご飯…4人分
牛かたまり肉(すね肉またはばら肉)…600〜800g
玉ねぎ…2個
じゃがいも(メークイン)…3個
にんじん…2本
マッシュルーム…1パック
カレールウ…1と1/2箱(約10皿分)
デミグラスソース缶…1/3缶(100g)
バター…大さじ1
インスタントコーヒー…少々
サラダ油…適量

作り方

1 牛肉は4〜5cm角に切る。玉ねぎは縦薄切りにする。じゃがいもは皮をむいて大きめの一口大に切り、水に3分さらす。にんじんは皮をむいて乱切り＊にする。マッシュルームは根元を切り落とす。

2 フライパンを熱してサラダ油大さじ1/2をひき、牛肉を強火で焼きつける。全体に焼き目がついたら鍋に移して、水2ℓくらいを加えて火にかける。沸いてきたら火を弱めて、あくを取りながら2時間ゆでる。

3 フライパンをサッと洗って熱し、サラダ油大さじ1/2をひきバターを入れ、玉ねぎを強火で炒める。しんなりしたら火を弱めて、きつね色になるまでじっくり炒める。

4 ②をいったんボウルなどにあけて牛肉と煮汁にわけ、カレールウの箱の表示量分の煮汁を鍋に戻す(足りなければ水を適宜足す)。鍋に牛肉、③、じゃがいも、にんじん、マッシュルームを加えて火にかけ、沸いてきたら火を弱めて、あくを取りながら15分煮る。

5 じゃがいもに竹串がスーッと通ったら火を止めてカレールウを加え、たまに混ぜながらとろみがつくまで5〜10分煮る。とろみがついたらデミグラスソースを加えて混ぜる。いったん火を止めて冷ます。冷めたら再び火にかけて温め、インスタントコーヒーを加えて混ぜる。器にご飯を盛ってかける。

＊14ページ❹参照

ビーフストロガノフ　米

材料 (4人分)

温かいご飯…4人分
牛ヒレ肉…300g
赤パプリカ…1個
しめじ…1パック
玉ねぎ…1/2個
にんにく…2かけ
オリーブ油…大さじ1と1/2
バター…大さじ1/2
ワイン(白)…大さじ1
a
- **生クリーム…カップ1**
- **牛乳…カップ1/2**
- **粒マスタード…小さじ2**

塩、こしょう…各適量
クレソン(刻んだもの)…適量

作り方

1 赤パプリカは縦細切りにする。しめじは根元を切り落として小房にわける。玉ねぎは縦薄切りにする。にんにくはみじん切りにする。牛肉はかたまりなら5mm厚さに切る。

2 フライパンを熱してオリーブ油大さじ1/2をひく。牛肉を並べて塩、こしょう各少々をふり、強火で焼く。両面焼き目がついたら取り出す。

3 フライパンをサッとふいて熱し、オリーブ油大さじ1をひいてバターを入れ、にんにくを弱火で炒める。にんにくに少し色がついてきたら、玉ねぎを加えて強火にして炒める。玉ねぎがしんなりしたら、しめじ、赤パプリカを加えて塩、こしょう各少々をふって炒める。

4 全体に油がまわったらワインを加えてザッと炒め、②を戻し入れる。**a**を加えて混ぜながら中火で3分くらい煮詰める。少しとろみがついたら、味をみながら塩、こしょうで調味する。器にご飯を盛ってかける。クレソンをちらす。

デミグラオムライス 米

材料（2人分）

温かいご飯…茶わん2杯強
牛肩ロース薄切り肉…80g
a
- **卵…3個**
- **砂糖…小さじ1**

ソーセージ…2本
ピーマン…1個
赤パプリカ…1/2個
玉ねぎ…1/2個
サラダ油…大さじ1
バター…大さじ1
ワイン（赤）…大さじ1
デミグラスソース缶…1/4缶（約70g）
ウスターソース…小さじ1
塩、こしょう、ケチャップ…各適量

作り方

1 ピーマン、赤パプリカはそれぞれ1.5cm角に切る。玉ねぎは粗みじん切りにする。ソーセージは1cm厚さに切る。牛肉は一口大に切る。**a**をよく混ぜ合わせる。

2 フライパンを熱してサラダ油大さじ1/2をひいてバターを入れ、玉ねぎを中火で炒める。少ししんなりして透き通ってきたら、牛肉、ソーセージ、パプリカ、ピーマンの順に加えて強火で炒める。

3 全体に油がまわったら赤ワインを加えてザッと炒め、デミグラスソース、ウスターソースを加えて炒め合わせる。

4 ボウルにご飯を入れて③を加え、ぬらしたしゃもじで切るようにサックリと混ぜる。味をみて塩、こしょうでととのえる。

5 フライパンを洗うか別のフライパンを熱して残りのサラダ油をひく。**a**を流し入れて菜箸で数回グルグルと大きく混ぜ、そのままいじらず半熟に焼き固める。

6 器に④を盛って⑤をのせ、ケチャップをかける。

タコス その他

材料（4人分）

タコスの皮
a
- **薄力粉、コーンミール…各カップ1**
- **ベーキングパウダー…小さじ1**
- **塩、砂糖…各1つまみ**

サラダ油…適量

牛肉のスパイス炒め
牛切り落とし肉…300g
にんにく（みじん切り）…1かけ
オリーブ油…大さじ1
b
- **ケチャップ…大さじ1〜2**
- **ウスターソース…大さじ1弱**
- **チリパウダー…小さじ1**
- **しょうゆ…少々**

サルサ（154ページ参照）…適量
アボカド…1個
レタス…3枚
ピザ用チーズ…適量

作り方

1 タコスの皮を作る。ボウルに**a**を入れてザッと混ぜ、水カップ1と1/4〜1と1/2を少しずつ加えて泡立て器でよく混ぜる。粉っぽさがなくなったらラップをして5分ほどなじませる。

2 ホットプレートを熱してサラダ油少々をひき、①をお玉に軽く1杯分流し入れて焼く。焼き目がついたら返して両面を焼く。たまにサラダ油少々を足しながら次々焼く。

3 レタスは太めのせん切りにする。アボカドは縦にグルリと切り込みを入れて半分に割り、種を取り除く。スプーンで適当な大きさにすくい出す。

4 牛肉のスパイス炒めを作る。フライパンを熱してオリーブ油をひき、にんにく、牛肉を入れて強火で炒める。肉の色が変わったら**b**を加えて炒め合わせる。

5 器に、②、③、④、サルサ、ピザ用チーズをそれぞれ盛る。②に③、④、サルサ、ピザ用チーズを好きなようにのせて巻いて食べる。

その他の牛肉のレシピ

- オクラと牛肉のみそ炒め…**P68**
- 肉かぼちゃの炒め煮…**P74**
- タイ風牛しゃぶサラダ…**P84**
- ゴーヤと牛肉のみそ炒め…**P98**
- 牛肉とごぼうの甘辛炒め…**P99**
- 牛肉とごぼうの卵とじ丼…**P103**
- 牛肉とごぼうの焼きうどん…**P104**
- 牛肉と小松菜のいり豆腐…**P105**
- 家宝の肉じゃが…**P114**
- セロリと牛肉の中華炒め…**P133**
- 牛肉と厚揚げのトマト炒め…**P152**
- 牛肉となすの炒め物…**P158**
- 三つ葉と牛肉のサラダ…**P194**
- ゆでもやしの牛肉あんかけ…**P195**
- 牛肉のカルパッチョ…**P200**
- まいたけのすき煮…**P215**
- 牛肉と納豆としいたけのオイスター炒め…**P315**
- 韓国風納豆汁…**P316**
- 肉みそ和えうどん…**P342**
- 汁ビーフン(牛)…**P356**

鶏肉

もも肉のジューシーでパンチのあるおいしさも、ささみやむね肉のさっぱりしたおいしさも、どっちも鶏肉の魅力。さらには砂肝も安くてうまい

焼き鶏

材料（2人分）

鶏もも肉…1枚

長ねぎ…1本

a［**しょうゆ、みりん、砂糖、水…各大さじ1**

サラダ油…大さじ1弱

七味唐辛子…適量

作り方

1 鶏肉は脂身を取り除いて、一口大に切る。長ねぎは2.5cm長さに切る。**a**を混ぜておく。

2 フライパンを熱してサラダ油をひく。鶏肉を皮を下にして並べて強火で焼く。焼き目がついたら返して、ねぎを加えて返しながら焼く。

3 全体に焼き目がついたら**a**を加えてからめる。肉とねぎを交互に竹串に刺す。好みで七味唐辛子をふる。

鶏の照り焼き

材料（2人分）

鶏もも肉…2枚

a［**水…大さじ2**
しょうゆ…大さじ1と1/2
みりん…大さじ1
砂糖…大さじ1/2

サラダ油…大さじ1

万能ねぎ(5cm長さに切ったもの)…適量

粉山椒、七味唐辛子…各適量

作り方

1 鶏肉は脂身を取り除き、皮全体に包丁の先でプスプスと穴をあけて、身のほうは包丁で数本切り込みを入れる。**a**を混ぜ合わせる。

2 フライパンを熱してサラダ油をひく。鶏肉を皮を下にして入れて、ふたをして強めの中火で焼く。カリッとしっかり焼き目がついたら、ふたを取ってひっくり返す。返してからはふたはせずに焼く。両面うまそうに焼けたら、**a**を加えてからめる。

3 食べやすく切って器に盛る。万能ねぎをちらして、好みで粉山椒、七味唐辛子をふる。

鶏の山椒焼き

材料（2人分）

鶏もも肉…2枚

a［**水…大さじ1と1/2**
しょうゆ、みりん…各小さじ2
粉山椒…小さじ1/2

サラダ油…大さじ1

塩…少々

作り方

1 鶏肉は脂身を取り除き、皮全体に包丁の先でプスプスと穴をあけて、身のほうは包丁で数本切り込みを入れる。**a**を混ぜておく。

2 フライパンを熱してサラダ油をひく。鶏肉を皮を下にして並べて､塩をふる。ふたをして中火で焼く。しっかり焼き目がついたら返す。返してからはふたはせずに焼く。

3 両面うまそうに焼けたら、キッチンペーパーでフライパンの油をふき取る。**a**を加えてからめる。食べやすい大きさに切って器に盛る。

鶏のにんにくソテー

焼

材料（2人分）

鶏もも肉…2枚

a
- **おろしにんにく…少々**
- **水、酒…各大さじ2**
- **みりん、オイスターソース、しょうゆ…各大さじ1/2**

サラダ油…大さじ1と1/2

塩、こしょう、一味唐辛子…各適量

作り方

1 鶏肉は脂身を取り除き、皮全体に包丁の先でプスプスと穴をあけて、身のほうは包丁で数本切り込みを入れる。**a**を混ぜておく。

2 フライパンを熱してサラダ油大さじ1をひく。鶏肉を皮を下にして並べて、塩、こしょうをふり、ふたをして中火でじっくり焼く。焼き目がついたら返す。返してからはふたはせずに焼く。

3 両面うまそうに焼けたらキッチンペーパーで水分や油をふき取る｡再び皮を下にして並べ、フライパンの縁からサラダ油大さじ1/2を回し入れる。強めの中火で皮をカリッと焼きあげる。火を止めて、**a**を加えてジャーッとからめる。器に盛って、一味唐辛子とこしょうをふる。

オニオンソースのチキンソテー

焼

材料（2人分）

鶏もも肉…2枚

オニオンソース
- **玉ねぎ…1/4個**
- **a**
  - **おろししょうが…1かけ分**
  - **おろしにんにく…1/2かけ分**
  - **水…大さじ2**
  - **しょうゆ、バター、みりん、酒…各大さじ1**

サラダ油…大さじ1

塩…少々

作り方

1 オニオンソースを作る。玉ねぎは水に15分さらしてから、すりおろす。**a**を加えて混ぜておく（バターは溶けなくていい）。

2 鶏肉は脂身を取り除き、皮全体に包丁の先でプスプスと穴をあけて、身のほうは包丁で数本切り込みを入れる。

3 フライパンをサッとふいて熱し、サラダ油をひいて鶏肉を皮を下にして並べて塩をふる。ふたをして強めの中火でこんがり焼く。焼き目がついたら返す。返してからはふたはせずに焼く。全体にうまそうな焼き目がついたら①を加えて強火でからめる。

ローストチキン

焼

材料（4人分）

鶏肉（内臓処理済みのもの）…1羽

じゃがいも…3個

あまり野菜のせん切り（玉ねぎ、セロリ、にんじんなど）…カップ1と1/2～2

にんにく（薄切り）…1かけ

好みのハーブ（オレガノ、ローズマリー、タイムなど、生）…10枚

ローリエ…2枚

a
- **ワイン（白）、オリーブ油…各大さじ3**
- **酢…大さじ1**
- **塩…小さじ1**
- **粒こしょう…適量**

オリーブ油…大さじ2～3

塩、こしょう…各適量

作り方

1 大きめのボウルまたはポリ袋にあまり野菜のせん切り、にんにく、ハーブ、ローリエ、**a**を混ぜ合わせ、鶏肉を加えてよくもみ込む。ボウルの場合はラップをして冷蔵庫で1時間以上（できれば一晩）寝かす。途中、上下を返す。

2 じゃがいもは皮つきのまま4等分に切って水に3分さらす。

3 鶏肉の腹に①のハーブ、にんにく、ローリエとあまり野菜を詰めて天パンにのせ、まわりに水けをきった②を並べる。全体にオリーブ油を回しかけてこしょうをふる。さらに、鶏肉には塩小さじ1/2をまぶし、じゃがいもには、塩適量をふる。

4 予熱をしていないオーブンに入れて250℃にセットして、まず10分焼く。200℃に下げてさらに40分〜1時間焼く。竹串を刺してみて血やにごった汁が出てこなければ中まで火が通っている。もし焼き目がバリッとついていなければ、様子を見ながら、うまそうな焼き目がつくまでさらに焼く。好みで塩、こしょうをつけて食べる。

鶏とキャベツの みそ炒め

材料（2〜3人分）

鶏もも肉…1枚

キャベツ…1/4個

にんにく、しょうが…各1かけ

a
- **酒、みそ、みりん…各大さじ1/2**
- **しょうゆ…大さじ1/2**
- **砂糖…小さじ1/2**

サラダ油、バター…各大さじ1

塩、こしょう…各適量

作り方

1 キャベツは一口大のザク切りにする。にんにく、しょうがはみじん切りにする。鶏肉は脂身を取り除いて1cm幅に切る。**a**を混ぜておく。

2 フライパンを熱してサラダ油をひく。鶏肉を皮を下にして並べて強めの中火で両面をこんがり焼く。

3 にんにく、しょうがを加えて炒める。いい匂いがしてきたらキャベツを加えて強火で炒める。キャベツがしんなりしたら、**a**を加えて炒め合わせる。全体になじんだら、火を止めてバターを加えてからめる。味をみて塩、こしょうでととのえる。

写真…23ページ

砂肝とピーマンの ピリ辛炒め

材料（2人分）

砂肝…200g

ピーマン…1個

赤パプリカ…1/2個

にんにく、しょうが…各1かけ

ごま油…大さじ1

塩、こしょう…各少々

豆板醤《トウバンジャン》…小さじ1

酒…大さじ1

オイスターソース…大さじ1弱

しょうゆ…適量

作り方

1 ピーマン、赤パプリカは縦細切りにする。にんにく、しょうがはみじん切りにする。砂肝は水でよく洗って水けをしっかりふく。身の厚いところにキッチンばさみで数ヵ所切り込みを入れる。

2 フライパンを熱してごま油をひく。砂肝を入れて塩、こしょうをふって中火でよく炒める。砂肝に焼き目がついてプリッとしてきたら、フライパンの端に寄せ、空いたところに、にんにく、しょうが、豆板醤を入れて炒める。

3 いい匂いがしてきたらピーマンを加えて全体を炒め合わせる。ピーマン、赤パプリカが少ししんなりしたら酒を加えてザッと炒める。オイスターソースを加えて混ぜ、味をみながらしょうゆでととのえる。

砂肝とねぎの 山椒炒め

材料（2人分）

砂肝…200g

長ねぎ…1本

しょうが…1/2かけ

ごま油…大さじ1

しょうゆ…大さじ1

みりん…大さじ1/2

粉山椒…小さじ1/2

作り方

1 砂肝は水でよく洗って水けをしっかりふく。身の厚いところにキッチンばさみで数ヵ所切り込みを入れる。長ねぎは5cm長さの斜め切りにする。しょうがはせん切りにする。

2 フライパンを熱してごま油をひき、砂肝を強火で炒める。砂肝がプリッとして少し焼き目がついたら、長ねぎ、しょうがを加えて炒める。

3 長ねぎがしんなりしたら、しょうゆ、みりん、山椒を加えて炒め合わせる。

鶏と豆腐のチャンプルー

材料（2〜3人分）

鶏もも肉…1枚

豆腐（木綿）…1丁

にんじん…3cm

にら…1/2束

卵…1個

にんにく、しょうが…各1かけ

ごま油…大さじ1

泡盛または酒…大さじ1/2〜1

a しょうゆ…大さじ1/2
　砂糖…2つまみ

塩、こしょう…各適量

作り方

1 豆腐は水きりをする。

2 にんじんは薄い半月切りにする。にらは7〜8cm長さに切る。にんにく、しょうがはみじん切りにする。鶏肉は脂身を取り除いて、1cm幅に切る。卵は溶きほぐす。

3 フライパンを熱してごま油をひき、鶏肉を入れて強火で焼く。焼き目がついたら、にんにく、しょうがを加えて炒める。いい匂いがしてきたら、にんじんを加えて炒め、にんじんが少ししんなりしたらフライパンの端に寄せる。空いたところに溶き卵を流し入れる。少し固まってきたら半熟のいり卵にしてから全体を大きく炒め合わせる。

4 豆腐を加えて木べらで好みの大きさにくずしながら炒める。豆腐が温まったらにらを加えて炒める。

5 泡盛を加えてザッと混ぜる。aを加えて炒め合わせる。味をみて塩、こしょうでととのえる。

＊18ページ参照　＊＊14ページ❷参照

鶏肉と野菜の中華みそ煮込み

煮

材料（2〜3人分）

鶏もも肉…1枚

じゃがいも…200g

にんじん…1/2本

いんげん…1袋

にんにく、しょうが…各1かけ

a 水…カップ1
　酒、みりん、オイスターソース
　　…各大さじ1
　しょうゆ、赤みそ、砂糖
　　…各大さじ1/2

ごま油…適量

作り方

1 じゃがいもは皮をむいて8等分に切って水に3分さらす。にんじんは1cm厚さの輪切りにする。いんげんはへたを切り落とす。鶏肉は脂身を取り除いて、大きめの一口大に切る。にんにく、しょうがはみじん切りにする。aを混ぜ合わせる。

2 フライパンを熱してごま油大さじ1をひき、鶏肉を皮を下にして並べて強火で焼く。少し焼き目がついたら、にんにく、しょうがを加えて炒める。いい匂いがしてきたら、水けをきったじゃがいも、にんじんを加えて炒める。

3 全体に油がまわったらaを加えて、たまに混ぜながら10分煮る。最後にいんげんを加えて1〜2分煮る。器に盛ってごま油を回しかける。

写真…39ページ

鶏と大根の中華カレー煮

煮

材料（2人分）

鶏もも肉…1枚

大根…8cm

しょうが…1かけ

ごま油…大さじ1

a 水…カップ2
　みりん…大さじ2
　しょうゆ、オイスターソース
　　…各大さじ1
　カレー粉、砂糖…各大さじ1/2

万能ねぎ（小口切り）…5本

しょうゆ…適量

作り方

1 鶏肉は脂身を取り除いて、大きめの一口大に切る。大根は2cm厚さのいちょう切りにする。しょうがは皮つきのまま薄切りにする。

2 鍋を熱してごま油をひき、鶏肉を皮を下にして強火で焼く。焼き目がついたら返して両面を焼く。こんがり焼き目がついたら大根を加えて全体を炒める。

3 大根にも焼き目がついたらa、しょうがを加えてふたをして強めの中火で20分煮る。味をみて薄ければしょうゆでととのえる。器に盛って万能ねぎをちらす。

＊14ページ❶参照　＊＊14ページ❸参照

鶏のバジルトマト煮 煮

材料（4人分）

鶏もも肉…2枚
なす…3本
玉ねぎ…1/2個
にんにく…3かけ
バジル（生）…10枚
モッツァレラチーズ…100g
オリーブ油…大さじ2と1/2
ホールトマト缶…1缶（400g）
塩、こしょう…各適量

作り方

1 なすは乱切り*にして塩水に3分さらす。玉ねぎ、にんにくは縦薄切りにする。モッツァレラは5mm厚さに切る。鶏肉は脂身を取り除いて、一口大に切る。

2 フライパンを熱してオリーブ油大さじ2をひき、水けをふいたなすを入れて強火で炒める。少ししんなりしたら取り出す。

3 フライパンにオリーブ油大さじ1/2を足して鶏肉を皮を下にして並べる。塩、こしょう各少々をふって強火で焼く。しっかり焼き目がついたら返して、にんにくを加えて炒める。いい匂いがしてきたら玉ねぎを加えて炒める。

4 玉ねぎが少しきつね色になったら、ホールトマトを加えて木べらでトマトをつぶす。②を戻し入れて弱めの中火で8〜10分煮る。

5 味をみながら塩、こしょうでととのえる。モッツァレラ、バジルを加えてひと混ぜする。

＊14ページ❹参照

鶏骨つき肉のスパイストマト煮込み 煮

材料（2人分）

鶏骨つきもも肉…2本
セロリ…1本
セロリの葉…適量
じゃがいも（メークイン）…1個
にんにく…2個
オリーブ油…大さじ1
a
- **ワイン（白）…大さじ2**
- **ホールトマト缶…1缶（400g）**
- **クミンシード（ホール）…大さじ1/2**
- **ローズマリー（乾燥）…小さじ1**
- **カレー粉…小さじ1/2**
- **ナツメグ…少々**

塩、こしょう…各適量

作り方

1 鍋を熱してオリーブ油をひき、鶏肉を水けをふいて並べて、塩、こしょう各少々をふって両面を強火で焼く。こんがりと焼き目がついたら半分に切ったにんにく、**a**、水カップ1と1/2を加え、沸いてきたらフツフツするくらいに火を弱めてあくを取りながら20分煮る。

2 じゃがいもは皮をむいて縦半分に切り、水に3分さらす。セロリはピーラーで皮をむいて5〜6cm幅に切る。大きければさらに縦半分に切る。セロリの葉は数枚をちぎる。

3 ①の鶏肉を少し寄せ、空いたところにじゃがいもとセロリを入れて15〜20分煮る。じゃがいもに竹串がスーッと通ったら味をみながら塩、こしょうでととのえる。最後にセロリの葉を加えてサッと煮る。

手羽元とねぎの甘辛煮 煮

材料（2〜3人分）

手羽元…6本
長ねぎ…2本
しょうが…1かけ
赤唐辛子…1本
a
- **水…カップ1**
- **しょうゆ…大さじ1〜1と1/2**
- **酒、砂糖、みりん…各大さじ1**
- **ごま油…小さじ1**

作り方

1 長ねぎは5cm長さに切る。しょうがはせん切りにする。赤唐辛子はへたと種を取り除く。

2 鍋に**a**を入れて煮立て、①、手羽元を加える。ふたをして中火で15〜20分煮る。

鶏肉と新じゃがいもの煮物

煮

材料（2人分）

鶏もも肉…1枚

新じゃがいも…250g

a
- **水…カップ1**
- **しょうゆ…大さじ2**
- **みりん…大さじ1**
- **砂糖…大さじ1/2**
- **サラダ油…小さじ1**

作り方

1 新じゃがいもは芽があれば取り除く。皮つきのまま半分に切って水に3分さらす。鶏肉は脂身を取り除いて一口大に切る。

2 鍋に**a**、①を入れ、ふたをして強火にかける。沸いてきたら弱めの中火にしてたまに混ぜながら15分煮る。じゃがいもに竹串がスーッと通ったらできあがり。

鶏とたけのこの煮物

煮

材料（2人分）

鶏もも肉…1枚

たけのこ（水煮）…1個（70g）

しょうが…1/2かけ

a
- **水…カップ1**
- **しょうゆ、みりん…各大さじ1**
- **砂糖…小さじ1**

作り方

1 たけのこは長さを半分に切ってから縦4等分に切る。鶏肉は脂身を取り除いて、一口大に切る。しょうがはせん切りにする。

2 鍋に**a**を入れて煮立て、①を加えてふたをして強めの中火で7分煮る。たまに何度か混ぜる。

基本のクリームシチュー

煮

材料（2〜3人分）

鶏もも肉…1枚

じゃがいも…2個

にんじん…小1本

しめじ…1/2パック

ブロッコリー…1/2個

サラダ油…小さじ1

バター…大さじ2

薄力粉…大さじ2と1/2

牛乳…カップ2と1/2

生クリーム…カップ1/2

塩、こしょう…各適量

作り方

1 にんじんは7mm厚さの輪切りにする。しめじは根元を切り落として適当な大きさにほぐす。ブロッコリーは小房に切り分ける。茎があれば皮を削るように厚めにむいて食べやすい大きさに切る。鶏肉は脂身を取り除いて3cm角に切る。

2 じゃがいもは皮をむいて4等分に切り、水に3分さらす。鍋にじゃがいもとひたひたの水を入れてゆでる。竹串がスーッと通ったらざるにあげて水けをきる。

3 別の鍋かフライパンを熱してサラダ油とバターを入れる。バターが溶けたら鶏肉を加えて塩、こしょう各少々をふって強火で炒める。色が変わったらにんじん、しめじを加えて炒める。

4 弱火にして薄力粉を加えてよく混ぜながら炒める。粉っぽさがなくなってなじんだら火を止める。牛乳を3回にわけて加え、そのつどよく混ぜる。

5 中火にかけて生クリーム、ブロッコリーを加え、混ぜながら煮る。とろみがついたら②を加えて、味をみながら塩、こしょうでととのえる。

鶏すき鍋

鍋

材料（4人分）

鶏もも肉…2枚

長ねぎ…2本

えのきだけ…1パック

春菊…1束

豆腐（木綿）…1丁

しらたき…1袋

a
- **水…カップ1/2**
- **酒、しょうゆ…各大さじ4**
- **みりん…大さじ3**
- **砂糖…大さじ1/2〜1**

しょうゆ…適量

溶き卵…4個分

作り方

1 長ねぎは5cm長さの斜め切りにする。えのきは根元を切り落として小房にわける。春菊は根元を切り落として5cm長さに切る。鶏肉は一口大に切る。豆腐は食べやすい大きさに切る。しらたきはサッと下ゆでして、キッチンバサミでザクザク切る。

2 鍋に**a**を煮立てて鶏肉を加える。肉の色が変わったら長ねぎ、豆腐、しらたきを加えて5分煮る。えのき、春菊の順に加えてふたをしてサッと煮る。味をみて薄ければしょうゆでととのえる。

3 溶き卵にからめながら食べる。

鶏の豆乳ラー油鍋 鍋

材料（4人分）

鶏骨つきぶつ切り肉…800g
長ねぎ…1本
春菊…1束
にんにく…4かけ
しょうが…1かけ
厚揚げ…1枚
マロニー…50g
ごま油…大さじ1と1/2
豆乳…カップ3
オイスターソース…大さじ2
塩、ラー油…各適量

作り方

1 長ねぎは5cm長さの斜め切りにする。春菊は根元を切り落として5cm長さに切る。にんにく、しょうがはみじん切りにする。厚揚げは縦半分に切ってから1cm幅に切る。

2 鍋を熱してごま油をひき、鶏肉を強火で焼く。全体に焼き目がついたらにんにく、しょうがを加えて炒める。にんにくが色づいたら水カップ2と1/2を加え、沸いてきたら火を弱めてあくを取りながら30分煮る。

3 豆乳、厚揚げ、長ねぎ、オイスターソースを加えて20分煮る。

4 マロニーを加えて3分煮て、春菊を加えてひと煮する。味をみながら塩でととのえる。最後にラー油を回しかける。

棒《バン》棒《バン》鶏《ジー》 蒸

材料（2人分）

鶏もも肉…1枚
にんにく、しょうが…各1かけ
酒…大さじ1
塩…1つまみ
ねりごま（白）…大さじ1と1/2
a ┌ おろしにんにく、おろししょうが…各少々
**　│ オイスターソース、ごま油…各大さじ1/2**
**　│ 酢…小さじ1**
**　└ しょうゆ、砂糖…各小さじ1/2**
レタス…小1/8個

作り方

1 鶏肉は脂身を取り除き、皮全体に包丁の先でプスプスと穴をあけ、身のほうは包丁で数本切り込みを入れる。にんにく、しょうがは半分に切る。耐熱容器に鶏肉をのせ、酒、塩をふってにんにく、しょうがをのせる。

2 蒸気があがった蒸し器に①を入れて強火で15分蒸す。粗熱をとって食べやすく切る。

3 ねりごまに水大さじ2〜3を少しずつ加えて混ぜる。さらに**b**を次々加えて混ぜ、②を加えて和える。

4 レタスは細切りにして器に盛り、③をのせる。

写真…39ページ

竜田揚げ 揚

材料（2〜3人分）

鶏もも肉…2枚
a ┌ しょうがの絞り汁…1かけ分
**　│ おろしにんにく…少々**
**　│ しょうゆ…大さじ1と1/2**
**　│ みりん…大さじ1/2**
**　│ ごま油…小さじ1**
**　│ 塩…1つまみ**
**　└ こしょう…適量**
片栗粉、揚げ油…各適量
レモン（くし形切り）、マヨネーズ…各適量

作り方

1 鶏肉は脂身を取り除いて、4〜5等分に切る。

2 ボウルに鶏肉、**a**を入れて手でもみ込む。別のボウルに片栗粉を入れておく。

3 フライパンに揚げ油を深さ3cm入れて中温に熱する。鶏肉の皮を広げてから片栗粉をしっかりまぶし、フライパンに静かに落とし入れていく。すぐにはいじらず、まわりがしっかりしてきたら、返しながらじっくり揚げる。全体がきつね色になったら1個だけ竹串を刺してみて、澄んだ汁が出てくればオッケー。火を強めて大きく混ぜてカラッと仕上げる。器に盛ってレモン、マヨネーズを添える。

＊14ページ❻参照

唐揚げと竜田揚げの違い

調味料と片栗粉を混ぜて揚げるのが唐揚げで、片栗粉をまぶして揚げるのが竜田揚げ。

鶏の唐揚げ

揚

材料（3〜4人分）

鶏もも肉…3枚

a しょうがの絞り汁…1かけ分
  おろしにんにく…少々
  しょうゆ…大さじ3
  酒…小さじ1
  ごま油…小さじ1

片栗粉…大さじ5〜6

揚げ油…適量

レモン（くし形切り）、マヨネーズ…各適量

作り方

1 鶏肉は脂身を取り除き、5〜6等分に切る。

2 ボウルに鶏肉、aを加えて手でもみ込み、片栗粉を加えてツヤッとするまでさらにもみ込む。

3 フライパンに揚げ油を深さ3cm入れて中温に熱する。②の鶏肉の皮を広げて肉を包み込み形をととのえる。皮を下にしてフライパンにギッチリ入れて中火で揚げる。まわりが固まってきたら、たまに返しながらじっくり7〜8分揚げる。

4 全体がきつね色になってきたら竹串を刺し、澄んだ汁が出てきたら火を強めて全体をカラッと揚げる。

5 器に盛ってレモンとマヨネーズを添える。

＊14ページ❻参照

写真…22ページ

手羽先揚げ カレーマヨネーズ添え

揚

材料（2〜3人分）

手羽先…10本

冷凍フライドポテト…1袋

塩、こしょう…各適量

薄力粉、揚げ油…各適量

a おろしにんにく…少々
  マヨネーズ…大さじ3
  牛乳…大さじ1
  酢…大さじ1/2
  カレー粉…小さじ1/2
  塩、砂糖…各1つまみ

作り方

1 手羽先は骨に沿って切り込みを入れる。塩、こしょうを全体にまぶす。aを混ぜておく。

2 フライパンに揚げ油を深さ2cmくらい入れて、冷たい油に凍ったままのフライドポテトを入れて中火にかける。たまに返しながらきつね色に揚げて、熱いうちに塩、こしょうをふる。

3 続いて手羽先を揚げる。手羽先は薄力粉をまぶしてからフライパンに入れる。たまに返しながら中火で揚げる。全体がきつね色になったら油をきって取り出す。

4 器に②、③を盛って、好みで混ぜたaをつけながら食べる。

フライドチキン

揚

材料（4〜5人分）

鶏骨つきもも肉…2本

手羽元…6本

a レモン汁…1/2個分
  塩…小さじ1
  おろし玉ねぎ…大さじ1強
  パプリカ、セロリパウダー、ガーリックソルト、こしょう…各小さじ1/4

牛乳…適量

b 薄力粉…カップ1
  塩…小さじ1と1/2
  パプリカ、セロリパウダー、ガーリックソルト、こしょう…各小さじ1/4

揚げ油…適量

作り方

1 鶏肉は関節部分に包丁を入れて半分に切り分ける。

2 バットにaを混ぜ合わせて①を入れて手でよくもみ込む。ひたひたの牛乳を注いで、冷蔵庫で30分以上（でき

れば一晩）寝かす。

3 **b**を混ぜる。フライパンに揚げ油を深さ3cmくらい入れて中温に熱する。②の汁けをキッチンペーパーなどでよくふき、**b**をまぶしてフライパンに入れる。ふたをして弱めの中火で8～10分揚げる。色づいてきたら肉をひっくり返して、再びふたをして7～8分揚げる。ふたを取って最後に強火にして大きく混ぜながらカラッと仕上げる。

油《ユー》淋《リン》鶏《チー》

揚

材料（2人分）

鶏もも肉…2枚

塩、こしょう…各少々

薄力粉、揚げ油…各適量

長ねぎ…10cm

a
- **おろししょうが…少々**
- **ごま油、酢…各大さじ1/2**
- **砂糖…小さじ1弱**
- **塩…小さじ1/4**
- **しょうゆ、オイスターソース…各少々**

作り方

1 鶏肉は脂身を取り除き、皮全体に包丁の先でプスプスと穴をあけて、身のほうは包丁で数本切り込みを入れる。塩、こしょうをふって薄力粉を全体にまぶす。

2 フライパンに揚げ油を深さ2cm入れて中温に熱する。①を皮を下にして入れて中火で揚げる。少し色づいたら、返して両面をじっくり揚げる。全体がきつね色になってきたら再び皮を下にして、火を強めてカラッと仕上げる。

3 長ねぎは長さを半分に切ってから白《しら》髪《が》ねぎ＊にする。水けをしっかりきってボウルに入れ、**a**を加えて和える。

4 ②を食べやすい大きさに切って器に盛り、③をかける。

＊15ページ⑮参照

ささみときゅうりの梅和え

和え

材料（2人分）

ささみ…2本

きゅうり…1本

梅干し…2個

しょうゆ…適量

塩…少々

> **鶏の脂身**
> 好みですが、鶏肉の黄色い脂身は加熱してもグニュグニュしていておいしくないので基本的に取ります。

作り方

1 ささみはゆでて粗熱がとれたら適当な太さに手でさく。

2 きゅうりは長さを3等分に切ってから縦4等分に切り、塩をふっておく。

3 梅干しは種を除いて細かく刻んでボウルに入れ、①、水けをきった②を加えて和える。味をみながらしょうゆでととのえる。

> **鶏の脂身はどれくらい取るか**
> もうとにかくきれいさっぱり取り除こうとまでは思わず、目につくでかいやつを取ればいいのです。

鶏肉と新玉ねぎのピリ辛和え

和え

材料（2人分）

鶏もも肉…1枚

新玉ねぎ…1/2個

a
- **おろしにんにく…1/2かけ分**
- **しょうゆ、レモン汁…各大さじ1**
- **砂糖…大さじ1/2**

塩、こしょう…各少々

ごま油…大さじ1/2

一味唐辛子…適量

作り方

1 玉ねぎは縦薄切りにする。水に5分さらして水けをきる。

2 鶏肉は脂身を取り除き、皮全体に包丁の先でプスプスと穴をあけて、身のほうは包丁で数本切り込みを入れる。

3 フライパンを熱してごま油をひく。鶏肉を皮を下にして並べ、塩、こしょうをふってふたをして中火で焼く。焼き目がついたら返す。返してからはふたをせずに焼く。焼きあがったら2cm幅に切る。

4 ボウルに**a**、①を混ぜ合わせ、アツアツの③を加えて和える。器に盛って好みで一味唐辛子をふる。

ささみと菜の花のナムル

和え

材料（2人分）

ささみ…1本

菜の花…1/2束

a
- おろしにんにく…少々
- すりごま(白)…大さじ2
- ごま油…大さじ1
- 塩、砂糖…各2つまみ

塩…適量

作り方

1 鍋に湯を沸かして塩を加え、菜の花をサッとゆでる。粗熱がとれたらしっかり絞って長さを半分に切る。

2 ①の湯でささみをゆでて粗熱がとれたら適当な太さに手でさく。

3 ボウルに**a**を混ぜ合わせて、①、②を加えて和える。味をみて塩でととのえる。

鶏肉のごままぶし　和え

材料 (4～5人分)

鶏むね肉…3枚

a
- にんにく、しょうが(ともに半分に切る)…各1かけ
- 酒、塩…各少々

万能ねぎ…6本

b
- おろししょうが…1/2かけ分
- すりごま(白、黒)…各大さじ1
- ごま油、しょうゆ…各小さじ2
- みりん…小さじ1
- 砂糖…1つまみ

作り方

1 鍋に湯を沸かして鶏肉、**a**を入れ、再び沸いてきたら火を弱めてあくを取りながら20分煮る。火が通ったら冷まして、皮を取り除いて適当な太さに手でさく。

2 万能ねぎは小口切り*にする。

3 ボウルに**b**を混ぜ、①、②を加えて和える。

＊14ページ❶参照

親子丼　米

材料 (2人分)

温かいご飯…2人分

鶏もも肉…200g

長ねぎ…1本

卵…3個

めんつゆ(どんぶり用の濃さ)
…カップ1

ごま油…大さじ1

作り方

1 長ねぎは3cm長さに切る。鶏肉は脂身を取り除いて一口大に切る。卵はざっくり溶きほぐす。

2 フライパンを熱してごま油をひき、鶏肉、長ねぎを入れて強火で炒める。少し焼き目がついたらめんつゆを加えてふたをして中火で3分煮る。

3 溶き卵を菜箸につたわらせながら回し入れ、すぐにふたをする。弱火にして好みの固さになるまで1～3分煮る。器にご飯を盛ってのせる。

写真…59ページ

中華がゆ　米

材料 (4人分)

米…カップ3/4

スープ
- 鶏がら…1羽分
- 長ねぎ(青い部分)…1本分
- にんにく(半分に切る)…1かけ
- しょうが(薄切り)…1かけ

ごま油…大さじ1/2

鶏もも肉…2枚

a
- しょうが(薄い輪切り)…1かけ
- 酒…少々
- しょうゆ…小さじ1
- 塩…2つまみ

塩…適量

作り方

1 スープをとる。鍋に水2ℓを入れて沸かし、スープのすべての材料を加えてあくを取りながら弱火で2時間煮る。ざるでこして、スープだけを1.5ℓはかる（足りなければ水を足して1.5ℓにする）。

2 米は洗って水けをきる。鍋を熱してごま油をひき、米を中火で炒める。米が透き通ってきたら①のスープを加え、たまに混ぜながら1時間煮込む。

3 鶏肉は脂身を取り除いて1cm幅に切ってボウルに入れ、**a**を加えてもみ込んでおく。

4 ②に③を加えて5～10分煮る。肉に火が通ったら味をみて、薄ければ塩でととのえる。

中華炒め混ぜおこわ　米

材料 (4人分)

もち米…2合

鶏もも肉…200g
たけのこ(水煮)…100g
ぎんなん水煮缶…小1缶
にんにく…1かけ
しょうが…1/2かけ
ごま油…大さじ1
酒…大さじ2
オイスターソース…大さじ1
いりごま(白)…大さじ2
塩、こしょう、しょうゆ…各適量
万能ねぎ(小口切り)…適量

作り方

1 もち米は洗って、炊飯器の「もち米」か「おこわ」の目盛りに合わせて普通に炊く。
2 鶏肉は脂身を取り除いて、2cm角に切る。たけのこは7mm角に切る。にんにく、しょうがはみじん切りにする。ぎんなんはザッと洗って水けをきる。
3 フライパンを熱してごま油をひく。鶏肉を入れて、塩、こしょう各少々をふって強火で炒める。肉に焼き目がついたらにんにく、しょうがを加えて炒め、いい匂いがしてきたらたけのこ、ぎんなんを加えて炒める。
4 全体に油がまわったら酒を加えてザッと炒め、オイスターソース、しょうゆ小さじ1を加えて混ぜる。
5 炊きあがったもち米に④、いりごまを加え、ぬらしたしゃもじで切るようにサックリと混ぜる。味をみて薄ければしょうゆ、塩でととのえる。器に盛って万能ねぎをちらす。

＊14ページ❶参照

鶏肉のバジル炒めのせごはん

米

材料(2人分)
温かいご飯…2人分
鶏もも肉…250g
たけのこ(水煮)…70g
玉ねぎ…1/2個
にんにく…2かけ
しょうが…1かけ
バジル(生)…15枚
赤唐辛子…1本
a ナンプラー…大さじ1
　オイスターソース、砂糖…各大さじ1/2
　カレー粉…少々
サラダ油…大さじ1
酒…大さじ1
塩、こしょう…各適量

作り方

1 たけのこは縦3mm厚さに切る。玉ねぎは縦薄切りにする。にんにく、しょうがはみじん切りにする。鶏肉は脂身を取り除いて、大きめの一口大に切る。赤唐辛子はへたと種を取り除いて小口切りにする。aを混ぜておく。
2 フライパンを熱してサラダ油をひく。鶏肉を皮を下にして並べて中火でじっくり焼く。両面こんがり焼けたらにんにく、しょうがを加えて炒める。いい匂いがしてきたら玉ねぎを加えて炒める。
3 玉ねぎがしんなりしたらたけのこ、赤唐辛子を加えて炒める。たけのこに油がまわったら酒を加えてザッと混ぜ、aを加えて炒め合わせる。味をみて塩、こしょうでととのえ、バジルを加えてザッと混ぜる。
4 器にご飯を盛って③をのせる。

＊14ページ❶参照

シンガポールチキンライス

米

材料(4人分)
米…2合
鶏もも肉…2枚
a 水…カップ4
　にんにく、しょうが(ともに半分に切る)…各1かけ
　長ねぎ(青い部分)…1本分
　塩…小さじ1/2
しょうゆ…小さじ1
こしょう…少々
b おろしにんにく…少々
　オイスターソース…大さじ1と1/2
　水…大さじ2
　酢…大さじ1
　砂糖、しょうゆ…各小さじ1
　からし…小さじ1/2
香菜《シャンツァイ》、トマト、豆板醤《トウバンジャン》…各適量

作り方

1 鶏肉は脂身を取り除き、皮全体に包丁の先でプスプスと穴をあけて、身のほうは包丁で数本切り込みを入れる。
2 鍋にa、①を入れて強火にかけ、沸いてきたら火を弱めてあくを取りながら40分煮る。ざるでこして具とスープ

にわけ、長ねぎ、にんにく、しょうがは取り除く。

3 米は洗って水けをきって、炊飯器に入れる。②のスープを2合の目盛りに合わせて注ぎ、しょうゆ、こしょうを加えてザッと混ぜて炊く。

4 炊きあがったら②の鶏肉を加えて、ふたをして10分くらい蒸らす。鶏肉を取り出し、ぬらしたしゃもじでサックリと混ぜる。鶏肉は食べやすい大きさに切る。**b**をよく混ぜる。

5 香菜、トマトは食べやすい大きさに切る。器にご飯を盛って鶏肉をのせ、**b**、香菜、トマト、豆板醤を添える。

グリーンカレー

材料 (4人分)

温かいご飯(タイ米など)…4人分
鶏むね肉…2枚
なす…3本
赤パプリカ…1個
たけのこ(水煮)…100g
しめじ…1パック
玉ねぎ…1/2個
にんにく、しょうが…各1かけ
サラダ油…大さじ1
グリーンカレーペースト…1袋(50g)
a ［ **ココナッツミルク…カップ2**
水…カップ1
レモングラス(乾燥)…8本
こぶみかんの葉(乾燥)…5～6枚 ］
砂糖…大さじ2
ナンプラー…大さじ2
塩…適量
香菜《シャンツァイ》(刻んだもの)、フライドオニオン(あれば)…各適量

作り方

1 なすは皮をむいて縦4等分に切り、塩水に3分さらす。赤パプリカは縦細切りにする。たけのこは縦3mm厚さに切る。しめじは根元を切り落として小房にわける。玉ねぎは縦薄切りにする。にんにく、しょうがはみじん切りにする。鶏肉は脂身を取り除いて、一口大に切る。

2 フライパンを熱してサラダ油をひき、鶏肉を強火で炒める。少し焼き目がついたら、にんにく、しょうが、玉ねぎを加えて炒める。玉ねぎがしんなりしたら、たけのこ、しめじ、水けをきったなす、赤パプリカの順に加えて炒める。

3 野菜がしんなりしたら、カレーペーストを加えてザッと炒め、**a**を加える。沸いてきたら火を弱めて、あくを取りながら15分煮る。砂糖、ナンプラーを加えて混ぜ、味をみて薄ければ塩でととのえる。

4 器にご飯を盛って③をかけ、香菜、あればフライドオニオンをちらす。

チキンカレー2

材料 (4人分)

温かいご飯…4人分
鶏もも肉…2枚
まいたけ、しめじ…各1パック
玉ねぎ…1個
にんにく…2かけ
サラダ油…大さじ2
バター…大さじ2
カレールウ…1箱(約6皿分)
赤みそ…大さじ1/2

作り方

1 しめじは根元を切り落として手で適当な大きさにほぐす。まいたけもほぐす。玉ねぎは縦薄切りにする。にんにくはみじん切りにする。鶏肉は脂身を取り除いて、一口大に切る。

2 フライパンを熱してサラダ油大さじ1とバターを入れ、にんにくを弱火で炒める。いい匂いがしてきたら玉ねぎを加えて強火にして炒める。しんなりしてきたら火を弱めてきつね色になるまでしっかり炒める。

3 鍋を熱してサラダ油大さじ1をひき、鶏肉を皮を下にして並べて強火で焼く。焼き目がついたら返して両面をこんがり焼く。カレールウの箱の表示量の水、きのこ、②を加える。沸いてきたら火を弱めて、あくを取りながら10分煮る。

4 カレールウ、赤みそを加えて、木べらで混ぜながらとろみがつくまで煮る。器にご飯を盛ってかける。

鶏茶漬け

材料 (2人分)

温かいご飯…茶わん2杯弱
鶏むね肉…1枚
だし汁(かつお節でとったもの)

…カップ1
薄口しょうゆ…小さじ1
塩…適量
錦糸卵
卵…1個
塩、砂糖…各少々
サラダ油…小さじ1
三つ葉、いりごま(白)、おろししょうが、おろしわさび…各適量

作り方

1 鍋に水カップ3を入れて沸かし、鶏肉を入れてあくを取りながら20分ゆでる。

2 鶏肉を取り出す。①の鍋にだし汁、しょうゆを加えて混ぜ、味をみながら塩でととのえる。

3 ②の鶏肉の粗熱がとれたら皮を取り除いて適当な大きさにさく。

4 錦糸卵を作る。卵を溶いて塩、砂糖を加えてよく混ぜる。フライパンを熱してサラダ油をひき、卵液を流し入れて弱火で焼く。表面が乾いたらまな板に取り出して、半分に切って細切りにする。

5 器にご飯を盛って③と④を好きなだけのせて、アツアツの②をかける。三つ葉は根元を切り落として刻み、のせる。好みでいりごま、おろししょうが、わさびをのせて食べる。

マカロニグラタン 麺

材料 (4人分)
鶏もも肉…1枚
かに缶…小1缶(55g)
玉ねぎ…1/2個
マカロニ…150g
パセリ(みじん切り)…大さじ2〜3
サラダ油…大さじ1/2
バター…大さじ2
薄力粉…大さじ2と1/2
牛乳…カップ2と1/2
生クリーム…カップ1/4〜1/2
塩、こしょう…各適量
ピザ用チーズ…カップ1/2強
パン粉…カップ1/4

作り方

1 玉ねぎは薄切りにする。鶏肉は脂身を取り除いて小さめの一口大に切る。

2 フライパンを熱してサラダ油とバターを入れる。鶏肉を皮を下にして並べ、強めの中火でこんがり焼く。焼き目がついたら玉ねぎを加えて炒める。

3 玉ねぎがしんなりしたら弱火にして薄力粉を加え、よく混ぜながら炒める。粉っぽさがなくなったら火を止めて、牛乳カップ1/2を加えて溶きのばすようによく混ぜる。なめらかになったら、残りの牛乳を少しずつ加えてよく混ぜる。

4 かにを缶汁ごと加えて混ぜ、再び火にかけて混ぜる。フツフツしてきたら弱めの中火にしてさらに混ぜながら7〜8分煮る。とろみがついてきたら、塩小さじ1/2、生クリームを加えて混ぜる。

5 マカロニは袋の表示通りゆでて、水けをきって④に加えて混ぜる。パセリも加えて混ぜ、味をみて塩、こしょうでととのえる。

6 耐熱容器の中を水でサッとぬらし、⑤を入れてピザ用チーズ、パン粉をかける。250℃に温めたオーブンで8〜10分様子を見ながら焼く。チーズが溶けて焼き目がついたらできあがり。

写真…43ページ

鶏スープ(和風) 汁

材料 (2〜3人分)
手羽元…6本
しょうゆ…小さじ1弱
長ねぎ(小口切り)…10cm
塩、七味唐辛子…各適量

作り方

1 鍋に水カップ3と1/2を入れて火にかける。沸騰したら手羽元を入れて、あくを取りながら弱火で20〜30分煮る。

2 煮上がったらしょうゆを加えて混ぜる。味をみて塩でととのえる。器に盛って、ねぎ、七味唐辛子をちらす。

＊14ページ❶参照

鶏スープ(中華風) 汁

材料 (2〜3人分)
手羽元…6本
しめじ…1パック
しいたけ…3個
オイスターソース、酒…各大さじ1
しょうゆ…小さじ1
塩、こしょう…各適量

ごま油…少々

作り方

1 鍋に水カップ3と1/2を入れて火にかける。沸騰したら手羽元を入れて、あくを取りながら弱火で20〜30分煮る。

2 しめじは根元を切り落として適当にほぐす。しいたけは根元を切り落として5mm厚さに切る。

3 ①に②のきのこを加えて弱火で5分煮る。オイスターソース、酒、しょうゆを加えて混ぜる。味をみて塩、こしょうでととのえる。器に盛ってごま油を回しかける。

鶏スープ（洋風） 汁

材料（2〜3人分）

手羽元…6本

トマト…1/2個

オクラ…3本

トルティーヤチップス…10枚

チリパウダー…小さじ1/2

オリーブ油…少々

塩、こしょう…各適量

作り方

1 鍋に水カップ3と1/2を入れて火にかける。沸騰したら手羽元を入れて、あくを取りながら弱火で20〜30分煮る。

2 トマトは2cm角に切る。オクラはへたの先だけ切り落とす。

3 ①にトマト、オクラ、チリパウダーを加えて弱火で2〜3分煮る。味をみながら塩、こしょうでととのえる。トルティーヤチップスを加えてひと煮する。器に盛って、オリーブ油を回しかけて、こしょうをふる。

その他の鶏肉のレシピ

- 鶏とアボカドのソテー…P62
- チキンインドカレー…P69
- 鶏とかぼちゃのバターじょうゆ煮…P74
- かぼちゃとチキンのグラタン…P76
- ごぼうとチキンのクリーム煮…P100
- チキンカレー1…P120
- 鶏と大根と油揚げのさっと煮…P138
- 鶏と大根のこってり中華煮…P138
- たけのこと菜の花と鶏肉のきんぴら煮…P145
- たけのこごはん…P146
- 鶏肉と長いものキムチ炒め…P156
- 鶏となすの炒め煮…P158
- にらの中華スープ…P169
- ピーマンと鶏肉のトマトシチュー…P182
- チキンとほうれんそうのインドカレー…P190
- 水炊き…P192
- ブレッドサラダ…P199
- レタスとチキンの炒め物…P201
- チキンときのこのトマトクリーム煮…P212
- しめじごはん…P213
- チキンときのこのカレー…P214
- 鶏とひじきの煮物…P301
- いなりちらし寿司…P310
- 大豆と鶏肉の煮物…P311
- いり豆腐2…P313
- チキンドライカレー…P332
- なすと鶏肉のドライカレー…P333
- チキンカレー3…P336
- チキンのヨーグルトカレー…P336
- 五目炊き込みご飯…P337
- 鶏五目混ぜご飯…P338
- 鶏肉と空心菜のカレーつけめん…P345
- にゅうめん…P345
- 鶏せいろ…P347
- カレーチキンサンド…P360
- チキンサンド…P361

豚肉

脂の甘みがおいしい豚肉。部位によっていろんな味が楽しめる。おすすめは赤身と脂のバランスがいい肩ロース。ばら肉も捨てがたい

豚のしょうが焼き 焼

材料（2人分）

豚肩ロース薄切り肉…250g

a
- **おろししょうが…1かけ分**
- **水…大さじ3**
- **いりごま（白）、しょうゆ、酒…各大さじ1**
- **みりん…大さじ1/2**
- **砂糖…小さじ1/2**
- **オイスターソース…小さじ1**

薄力粉…適量

サラダ油…大さじ1/2

キャベツ（せん切り）、トマト（くし形切り）、マヨネーズ…各適量

作り方

1 aを混ぜ合わせる。

2 豚肉を広げて薄力粉をまぶす。フライパンを熱してサラダ油をひき、豚肉を並べ、両面を強火で焼く。色が変わったら①を加えてからめる。

3 器に盛ってキャベツ、トマト、マヨネーズを添える。

＊14ページ❻参照

写真…24ページ

ポークソテー

材料（2人分）

豚肩ロースソテーまたはとんかつ用肉…2枚

玉ねぎ…1/2個

a
- **おろししょうが…1/2かけ分**
- **おろしにんにく…少々**
- **水…大さじ2**
- **しょうゆ…大さじ1強**
- **酒、みりん…各大さじ1**
- **バター…大さじ1/2**

サラダ油…大さじ1

塩、こしょう…各少々

作り方

1 玉ねぎは縦薄切りにする。豚肉は両面に包丁で数本切り込みを入れる。aを混ぜ合わせておく（バターは溶けてなくていい）。

2 フライパンを熱してサラダ油大さじ1/2をひく。玉ねぎを入れて強めの中火で炒める。しんなりしたら、aをジャーッと加えて混ぜ、取り出す。

3 フライパンを洗って再度熱する。サラダ油大さじ1/2をひいて豚肉を並べる。塩、こしょうをふってふたをして中火で焼く。バキッと焼き目がついたら返す。返してからはふたはせずに裏もバキッと焼く。②を戻し入れて強火でザッとからめる。

豚肉のピカタ

材料（2人分）

豚肩ロース薄切り肉…200g

溶き卵…1個分

薄力粉…適量

塩、こしょう…各少々

a
- **中濃ソース…大さじ2〜3**
- **粒マスタード…小さじ1**
- **カレー粉…少々**

サラダ油…大さじ1

作り方

1 豚肉は4等分にする。広げて重ね、指で軽く押さえる。塩、こしょうをふる。

2 バットに溶き卵と薄力粉をそれぞれ入れる。フライパンを熱してサラダ油をひく。①に薄力粉をまぶし、溶き卵にくぐらせてフライパンに並べる。中火で両面をこんがりと焼く。

3 器に②を盛ってaを混ぜ合わせてかける。

野菜の豚肉巻き

材料（2人分）

豚肩ロース薄切り肉…200g

大根…5cm

にんじん…5cm

a
- **おろしにんにく、おろししょうが…各少々**
- **いりごま（白）、みりん…各大さじ1**
- **しょうゆ…大さじ1弱**

ごま油…大さじ1

塩…少々

作り方

1 大根、にんじんは皮をむいて縦細切りにする。aを混ぜ合わせておく。

2 豚肉の枚数を数えて①の野菜をその枚数分にわける。豚肉を広げて手前に野菜をのせて、クルクル巻く。巻き終わりを指で押さえる。同様にして枚数分作る。

3 フライパンを熱してごま油をひく。②の巻き終わりを下にして並べて、塩をふって中火で焼く。巻き終わりに焼き目がついたら転がしながら全体に焼き目をつける。焼き目がついたらaを加えてからめる。

豚キムチ1

材料（2人分）

豚ばら薄切り肉…180g

長ねぎ…1本

にら…1/2束

にんにく…1かけ

キムチ…100g

ごま油、しょうゆ…各大さじ1

砂糖…2つまみ

いりごま(白)…適量

作り方

1 豚肉は一口大に切る。長ねぎは1cm厚さの斜め切りにする。にらは5cm長さに切る。にんにくはみじん切りにする。

2 フライパンを熱してごま油をひき、長ねぎを入れて強めの中火で炒める。しんなりして少し焼き目がついたらにんにくを加えて炒める。いい匂いがしてきたら豚肉、にら、キムチを加えて強火で炒める。

3 肉の色が変わったら味をみてしょうゆ、砂糖でととのえる。器に盛って、ごまをかける。

豚キムチ2

材料 (2人分)

豚肩ロース薄切り肉…100g

えのきだけ…1パック

長ねぎ…1/2本

にんにく、しょうが…各1かけ

キムチ…100g

ごま油…大さじ1

酒…大さじ1

しょうゆ…小さじ1/2

オイスターソース…小さじ1

いりごま(白)…大さじ1

一味唐辛子…適量

作り方

1 えのきは根元を切り落として小房にわける。長ねぎは斜め薄切りにする。にんにく、しょうがはみじん切りにする。豚肉は一口大に切る。

2 フライパンを熱してごま油をひき、ねぎ、にんにく、しょうがを中火で炒める。ねぎがしんなりしたら豚肉を加えて強火で炒める。豚肉の色が変わったらえのきを加えて炒める。えのきに油がまわってしんなりしたらキムチを加えてザッと炒める。

3 酒、しょうゆ、オイスターソースを加えて炒め合わせる。仕上げにごまを加えてザッと混ぜ、一味唐辛子をふる。

豚とたけのこのオイスター炒め

材料 (2人分)

豚肩ロース薄切り肉…150g

たけのこ(水煮)…1個(150g)

長ねぎ…1本

にんにく、しょうが…各1かけ

ごま油…大さじ1

酒…大さじ1

オイスターソース…大さじ1

塩、こしょう…各適量

作り方

1 たけのこは縦3mm厚さに切る。長ねぎは1cm厚さの斜め切りにする。にんにく、しょうがはみじん切りにする。豚肉は一口大に切る。

2 フライパンを熱してごま油をひき、にんにく、しょうがを弱火で炒める。いい匂いがしてきたら豚肉を加えて強火で炒める。肉の色が変わったら長ねぎ、たけのこの順に加えて炒める。

3 長ねぎに少し焼き目がついたら酒を加えてザッと炒める。オイスターソースを加えて炒め合わせる。味をみて塩、こしょうでととのえる。

豚となすの中華風炒め

材料 (2人分)

豚ばら薄切り肉…120g

なす…2本

にら…1/2束

にんにく、しょうが…各1かけ

ごま油…大さじ2

酒、オイスターソース…各大さじ1

カレー粉…小さじ1/2

作り方

1 なすは1cm厚さの半月切りにして塩水に3分さらす。豚肉は一口大に切る。にらは5cm長さに切る。にんにく、しょうがはみじん切りにする。

2 フライパンを熱してごま油大さじ1と1/2をひき、水けをふいたなすを入れて強火で炒める。少し焼き目がついたら取り出す。

3 フライパンにごま油大さじ1/2を足して、にんにく、しょうがを弱火で炒める。いい匂いがしてきたら豚肉を加えて強火で炒める。肉の色が変わったら②を戻し入れる。

4 酒を加えてザッと炒め、オイスターソース、カレー粉を加えて炒め合わせる。仕上げににらを加えてザッと炒める。

＊14ページ❷参照

豚となすのみそ炒め

材料（2人分）

豚肩ロース薄切り肉…120g

なす…3本

長ねぎ…1本

にんにく、しょうが…各1かけ

a
- 水、酒…各大さじ1
- みそ、オイスターソース…各大さじ1/2
- しょうゆ、豆板醤《トウバンジャン》…各小さじ1
- 砂糖…小さじ1/2

サラダ油…大さじ2〜2と1/2

ごま油…大さじ1/2

作り方

1 なすは一口大の乱切りにして塩水に3分さらす。長ねぎは1cm厚さの小口切りにする。にんにく、しょうがはみじん切りにする。豚肉は一口大に切る。**a**をよく混ぜ合わせておく。

2 フライパンを熱してサラダ油をひき、水けをふいたなすを入れて強めの中火で炒める。少し焼き目がついてしんなりしたら取り出す。

3 フライパンにごま油を足して、にんにく、しょうが、長ねぎを中火で炒める。いい匂いがしてきたら豚肉を加えて強火で炒める。豚肉に少し焼き目がついたら②を戻し入れ、**a**を加えて炒め合わせる。

＊14ページ❹参照　＊＊14ページ❶参照

豚のきくらげ卵炒め

材料（2〜3人分）

豚こま切れ肉…100g

きくらげ（乾燥）…大さじ2

長ねぎ…1本

にんにく…1かけ

卵…2個

ごま油…大さじ1

酒…大さじ1

オイスターソース…大さじ1/2

塩、こしょう…各適量

作り方

1 きくらげは袋の表示通りにもどし、水けを絞って固いへたを取る。ねぎ、にんにくはみじん切りにする。卵は溶きほぐす。

2 フライパンを熱してごま油をひき、ねぎ、にんにくを中火で炒める。いい匂いがしてきたら、豚肉、きくらげを加え、塩、こしょう各少々をふって強火で炒める。

3 肉の色が変わったら酒を加えてザッと炒め、フライパンの端に寄せる。空いたところに溶き卵を流し入れて、そのままいじらずに加熱する。卵が固まりはじめたら混ぜて半熟のいり卵にする。

4 全体を混ぜてオイスターソースを加えて炒め合わせる。味をみて塩、こしょうでととのえる。

キャベツと豚肉のピリ辛みそ炒め

材料（2〜3人分）

豚肩ロース薄切り肉…150g

キャベツ…小1/4個

にんにく、しょうが…各1かけ

ごま油…大さじ1

a
- みそ、酒…各大さじ1
- みりん…大さじ1/2
- 豆板醤《トウバンジャン》…小さじ1
- しょうゆ…小さじ1/2

塩…少々

こしょう…適量

作り方

1 豚肉、キャベツは一口大に切る。にんにく、しょうがはみじん切りにする。**a**を混ぜ合わせておく。

2 フライパンを熱してごま油をひき、にんにく、しょうがを弱火で炒める。いい匂いがしてきたら豚肉を加えて、塩、こしょう少々をふって強火で炒める。豚肉の色が変わったらキャベツを加えて炒める。

3 キャベツに少し焼き目がついたら**a**を加えて炒め合わせる。器に盛って、こしょうをふる。

豚肉とズッキーニのカレー炒め

材料（2人分）

豚ばら薄切り肉…150g
ズッキーニ…1本
長ねぎ…1本
にんにく、しょうが…各1かけ
ごま油…大さじ1
a　酒…大さじ1
　オイスターソース、しょうゆ…各大さじ1/2
　カレー粉…小さじ1
こしょう…適量

作り方

1 ズッキーニはへたを切り落として1cm厚さの輪切りにする。豚肉は一口大に切る。長ねぎは1cm厚さの斜め切りにする。にんにく、しょうがはみじん切りにする。

2 フライパンを熱してごま油をひき、にんにく、しょうがを弱火で炒める。いい匂いがしてきたらズッキーニ、豚肉、長ねぎを加えて強火で炒める。肉の色が変わって野菜に焼き目がついたら**a**を加えて炒め合わせる。器に盛って、こしょうをふる。

チャプチェ

材料（2〜3人分）

豚肩ロース薄切り肉…100g
韓国春雨…40g
赤パプリカ…1/2個
エリンギ…1パック
にんじん…5cm
玉ねぎ…1/2個
万能ねぎ…1/3束
a　おろしにんにく…少々
　すりごま（白）…大さじ2
　砂糖…大さじ1
　しょうゆ…大さじ1と1/2
　ごま油…小さじ1
　こしょう…適量
ごま油…大さじ1強
塩、こしょう…各適量
いりごま（白）、一味唐辛子…各適量

作り方

1 春雨は袋の表示通りにもどす。

2 パプリカは縦細切りにする。エリンギは大きければ長さを半分に切って縦3mm厚さに切る。にんじんは縦細切りにする。玉ねぎは縦薄切りにする。万能ねぎは5cm長さに切る。豚肉は一口大に切る。ボウルに野菜と肉を入れて、**a**を加えてもみ込む。そのまま3〜5分おく。

3 フライパンに②を入れて中火で炒める。全体にしんなりして水けが出てきたら春雨を加えて混ぜる。春雨が透き通って味がしみたら、ごま油を加えて混ぜる。味をみて塩、こしょうでととのえる。器に盛っていりごまをたっぷりふる。好みで一味唐辛子をふる。

豚肉ときゅうりの中華炒め

材料（2人分）

豚肩ロース薄切り肉…150g
きゅうり…2本
長ねぎ…1/2本
にんにく、しょうが…各1かけ
ごま油…大さじ1
酒…大さじ1
しょうゆ…小さじ2
いりごま（白）…大さじ1強
塩、こしょう…各適量

作り方

1 きゅうりはピーラーで縞目に皮をむいて乱切り＊にする。長ねぎ、にんにく、しょうがはみじん切りにする。豚肉は一口大に切る。

2 フライパンを熱してごま油をひき、ねぎ、にんにく、しょうがを中火で炒める。いい匂いがしてきたら豚肉を加えて、塩、こしょう各少々をふり、強火で炒める。肉の色が変わったらきゅうりを加えて炒める。

3 きゅうりの角が少し丸くなってきたら酒を加えてザッと炒め、しょうゆ、ごまを加えて炒め合わせる。味をみて薄ければ塩、こしょうでととのえる。

＊14ページ❹参照

豚ヒレ肉のチリソース

煮

材料（2〜3人分）

豚ヒレかたまり肉または厚切り肉
…300〜350g

長ねぎ…1/2本

にんにく、しょうが…各1かけ

a
- 水…カップ1/2
- 酒、しょうゆ…各大さじ1と1/2
- 砂糖、ケチャップ…各大さじ1
- 片栗粉…大さじ1/2

薄力粉、揚げ油…各適量

ごま油…大さじ1/2

作り方

1 豚肉はかたまりなら1.5cm厚さに切って、一口大に切る。長ねぎ、にんにく、しょうがはみじん切りにする。**a**をよく混ぜ合わせておく。

2 フライパンに揚げ油を深さ1cmくらい入れて中温に熱する。豚肉に薄力粉をまぶしてギュッとにぎってからフライパンに入れる。たまに返しながらカリッとするまで中火で揚げる。

3 別のフライパンを熱してごま油をひいて、長ねぎ、にんにく、しょうがを中火で炒める。いい匂いがしてきたら、**a**をもう一度よく混ぜてから加え、②も加えて混ぜながらとろみがつくまで煮詰める。

豚ヒレ肉のトマトクリームソース

煮

材料（4人分）

豚ヒレかたまり肉または厚切り肉
…500g

グリーンアスパラガス…1束

にんにく…1かけ

オリーブ油…大さじ1と1/2

ワイン（白）…大さじ2

ホールトマト缶…1/2缶（200g）

生クリーム…カップ3/4

ローリエ…1枚

砂糖…2つまみ

塩、こしょう…各適量

作り方

1 アスパラガスは根元を1cmくらい切り落として下1/3の皮をピーラーでむき、太ければ縦半分に切る。にんにくはみじん切りにする。豚肉は1cm厚さのそぎ切りにする。

2 フライパンを熱してオリーブ油大さじ1/2をひき、塩1つまみを入れて混ぜる。アスパラを加えて強火で焼きつけるように炒める。しっかり焼き目がついてしんなりしたら取り出す。

3 フライパンをサッとふいて熱し、残りのオリーブ油をひいて豚肉を並べる。塩、こしょうをふって強めの中火で焼く。両面にこんがり焼き目がついたら、にんにくを加えて炒める。

4 いい匂いがしてきたらワインを加えてザッと炒め、ホールトマト、生クリーム、ローリエ、砂糖を加え、中火で3〜5分煮詰める。少しとろみがついてきたら、味をみながら塩、こしょうで調味する。器に肉と②を盛ってフライパンに残ったソースをかける。

＊15ページ⑫参照

豚ときのこのクリーム煮

煮

材料（4人分）

温かいご飯…4人分

豚肩ロース薄切り肉…250g

しめじ…1パック

にんにく…1かけ

オリーブ油…大さじ1

ワイン（白）…大さじ2

a
- 生クリーム…カップ1
- 牛乳…カップ1/2
- 粒マスタード…大さじ1/2
- カレー粉…少々
- 塩…小さじ1/2

塩、こしょう…各適量

万能ねぎ（小口切り）…適量

作り方

1 しめじは根元を切り落として小房にわける。にんにくはみじん切りにする。豚肉は一口大に切る。

2 フライパンを熱してオリーブ油をひき、にんにくを弱火で炒める。いい匂いがしてきたら豚肉を加えて塩、こしょう各少々をふって強火で炒める。

3 肉の色が変わったらしめじを加えて炒め、しんなりしたらワインを加えてザッと炒める。**a**を加えて混ぜながら弱めの中火で5分煮詰める。味をみて塩、こしょうで少しだけ濃いめにととのえる。器にご飯を盛ってかける。万能ねぎをちらして、こしょうをふる。

＊14ページ❶参照

写真…25ページ

ごまだれしゃぶしゃぶ

ゆで

材料（2人分）

豚ばらしゃぶしゃぶ用肉…150g
にんじん…1/2本
きゅうり…1本
a
- おろしにんにく、おろししょうが…各少々
- すりごま（白、黒）…各大さじ1
- ごま油、オイスターソース、水…各大さじ1
- 酢…大さじ1/2
- しょうゆ…小さじ1
- 砂糖…小さじ1/2

塩、酒…各少々

作り方

1 にんじん、きゅうりは斜め薄切りにしてから細切りにする。豚肉は半分の長さに切る。

2 ボウルに**a**を入れて混ぜておく。

3 鍋に湯を沸かして塩、酒を加え、豚肉を入れて菜箸で広げながらゆでる。肉の色が変わったらざるにあげて水けをきる。

4 ②に①のにんじん、きゅうり、③を加えてよく和える。

豚しゃぶ梅だれとごまだれ

ゆで

材料（2人分）

豚ばらしゃぶしゃぶ用肉…200g
きゅうり…1本
にんじん…5cm
みょうが…1個
貝割れ菜…1/2パック
リーフレタス、青じそ…各適量
塩、酒…各少々

梅だれ
- 梅干し…1～2個
- a
  - 水…大さじ1と1/2
  - みりん、しょうゆ…各小さじ1
  - 砂糖…小さじ1/2

ごまだれ
- おろししょうが、おろしにんにく…各少々
- ねりごま（白）、水…各大さじ1
- オイスターソース…小さじ2
- ごま油…小さじ1
- ラー油…適量

作り方

1 きゅうりはピーラーで皮をむいてめん棒でたたき、一口大にちぎる。にんじんは皮をむいて縦せん切りにする。みょうがは斜め薄切りにする。貝割れ菜は根元を切り落とす。リーフレタスは巻きやすくちぎる。

2 梅だれを作る。梅干しは種を取り除いて包丁でたたき、ボウルに入れて**a**を加えて混ぜ合わせる。ごまだれはすべての材料を混ぜ合わせる。

3 鍋に湯を沸かして塩、酒を加え、豚肉を入れて菜箸でほぐしながらゆでる。肉の色が変わったらざるにあげて水けをしっかりきる。

4 器に①、青じそ、③を盛って②を添える。リーフレタスに好みの野菜と肉をのせ、たれをかけて巻いて食べる。

豚しゃぶとゴーヤのごまだれ和え

ゆで

材料（2～3人分）

豚ばら薄切り肉…200g
ゴーヤ…1/2本
青じそ…5枚
みょうが…1個
a
- おろししょうが…1/2かけ分
- ねりごま（白）、ごま油…各大さじ1
- みそ、しょうゆ…各大さじ1/2
- 砂糖…小さじ1弱

塩、酒…各適量

作り方

1 ゴーヤは縦半分に切ってスプーンで種とわたを取り除き、3mm厚さの薄切りにする。ボウルに入れて塩小さじ1/2弱をふって混ぜ、10分おく。流水で洗って水けをきる。

2 青じそ、みょうがはせん切りにする。豚肉は大きめの一口大に切る。

3 鍋に湯を沸かして①を1分くらいゆでてすくい取り、ざるにあげて水けをきる。

4 ③の鍋に塩、酒を加え、豚肉を入れてゆでる。肉の色が変わったらざるに

あげて水けをきる。

5 ボウルに**a**を混ぜ合わせ、③、④を加えて和える。器に盛って青じそ、みょうがをのせる。

大根とスペアリブの煮物

煮

材料（2〜3人分）

スペアリブ…500g

大根…10cm

長ねぎの青い部分…1本分

にんにく、しょうが…各1かけ

a
- **しょうゆ…大さじ2**
- **みりん…大さじ2**
- **砂糖…大さじ1と1/2**
- **塩…1つまみ**

作り方

1 鍋にスペアリブ、長ねぎ、半分に切ったにんにくとしょうがを入れて、かぶるくらいの水を注ぐ。強火にかけて沸いてきたら火を弱めてあくを取りながら1時間ゆでる。

2 大根は皮をむいて長さを半分に切ってから縦4等分に切る。①に加えてさらに30分ゆでる。

3 大根、スペアリブともに竹串がスーッと通ったら取り出す。ゆで汁カップ1と1/2を取り出す。鍋をサッと洗うか、別の鍋を用意して、大根、スペアリブ、取り出したゆで汁を入れる。**a**を加えて混ぜ、中火で15分煮る。たまに煮汁を回しかける。

豚の角煮

煮

材料（4人分）

豚ばらかたまり肉…600g

にんにく、しょうが…各1かけ

ゆで卵…4個

a
- **酒…カップ1/2**
- **しょうゆ…大さじ4**
- **砂糖…大さじ2**
- **みりん…大さじ2**

万能ねぎ（小口切り）＊…1/4束

からし…適量

作り方

1 豚肉は4cm角くらいに切り、にんにく、しょうがは半分に切る。

2 鍋にたっぷりの湯を沸かして①を入れ、沸いてきたらあくを取りながら3時間くらいゆでる。水が少なくなってきたら適宜足して、常に豚肉がかぶるくらいの量を維持する。

3 肉に菜箸がスーッと刺さるくらいまでやわらかくなったら火を止め、豚肉とゆで汁カップ1/2を取り出す。

4 ③の鍋をサッと洗って③のゆで汁を入れ、**a**を加えて煮立て、肉を脂を下にして並べる。ゆで卵を加え、少しずらしてふたをして、たまに煮汁を回しかけながら15分くらい弱火で煮る。器に盛って万能ねぎをちらし、からしを添える。

＊14ページ❶参照

写真…35ページ

チャーシュー

煮

材料（4人分）

豚肩ロースかたまり肉…600g

長ねぎの青い部分…1本分

にんにく、しょうが…各1かけ

a
- **おろしにんにく…1/2かけ分**
- **しょうゆ…カップ1/4**
- **はちみつ…大さじ1強**
- **ごま油…少々**

からし…適量

作り方

1 鍋にたっぷりの湯を沸かし、豚肉、長ねぎはそのまま、にんにく、しょうがをともに半分に切って入れる。再び沸いてきたら火を弱め、あくを取りながら60〜70分ゆでる。肉に竹串を刺して、血やにごった汁が出てこなければ取り出す。

2 ボウルに**a**を混ぜ合わせる。①の肉を加えてたまに返しながら20分くらいつける。

3 フライパンに②のつけ汁大さじ3、水大さじ3〜4を入れて強火にかけ、②の肉を加えて汁けがなくなるまで強火で煮からめる。食べやすい大きさに切って器に盛り、からしを添える。

スペアリブのキムチ煮

煮

材料（2〜3人分）

スペアリブ…450〜500g

にんにく…2かけ

しょうが…1かけ
キムチ…200g
ごま油…大さじ1
a 水…カップ3
　しょうゆ、砂糖…各大さじ1

作り方

1 にんにくは縦薄切りにする。しょうがは皮つきのまま薄切りにする。

2 鍋を熱してごま油をひき、スペアリブを並べて強火で焼く。両面に焼き色がついたらスペアリブをフライパンの端に寄せ、空いたところににんにく、しょうがを入れて炒める。

3 いい匂いがしてきたらキムチの半量と**a**を加え、ふたをして弱めの中火で60分煮る。たまに混ぜる。豚肉に菜箸がスーッと通ったら残りのキムチを入れて少し煮込む。

大根とスペアリブの和風鍋

鍋

材料（4人分）

スペアリブ…700g
a 水…カップ5
　長ねぎの青い部分…1本分
　しょうが（3等分に切ったもの）…1かけ分
大根…1/2本
クレソン…1束
b しょうゆ…大さじ2〜3
　みりん…大さじ1
切り餅…4個
サラダ油…大さじ1/2
塩、ゆずこしょう…各適量

作り方

1 鍋を熱してサラダ油をひき、スペアリブを入れて強火で焼きつける。バキッと焼き目がついたら、**a**を加えてあくを取りながら弱火で30分煮る。

2 大根は3cm厚さの輪切りにして皮をむく。

3 ①に②、**b**を加えてさらに弱火で30分煮る。

4 クレソンは根元を切る。餅は半分に切ってトースターでこんがりと焼く。

5 ③に④を加え、味をみて塩でととのえる。ゆずこしょうを添える。

豆乳キムチ鍋

鍋

材料（2〜3人分）

豚ばら薄切り肉…150g
しめじ…1/2パック
えのきだけ…1/2パック
ごぼう…10cm
小松菜…1/2束
にんにく…2かけ
しょうが…1かけ
キムチ…300g
豆乳…カップ2と1/2
ごま油…大さじ1
酒…大さじ1
ラー油…適量
a おろしにんにく、おろししょうが…各少々
　みそ…大さじ1と1/2
　オイスターソース…大さじ1弱
　しょうゆ…小さじ1
　コチュジャン、砂糖…各小さじ1/2
　一味唐辛子…小さじ1/4

作り方

1 しめじ、えのきは根元を切り落として小房にわける。ごぼうはピーラーでささがきにして、酢水に3分さらす。小松菜は根元を切り落として5cm長さに切る。にんにく、しょうがはみじん切りにする。豚肉は一口大に切る。**a**を混ぜ合わせておく。

2 鍋を熱してごま油をひき、にんにく、しょうがを弱火で炒める。いい匂いがしてきたら豚肉を加えて強火で炒める。肉の色が変わったら水けをきったごぼうを加えて炒める。

3 ごぼうに少し焼き目がついたら酒を加えてザッと炒め、水カップ1、豆乳、キムチの半量を加える。沸騰してきたら火を弱めてあくを取りながら10分煮る。

4 しめじ、えのきを加えて少し煮る。きのこがしんなりしたら残りのキムチ、小松菜を加えてひと煮する。仕上げにラー油を回しかける。好みで**a**をかけながら食べる。

＊14ページ❺参照

豚肉と白菜のみそ鍋

鍋

材料（2〜3人分）

豚ばら薄切り肉…200g
白菜…1/4個

春菊…1/2束
長ねぎ…1本
a　赤みそ…大さじ2
　酒、みりん、砂糖
　　…各大さじ1と1/2
　しょうゆ…大さじ1～2
ごま油、いりごま(白)…各適量
溶き卵…2～3個分

作り方

1 白菜は葉と軸に切り分ける。葉はザク切り、軸は長さを2～3等分にして縦細切りにする。春菊は3等分に切る。長ねぎは1cm厚さの斜め切りにする。豚肉は一口大に切る。**a**をよく混ぜ合わせる。

2 鍋を熱してごま油大さじ2をひき、豚肉を強めの中火で炒める。肉の色が変わったら長ねぎを加えて炒める。

3 長ねぎに焼き目がついたら**a**の半量を加えて混ぜる。全体にたれがからまったら、白菜の軸を加えて軽く混ぜ、軸が少ししんなりしたら春菊と白菜の葉を加えて混ぜる。

4 味をみながら残りの**a**を加えてととのえる。仕上げにごま油を回しかけ、いりごまをたっぷりふる。溶き卵にくぐらせながら食べる。

豚の唐揚げ

揚

材料（2人分）

豚肩ロースとんかつ用肉…2枚
a　しょうがの絞り汁…1かけ分
　しょうゆ、みりん、酒
　　…各大さじ1弱
　ごま油…小さじ1
　こしょう
　　…少々
片栗粉、揚げ油
　…各適量

> **肉に切り込みを入れるわけ**
> 火の通りをよくするためと、すじを切ってやわらかくするため。

作り方

1 豚肉は1cm厚さのそぎ切り*にする。ボウルに**a**を混ぜ合わせ、豚肉を加えてもみ込む。別のボウルに片栗粉を入れる。

2 フライパンに揚げ油を深さ2cm入れて中温に熱する。豚肉を1枚ずつ片栗粉のボウルに入れ、押さえながらまぶしてフライパンに次々入れていく。中火で揚げる。まわりが固まってきたら、たまに返しながらじっくりと揚げる。全体が色づいてきたら火を強めてカラッと仕上げる。

*15ページ⑫参照

薄切り肉の黒酢酢豚

揚

材料（2～3人分）

豚ばら薄切り肉…200g
ピーマン…1個
赤パプリカ…1/2個
長ねぎ…1/2本
にんにく、しょうが
　…各1かけ
a　水…カップ1
　砂糖、黒酢
　　…各大さじ2と1/2
　しょうゆ…大さじ2
　酒、片栗粉、オイスターソース
　　…各大さじ1
片栗粉、揚げ油…各適量
ごま油…大さじ1
塩…適量

> **揚げ油の温度を見る目安**
> 菜箸を入れてフッとひと息ついて泡が出るぐらいが中温。いきなり泡が出るのは高温。しばらく泡が出なければ低温。

作り方

1 肉は大きければ切る。ピーマン、パプリカは縦細切りにする。ねぎは1cm厚さの斜め切りにする。にんにく、しょうがはみじん切りにする。**a**を混ぜ合わせておく。

2 フライパンに揚げ油を深さ2cm入れて中温に熱する。ピーマン、パプリカを入れて強火でサッと揚げる。

3 ボウルに片栗粉を入れ、豚肉を1枚ずつ入れてまぶし、ギュッとにぎってから②のフライパンに次々入れて強火で揚げる。肉のまわりが固くなってきたら、返しながらきつね色になるまで揚げる。

4 別のフライパンを熱してごま油をひき、ねぎ、にんにく、しょうがを中火で炒める。ねぎに少し焼き目がついたら②、③を加えてザッと炒め合わせる。**a**をもう一度よく混ぜ合わせてから加えて混ぜながらとろみがつくまで煮詰める。味をみて塩でととのえる。

とんかつ

揚

材料（2人分）

豚肩ロースとんかつ用肉…2枚
塩、こしょう…各少々
溶き卵…1個分

薄力粉、パン粉、揚げ油…各適量
からし、ソース…各適量

作り方

1 豚肉は格子状に切り込みを入れて塩、こしょうをふる。

2 ①に薄力粉、溶き卵、パン粉の順に衣をつける。

3 フライパンに揚げ油を深さ2〜3cm入れて中温に熱する。②を入れて中火で揚げる。衣が固まってきたらたまに返しながらじっくり揚げる。全体がきつね色になったら火を強めてカラッと仕上げる。器に盛ってソース、からしを添える。

ミルフィーユ とんかつ

揚

材料(2人分)

豚肩ロース薄切り肉…250g
塩、こしょう…各少々
溶き卵…1個分
薄力粉、パン粉、揚げ油…各適量
a ┌ 中濃ソース…大さじ2
└ すりごま(白)…大さじ1/2
b ┌ 大根おろし…カップ1/2
│ しょうゆ…大さじ1と1/2
└ みりん…大さじ1
からし、レモン…各適量

作り方

1 豚肉は半量にわけ、1枚ずつ重ねて指で軽く押さえる。塩、こしょうをふる。

2 ①に薄力粉、溶き卵、パン粉の順に衣をつける。

3 フライパンに揚げ油を深さ2cm入れて中温に熱し、②を静かに入れて中火で揚げる。衣が固まってきたらたまに返しながら揚げる。全体がきつね色になったら火を強めてカラッと仕上げる。

4 **a**、**b**をそれぞれ混ぜ合わせる。器に③を盛って、からし、レモンを添える。好みで**a**、**b**をかけて(つけて)食べる。

ポークハヤシカレー

米

材料(4人分)

温かいご飯…4人分
豚肩ロース薄切り肉…220g
しめじ…1パック
玉ねぎ…1個
にんにく…1かけ
デミグラスソース缶…1缶(290g)
カレールウ…1箱(約6皿分)
板チョコレート…約10g
しょうゆ、ウスターソース、ケチャップ…各小さじ1強
サラダ油…大さじ1/2
バター…大さじ1〜1と1/2
塩…適量
生クリーム…適量

作り方

1 しめじは根元を切り落として小房にわける。玉ねぎ、にんにくは縦薄切りにする。豚肉は一口大に切る。

2 鍋を熱してサラダ油とバターを入れて溶かし、玉ねぎ、にんにくを入れて強火で炒める。少ししんなりしたら弱めの中火にしてしっかり炒める。

3 玉ねぎがきつね色になったら、豚肉、しめじを加えて強火で炒める。肉に焼き目がついたらカレールウの箱の表示量からカップ1と1/4減らした量の水、デミグラスソースを加える。フツフツしてきたら火を弱めてあくを取りながら15分煮る。

4 カレールウ、板チョコレートを割り入れて、たまに混ぜながら弱火で煮詰める。とろみがついたらしょうゆ、ウスターソース、ケチャップを加えて混ぜ、味をみて薄ければ塩でととのえる。器にご飯を盛ってかける。生クリームをたらす。

ポーク ストロガノフ丼

米

材料(2人分)

温かいご飯…どんぶり2杯
豚ヒレ肉…200g
しめじ…1パック
にんにく(みじん切り)…1かけ
薄力粉…適量
オリーブ油…小さじ1
バター…大さじ1
ワイン(白)…大さじ2
a ┌ 生クリーム、牛乳…各カップ1/2
└ 粒マスタード…小さじ1/2
塩、こしょう…各適量

作り方

1 豚肉は1cm厚さくらいに切る。しめじは根元を切り落とし小房にわける。

2 フライパンを熱してオリーブ油とバターを入れる。豚肉に薄力粉をまぶして並べ、塩、こしょう各少々をふる。強めの中火で両面をこんがりと焼いて取り出す。

3 ②のフライパンににんにくを入れて炒め、色づいてきたらしめじを加えて強火で炒める。少し焼き目がついたら、ワインを加えてザッと炒め、②を戻し入れる。**a**を加えて弱めの中火で5分煮詰める。塩小さじ1/4を加えて混ぜる。味をみて薄ければ塩、こしょうでととのえる。

4 器にご飯を盛って③をかける。好みでこしょうをふる。

かつ丼 米

材料（2人分）

温かいご飯…2人分

とんかつ…2枚

玉ねぎ…1/2個

卵…3個

三つ葉…1/2束

めんつゆ（どんぶり用の濃さ）…カップ3/4

砂糖…大さじ1

作り方

1 とんかつはトースターで温めて2cm幅に切る。玉ねぎは縦薄切りにする。三つ葉は根元を切り落として3cm長さに切る。卵はざっくり溶いておく。

2 1人分ずつ作る。小鍋にめんつゆの半量と砂糖大さじ1/2を入れて煮立てる。玉ねぎの半量を加えてふたをして中火で3分煮る。

3 ふたを取ってとんかつ1枚を入れて、上から溶き卵の半量を菜箸をつたわらせながら回し入れる。三つ葉の半量をちらす。すぐにふたをして弱火で1分～1分30秒煮る。火を止めてふたをしたまま1～2分蒸らす。器にご飯を盛ってのせる。もう1人分も同様に作る。

基本の豚汁 汁

材料（2～3人分）

豚ばら薄切り肉…80g

にんじん…3cm

長ねぎ…10cm

ごま油…大さじ1/2

みそ…大さじ1と1/2

すりごま（白）、七味唐辛子…各適量

作り方

1 にんじんは皮をむいて薄い半月切り*にする。長ねぎは1cm厚さの小口切り**にする。豚肉は一口大に切る。

2 鍋を熱してごま油をひき、豚肉を強火で炒める。肉の色が変わったらにんじん、長ねぎを加えて炒める。ねぎが少ししんなりしたら水カップ2と1/2を加える。沸いてきたら火を弱めてあくを取りながら10分煮る。

3 味をみながらみそを溶き入れる。器に盛ってすりごま、七味唐辛子をふる。

*14ページ❷参照　**14ページ❶参照

その他の豚肉のレシピ

合いびき肉

豚ひき肉と牛ひき肉のミックス。赤身、脂身、肉の風味や甘さのいいとこどりでとても使いやすい。鮮度が落ちると臭うので新鮮なものを

ハンバーグ　焼

材料（4人分）

合いびき肉…400g

玉ねぎ…1/2個

a
- **パン粉…カップ1**
- **卵…1個**
- **牛乳…カップ1/4**

ナツメグ…小さじ1/2

塩…小さじ1/3

こしょう…適量

サラダ油…適量

b
- **水…カップ3/4**
- **ケチャップ…大さじ3**
- **ウスターソース…大さじ2**
- **酒、バター…各大さじ1**
- **しょうゆ…小さじ1**

つけ合わせ

粉ふきいも、ゆでいんげん…各適量

作り方

1 玉ねぎはみじん切りにする。フライパンを熱してサラダ油大さじ1/2をひき、玉ねぎがしんなりするまで炒め、皿などに広げて冷ます。

2 **a**を合わせて混ぜておく。ボウルにひき肉、塩、ナツメグ、こしょう少々を合わせて、手でつかむように混ぜる。さらに**a**、玉ねぎを加えてよく混ぜる。

3 手にサラダ油少々をつけ、②を4等分し、1個ずつ手と手の間でキャッチボールをしながら空気を抜き、ハンバーグ形にまとめる。

4 フライパンを熱してサラダ油大さじ1をひき、③を並べて強火で焼く。焼き目がついたら返して両面を焼き、水をハンバーグの高さ半分まで注ぎ、ふたをして中火で蒸し焼きにする。

5 水分が少なくなってきたら竹串を刺し、血やにごった汁が出てこなければ**b**の調味料を次々を加えて混ぜながら中火で煮詰める。とろみがついてきたらできあがり。

6 器に盛ってフライパンに残ったソースをかけ、つけ合わせを添える。

写真…41ページ

肉だんごのカレートマトソース　煮

材料（2人分）

合いびき肉…200g

玉ねぎ…1/2個

a
- **卵…1個**
- **牛乳…大さじ1**
- **パン粉…カップ1/2**

塩…小さじ1/4

こしょう、ナツメグ…各少々

サラダ油…適量

b
- **水…カップ1/2**
- **ケチャップ…大さじ3**
- **ウスターソース…大さじ2**
- **酒、バター…各大さじ1**
- **しょうゆ、カレー粉…各小さじ1**

作り方

1 玉ねぎはみじん切りにしてサラダ油大さじ1/2でしんなりするまで炒めて、しっかり冷ます。**a**を混ぜ合わせる。

2 ボウルにひき肉、塩、こしょう、ナツメグを入れて手でよく混ぜる。少し粘りが出てきたら①を加えてさらによく混ぜる。混ざったら手にサラダ油少々ぬって直径3cmくらいのだんご状に丸める。

3 フライパンを熱してサラダ油大さじ1をひき、②を並べて強火で焼く。転がしながら全体に軽く焼き目をつける。焼き目がついたら水をフライパンの深さ1/3まで注ぎ、ふたをして中火で蒸し焼きにする。

4 水分がほぼなくなったら、**b**を加えてとろみがつくまで中火で煮詰める。

肉だんご　煮

材料（4人分）

合いびき肉…350g

長ねぎ…10cm

しいたけ…3個

a
- **パン粉…カップ1/2**
- **卵…1個**
- **牛乳…大さじ1**

b
- **オイスターソース…大さじ1強**
- **しょうゆ…大さじ1/2**
- **砂糖…小さじ1**
- **酢、片栗粉…各小さじ1/2**

サラダ油…適量

塩…2〜3つまみ

片栗粉、ごま油、こしょう、しょうゆ…各適量

作り方

1 長ねぎはみじん切りにする。しいたけは根元を切り落として5mm角に切る。**a**、**b**をそれぞれ混ぜておく。

2 大きめのボウルにひき肉、ねぎ、しいたけ、塩、こしょうを入れて手でよく混ぜる。混ざったら**a**を加えてさらによく混ぜる。

3 バットに片栗粉を入れておく。手にサラダ油少々をぬって②のたねを丸めて片栗粉をまぶす。フライパンを熱してサラダ油大さじ1をひき、肉だんごを入れ強火で全体に焼き目をつける。

4 焼き目がついたら水カップ2を加える。ふたをして中火で5〜6分煮る。火を止めて**b**をもう一度よく混ぜてから加えて、すばやく全体を混ぜる。とろみがつくまで混ぜながら少し煮る。味をみて薄ければしょうゆでととのえる。仕上げにごま油をたらす。

厚揚げの中華あん　煮

材料（2〜3人分）

合いびき肉…100g

厚揚げ…1枚

にんじん…3cm

にら…1/2束

もやし…1/2袋

にんにく、しょうが…各1かけ

a
- **片栗粉…大さじ1**
- **水…大さじ2**

ごま油…大さじ1

酒…大さじ1

しょうゆ…大さじ1/2

オイスターソース…小さじ1

塩、こしょう…各適量

作り方

1 厚揚げはトースターで焼き目がつくまで焼く。にんじんは皮をむいて薄い半月切りにする。にらは5cm長さに切る。もやしは暇ならひげを取る。にんにく、しょうがはみじん切りにする。**a**を混ぜ合わせておく。

2 フライパンを熱してごま油をひき、にんにく、しょうがを弱火で炒める。いい匂いがしてきたら、ひき肉を加えてほぐしながら強火で炒める。肉の色が変わったら酒を加えてザッと混ぜる。

3 にんじん、もやし、にらの順に加えて炒め、全体に油がまわったら、水カップ1、しょうゆ、オイスターソースを加える。沸いてきたら火を止める。**a**をもう一度よく混ぜてから加えて、すばやく全体を混ぜる。

4 中火にかけて混ぜながらとろみをつける。味をみて薄ければ塩、こしょうでととのえる。厚揚げを食べやすく切って器に盛り、あんをかける。

＊14ページ❷参照

春雨とひき肉の辛春巻き　揚

材料（4人分）

合いびき肉…150g

春雨…50g

にら…1/2束

にんにく…2かけ

しょうが…1かけ

ごま油…適量

酒…大さじ1

オイスターソース…大さじ1弱

豆板醤《トウバンジャン》…小さじ1〜2

塩、こしょう…各少々

春巻きの皮…12枚

a
- **薄力粉…大さじ1強**
- **水…大さじ1**

揚げ油…適量

作り方

1 春雨は袋の表示通りにもどす。ざるにあげて水けをきって、キッチンバサミで適当にザクザク切る。にらは4～5cm長さに切る。にんにく、しょうがはみじん切りにする。

2 フライパンを熱してごま油大さじ1をひき、にんにく、しょうがを弱火で炒める。いい匂いがしてきたら、ひき肉を加えて塩、こしょうをふって、強火にしてほぐしながら炒める。

3 肉の色が変わったら、春雨、にらの順に加えて炒める。全体に油がまわったら、酒を加えてザッと混ぜ、オイスターソース、豆板醤を加えて炒め合わせる。バットに移してごま油少々をたらし、完全に冷ます。

4 **a**を混ぜ合わせる。春巻きの皮を角を下にしてまな板の上に広げ、手前に③をのせて、手前側の皮を折ってかぶせる。続いて左右の順に皮を折ってかぶせる。ひと巻きして、皮の縁に**a**をぬる。クルクルと巻いてピッチリと閉じる。

5 フライパンに揚げ油を深さ2cm入れて弱火にかけ、油がぬるいうちに④を入れて揚げる。途中、返しながらじっくり揚げ、全体がきつね色になってきたら、火を強めてカラッと仕上げる。

キーマカレー 米

材料（4人分）

温かいご飯…4人分
合いびき肉…250g
オクラ…8本
トマト…1/2個
にんじん…1/2本
玉ねぎ…1個
にんにく…2かけ
しょうが…1かけ
サラダ油…大さじ1
バター…大さじ1
カレー粉…大さじ1と1/2
a ┌ **プレーンヨーグルト、水…各カップ1/2**
│ **ウスターソース…大さじ1/2**
│ **しょうゆ、砂糖…各小さじ1**
└ **塩…小さじ1/2**
塩、こしょう…各適量

作り方

1 オクラはへたを切り落とす。トマト、にんじん、玉ねぎ、にんにく、しょうがはみじん切りにする。

2 フライパンを熱してサラダ油をひいてバターを入れ、にんにく、しょうがを弱火で炒める。いい匂いがしてきたら玉ねぎ、にんじんを加えて強火にして炒める。玉ねぎが薄いきつね色になったらひき肉を加えて塩、こしょう各少々をふり、ほぐしながら炒める。

3 肉の色が変わったらカレー粉を加えて炒め合わせる。なじんだらトマト、オクラ、**a**を加えて、弱火で12～13分煮る。味をみて塩、こしょうでととのえる。器にご飯を盛ってかける。

なすのドライカレー 米

材料（2人分）

温かいご飯…2人分
合いびき肉…150g
なす…2本
ピーマン…1個
玉ねぎ…1/2個
にんにく、しょうが…各1かけ
オリーブ油…大さじ2
カレー粉、ウスターソース…各大さじ1
砂糖…小さじ1/3
しょうゆ…少々
塩、こしょう…各適量

作り方

1 なすは1.5cm厚さのいちょう切りにして塩水に3分さらす。ピーマンは1cm角に切る。玉ねぎ、にんにく、しょうがはみじん切りにする。

2 フライパンを熱してオリーブ油をひき、にんにく、しょうがを弱火で炒める。いい匂いがしてきたら玉ねぎを加えて強火で炒め、しんなりしたら火を弱めてじっくりと炒める。玉ねぎが薄いきつね色になったら、ひき肉を加えて塩、こしょう各少々をふり、強火にしてほぐしながら炒める。

3 肉の色が変わったら、水けをふいたなすを加えて炒める。なすがしんなりしたらピーマンを加えてザッと炒める。カレー粉、ウスターソース、砂糖、しょうゆを加えて炒め合わせる。味をみて薄ければ塩、こしょうでととのえる。器にご飯を盛ってかける。

＊14ページ❸参照

その他の合いびき肉のレシピ

- ひき肉と厚揚げの煮物…P307
- ポテトオムレツ…P319
- じゃがいもとひき肉のドライカレー…P332
- 豆のドライカレー…P333
- ミートソース…P353
- 焼きビーフン（カレー風味）…P355

牛ひき肉

赤身のおいしさが詰まった牛ひき肉。合いびき肉にくらべるとジューシーさはないけれど、肉らしい深い味は牛ひき肉ならではのもの

ミートローフ　焼

材料（4人分）

牛ひき肉…200g
豚ひき肉…200g
鶏ひき肉…200g
にんじん…1/2本
玉ねぎ…1/2個
セロリ…1/2本
いんげん…1/2袋
じゃがいも…3個
プロセスチーズ…70g
a　塩…小さじ1弱
**　こしょう、ナツメグ…各少々**
b　パン粉…カップ1
**　牛乳…カップ1/2弱**
**　卵…1個**
サラダ油、オリーブ油、塩、こしょう…各適量
マスタードソース
**　おろしにんにく…少々**
**　マヨネーズ…大さじ3と1/2**
**　牛乳…大さじ1と1/2**
**　粒マスタード…小さじ1と1/2**
**　塩…1つまみ**
**　こしょう…少々**
クレソン…適量

作り方

1 にんじん、セロリ（はともに皮をむいてもむかなくてもOK）、玉ねぎはみじん切りにする。いんげんはへたを切り落として小口切りにする。チーズは7mm角に切る。**b**を混ぜ合わせておく。じゃがいもはよく洗って、皮つきのまま4等分に切って水に3分さらす。マスタードソースの材料をよく混ぜ合わせる。

2 ボウルに3種類のひき肉、**a**、**b**を入れて手でよく混ぜる。さらににんじん、玉ねぎ、セロリ、いんげん、チーズを加えてよく混ぜる。

3 オーブンの天パンにクッキングシートをしく。手にサラダ油少々をつけて②をのせて、ミートローフの形（なまこ形、電車形、バス形……）にまとめる。まわりに水けをきったじゃがいもを並べて塩、こしょうをふり、オリーブ油を回しかける。

4 200℃に温めたオーブンで15分焼き、180℃に下げてさらに30〜40分焼く。竹串を刺して血やにごった汁が出てこなければできあがり。食べやすい大きさに切って器に盛る。じゃがいもを添えて、クレソンを刻んでちらす。マスタードソースをかけて食べる。

＊14ページ❶参照

簡単ミートソース　煮

材料（2〜3人分）

牛ひき肉…250g
玉ねぎ…1/2個
にんにく…2かけ
スライスマッシュルーム缶…小1缶
サラダ油…大さじ1
a　ホールトマト缶…1缶（400g）
**　酒…大さじ1**
**　砂糖…小さじ1/2**
**　ローリエ…1枚**
**　ナツメグ…小さじ1/2**
塩、こしょう…各適量

作り方

1 玉ねぎ、にんにくはみじん切りにする。フライパンを熱してサラダ油をひき、にんにくを弱火で炒める。いい匂いがしてきたら、玉ねぎ、ひき肉、マッシュルームを缶汁をきって加え、強火にしてひき肉をほぐしながら炒める。

2 肉の色が変わったら**a**を加え、木べらでトマトをつぶしながら弱めの中火で15分煮る。味をみながら塩、こしょうでととのえる。

ハンバーガー

パン

材料（2人分）

バーガー用バンズ…2個

a
- **牛ひき肉…250g**
- **卵黄…1個分**
- **パン粉…カップ1/4**
- **ナツメグ…小さじ1/2**
- **塩…2つまみ**
- **こしょう…少々**

ベーコン…2枚

レタス…2枚

トマト（5mm厚さ）…2枚

玉ねぎ（5mm厚さ）…2枚

スライスチーズ…2枚

サラダ油、バター、マスタード、マヨネーズ、ケチャップ…各適量

作り方

1 ボウルに**a**を入れて手でよく混ぜる。粘りが出てきたら2等分にする。手にサラダ油少々をつけて、手と手の間でキャッチボールしながら空気を抜いて、1cm弱ほどの厚みのハンバーグ形にまとめる。

2 フライパンを熱してサラダ油大さじ1/2をひき、玉ねぎを並べて中火で両面をこんがりと焼いて取り出す。

3 フライパンにサラダ油大さじ1を足して、①を並べてふたをして中火で焼く。焼き目がついたら返して、余分な油をキッチンペーパーでふき取りながら、反対側はふたはせずに焼く。両面に焼き目がついたら取り出して、すぐにチーズをのせる。

4 ベーコンはアルミホイルにのせて、トースターでカリッと焼く。バンズは厚みを半分に切って、軽くトーストしてバターをぬる。レタスはバンズに合わせてちぎる。

5 バンズにレタス、③のハンバーグ、ベーコン、トマト、玉ねぎの順に重ねて、マスタード、マヨネーズ、ケチャップをかけてはさむ。

その他の牛ひき肉のレシピ

- なすとひき肉のグラタン…P157
- なす入りラザニア…P162
- なすとひき肉のパスタ…P162
- タコライスのレタス包み…P202
- なすとひき肉のトマトソースパスタ…P330

鶏ひき肉

どこまでも優しい味の鶏ひき肉。脂肪分が少なくてさっぱりしているけれど、案外味が出るので、煮物やスープにもいい

つくね

焼

材料（2人分）

鶏ひき肉…200g

長ねぎ…10cm

a
- **卵黄…1個分**
- **サラダ油…大さじ1/2**
- **酒…小さじ1**
- **粉山椒…小さじ1/3**
- **塩…3つまみ**
- **こしょう…少々**

サラダ油…適量

b
- **水…カップ1**
- **おろししょうが…1/2かけ分**
- **みりん…大さじ1**
- **しょうゆ、酒…各大さじ1弱**
- **砂糖…小さじ1**

c
- **片栗粉…小さじ1**
- **水…大さじ1/2**

ごま油…少々

万能ねぎ（小口切り）、七味唐辛子…各適量

作り方

1 長ねぎはみじん切りにする。**c**を混ぜておく。

2 ひき肉、**a**、①の長ねぎをボウルに入れて、手でつかむようにしてよく混ぜる。

3 フライパンを熱してサラダ油大さじ1をひく。手にサラダ油少々をつけて②を直径3cmくらいに丸めて入れる。転がしながら中火で焼く。焼き目がついたら**b**を加え、ふたをして弱めの中火で8分煮る。

4 いったん火を止めて、**c**をもう一度よく混ぜてから回し入れてすばやく混ぜる。中火にかけて混ぜながらとろみをつける。器に盛ってごま油を回しかけて、万能ねぎをちらす。好みで七味唐辛子をふる。

＊14ページ❶参照

豆腐ハンバーグ

材料（4人分）

鶏ひき肉…200g

豆腐（木綿）…1丁

玉ねぎ…1/2個

a
- **塩…小さじ1/2**
- **ナツメグ…小さじ1/2**
- **こしょう…少々**

サラダ油…適量

b
- **水…カップ1/2**
- **ケチャップ…大さじ3**
- **ウスターソース…大さじ2**
- **バター…大さじ1**
- **しょうゆ…小さじ1**

作り方

1 豆腐は水きりをする。

2 玉ねぎはみじん切りにする。フライパンを熱してサラダ油大さじ1/2をひき、玉ねぎを中火で炒める。しんなりしたら取り出して冷ます。

3 ボウルにひき肉、**a**、①を入れて手でよく混ぜる。さらに②を加えて混ぜる。

4 手にサラダ油少々をつけて、③を4等分にする。1個ずつ手と手の間でキャッチボールしながら中の空気を抜いてハンバーグ形にする。

5 フライパンを熱してサラダ油大さじ1をひいて、④を並べて強火で焼く。焼き目がついたら返して両面をしっかり焼く。湯をハンバーグの高さの半分くらいまで注ぎ、ふたをして中火で蒸し焼きにする。水分が少なくなってきたら竹串を刺して、血やにごった汁が出てこなければ、**b**を加えてとろみがつくまで強火で煮からめる。

＊18ページ参照

和風チキンバーグ

材料（4人分）

鶏ひき肉…400g

玉ねぎ…1/2個

a
- **卵…1個**
- **牛乳…カップ1/4**
- **パン粉…カップ1**

b
- **酒、すりごま（白）、ごま油…各大さじ1**
- **塩…2つまみ**
- **こしょう…少々**

サラダ油…適量

c
- **水…カップ1/4**
- **酒、みりん…各大さじ2**
- **しょうゆ…大さじ1と1/2**
- **おろししょうが…大さじ1**
- **砂糖…2つまみ**

作り方

1 玉ねぎはみじん切りにする。フライパンを熱してサラダ油大さじ1/2をひき、玉ねぎを中火で炒める。しんなりしたら取り出して冷ます。**a**を混ぜておく。

2 ボウルにひき肉、**b**を入れて手でよく混ぜる。①を加えてさらによく混ぜる。

3 手にサラダ油少々をつけて、②を4等分にする。1個ずつ手と手の間でキャッチボールしながら中の空気を抜いてハンバーグ形にする。

4 フライパンを熱してサラダ油大さじ1をひき、③を並べて強火で焼く。焼き目がついたら返して両面をしっかり焼く。湯をハンバーグの高さの半分くらいまで注ぎ、ふたをして中火で蒸し焼きにする。水分が少なくなってきたら竹串を刺して、血やにごった汁が出てこなければ、**c**を加えてからめながら煮る。

和風ミートローフ

材料（4人分）

鶏ひき肉…250g

豚ひき肉…200g

a
- **パン粉…カップ1/2強**
- **牛乳…60cc**
- **卵…1個**

ひじき（乾燥）…大さじ2強

いんげん…1/2袋

にんじん…5cm

玉ねぎ…1/2個

ぎんなん水煮缶…小1缶（約10個）

b
- **いりごま（白、黒）…各大さじ1**
- **酒…大さじ1/2**
- **砂糖、ごま油…各小さじ1**
- **しょうゆ、塩…各小さじ1/2**
- **粉山椒…小さじ1/4**
- **こしょう…少々**

サラダ油…少々

マヨソース

マヨネーズ…大さじ4
牛乳…大さじ2
からし…小さじ1
塩…2つまみ

作り方

1 **a**を混ぜ合わせておく。ひじきは袋の表示通りにもどして水けをきる。いんげんはへたを切り落として5mm幅の小口切りにする。にんじんは皮をむいて粗みじん切りにする。玉ねぎはみじん切りにする。マヨソースの材料をよく混ぜ合わせる。

2 ボウルにひき肉を入れて**b**を加え、手でよく混ぜる。さらに**a**を加えて混ぜ、全体になじんだら、①の野菜、ひじきと缶汁をきったぎんなんを加えて、さらによく混ぜる。

3 オーブンの天パンにクッキングシートをしく。手にサラダ油をつけて②をミートローフの形（なまこ形、電車形、バス形……）にまとめる。

4 予熱をしていないオーブンに入れて、250℃にセットしてまず10分焼く。180℃に下げてさらに30〜40分焼く。竹串を刺して澄んだ汁が出てくればできあがり。食べやすく切って器に盛って、マヨソースをかける。

＊14ページ❶参照

ひき肉としらたきの炒め物

材料（2人分）

鶏ひき肉…120g
しらたき…1袋
にら…1/2束
もやし…1/2袋
香菜《シャンツァイ》…1/2束
にんにく、しょうが…各1かけ
ごま油…大さじ1/2
a　酒…大さじ1
　オイスターソース、ナンプラー
　　…各大さじ1弱
こしょう…適量

作り方

1 にらは5cm長さに切る。もやしは暇ならひげを取る。香菜は2cm長さに切る。にんにく、しょうがはみじん切りにする。しらたきは3分ほどゆでて水けをきる。

2 フライパンを熱してごま油をひき、にんにく、しょうがを弱火で炒める。いい匂いがしてきたら、ひき肉を加えてほぐしながら強火にして炒める。肉の色が変わったら、もやし、しらたき、にらの順に加えて炒める。

3 全体に油がまわったら、**a**を加えて炒め合わせる。器に盛って香菜をちらし、こしょうをふる。

鶏つくね鍋

鍋

材料（2人分）

鶏ひき肉…200g
春菊…1束
長ねぎ…1/2本
a　おろししょうが…少々
　いりごま（白）、片栗粉
　　…各大さじ1
　しょうゆ、ごま油、粉山椒
　　…各小さじ1/2
大根おろし、しょうゆ、七味唐辛子
　…各適量

作り方

1 長ねぎはみじん切りにする。春菊は根元を切り落として長さ3等分に切る。

2 ボウルにひき肉、長ねぎ、**a**を入れて粘りが出るまでよく混ぜる。

3 鍋に八分目まで水を入れて沸かし、しょうゆ大さじ1/2を入れる。沸いているところに②をスプーン2本を使って丸めながら落としていく。

4 中火であくを取りながら3〜4分煮る。春菊を加えてひと煮する。大根おろしを添え、しょうゆ、七味唐辛子をふって食べる。

さつまいものそぼろ煮

煮

材料（2〜3人分）

鶏ひき肉…150g
さつま芋…300〜350g

a　しょうゆ…大さじ1と1/2
　　みりん、酒、砂糖…各大さじ1

作り方

1 さつま芋は皮つきのまま1cm厚さの輪切りにして、塩水に3分さらす。

2 鍋に**a**を入れて煮立て、ひき肉を加えてほぐしながら煮る。肉の色が変わったらさつま芋、水カップ1と1/2を加え、ふたをしてたまに混ぜながら強めの中火で10分煮る。

鶏ひきの竜田揚げ　揚

材料（4人分）

鶏ひき肉…400g

a
- **おろししょうが…小さじ1**
- **おろしにんにく…1/2かけ分**
- **片栗粉…大さじ2**
- **しょうゆ…大さじ1**
- **みりん、ごま油…各小さじ1**

片栗粉、揚げ油…各適量

作り方

1 ボウルにひき肉、**a**を入れてよく混ぜる。

2 フライパンに揚げ油を深さ2cm入れて中温に熱する。別のボウルに片栗粉を入れる。

3 手を水でぬらしながら①を丸めて片栗粉をまぶし、②のフライパンに入れていく。まわりが固まってきたら、たまに返しながら中火で揚げる。きつね色になったら火を強めてカラッと仕上げる。

三色そぼろご飯　米

材料（2人分）

温かいご飯…2人分

鶏そぼろ
- **鶏ひき肉…200g**
- **a**
  - **おろししょうが…1/2かけ分**
  - **水…カップ1/4**
  - **しょうゆ…大さじ1と1/2**
  - **みりん、砂糖…各大さじ1**
  - **塩…少々**

いり卵
- **卵…2個**
- **b**
  - **砂糖、水…各大さじ1**
  - **塩…小さじ1/4**
  - **ごま油…少々**

いんげん…1/2袋

作り方

1 鶏そぼろを作る。鍋にひき肉と**a**を入れ、菜箸5〜6本を束にして持って、よく混ぜてから弱めの中火にかける。混ぜながら肉の色が変わるまで煮る。汁けが少し残っているくらいで火を止める。

2 いり卵を作る。別の鍋に卵、**b**を入れてよく混ぜ、弱火にかける。菜箸5〜6本を束にして持ち、ガーッと混ぜながらいる。

3 いんげんはへたを切り落とし、塩を加えた湯でサッとゆでる。粗熱がとれたら5mm幅に切る。器にご飯を盛って、鶏そぼろ、いり卵、いんげんをそれぞれ美しくのせる。

ひき肉と春雨とねぎのスープ　汁

材料（2人分）

鶏ひき肉…100g

長ねぎ…10cm

春雨…30g

にんにく、しょうが…各1/2かけ

しょうゆ…大さじ3

ごま油…大さじ1

酒…大さじ1

ラー油、こしょう…各適量

作り方

1 春雨は袋の表示通りにもどして、水けをきる。にんにく、しょうがはみじん切りにする。ねぎは小口切り*にして小さめのボウルに入れて、しょうゆを加えて混ぜ、ねぎじょうゆを作っておく。

2 鍋を熱してごま油をひき、にんにく、しょうがを弱火で炒める。いい匂いがしてきたらひき肉を加えて、ほぐしながら強火で炒める。肉の色が変わったら酒を加えてザッと炒める。湯カップ3を加えて、沸いてきたら火を弱めて、あくを取りながら7分煮る。

3 春雨を加えてひと煮して、味をみながら①のねぎじょうゆを加えて調味する。器に盛ってラー油を回しかけて、こしょうをふる。

＊14ページ❶参照

その他の鶏ひき肉のその他のレシピ

- キャベツ水餃子…P87
- さつま芋の鶏そぼろあん…P110

● さつま芋とひき肉のドライカレー…P111
● 鶏ひき肉とレタスのカレースープ…P203
● ミートローフ…P253
● 豆腐のだんごトマト煮…P314
● ひき肉としらたきのカレー炒め…P324

豚ひき肉

脂っけがあって甘みがあって、ジューシーな豚ひき肉は、ごはんとよく合う。パンチのきいた味つけに負けないうまみがある

なすのひき肉はさみ焼き 焼

材料（2人分）

豚ひき肉…140g

なす…2本

a
- **おろししょうが…少々**
- **卵黄…1個分**
- **塩…3つまみ**
- **砂糖…1つまみ**
- **粉山椒…適量**

b
- **水…カップ1/4**
- **しょうゆ、みりん…各小さじ2**
- **砂糖…小さじ1**

サラダ油…大さじ1と1/2

粉山椒、薄力粉…各適量

作り方

1 なすは縦4等分に切って塩水に3分さらす。**b**を混ぜ合わせておく。

2 ボウルにひき肉、**a**を入れて手でよく混ぜる。4等分にする。

3 水けをふいたなすのはさむ内側の面に薄力粉をまぶし、②をはさんで軽く押さえる。同様にして全部で4セット作る。

4 フライパンを熱してサラダ油をひいて③を並べ、ふたをして弱めの中火で両面焼く。焼き目がついたら竹串を刺して、スーッと通ったら、**b**を加えてからめる。器に盛って山椒をふる。

ひき肉と春雨のピリ辛炒め 炒

材料（2人分）

豚ひき肉…200g

春雨…40g

にら…1/2束

長ねぎ…1/2本

にんにく、しょうが…各1かけ

a
- **酒、しょうゆ…各大さじ1**
- **豆板醤《トウバンジャン》、オイスターソース…各小さじ1**

ごま油…大さじ1

塩、こしょう、ラー油…各適量

作り方

1 春雨は袋の表示通りにもどし、水けをきってキッチンバサミで適当にザクザク切る。にらは1cm長さに切る。長ねぎは斜め薄切りにする。にんにく、しょうがはみじん切りにする。**a**を混ぜ合わせておく。

2 フライパンを熱してごま油をひき、にんにく、しょうがを弱火で炒める。いい匂いがしてきたら、ひき肉を加えて塩、こしょう各少々をふり、強火にしてほぐしながら炒める。

3 肉の色が変わったら長ねぎを加えて炒める。ねぎがしんなりしたら、春雨、水カップ1/2を加えて炒め合わせる。**a**、にらを加えてザッと混ぜて、味をみて薄ければ塩、こしょうでととのえる。器に盛ってラー油を回しかける。

麻婆《マーボー》豆腐 煮

材料（2〜3人分）

豚ひき肉…100g

豆腐（木綿）…1丁

にら…1/2束

長ねぎ…1本

にんにく、しょうが…各1かけ

花椒《ホワジャオ》…大さじ2

ごま油…大さじ2強

豆板醤《トウバンジャン》…大さじ1

a
- **赤みそ、しょうゆ、酒、オイスターソース…各大さじ1**
- **水…カップ1/4**

b
- **片栗粉…大さじ1/2**
- **水…大さじ1**

作り方

1 豆腐は水きりをする。にらは1cm長さに切る。ねぎ、にんにく、しょうがはみじん切りにする。花椒は刻む。**a**、**b**をそれぞれ混ぜ合わせる。

2 フライパンを熱してごま油をひき、ねぎ、にんにく、しょうがを中火で炒める。いい匂いがしてきたら豆板醤を加えて炒める。全体がなじんだらひき肉を加えてほぐしながら強火にして炒める。

3 肉の色が変わったら**a**、花椒を加えて炒め合わせ、豆腐を加える。木べらで豆腐を好みの大きさにくずして混ぜる。煮立ったら火を止めて、**b**をもう一度よく混ぜてからフライパンに一気に回し入れてザッと混ぜる。再び火をつけ、にらを加えて混ぜながらとろみがつくまで煮る。

＊18ページ参照

写真…39ページ

白菜と豚ひき肉の煮物

煮

材料（2人分）

豚ひき肉…100g

白菜…1/8個

しいたけ…2個

えのきだけ…1/2パック

ごま油…大さじ1/2

a
- **水…カップ1/2**
- **酒…大さじ1**
- **みりん…大さじ1**
- **しょうゆ…大さじ1と1/2**

塩…適量

作り方

1 白菜は葉と軸に切り分け、葉はザク切り、軸は長さを2～3等分にして縦細切りにする。しいたけは根元を切り落として縦4等分に切る。えのきは根元を切り落として小房にわける。

2 鍋を熱してごま油をひき、ひき肉をほぐしながら強火で炒める。肉の色が変わったらしいたけ、えのきを加えて炒める。えのきがしんなりしたら、**a**、白菜を加えて、ふたをして強火で5分煮る。たまに混ぜる。味をみて薄ければ塩でととのえる。

シューマイ

蒸

材料（4人分）

豚ひき肉…300g

玉ねぎ…1/2個

しょうが…1/2かけ

片栗粉…大さじ2

a
- **ごま油、オイスターソース…各小さじ1**
- **塩…2つまみ**
- **こしょう…適量**

シューマイの皮…1袋

からし、しょうゆ、酢…各適量

作り方

1 玉ねぎはみじん切りにしてボウルに入れ、片栗粉を加えて混ぜる。しょうがはせん切りにする。

2 別のボウルにひき肉と**a**を合わせて手でよく混ぜ、①を加えてさらによく混ぜる。

3 利き手と反対の手の親指と人さし指で輪っかを作り（オッケーみたいに）、輪っかの上にシューマイの皮をのせる。②の具をティースプーン1杯分ほどのせて、輪っかに押し込みつつ、中指と薬指で側面を支えながら包む。バットなど平らなところにおいて底の形をととのえる。

4 せいろにクッキングシートかレタスか白菜をしいて、③を並べる。沸騰している鍋にせいろをのせ、ふたをして強火で15分蒸す。好みでからし、しょうゆ、酢をつけながら食べる。

ひき肉とバジルのタイ風チャーハン

米

材料（2人分）

温かいご飯…茶わん2杯

豚ひき肉…100g

たけのこ（水煮）…70g

バジル（生）…5枚

香菜《シャンツァイ》…1枝

にんにく、しょうが…各1かけ

赤唐辛子…1本

ごま油…大さじ1強

a
- **酒…大さじ1/2**
- **ナンプラー…大さじ1/2**
- **オイスターソース…小さじ1**

塩、こしょう…各適量

作り方

1 たけのこは縦5mm厚さに切る。香菜は2cm長さに刻む。にんにく、しょうがはみじん切りにする。赤唐辛子はへたと種を取り除く。

2 フライパンを熱してごま油をひき、にんにく、しょうが、ひき肉を入れて塩、こしょう各少々をふり、ほぐしながら強火で炒める。肉の色が変わったらたけのこ、赤唐辛子を加えて炒める。たけのこに油がまわったら、ご飯を加えてほぐしながら中火でよく炒める。

3 ご飯がパラッとしてきたら、**a**を加えて炒め合わせ、味をみて塩、こしょうでととのえる。仕上げにバジルを加えてザッと炒める。器に盛って香菜をちらす。

その他の豚ひき肉のレシピ

- かぼちゃのドライカレー…P75
- アジアンサラダ…P83
- 焼き餃子1…P87
- ひき肉とクレソンのスープ…P97
- セロリとひき肉のスープ…P135
- 大根の麻婆風…P138
- たけのこの混ぜご飯…P146
- なすトマト麻婆…P152
- なすとひき肉の炒め物…P158
- 麻婆なす…P159
- 豆乳担々つけ麺…P168
- 肉にら餃子…P168
- 焼き餃子2…P179
- しいたけ揚げ餃子…P212
- ミートローフ…P253
- 和風ミートローフ…P255
- 麻婆厚揚げ…P306
- 宝袋のキムチ煮…P308
- 大豆と小松菜の炒め物…P311
- ドライカレー…P332
- 豆腐のドライカレー…P333
- ひき肉和えそうめん…P343
- ピリ辛豆乳そうめん…P346
- 担々麺…P348
- ジャージャー麺…P348
- タイ風ひき肉あえ麺…P350

ソーセージ

みんなが大好きなソーセージ。焼いたり炒めたりはもちろん最高だけど、それだけじゃなく、煮物やスープの味だしにも使えます

春キャベツとソーセージのお焼き

焼

材料（2人分）

ソーセージ…2本

キャベツ…1/4個

a
- 卵…2個
- 薄力粉…カップ1/2
- 水…大さじ2
- しょうゆ…小さじ1/2
- 塩、砂糖…各2つまみ

サラダ油…適量

作り方

1 キャベツはせん切りにする。ソーセージは2〜3mm厚さの輪切りにする。

2 大きめのボウルに**a**を合わせて泡立て器でよく混ぜる。さらに、①を加えて混ぜ合わせる。

3 フライパンを熱してサラダ油大さじ2をひき、②を入れて丸く広げて平らにする。ふたをして中火でじっくり焼く。

4 焼き目がついたらふたを取ってひっくり返し、フライパンの縁からサラダ油小さじ1を足して焼く。

5 両面焼き目がついたらまな板に取り出し、食べやすい大きさに切って器に盛る。

ザワークラウト

煮

材料（2人分）

ソーセージ…3〜4本

キャベツ…1/4個

塩…小さじ1/2

オリーブ油…大さじ1

a
- 水…カップ1
- 酢…大さじ1と1/2
- 砂糖…1つまみ
- こしょう…適量

作り方

1 キャベツは細切りにして塩をふってもみ、15分おく。

2 ソーセージは縦に切り込みを入れ、トースターでこんがり焼く。

3 フライパンを熱してオリーブ油をひき、水けを絞った①を加えて強火で炒める。油がまわったら**a**を加えて強めの中火で7〜8分煮る。

4 器に②、③を盛る。

ソーセージと豆のチリトマト煮

煮

材料（2人分）

ソーセージ…4〜6本

玉ねぎ…1/2個

好みの豆の蒸し煮缶または水煮缶
…1缶（約200g）
ホールトマト缶…1缶（400g）
にんにく…1かけ
オリーブ油…大さじ1
チリパウダー…小さじ1
塩、こしょう…各適量
パルメザンチーズ…適量

作り方

1 玉ねぎ、にんにくはみじん切りにする。ソーセージは縦に1本切り込みを入れる。

2 鍋を熱してオリーブ油をひき、にんにくを弱火で炒める。少し色づいてきたら玉ねぎを加えて強火にして炒める。しんなりしたらソーセージ、豆を加えて炒める。

3 全体に油がまわったらホールトマト、チリパウダー、塩小さじ1/2を加えて弱めの中火で8〜10分煮る。たまに混ぜる。味をみて薄ければ塩、こしょうでととのえる。器に盛って好みでパルメザンチーズを削ってちらす。

アメリカンドッグ

揚

材料（2人分）

太めのソーセージ…4本
小麦粉またはホットケーキミックス
…適量
a
ホットケーキミックス…カップ3/4
卵…1個
牛乳…大さじ2
揚げ油、ケチャップ、マスタード
…各適量

作り方

1 ソーセージの長さよりも割り箸が長ければキッチンバサミで少し短く切って、ソーセージの半分くらいまで刺す。

2 ①に小麦粉かホットケーキミックスをまぶして衣がつきやすいようにする。

3 ボウルに**a**を入れて泡立て器でなめらかになるまで混ぜる。

4 深さのあるコップを用意し、③を七分目くらいまで入れる。

5 揚げ油を中温に熱し、②のソーセージを④のコップにつけて揚げ油に入れる。ときどき転がしながらきつね色にプックリ揚げる。好みでケチャップ、マスタードをつける。

ソーセージとじゃがいものサラダ

サラダ

材料（2〜3人分）

ソーセージ…3本
じゃがいも…2個
a
オリーブ油…大さじ1
酢…大さじ1/2
粒マスタード…小さじ1
塩…2つまみ
こしょう…適量

作り方

1 じゃがいもは皮をむいて2cm角に切り、水に3分さらす。ソーセージは1cm厚さの輪切りにする。

2 鍋にじゃがいもとひたひたの水を入れ、ふたをして強火でゆでる。竹串がスーッと通ったらソーセージを加えて30秒ゆでる。ざるにあげて水けをきり、少し冷ます。

3 ボウルに**a**を混ぜ②を加えて和える。

にんにくソーセージチャーハン

米

材料（1人分）

温かいご飯…茶わん1杯
ソーセージ…2本
れんこん…1/3節（約80g）
にんにく…2かけ
卵…1個
サラダ油…大さじ1と1/2
しょうゆ、こしょう…各適量

作り方

1 れんこんは2〜3mm厚さの半月切りにして酢水に3分さらす。ソーセージは3mm厚さの輪切りにする。にんにくは横薄切りにして芽を取り除く。卵は溶きほぐす。

2 フライパンを熱してサラダ油をひき、にんにくを弱火で炒める。カリッときつね色になったら取り出す。

3 フライパンにソーセージと水けをきったれんこんを入れて強火で炒める。全体に焼き目がついたら端に寄せて、空いたところに溶き卵を流し入れる。すかさず卵の上にご飯をのせて、まず木べらでご飯と卵をよく混ぜる。混ざったら全体を炒め合わせて、ほぐしながらじっくりじっくり炒める。

4 パラッとしてきたら味をみながらし

ょうゆで調味する。最後に②をくだきながら加えてザッと混ぜる。器に盛ってこしょうをふる。

＊14ページ❷参照

ホットドッグ

パン

材料（2人分）

ホットドッグ用パン…2個

ソーセージ…2本

キャベツ…2枚

バター…適量

サラダ油…大さじ1/2

カレー粉、塩、こしょう…各適量

ケチャップ、マスタード…各適量

作り方

1 パンは縦に切り込みを入れ、軽くトーストし、切り込みにバターをたっぷりぬる。

2 ソーセージは縦に切り込みを入れてトースターで焼き色がつくまで焼く。キャベツは太めのせん切りにし、サラダ油で炒め、しんなりしたらカレー粉、塩、こしょうで味をととのえる。①にキャベツ、ソーセージをはさむ。好みでケチャップ、マスタードをかける。

ソーセージとキャベツのスープ

汁

材料（2人分）

ソーセージ…3本

キャベツ…1/8個

にんにく…1かけ

バター…大さじ1

サラダ油…小さじ1

しょうゆ…小さじ1/2

塩、こしょう…各適量

作り方

1 ソーセージは5mm厚さに斜め切りにする。キャベツは一口大に切る。にんにくはみじん切りにする。

2 鍋を熱してサラダ油をひき、バターを入れてにんにくを弱火で炒める。いい匂いがしてきたらソーセージを加え、強火で炒める。

3 ソーセージに火が通ったらキャベツを加えて塩、こしょう各少々を軽くふり、炒め合わせる。全体に油がまわったら水カップ3、塩小さじ1/2を加え、あくを取りながら弱火で20分ほど煮る。

4 ③にしょうゆを加える。器に盛ってこしょうをふる。

その他のソーセージのレシピ

- かぶのトマトソーススパゲッティ…**P73**
- 春菊とあさりのパスタ…**P126**
- ミネストローネ…**P135**
- デミグラオムライス…**P224**
- パエリア…**P338**
- ソーセージのトマトソースペンネ…**P351**
- パングラタン…**P358**

ハム

そのまま食べておいしいハムは、とても手軽な食材。サラダ以外に炒め物にもおすすめ。ベーコン同様うまみのもとになる

ハムとブロッコリーのサラダ

サラダ

材料（2人分）

ハム…2枚

ブロッコリー…1/2株

a
- **マヨネーズ、酢…各大さじ1/2**
- **粒マスタード…小さじ1**
- **塩、こしょう…各適量**

作り方

1 ブロッコリーは小房に切りわける。茎は皮を削るように厚めにむいて、適当な大きさに切る。塩を加えた湯でゆでて水けをきる。ハムは1.5cm角に切る。

2 ボウルに①、**a**を入れて混ぜる。

もやしとハムの塩焼きそば2

麺

材料（2人分）

焼きそば用麺…2玉

ハム…5枚

長ねぎ…1本

もやし…1/2袋

にんにく、しょうが…各1かけ

ごま油…大さじ2

酒…大さじ2

塩、こしょう…各適量

作り方

1 ハムは7mm幅に切る。長ねぎは6cm長さに切ってから縦4等分に切る。もやしは暇ならひげを取る。にんにく、しょうがはみじん切りにする。

2 フライパンを熱してごま油をひき、にんにく、しょうがを弱火で炒める。いい匂いがしてきたら、長ねぎ、ハム、もやしの順に加えて塩、こしょう各少々をふって強火にして炒める。

3 長ねぎに少し焼き目がついたら麺を加え、酒、水カップ1/4を加えほぐしながらよく炒める。味をみて塩、こしょうでととのえる。

ピーナッツバターサンド

パン

材料（2人分）

胚芽食パン（8枚切りライ麦パンなど他の種類でもOK）…4枚

ハム…4枚

バナナ…1本

ピーナッツバター（無糖タイプ、あれば粒入り）…大さじ2〜4

作り方

1 パンはトースターでこんがり焼いて、4枚すべての片面にピーナッツバターをぬる。ハムは半分に切る。バナナは3mm厚さの輪切りにする。

2 パンにバナナとハムをはさむ。上にまな板などの重しをのせて、しばらくおいて落ち着かせる。

その他のハムのレシピ

- コーンと枝豆のかき揚げ…P67
- キャベツパイ…P87
- ハムサンドきゅうりサンド…P92
- にらの中華スープ…P169
- ほうれんそうのキッシュ…P191
- もやしとハムのからし和え…P197
- もやしとハムの塩焼きそば1…P197
- 生ハムのサラダポーチドエッグのせ…P198
- ルッコラと生ハムのサラダ…P200
- そうめんチャンプルー…P343
- 冷やし中華…P349
- ナポリタン…P352
- クロックマダム…P360

ベーコン

じっくりカリカリに焼いただけでもおいしいベーコン。香ばしい風味はスープや炒め物をぐっとおいしくしてくれる

ホタテ焼きめし

米

材料（2人分）

温かいご飯…茶わん2杯

帆立て貝柱…4個

ベーコン…2枚

にんにく…1かけ

サラダ油…小さじ1

バター…大さじ1

しょうゆ…大さじ1/2

塩、こしょう…各適量

パセリ（みじん切り）…大さじ2

作り方

1 帆立ては1cm角に切る。ベーコンは5mm幅に切る。にんにくはみじん切りにする。

2 フライパンを熱してサラダ油をひき、バターを入れ、にんにくを弱火で炒める。いい匂いがしてきたら、ベーコン、帆立てを加えて塩、こしょう各少々をふって中火で炒める。

3 帆立てに焼き目がついたらご飯を加え、木べらでほぐしながら炒め合わせる。ご飯に油がまわったらしょうゆを加えて炒め合わせ、味をみて塩、こしょうでととのえ、好みでパセリを加えて混ぜる。

4 最後に全体を木べらで押しつけ焼き固める。フライパンよりひと回り小さい皿をかぶせ、エイッとひっくり返す。

カルボナーラ

麺

材料（2人分）

スパゲッティ（1.6mm）…150g

ベーコン…3枚

にんにく…2かけ

a
- **卵…1個**
- **パルメザンチーズ（すりおろす）…20g**

オリーブ油…大さじ1/2

ワイン（白）…大さじ1

生クリーム…カップ1/2

塩、こしょう、パルメザンチーズ(すりおろす)…各適量

作り方

1 にんにくはみじん切りにする。ベーコンは2cm幅に切る。**a**のパルメザンチーズはボウルに入れ、卵を加えてよく混ぜる。

2 パスタは塩を加えた湯で表示時間より1分短めにゆでる。

3 フライパンを熱してオリーブ油をひき、にんにく、ベーコンを中火で炒める。にんにくが色づいてきたらワインを加えてザッと炒め、生クリームを加える。混ぜながら中火で煮詰める。とろみがついたら、味をみながら塩、こしょうで調味する。

4 パスタがゆであがったら水けをきってフライパンに加え、ザッと和える。味をみて塩でととのえる。火を止めて**a**を加えてすばやく混ぜる。器に盛ってパルメザンチーズをちらし、こしょうをふる。

写真…60ページ

白菜とベーコンのミルクスープ 汁

材料 (2〜3人分)

ベーコン…2枚

白菜…1/8個

a ┌ **固形スープの素…1個**
　│ **牛乳…カップ2**
　│ **水…カップ1/2**
　└ **塩…小さじ1/4**

バター…小さじ1

塩、こしょう…各適量

作り方

1 白菜は葉と軸に切り分け、葉はザク切り、軸は長さを2〜3等分にして縦細切りにする。ベーコンは4等分に切る。

2 鍋に**a**と①を入れ、少しずらしてふたをし、たまに混ぜながら7〜8分煮る。仕上げにバターを加えて混ぜ、味をみて塩、こしょうでととのえる。

ベーコンとキャベツのみそ汁 汁

材料 (2〜3人分)

ベーコン…2枚

キャベツ…2〜3枚

だし汁…カップ2と1/2

みそ…大さじ2

バター…少々

こしょう…適量

作り方

1 キャベツは小さめの一口大に切る。ベーコンは1.5cm幅に切る。

2 鍋にだし汁を入れて温めて①を加え、5分煮る。味をみながらみそを溶き入れる。

3 器に盛ってバターを加えてこしょうをふる。

ベーコンとセロリのカレースープ 汁

材料 (4人分)

ベーコン…4枚

トマト…1/2個

セロリ…1本

セロリの葉…3〜4枚

にんにく…1かけ

オリーブ油…大さじ1

ワイン(白)…大さじ1

固形スープの素…1/2個

カレー粉…小さじ1と1/2

塩、こしょう…各適量

作り方

1 ベーコンは1cm幅に切る。セロリはピーラーで皮をむいて斜め薄切りにする。セロリの葉は適当な大きさにちぎる。トマトは1cm角に切る。にんにくはみじん切りにする。

2 鍋を熱してオリーブ油をひき、にんにくを弱火で炒める。いい匂いがしてきたらベーコンを加えて中火にして炒める。ベーコンに少し焼き目がついたらセロリを加えて強火にして炒める。

3 セロリがしんなりしたら、ワインを加えてザッと炒め、水カップ4、固形スープの素、カレー粉を加えて煮る。煮立ったら火を弱めて、あくを取りながら3〜5分煮る。味をみながら塩、こしょうでととのえ、仕上げにトマト、セロリの葉を加えてサッと煮る。

その他のベーコンのレシピ

魚介

あさり

→あさり、しじみの項目へ　P293

あじ、いわし

頭を落としたり三枚におろしたりできない！　という人もまったく問題なし。魚屋さんに頼めばすぐやってくれる。それでいいのです

あじのソテー フレッシュトマトソース

焼

材料（2人分）

あじ（三枚おろし）…2尾
トマト…1個
ルッコラ…1束
バジル（生）…5〜6枚
a　タイム（乾燥）…小さじ1/4
**　おろしにんにく…少々**
**　オリーブ油…大さじ1**
**　塩…小さじ1/4**
**　こしょう…少々**
オリーブ油、薄力粉、塩、こしょう…各適量

作り方

1 あじは水けをふき、薄力粉をはたく。フライパンを熱してオリーブ油大さじ1をひき、あじを並べて塩、こしょうをふり、強火で両面をこんがりと焼く。

2 トマトは1cm角に切り、バジルはちぎる。ボウルに入れて**a**を加えて和える。

3 器にルッコラを盛って①をのせ、②をたっぷりかけ、オリーブ油少々をたらし、こしょうをふる。

あじの唐揚げ

揚

材料（2人分）

あじ（三枚おろし）…2〜3尾
a　片栗粉…大さじ3
**　塩…2つまみ**
**　こしょう…適量**
揚げ油…適量
マヨネーズ…適量

作り方

1 バットに**a**を合わせて混ぜる。フライパンに揚げ油を深さ2cm入れて中温に熱する。

2 あじは水けをふいて**a**をまぶし、フライパンに次々入れて強めの中火で揚げる。まわりが固まったら、たまに返しながら揚げ、全体に揚げ色がついたら火を強めてカラッと仕上げる。器に盛ってマヨネーズを添える。

あじフライ

揚

材料（2人分）

あじ（背開き）…4尾
a　薄力粉…カップ3/4
**　卵…1個**
**　水…大さじ4**
薄力粉、パン粉、揚げ油…各適量
ソース、マヨネーズ…各適量

作り方

1 aをよく混ぜ合わせる。

2 あじは水けをふいて薄力粉をまぶし①にくぐらせて、パン粉を押さえながらつける。

3 フライパンに揚げ油を深さ2cm入れて中温に熱し、②を入れて強めの中火で揚げる。衣が固まってきたら返しながらきつね色になるまで揚げる。

4 器に盛ってソースをかけてマヨネーズを添える。

あじのマリネ

漬け

材料（4人分）

あじ（三枚おろし）…6尾
玉ねぎ…小1/2個
トマト…1個
a　おろしにんにく…少々
**　酢…大さじ4**
**　オリーブ油…大さじ1と1/2**
**　塩…小さじ1/3**
**　砂糖…2つまみ**
**　こしょう…適量**
塩、こしょう…各少々
薄力粉、揚げ油…各適量
イタリアンパセリ（粗みじん切り、あれば）…適量

作り方

1 玉ねぎは縦薄切りにして水に15分さらして水けをきる。トマトは縦半分に切ってから横5mm幅に切る。バットにaを混ぜ、玉ねぎ、トマトを加えて混ぜる。

2 あじは半分に切って塩、こしょう少々をふって下味をつける。

3 半量ずつ揚げる。フライパンに揚げ油を深さ2cm入れて中温に熱し、②に薄力粉をまぶしながら入れる。フライパンにギッチリに入れて強火で揚げ、少しカリッとして揚げ色がついたら取り出し、すぐに①のバットにつける。もう半量も同様に揚げてつける。

4 そのまま20分くらいなじませ、器に盛ってパセリをちらす。

いわしの南蛮漬け 漬け

材料（4人分）

いわし（三枚おろし）…8尾
玉ねぎ…1/2個
赤パプリカ…1個
にんにく…1かけ
a
- **おろししょうが…1かけ分**
- **酢…大さじ2**
- **オイスターソース…大さじ1と1/2**
- **水、ごま油、しょうゆ…各大さじ1**
- **砂糖…小さじ1/2**

薄力粉、揚げ油…各適量

作り方

1 玉ねぎは縦薄切りにして水に5分さらす。パプリカは縦細切りにする。

2 バットにaを混ぜ合わせて、水けをきった玉ねぎを加えて混ぜる。

3 フライパンに揚げ油を深さ2〜3cm入れ、にんにくを入れて弱めの中火にかける。きつね色になってきたら、パプリカを加えて強火にしてサッと揚げる。油をきって②に加えて和える。

4 いわしは水けをふいて薄力粉をまぶし、③のフライパンに入れて強火で揚げる。まわりが固まってきたら、たまに返しながら揚げて、全体にうまそうなきつね色になったら、油をきって③に加えて和える。そのまま15分くらいつける。

いわしのチリトマト煮 煮

材料（4人分）

いわし…4尾
セロリ…1本
セロリの葉…適量
にんにく…2かけ
赤唐辛子…4本
オリーブ油…大さじ1
ホールトマト缶…1缶（400g）
オレガノ（乾燥）…小さじ1/2
塩、こしょう…各適量

作り方

1 セロリはピーラーで皮をむいて斜め薄切りにする。セロリの葉は数枚をちぎる。にんにくは縦薄切りにする。いわしは腹に切り込みを入れて内臓を取り出し、よく洗って水けをふく。

2 フライパンを熱してオリーブ油をひく。いわしを並べて塩、こしょう各少々をふって強火で焼く。両面こんがり焼いたらフライパンの端に寄せ、空いたところににんにくを入れて炒める。

3 にんにくが色づいたら、セロリ、赤唐辛子をへたを取って種ごと加えて炒める。セロリに油がまわったら、ホールトマト、オレガノを加え、ふたをしてたまにフライパンをゆすりながら弱めの中火で10分煮る。セロリの葉を加えてザッと混ぜて、味をみて塩、こしょうでととのえる。

いか

いかの下処理は簡単。足と内臓を迷わずためらわず一気に引っ張るだけ。つるつるしてつかみづらいときは、水けをふきながら扱おう

いかのバターじょうゆ焼き 焼

材料（2人分）

いか…1杯
サラダ油、バター…各大さじ1/2
a
- **しょうゆ、酒、みりん…各大さじ1弱**

万能ねぎ（小口切り）…適量
こしょう…適量

作り方

1 いかは足と内臓を引き抜く。内臓を切り落として胴と足は洗って水けをふく。胴は1cm幅の輪切りにする。足は食べやすい大きさに切り分ける。

2 フライパンを熱してサラダ油とバターを入れ、①を加えて強火で炒める。焼き目がついたら、**a**を加えてからめる。器に盛って万能ねぎをちらし、こしょうをふる。

＊14ページ❶参照

いかときのこのイタリアン

材料（2〜3人分）

いか…1杯

しめじ、エリンギ…各1パック

にんにく（みじん切り）…2かけ

赤唐辛子…2〜3本

オリーブ油…大さじ1〜2

ワイン（白）または酒…大さじ2

塩、こしょう…各適量

作り方

1 いかは足と内臓を引き抜く。内臓を切り落として、胴と足は洗って水けをふく。胴は1cm幅の輪切りにする。足は食べやすい大きさに切り分ける。しめじは根元を切り落として小房にわける。エリンギは適当な太さにさく。

2 フライパンにオリーブ油をひき、にんにくを入れ、塩少々をふって弱火で炒める。いい匂いがしてきたら、いかを加えて強火にして炒める。

3 いかの色が変わったら、赤唐辛子をへたを取って種ごと加え、きのこを加えて炒める。きのこがしんなりしたらワインを加えてザッと混ぜる。味をみながら塩、こしょうでととのえる。

いかときゅうりの炒め物

材料（2人分）

冷凍ロールいか…160g

きゅうり…2本

にんにく、しょうが…各1かけ

ごま油、酒…各大さじ1

豆板醤《トウバンジャン》…小さじ1/2〜1

塩、こしょう、ラー油…各適量

作り方

1 いかは5〜6cm長さ、1cm幅に切る。きゅうりはピーラーで皮をむいてへたを切り落とし、一口大の乱切りにする。にんにく、しょうがはみじん切りにする。

2 フライパンを熱してごま油をひき、にんにく、しょうがを弱火で炒める。いい匂いがしてきたらいかを加えて塩、こしょう各少々をふって強火にして炒める。

3 いかの色が変わったらきゅうりを加えて炒める。きゅうりの角が取れて少し丸くなってきたら、酒、豆板醤を加えて炒め合わせる。味をみて塩、こしょうでととのえる。器に盛ってラー油をかける。

＊14ページ❹参照

いかの七味マヨ炒め

材料（2人分）

いか…1杯

サラダ油…大さじ1

マヨネーズ…大さじ1

塩、七味唐辛子…各適量

作り方

1 いかは足と内臓は引き抜く。内臓を切り落として胴と足は洗って水けをふく。胴は1cm幅に切る。足は食べやすい大きさに切り分ける。

2 フライパンを熱してサラダ油をひく。①を入れて塩をふって強火で炒める。焼き目がついたら火を止めて、マヨネーズを加えて混ぜ、七味唐辛子をふる。

いかわたみそ炒め

材料（2人分）

いか…1杯

もやし…1袋

a ［みそ、酒…各大さじ1
**　 みりん…小さじ1**

サラダ油…大さじ1

塩、こしょう…各少々

作り方

1 いかは足と内臓を引き抜く。内臓からわただけを切りはなしておく。胴と足は洗って水けをふく。胴は1cm幅の輪切りにする。足は食べやすい大きさに切り分ける。もやしは暇ならひげを取る。**a**を混ぜておく。

2 フライパンを熱してサラダ油をひき、いかを強火で炒める。いかの色が変わったら、もやしを加えて塩、こしょうをふり、よく炒める。

3 もやしが少ししんなりしたらわたを加えて加熱し、わたがはじけたら、aを加えて炒め合わせる。

いかと大根 オイスターソース炒め

材料（2〜3人分）

いか…1杯
大根…5cm
にんにく、しょうが…各1かけ
ごま油…大さじ1
酒…大さじ1
カレー粉…少々
オイスターソース…大さじ1
しょうゆ…大さじ1/2
塩、こしょう…各適量
香菜《シャンツァイ》…適量

作り方

1 大根は長さを半分に切ってから短冊切りにする。にんにく、しょうがはみじん切りにする。香菜は粗みじん切りにする。

2 いかは足と内臓を引き抜く。内臓を切り落として、胴と足は洗って水けをふく。胴は7mm幅の輪切りにする。足は食べやすく切り分ける。

3 フライパンを熱してごま油をひき、にんにく、しょうがを弱火で炒める。いい匂いがしてきたらいか、大根を加えて強火にして炒める。

4 大根が透き通ってきたら酒を加えてザッと炒め、カレー粉、オイスターソース、しょうゆを加えて炒め合わせる。味をみて薄ければ塩、こしょうでととのえる。器に盛って香菜を添える。

いかと里芋の煮物

煮

材料（4人分）

いか…2杯
大根…6cm
しょうが…1かけ
冷凍里芋…250g
a ┌ 水…カップ1
　│ しょうゆ、みりん、酒…各大さじ1
　│ オイスターソース…大さじ1/2
　└ ごま油…小さじ1

作り方

1 いかは足と内臓を引き抜く。内臓を切り落として胴と足は洗って水けをふく。胴は1cm幅の輪切りにする。足は食べやすい大きさに切り分ける。

2 大根は皮をむいて5mm厚さのいちょう切り*にする。しょうがはせん切りにする。

3 鍋にaを合わせて煮立て、①、②、里芋を凍ったまま加えて、ふたをしてたまに混ぜながら強めの中火で10分煮る。

＊14ページ❸参照

いかのわた煮

煮

材料（2人分）

いか…1杯
酒…カップ1/4
塩…小さじ1/4
a ┌ 片栗粉
　│ 　…小さじ1/2
　└ 水…小さじ1

> いかのわたとは
> 内臓にくっついている、袋に入った茶色というかベージュのやつで、料理に使える。それ以外の内臓は捨てます。

作り方

1 いかは足と内臓を引き抜く。内臓からわただけを切りはなしておく。胴と足は洗って水けをふく。胴は1cm幅の輪切りにする。足は食べやすい大きさに切り分ける。aを混ぜておく。

2 鍋をサッとぬらして酒、水カップ1/4を入れていかを入れる。その上にわたをそのままのせる。ふたをして強火にかけ、煮立ってわたがはじけたら、塩を加えてザッと混ぜる。

3 火を止めてaをもう一度よく混ぜてから加えてすばやく混ぜる。火にかけてとろみがつくまで中火で煮る。

魚介のバター煮

煮

材料（4人分）

いか…1杯
えび…8尾
はまぐり（砂抜きずみ*）…300g
にんにく…2〜3かけ
赤唐辛子…1本
オリーブ油…大さじ2
ワイン（白）…カップ1/2

塩、こしょう…各適量
バター…大さじ2〜3
パセリ(乾燥)…適量

作り方

1 いかは足と内臓を引き抜く。内臓を切り落として胴と足は洗って水けをふく。胴は7mm幅の輪切りにする。足は食べやすい大きさに切り分ける。えびは殻をむいて＊＊背開きにして、背わたがあれば取り除き、水で洗って水けをふく。はまぐりは殻をこすり合わせながら洗って汚れを落とす。

2 にんにくはみじん切りにする。赤唐辛子はへたと種を取り除く。

3 鍋またはフライパンを熱してオリーブ油をひき、にんにくを弱火で炒める。いい匂いがしてきたら、はまぐり、いか、えびの順に加えて強火で炒め、全体に油がまわったらワインと赤唐辛子を加える。

4 たまに混ぜながら煮て、はまぐりの口がすべて開いたら、味をみながら、塩、こしょうを加えてととのえる。仕上げにバターを加えてザッと混ぜる。器に盛ってパセリをちらし、こしょうをふる。

＊16ページ参照　＊＊16ページ参照

カラマリ　揚

材料 (2人分)

いか…1杯
a
- **薄力粉…カップ3/4**
- **水…カップ1/2**
- **おろしにんにく…少々**
- **塩…小さじ1/4〜1/3**
- **チリパウダー、カレー粉、ナツメグ…各小さじ1/4**
- **こしょう…少々**

揚げ油…適量

作り方

1 いかは足と内臓を引き抜く。内臓を切り落として胴と足は洗って水けをふく。胴はキッチンペーパーか乾いたふきんでこすって皮をむき、7mm幅の輪切りにする。足は食べやすい大きさに切り分ける。

2 ボウルに**a**を合わせてよく混ぜる。粉っぽさがなくなったら①を加えてからめる。

3 フライパンに揚げ油を深さ2cm入れて中温に熱し、②を入れて中火で揚げる。衣が固まってきたら、たまに返しながら揚げる。全体がきつね色になったら火を強めてカラッと仕上げる。

簡単いかめし　米

材料 (4人分)

もち米…1合
いか…2杯
a
- **おろししょうが…1/2かけ分**
- **オイスターソース…大さじ1強**
- **みりん…大さじ1/2**
- **しょうゆ…小さじ1**

ごま油…大さじ2
酒…大さじ1

作り方

1 もち米は洗って少し固めに炊く。

2 いかは足と内臓を引き抜く。内臓を切り落として胴と足は洗って水けをふく。足は1cm幅に切る。

3 フライパンを熱してごま油大さじ1をひき、いかの足を強火で炒める。色が変わったら酒を加えてザッと炒め、**a**を加えて炒め合わせる。

4 ボウルに炊きあがったもち米を入れ、③を汁ごと加えて、ぬらしたしゃもじで混ぜる。

5 ④を半量にわけていかの胴にしっかり詰める。楊枝で口をピッチリと閉じる。

6 フライパンを熱してごま油大さじ1をひき、⑤を並べてふたをして中火で全体を焼く。焼き目がついたら取り出して1.5cm幅の輪切りにする。

その他のいかのレシピ

- いかとオクラの明太和え…**P69**
- さきいかのマヨ焼きそば…**P86**
- 小松菜炒めいかあんかけ…**P104**
- いかとズッキーニのエスニック炒め…**P127**
- 玉ねぎといかの和え物…**P148**
- 海鮮塩焼きそば…**P167**
- シーフードのミックスフライ…**P295**

いわし

→あじ、いわしの項目へ P266

うなぎ

→その他の項目へ P302

えび

えびは種類も大きさもいろいろ。それぞれ風味も違うけど、えびはえびです。背わたは臭みがあるので、絶対に絶対に取ること

えびと卵の炒め物

材料（2人分）

むきえび…100g
卵…2個
長ねぎ…1本
にんにく、しょうが…各1かけ
ごま油…大さじ1
酒…大さじ1
塩、こしょう…各適量

作り方

1 にんにく、しょうが、長ねぎはみじん切りにする。むきえびは背わたがあれば取り除き、水で洗って水けをふく。卵は溶きほぐす。

2 フライパンを熱して、ごま油の半量をひいて溶き卵を流し入れる。まわりがプクプクしてきたら大きくかきまぜて、半熟くらいで取り出す。

3 ②のフライパンに残りのごま油をひいて、にんにく、しょうが、ねぎを入れて中火で炒める。いい匂いがしてきたら、むきえびを加えて、塩、こしょう各少々をふって強火にして炒める。

4 えびの色が変わったら酒を加えてザッと炒め、②の卵を戻し入れて炒め合わせる。味をみて塩、こしょうでととのえる。

＊16ページ参照

えびと卵のタイ風カレー炒め

材料（2人分）

えび…8尾
卵…2個
玉ねぎ…1/2個
にんにく…3かけ
しょうが…1かけ
ごま油…大さじ2
a
　ココナッツミルク…カップ1/2
　酒…大さじ2
　カレー粉…大さじ1弱
　ナンプラー…大さじ1と1/2
　砂糖…小さじ1/3
塩、こしょう…各適量
香菜《シャンツァイ》…適量

作り方

1 玉ねぎは縦薄切りにする。にんにく、しょうがはみじん切りにする。えびは殻ごと背開きにする。背わたがあれば取り除き、水で洗って水けをふく。卵は溶きほぐす。

2 フライパンを熱してごま油をひき、にんにく、しょうがを弱火で炒める。いい匂いがしてきたら、えびを加えて、塩、こしょう各少々をふって強火にして炒める。えびの色が変わったら玉ねぎを加えて炒める。

3 玉ねぎがしんなりしたら、具をフライパンの端に寄せて、空いたところに溶き卵を流し入れる。そのままいじらずに加熱して、固まってきたらいり卵にしてから全体を炒め合わせる。

4 **a**を加えてフツフツしてきたら、弱めの中火にして2分煮る。味をみて塩、こしょうでととのえる。器に盛って香菜を添える。

＊16ページ参照

エビチリ

材料（3〜4人分）

えび…12尾
長ねぎ…1/2本
にんにく、しょうが…各1かけ
a
　水…カップ1/2
　酒…大さじ1と1/2
　ケチャップ、オイスターソース…各大さじ1
　砂糖…大さじ1弱
　片栗粉…小さじ2
　豆板醤《トウバンジャン》…小さじ1〜2
　しょうゆ…小さじ1
　ごま油…少々
ごま油…大さじ2
塩、こしょう…各適量

作り方

1 長ねぎ、にんにく、しょうがはみじん切りにする。えびは殻をむいて背開きにする。背わたがあれば取り除き、水で洗って水けをきる。aを混ぜておく。

2 フライパンを熱してごま油をひき、ねぎ、にんにく、しょうがを中火で炒める。ねぎがしんなりしてきたら、えびを加えて塩、こしょう各少々をふって強火で炒める。

3 えびの色が変わったらaをもう一度よく混ぜてから加えて、すばやく混ぜる。とろみがつくまで混ぜながら中火で煮る。とろみがついたら味をみて、薄ければ塩、こしょうでととのえる。

＊16ページ参照

簡単エビマヨ

材料（2人分）

むきえび…150g

キャベツ…1/8個

長ねぎ…10cm

サラダ油…大さじ1/2

a
- **おろしにんにく、おろししょうが…各ほんの少々**
- **マヨネーズ…大さじ1〜1と1/2**
- **粒マスタード…小さじ1**
- **砂糖…小さじ1/2**
- **ごま油、塩…各少々**

作り方

1 えびは背わたがあれば取り除き、水で洗って水けをふく。キャベツはせん切りにする。長ねぎはみじん切りにする。大きめのボウルにa、長ねぎを入れて混ぜ合わせる。

2 フライパンを熱してサラダ油をひき、えびを入れて強火で炒める。全体に焼き目がついたら、①のボウルに加えて和える。器にキャベツを盛って、上にのせる。

＊16ページ参照

エビマヨ

材料（2人分）

えび…8尾

長ねぎ…1本

にんにく、しょうが…各1かけ

マヨネーズ…大さじ1と1/2

ごま油…大さじ1

酒…大さじ1

砂糖…小さじ1/2

片栗粉…適量

作り方

1 長ねぎは6cm長さの斜め切りにする。にんにく、しょうがはみじん切りにする。えびは殻をむいて背開きにする。背わたがあれば取り除き、水で洗って水けをきり、軽く片栗粉をまぶす。

2 フライパンを熱してごま油をひき、えびを並べて強火で焼く。両面に焼き目がついたらにんにく、しょうが、長ねぎを加えて中火で炒める。

3 にんにくが色づいてきたら酒を加えてザッと炒め、火を止めてマヨネーズ、砂糖を加えてからめる。

＊16ページ参照

写真…29ページ

えびのココナッツミルク煮

材料（4人分）

えび…10〜12尾

赤パプリカ…1個

なす…3本

にら…1束

にんにく、しょうが…各1かけ

サラダ油…大さじ1

豆板醤《トウバンジャン》…大さじ1/2

酒…大さじ2

カレー粉…大さじ1

a
- **ココナッツミルク…カップ2**
- **ナンプラー…大さじ1**
- **砂糖…小さじ1と1/2**
- **こぶみかんの葉（乾燥）…5枚**
- **レモングラス（乾燥）…4本**
- **カー（乾燥、あれば）…2枚**

香菜《シャンツァイ》（刻む）…1/3束

作り方

1 なすはピーラーで皮をむいて縦4等分に切り、塩水に3分さらす。パプリカは縦細切りにする。にらは5cm長さに切る。にんにく、しょうがはみじん切りにする。

2 えびは殻をむいて背開きにする。背わたを取り除き、よく洗って水けをふく。

3 鍋を熱してサラダ油をひき、にんにく、しょうが、豆板醤を入れて弱火で炒める。にんにくが色づいてきたら、えびを加えて強火で炒める。えびの色が変わりはじめたら、なす、パプリカを加えて炒める。

4 全体に油がまわったら、酒、カレー粉を加えてザッと炒める。**a**を加えて強めの中火で8〜10分煮る。最後ににらを加えてひと煮する。器に盛って香菜をちらす。

＊16ページ参照

エビフライ

揚

材料（4人分）

えび…12尾

溶き卵…2個分

薄力粉、パン粉、揚げ油…各適量

玉ねぎ…1/6個

ピクルス…小1本

赤パプリカ…1/4個

a
- **マヨネーズ…大さじ4**
- **牛乳…大さじ1**
- **酢…大さじ1/2**
- **塩、砂糖…各1つまみ**
- **こしょう…少々**

作り方

1 えびは尾を残して殻をむき、竹串で背わたを取り除く。腹側に3ヵ所くらい切り込みを入れて、プチッと音がするまで背をそらすようにして全体をのばす。

2 玉ねぎはみじん切りにして水に5分さらして、しっかり水けをきる。ピクルス、赤パプリカはみじん切りにする。ボウルに**a**を混ぜ合わせて、玉ねぎ、ピクルス、赤パプリカを加えて混ぜる。

3 えびの尾を持って薄力粉、溶き卵、パン粉の順に衣をしっかりつけて形をととのえる。

4 フライパンに揚げ油を深さ2cm入れて中温に熱する。③を入れて強めの中火で揚げる。衣が固まってきたらたまに返しながら揚げる。全体がきつね色になったら油をきって取り出す。器に盛って好みで②をかける。

＊16ページ参照

天ぷら

揚

材料（2〜3人分）

えび…4尾

さつま芋…1/2本（150g）

しいたけ…4〜6個

青じそ…6枚

卵…1個

薄力粉、揚げ油…各適量

天つゆ、塩…各適量

作り方

1 さつま芋は皮つきのまま7mm厚さの斜め切りにして、塩水に3分さらす。しいたけは根元を切り落とす。

2 えびは尾を残して殻をむき、背わたを取り除く。腹に数ヵ所切り込みを入れて、両手でプチップチッとのばす。水けをしっかりふく。

3 計量カップに卵と水を合わせてカップ1にし、ボウルに入れてよく混ぜる。そこに氷6〜7個を加え、薄力粉カップ1を加えてザッと混ぜる。フライパンに揚げ油を深さ3cm入れて低温に熱する。

4 さつま芋の水けをしっかりふいて、③の衣に軽くくぐらせ衣をつけ、フライパンに入れて中火で揚げる。衣が固まってきたらたまに返しながら揚げる。衣がカリッとして竹串がスーッと通ったら油をきって取り出す。

5 同様に、しいたけ、青じその順に揚げる。衣がカリッとしたら油をきって取り出す（揚げバットの奥のほうから、なるべく立てて並べると油ぎれがよい）。

6 ③の衣が水っぽくなってきたら薄力粉少々を加えてザッと混ぜる（混ぜすぎない）。

7 えびに薄力粉をまぶし、尾につけないように⑥の衣にくぐらせて、中温に熱した油に入れて中火で揚げる。衣が固まってきたらたまに返しながら揚げる。衣がカリッとしてきたら油をきって取り出す。器に④、⑤、えびを盛って好みで天つゆ、塩を添える。

＊16ページ参照

菜の花とえびのバターじょうゆ和え

和え

材料（2人分）

菜の花…1束

えび…6尾

バター…大さじ1弱

a
- **おろしにんにく…少々**
- **みりん、しょうゆ…各大さじ1/2**
- **酒…少々**

塩、こしょう…各適量

作り方

1 菜の花は根元を切り落とす。えびは殻をむいて背開きにする。背わたがあれば取り除き、水で洗って水けをふく。

2 鍋に湯を沸かして塩を加え、菜の花をサッとゆでてざるにあげる。

3 同じ湯に酒を加え、えびをゆでる。色が変わったらざるにあげる。

4 バターを溶かしてボウルに入れ、**a**を加えて混ぜる。②、③を加えて和える。味をみて薄ければ塩、こしょうでととのえる。

＊16ページ参照

生春巻き

その他

材料（2人分）

ゆでえび…小6尾
きゅうり…1/2本
にんじん…5cm
万能ねぎ…6本
青じそ…8枚
ライスペーパー…4枚
ソース
- ナンプラー…大さじ1
- 酢…大さじ1/2
- オイスターソース…小さじ1
- 砂糖…小さじ1/2
- 赤唐辛子（小口切り）…適量
- 香菜《シャンツァイ》…2枝

バターピーナッツ…適量

作り方

1 きゅうり、にんじんは細切りにする。万能ねぎは長さを半分に切る。えびは殻をむく。背わたがあれば取り除き、水けをふいて厚さを半分に切る。

2 ソースを作る。香菜をみじん切りにして、その他の材料と合わせて混ぜる。

3 フライパンなどに水をはり、まな板の上に水にぬらして固く絞ったふきんかキッチンペーパーをのせる。ライスペーパーを1枚ずつサッと水にくぐらせてキッチンペーパーの上にのせる。

4 手前に青じそ2枚を裏にして並べる。その上にきゅうり、にんじん各1/4量をのせて包み込むように固くひと巻きし、皮の両端を少し内側に折り込む。その上に、①のえび3枚、万能ねぎの1/4量を美しく並べて固く巻きあげる。残り3本も同様に作る。食べやすい大きさに切る。器に盛って②、バターピーナッツを添える。

＊14ページ❶参照　＊＊16ページ参照

エビピラフ

米

材料（2人分）

温かいご飯…茶わん2杯強
むきえび…120g
にんじん…3cm
玉ねぎ…1/2個
にんにく…1かけ
サラダ油…大さじ1
ワイン（白）…大さじ1
バター…大さじ1
しょうゆ…少々
パセリ（みじん切り）…適量
塩、こしょう…各適量

作り方

1 えびは背わたがあれば取り除き、水で洗って水けをふく。にんじんは3mm角に切る。玉ねぎ、にんにくはみじん切りにする。

2 フライパンを熱してサラダ油をひき、にんにくを弱火で炒める。いい匂いがしてきたら玉ねぎを加えて中火にして炒める。玉ねぎが透き通ってきたらにんじんを加えてザッと炒める。

3 むきえびを加えて塩、こしょう各少々をふって強火にして炒める。えびの色が変わったらワインを加えて混ぜる。

4 ご飯を加えてほぐしながらよく炒める。パラッとしてきたら味をみながら塩、こしょうでととのえる。火を止めて、バター、しょうゆ、パセリを加えて混ぜる。

＊16ページ参照

レッドカレー

米

材料（4人分）

温かいご飯…4人分
えび…8尾
厚揚げ…1枚
じゃがいも（メークイン）…2個
しめじ…1パック
にんにく、しょうが…各1かけ
サラダ油…大さじ2
豆板醤《トウバンジャン》…大さじ1強
カレー粉…大さじ1と1/2
酒…大さじ1

a ［ココナッツミルク…カップ2
水…カップ1/2
レモングラス(乾燥)…4〜5本
こぶみかんの葉(乾燥)…4枚］

ナンプラー…適量

砂糖…小さじ1強

香菜《シャンツァイ》、フライドオニオン…各適量

作り方

1 厚揚げは縦半分に切ってから横1.5cm幅に切る。じゃがいもは皮をむいて1cm厚さの輪切りにする。水に3分さらして水けをきる。しめじは根元を切り落として小房にわける。にんにく、しょうがはみじん切りにする。えびは殻をむいて背開きにする。背わたがあれば取り除き＊、水で洗って水けをふく。

2 鍋を熱してサラダ油をひき、にんにく、しょうが、豆板醤を弱火で炒める。いい匂いがしてきたらえび、厚揚げ、じゃがいも、しめじを加えて強火にして炒める。えびの色が変わったらカレー粉を加えて炒める。

3 全体にカレー粉がなじんだら、酒を加えてザッと炒める。**a**を加えて、沸いてきたら火を弱めて10〜15分煮る。じゃがいもに竹串がスーッと通ったら、砂糖を加えて混ぜ、味をみてナンプラーでととのえる。器にご飯を盛ってかける。香菜を添えてフライドオニオンをちらす。

＊16ページ参照

その他のえびのレシピ

かき

→その他の項目へ P303

かじき

淡白でどんな味にも合う、とても使いやすい魚。見た目も実にすっきり。魚初心者でも抵抗なくいけると思います。いいやつです

かじきのピザソテー

焼

材料 (2人分)

かじき…2切れ

ピーマン…1個

赤パプリカ…1/2個

ピザ用ソース…大さじ3

ピザ用チーズ…大さじ4

塩…少々

こしょう、オリーブ油…各適量

作り方

1 ピーマン、パプリカは1cm角に切る。かじきは水けをふく。

2 フライパンを熱してオリーブ油大さじ1をひき、ピーマン、パプリカを強火で炒める。しんなりしたら取り出す。
3 フライパンにオリーブ油大さじ1を足して、かじきを並べる。塩、こしょうをふって、ふたをして中火で焼く。焼き目がついたらひっくり返してピザ用ソースをぬる。②とピザ用チーズをちらし、再びふたをして弱めの中火で焼く。
4 チーズが溶けたら器に盛ってオリーブ油を回しかけて、こしょうをふる。

かじきの みそバターソテー

材料（2人分）

かじき…2切れ
グリーンアスパラガス…1/2束
a
- **おろしにんにく…少々**
- **水…大さじ2**
- **酒…大さじ1と1/2**
- **みりん…大さじ1**
- **みそ…大さじ1弱**
- **砂糖…小さじ1弱**

バター…大さじ1/2
サラダ油…大さじ1と1/2
塩、こしょう…各少々

作り方

1 アスパラガスは根元を1cmくらい切り落として、下1/3の皮をピーラーでむき、縦半分に切る。かじきは水けをふく。**a**を混ぜておく。
2 フライパンを熱してサラダ油大さじ1/2をひき、アスパラガスを並べる。塩、こしょうをふって強火で焼きつけるように炒める。焼き目がついて少ししんなりしたら取り出す。
3 フライパンをサッとふいて再び熱してサラダ油大さじ1をひく。かじきを並べてふたをして強めの中火で焼く。焼き目がついたらひっくり返して、返してからはふたはせずに両面こんがり焼く。
4 火を弱めてキッチンペーパーで水分や油をふき取り、**a**を加えてからめる。火を止めてバターを落として全体にからめる。器に盛ってフライパンに残ったたれをかけて②を添える。

かじきの中華炒め

材料（2人分）

かじき…2切れ
ピーマン…1個
たけのこ（水煮）…70g
にんにく、しょうが…各1かけ
ピーナッツ…大さじ2
ごま油…大さじ1
酒…大さじ1
オイスターソース…大さじ1
塩、こしょう…各適量

作り方

1 ピーマン、たけのこは1.5cm角に切る。にんにく、しょうがはみじん切りにする。かじきは水けをふいて2cm角に切る。
2 フライパンを熱してごま油をひき、かじきを入れて、塩、こしょう各少々をふって強火で炒める。かじきの色が変わったら、にんにく、しょうがを加えて炒める。いい匂いがしてきたら、ピーマン、たけのこ、ピーナッツの順に加えて炒める。
3 野菜に油がまわったら酒を加えてザッと炒め、オイスターソースを加えて炒め合わせる。味をみて塩、こしょうでととのえる。

かじきの揚げ漬け

材料（2人分）

かじき…2切れ
にんじん…4cm
玉ねぎ…1/4個
香菜《シャンツァイ》…1/4束
a
- **おろしにんにく、おろししょうが…各少々**
- **しょうゆ、みりん、水…各大さじ1**
- **オイスターソース…小さじ2**
- **酢、砂糖…各小さじ1**
- **豆板醤《トウバンジャン》、ごま油…各少々**

薄力粉、揚げ油…各適量

作り方

1 にんじんは縦細切りにする（皮はむいてもむかなくてもOK）。玉ねぎは縦薄切りにし、水に5分さらして水けをきる。香菜は根元を切り落として2cm長さに切る。バットに**a**を混ぜ合わせて野菜を加えて混ぜる。
2 かじきは水けをふく。3等分に切って薄力粉をまぶす。フライパンに揚げ油を深さ2cm入れて中温に熱し、かじきを入れて中火で揚げる。たまに返しながら揚げ、全体がきつね色になったら火を強めてカラッと仕上げる。

3 揚げたてのかじきを①のバットに加えてからめて少しつける。

かじきの南蛮漬け

漬け

材料（2人分）

かじき…2切れ

玉ねぎ…1/4個

赤唐辛子…1本

a
- **しょうゆ…大さじ1弱**
- **酢、ごま油…各大さじ1/2**
- **砂糖…小さじ1**

片栗粉、揚げ油…各適量

万能ねぎ（小口切り*）、いりごま（白）…各適量

作り方

1 玉ねぎは縦薄切りにし、水に5分さらして水けをきる。バットに玉ねぎ、赤唐辛子、**a**を混ぜ合わせる。

2 かじきは水けをふいて4等分に切り、全体に片栗粉をまぶす。フライパンに揚げ油を深さ2cm入れて中温に熱し、かじきを入れて中火で揚げる。まわりが少し固まってきたらたまに返しながらじっくり揚げて、全体がきつね色になったら火を強めてカラッと仕上げる。

3 揚げたてのかじきを①のバットに加えてからめて少しつける。器に盛って万能ねぎ、いりごまをふる。

＊14ページ❶参照

かじきのタルタル丼

米

材料（2人分）

温かいご飯…2人分

かじき…2切れ

グリーンアスパラガス…1/2束

a
- **おろししょうが…1/2かけ分**
- **みりん…大さじ1**
- **しょうゆ…小さじ2**
- **水…大さじ1**
- **砂糖…小さじ1/4**

サラダ油…大さじ2と1/2

塩…1つまみ

薄力粉…適量

タルタルソース
- **玉ねぎ（みじん切り、水にさらす）…大さじ1**
- **ピクルス（みじん切り）…1本**
- **マヨネーズ…大さじ2**
- **牛乳…大さじ1強**

漬物（好みのもの）…適量

作り方

1 アスパラガスは根元を1cmくらい切り落として、下1/3の皮をピーラーでむき、縦半分に切る。かじきは水けをふく。2cm角に切って薄力粉をまぶす。**a**、タルタルソースの材料をそれぞれ混ぜておく。

2 フライパンを熱してサラダ油大さじ1/2をひき、塩を入れて混ぜてから、アスパラを並べる。強火で両面に焼き目をつけて取り出す。

3 フライパンをサッとふいてサラダ油大さじ2をひき、かじきを並べる。強めの中火で両面に焼き目をつける。焼き目がついたらキッチンペーパーなどでフライパンの水分や油をふき取り、**a**を加えてからめる。

4 器にご飯を盛って③をたれごとのせ、タルタルソースをかけてアスパラガス、漬物を添える。

写真…31ページ

その他のかじきのレシピ

● かじきのタルタルサンド…P359

かれい、金目だい

→白身魚の項目へ　P285

鮭

もっとも身近といっていい魚だと思う。料理に使うのは基本的に塩鮭ではなく生鮭。これを間違えるとものすごくしょっぱくなるので注意

鮭とじゃがいものグラタン

焼

材料（2〜3人分）

生鮭…2切れ

玉ねぎ…1/2個

じゃがいも…2個

サラダ油…大さじ1

a
- **生クリーム…カップ1/2**
- **牛乳…カップ1/4**

b
- **ピザ用チーズ…大さじ3〜4**
- **パン粉…適量**

塩、こしょう…各適量

作り方

1 鮭は水けをふいて一口大に切る。玉ねぎは縦薄切りにする。じゃがいもは皮をむいて1cm厚さに切り、水に3分さらす。やわらかくなるまでゆでる。

2 フライパンを熱してサラダ油をひき、鮭を並べる。塩、こしょう各少々をふって中火で焼く。焼き目がついたらひっくり返して、フライパンの空いたところに玉ねぎを入れて中火で炒める。

3 玉ねぎにも少し焼き目がついたら、**a**、塩小さじ1/4、こしょう少々を加えて弱火で2分煮る。味をみて薄ければ塩を加えてととのえる。

4 耐熱皿にじゃがいも、③を重ねて入れる。**b**をかけて250度に温めたオーブンまたはトースターで焼き目がつくまで8〜15分焼く。

鮭のソテー 中華カレーソース

焼

材料（2人分）

生鮭…2切れ

チンゲンサイ…1株

しょうが…1/2かけ

a
- **水…カップ1**
- **酒…大さじ2**
- **みりん、オイスターソース…各大さじ1**
- **片栗粉…小さじ2**
- **カレー粉…小さじ1**

ごま油…大さじ1

塩…適量

こしょう、しょうゆ…各少々

作り方

1 チンゲンサイは根元を少し切り落として縦6等分に切る。しょうがはせん切りにする。鮭は水けをふく。**a**を混ぜておく。

2 フライパンを熱してごま油をひき、鮭を並べる。塩少々、こしょうをふって、ふたをして中火で焼く。焼き目がついたらひっくり返して両面こんがりと焼く。

3 しょうが、チンゲンサイ、**a**をもう一度よく混ぜてから加えて混ぜながら中火で煮る。とろみがついたら、味をみてしょうゆ、塩でととのえる。

鮭のソテー 粒マスタードしょうゆソース

焼

材料（2人分）

生鮭…2切れ

いんげん…1/2袋

a
- **しょうゆ、酒…各大さじ1**
- **みりん、バター、砂糖…各大さじ1/2**
- **水…大さじ2**
- **粒マスタード…小さじ1**

サラダ油…大さじ1

作り方

1 いんげんはへたを切り落とす。鮭は水けをふく。**a**を混ぜておく。

2 フライパンを熱してサラダ油をひき、鮭を並べてふたをして中火で焼く。焼き目がついたら返して、フライパンの空いたところにいんげんを入れて、再びふたをして焼く。

3 鮭といんげんに焼き目がついたら取り出して器に盛る。

4 フライパンに**a**を入れて再び中火にかけ、フツフツしてきたら③にかける。

鮭のソテー ねぎソース

焼

材料（2人分）

生鮭…2切れ

長ねぎ…1本

a
- **いりごま（白）…大さじ2**
- **ごま油、オイスターソース…各大さじ1**
- **しょうゆ、酢…各少々**
- **赤唐辛子（小口切り）…2本**

サラダ油…大さじ1

作り方

1 鮭は水けをふく。

2 長ねぎは斜め薄切りにして水に5分さらし、水けをきってボウルに入れ、**a**を加えて混ぜておく。

3 フライパンを熱してサラダ油をひき、鮭を並べて強めの中火で焼く。焼き目がついたらひっくり返して両面をこんがり焼く。器に盛って②のねぎソースをのせる。

＊14ページ❶参照

鮭のムニエル

焼

材料（2人分）

生鮭…2切れ
薄力粉…適量
サラダ油…大さじ1
塩、こしょう…各少々
a　マヨネーズ…大さじ2
**　牛乳…大さじ1**
**　粒マスタード…小さじ1/2**

作り方

1 鮭は水けをふく。塩、こしょうをふって薄力粉をまぶし、余分な粉は落とす。**a**を混ぜておく。

2 フライパンを熱してサラダ油をひき、鮭を並べてふたをして中火で焼く。焼き目がついたらひっくり返して両面こんがり焼く。器に盛って**a**をかけてこしょうをふる。

写真…43ページ

鮭のちゃんちゃん焼き1

煮

材料（2人分）

生鮭…2切れ
白菜…1/8個
しょうが…1かけ
a　水…カップ1/2
**　赤みそ、しょうゆ、酒**
**　　…各大さじ1**
**　みりん…大さじ1/2**
**　砂糖…小さじ1弱**
**　サラダ油…少々**
ごま油…大さじ1

作り方

1 白菜は葉と軸に切り分け、葉はザク切り、軸は長さを2〜3等分して縦細切りにする。しょうがはせん切りにする。鮭は水けをふく。**a**を混ぜておく。

2 フライパンにごま油をひいて鮭を並べる。上に白菜、**a**、しょうがの順にのせ、ふたをして中火で8分加熱する。たまにフライパンをゆする。

鮭のちゃんちゃん焼き2

煮

材料（2人分）

生鮭…2切れ
にら…1/2束
キャベツ…小1/4個
エリンギ…1/2パック
しょうが…1かけ
ごま油…大さじ1
a　すりごま（白）…大さじ1と1/2
**　酒…大さじ2**
**　赤みそ、みりん、ごま油**
**　　…各大さじ1/2**
**　しょうゆ、オイスターソース、砂**
**　　糖…各小さじ1**
しょうゆ…適量
七味唐辛子、いりごま（白）…各適量

作り方

1 キャベツは一口大に切る。エリンギは適当な太さに手でさく。にらは5cm長さに切る。しょうがはせん切りにする。**a**をよく混ぜ合わせる。

2 フライパンを熱してごま油をひき、鮭を並べて、しょうが、キャベツ、エリンギ、にらの順に重ねる。**a**を回しかけて、ふたをして中火で5分蒸し煮にする。味をみて薄ければ、しょうゆでととのえる。器に盛って七味唐辛子といりごまをふる。

鮭バター炊き込みごはん

米

材料（4人分）

米…2合
甘塩鮭…2切れ
マッシュルーム…1パック
a　みりん、酒…各大さじ1
**　しょうゆ…大さじ1/2**
**　塩…1つまみ**
バター…大さじ1と1/2
おろしにんにく…少々
クレソン…適量

作り方

1 鮭は酒少々を加えた湯で表面の色が変わる程度にサッとゆでる。マッシュルームは縦4等分に切る。

2 米は洗って炊飯器に入れる。目盛りに合わせて水を注ぎ、そこから水大さじ4を取り除く。**a**を加えて混ぜ、①をのせて普通に炊く。

3 炊きあがったら鮭を取り出して皮と骨を取り除き、炊飯器に戻し入れる。バター、おろしにんにくを加えて混ぜる。器に盛ってクレソンを刻んでちらす。

その他の鮭のレシピ

さば

青背の魚独特の風味で、少しクセがあるけれど、どこでも買える手軽な魚。匂いが強いぶん、かえってキムチやカレーともよく合う

さばの フライパン塩焼き　焼

材料（2人分）

さば…2切れ
塩…少々
サラダ油…大さじ1/2
大根おろし…5cm分
青じそ（粗みじん切り）…5枚
しょうゆ…適量

作り方

1 さばは水けをふいて皮に1cm幅に切り込みを入れ、両面に塩をふる。

2 フライパンにサラダ油を熱して、①を皮を上にして並べ、強めの中火で焼く。バキッと焼き目がついたらひっくり返して両面をこんがり焼く。

3 器に盛って大根おろしをのせて青じそをちらし、しょうゆをたらす。

さばのにんにく オイスターソース　焼

材料（2人分）

さば…2切れ
万能ねぎ…1/2束
にんにく…3かけ
赤唐辛子…2本
サラダ油…大さじ3
塩…適量
a
- 水、酒…各大さじ2
- オイスターソース…大さじ1
- 砂糖…小さじ1/2
- ごま油…少々

作り方

1 万能ねぎは根元を切り落とす。にんにくは2mm厚さの輪切りにして芽を取り除く。さばは水けをふいて皮に1本切り込みを入れる。赤唐辛子はへたを取る。

2 フライパンを熱してサラダ油大さじ1/2をひいて塩少々を入れて混ぜる。万能ねぎを加えて強火で炒める。焼き目がついたら取り出す。

3 フライパンにサラダ油大さじ1/2を足して、さばを並べる。塩少々をふって、中火で両面をこんがり焼いて取り出す。

4 フライパンをサッとふいて熱し、サラダ油大さじ2をひいてにんにくを弱火で炒める。にんにくがきつね色になってきたら中火にして赤唐辛子と**a**を加えて混ぜる。③を戻し入れてからめる。器に盛って②を添える。

さばのキムチ煮　煮

材料（2人分）

さば…2切れ
キムチ…200g
にんじん…5cm
にら…1/2束
にんにく…2かけ
しょうが…1かけ
a
- 水…カップ1/2
- 酒、みりん…各大さじ2
- しょうゆ…大さじ1/2
- 砂糖、ごま油…各小さじ1
- コチュジャン…小さじ1

いりごま（黒）、万能ねぎ（小口切り）＊…各適量

作り方

1 にんじんは皮をむいて縦細切りにする。にらは5cm長さに切る。にんにくは木べらでつぶす。しょうがはせん切りにする。さばは水けをふいて皮に1本切り込みを入れる。

2 鍋ににんにく、しょうが、キムチ、**a**を合わせて煮立てる。さば、にんじんを加えて、少しずらしてふたをして中火で7分煮る。たまに煮汁を回しかける。

3 最後ににらを加え、再びふたをしてひと煮する。器に盛っていりごま、万能ねぎをふる。

＊14ページ❶参照

さばのみそ煮 煮

材料 (2人分)

さば…2切れ

長ねぎ…1本

しょうが…1かけ

a
- 酒…カップ1/2
- 水…大さじ2
- しょうゆ、みりん…各大さじ1

b
- 赤みそ…大さじ1
- 水…大さじ4
- みりん…大さじ2
- 砂糖…大さじ1

調味料が煮立ってから魚を入れるわけ

絶対ではないけれど、基本的には煮汁が煮立ってから魚を入れる。臭みなどが出ないようにするため。

作り方

1 さばは水けをふいて、皮に1本切り込みを入れる。長ねぎは斜め切りにする。しょうがはせん切りにする。

2 **b**の赤みそと水大さじ1をまずボウルに入れてよく混ぜる。なじんだら残りの**b**を加えてさらによく混ぜ合わせておく。

3 フライパンに**a**を入れて煮立て、①を入れてふたをして中火で5分煮る。

4 ふたを取って②を加えてからめながら煮詰める。少しとろみがついたらできあがり。

写真…30ページ

さばみそ カレー風味 煮

材料 (2人分)

さば…2切れ

長ねぎ…1本

しょうが…1かけ

a
- 酒…カップ1/2
- 水…大さじ2
- しょうゆ、みりん…各大さじ1

b
- 赤みそ、砂糖…各大さじ1
- 水…大さじ4
- みりん…大さじ2
- カレー粉…小さじ1

作り方

1 長ねぎは長さを4等分に切ってから縦半分に切る。しょうがはせん切りにする。さばは水けをふいて皮に1本切り込みを入れる。

2 **b**の赤みそと水大さじ1をまずボウルに入れてよく混ぜる。なじんだら残りの**b**を加えてよく混ぜる。

3 フライパンに**a**を入れて煮立て、①を入れる。ふたをして中火で5分煮る。たまに煮汁を回しかける。ふたを取って、②を加えて混ぜ、さらに3分煮る。

さばの竜田揚げ 揚

材料 (3～4人分)

さば(三枚おろし)…1尾

さつま芋…1本

しし唐…10本

a
- しょうがの絞り汁…1かけ分
- おろしにんにく…少々
- しょうゆ、みりん…各大さじ1
- 酒…大さじ1/2
- ごま油…小さじ1

片栗粉、揚げ油…各適量

作り方

1 さつま芋は皮つきのまま1cm厚さの輪切りにして塩水に5分さらす。しし唐はへたを切り落として竹串で数ヵ所穴をあける。さばは水けをふいて4～5等分に切り、大きな骨は取り除く。

2 ボウルにさば、**a**を入れて手でもみ込む。別のボウルに片栗粉を入れておく。

3 フライパンに揚げ油を深さ3cm入れて、水けをきったさつま芋を入れてから、中火にかける。返しながら揚げて、竹串がスーッと通ったら火を強め、表面がカリッとしたら取り出す。続いてしし唐もサッと揚げて取り出す。

4 さばに片栗粉をしっかりまぶして③のフライパンにギッチリ入れる。まわりが固まってきたら、たまに返しながらじっくり揚げる。全体がきつね色になったら火を強めてカラッと仕上げる。器に盛って③を添える。

さわら

魚偏に春と書いてさわら。上品な風味だけれど、適度に脂がのっていてごはんがすすむ。どんな調理法や味つけにも合うので使いやすい

さわらの西京焼き 焼

材料 (2人分)

さわら…2切れ

a［酒…大さじ3
水…大さじ2
白みそ…大さじ1と1/2
砂糖…大さじ1弱
しょうゆ…少々

サラダ油…大さじ1

作り方

1 さわらは水けをふく。aを混ぜておく。

2 フライパンを熱してサラダ油をひき、さわらを並べてふたをして強めの中火で焼く。焼き目がついたらひっくり返す。返してからはふたをせずに焼く。aを加えてからめる。

さわらの照り焼き 〔焼〕

材料（2人分）

さわら…2切れ

長ねぎ…1/2本

a［水…大さじ2
みりん…大さじ1
しょうゆ、砂糖…各大さじ1/2

ごま油…大さじ1

作り方

1 さわらは水けをふく。長ねぎは1.5cm厚さの小口切りにする。aを混ぜておく。

2 フライパンを熱してごま油大さじ1/2をひく。長ねぎを入れて強火で焼きつけるように炒める。全体に焼き目がついたら取り出す。

3 フライパンにごま油大さじ1/2を足して、さわらを並べてふたをして中火で焼く。焼き目がついたらひっくり返す。返してからはふたはせずに焼く。aを加えてからめる。器に盛って②を添える。

＊14ページ❶参照

さわらのはちみつじょうゆ焼き 〔焼〕

材料（2人分）

さわら…2切れ

a［水…大さじ3
はちみつ…大さじ1強
しょうゆ…大さじ1強
酒…大さじ1

サラダ油…大さじ1/2

作り方

1 さわらは水けをふく。aを混ぜておく。

2 フライパンを熱してサラダ油をひき、さわらを並べてふたをして中火で焼く。焼き目がついたらひっくり返す。返してからはふたはせずに焼く。aを加えてからめる。

さわらのみそクリームソース 〔煮〕

材料（4人分）

さわら…4切れ

にんにく…1かけ

万能ねぎ…6本

サラダ油…大さじ1

a［生クリーム…カップ1
牛乳…カップ1/2

b［みそ…大さじ1/2
砂糖…1つまみ

こしょう…少々

塩…適量

作り方

1 さわらは水けをふく。万能ねぎは小口切りにする。にんにくはみじん切りにする。

2 フライパンを熱してサラダ油をひき、さわらを並べる。塩、こしょうをふってふたをして中火で焼く。焼き目がついたらひっくり返す。返してからはふたはせずに焼く。

3 両面焼き目がついたらにんにくを加える。いい匂いがしてきたらaを加えて弱めの中火で3分煮る。途中何度か混ぜる。

4 とろみがついたら、bを加え、塩少々を加えて味をととのえる。万能ねぎをちらす。

＊14ページ❶参照

さわらの中華煮 〔煮〕

材料（2人分）

さわら…2切れ

長ねぎ…1/2本

チンゲンサイ…1株

にんにく、しょうが…各1かけ

ごま油…大さじ1

a［水…カップ1/2
オイスターソース、しょうゆ
…各大さじ1/2
砂糖…小さじ1

作り方

1 さわらは水けをふく。長ねぎは5mm厚さの斜め切りにする。チンゲンサイは縦4等分に切って芯を取る。にんにくは縦薄切りにする。しょうがはせん切りにする。

2 フライパンを熱してごま油をひき、さわらを強火で焼く。焼き目がついたらひっくり返して、長ねぎを空いたところに入れて一緒に焼く。

3 ねぎに焼き目がついたら、にんにく、しょうが、**a**を加えてふたをする。たまに煮汁をかけながら中火で2〜3分煮る。チンゲンサイを加えてさらに2分煮る。

さんま

秋といえばさんましかない。脂がのったさんまは最高。グリルや七輪がなくても、フライパンでおいしく焼ける。煮物もまたおいしい

さんまのフライパン塩焼き 焼

材料（2人分）

さんま…2尾

大根…4cm

サラダ油…大さじ1〜2

塩…少々

a ┌ **レモン汁、しょうゆ、ごま油**
　　│ …**各大さじ1/2**
　　│ **みりん、オイスターソース**
　　└ …**各大さじ1/2**

万能ねぎ（小口切り）*…**適量**

作り方

1 さんまは水けをふいて、長さを半分に切る。大根は皮をむいて縦細切りにする。

2 ボウルに**a**を混ぜ合わせて大根を加えて和える。

3 フライパンを熱してサラダ油大さじ1をひき、さんまを並べる（いっぺんに入らない場合は半量ずつ焼く）。塩をふって、ふたをして中火で両面焼き目がつくまで焼く。焼けたら器に盛って②をのせ、万能ねぎをちらす。

＊14ページ❶参照

さんまのきのこソース 焼

材料（2人分）

さんま…2尾

しめじ…1パック

まいたけ…1パック

にんにく…1かけ

サラダ油…大さじ1と1/2

ごま油…大さじ1

a ┌ **しょうゆ**…**大さじ1**
　　└ **酒、みりん**…**各大さじ1**

バター…大さじ1/2

塩、こしょう…**各適量**

作り方

1 さんまは水けをふいてグリルに並べ、塩少々をふって焼く。

2 しめじは根元を切り落として小房にわける。まいたけは小房にわける。にんにくは横薄切りにして、芯を竹串で取り除く。

3 フライパンにサラダ油をひき、にんにくを入れて、弱めの中火でじっくりと揚げ焼きする。きつね色になったら取り出す。

4 ③のフライパンにごま油を足して熱し、きのこを入れて強火でよく炒め、少ししんなりしたら**a**を加えて炒め合わせる。味をみて薄ければ塩、こしょうでととのえる。火を止めてバターを加えてからめる。器に①を盛ってきのこソースをかけ、③をちらしてこしょうをふる。

さんまの玉ねぎソース 焼

材料（2人分）

さんま…2尾

玉ねぎ…1個

酒…大さじ1

カレー粉…小さじ1/2

一味唐辛子…少々

しょうゆ…大さじ1強

塩…少々

ごま油…大さじ1

サラダ油…大さじ1

レモン…適量

作り方

1 玉ねぎは縦薄切りにする。フライパンを熱してごま油をひき、玉ねぎを投入。中火で炒める。玉ねぎがしんなりしたら、酒、カレー粉、一味唐辛子、しょうゆを加えてからめる。

2 さんまは水けをふき、大きければ半分に切って塩をふる。フライパンを熱してサラダ油をひき、さんまを入れる。ふたをして弱めの中火で両面こんがり焼く。グリルで焼いてもいい。

3 さんまを器に盛って、①をかける。好みでレモンを添える。

写真…28ページ

さんまのカレー煮

煮

材料（2人分）

さんま…2尾
まいたけ…1パック
しょうが…1かけ
赤唐辛子…1本
a
- **水…カップ3/4**
- **みりん…大さじ2**
- **酒…大さじ1**
- **しょうゆ…大さじ1弱**
- **赤みそ、砂糖…各大さじ1/2**
- **カレー粉…小さじ1**
- **サラダ油…小さじ1/2**

万能ねぎ（小口切り）…適量

作り方

1 まいたけは小房にわける。しょうがはせん切りにする。赤唐辛子はへたと種を取り除く。

2 さんまは頭を切り落として3等分に切る。内臓を取り除き、よく洗って水けをしっかりふく。

3 フライパンに**a**を混ぜ合わせて火にかける。沸いてきたら、①、②を加える。ふたをして強火で5～6分煮る。たまに煮汁を回しかける。器に盛って万能ねぎをちらす。

＊14ページ❶参照

さんまの山椒みそ煮

煮

材料（2人分）

さんま…2尾
ごぼう…1本
しょうが…1かけ
a
- **水…カップ1**
- **みりん…大さじ2**
- **みそ…大さじ1と1/2**
- **しょうゆ、砂糖…各小さじ1**
- **粉山椒…小さじ1/2**

万能ねぎ（小口切り）…適量

作り方

1 ごぼうはたわしで洗って汚れを落とし、めん棒などでたたいてから食べやすい大きさにちぎり、酢水に3分さらす。しょうがはせん切りにする。

2 さんまは頭を切り落として3等分に切る。内臓を取り除き、よく洗って水けをふく。

3 鍋に**a**を入れて煮立て、②、水けをきったごぼう、しょうがを加える。ふたをして中火で10分煮る。たまに何度か混ぜる。器に盛って万能ねぎをちらす。

＊14ページ❶参照

さんまの中華煮

煮

材料（2人分）

さんま…2尾
ごぼう…10cm
万能ねぎ…1/3束
にんにく…1かけ
a
- **水…カップ1**
- **酒…大さじ2**
- **オイスターソース…大さじ1**
- **いりごま（白）、みりん…各大さじ1**
- **砂糖、しょうゆ…各大さじ1/2**

ごま油…適量

> 魚をさばくときはココに気をつける
>
> さわっているだけでも体温で魚の鮮度が落ちるので、できれば手早く。あとはしっかり洗ってしっかりふくこと。

作り方

1 ごぼうはたわしで洗って汚れを落とし、ピーラーで削るようにしながらささがきにする。酢水に3分さらして水けをきる。万能ねぎは5cm長さに切る。にんにくは薄切りにする。

2 さんまは頭を切り落として3等分に切る。内臓を取り除き、よく洗って水けをしっかりふく。

3 フライパンを熱してごま油大さじ1をひき、にんにくを弱火で炒める。少しきつね色になってきたら、**a**を加えて混ぜ、②、ごぼうを加えてふたをする。たまに混ぜながら強火で7～8分煮る。

4 最後に万能ねぎを加えてひと煮する。器に盛ってごま油少々を回しかける。

＊14ページ❺参照

さんまのキムチ煮

材料（2人分）

さんま…2尾
ごぼう…10cm
にら…1/2束
a［キムチ…150g
おろしにんにく、おろししょうが…各少々
水…カップ1/2
酒…大さじ2
コチュジャン、しょうゆ、砂糖…各大さじ1/2］
しょうゆ、いりごま（白）…各適量

作り方

1 ごぼうはたわしで洗って汚れを落とす。ピーラーで薄く長く削り、酢水に3分さらす。にらは5cm長さに切る。

2 さんまは頭を切り落とす。3等分に切って内臓を取り除き、洗って水けをふく。

3 フライパンにaを入れて煮立たせる。②、水けをきったごぼうを加え、ふたをして中火で8〜10分煮る。たまにスプーンで煮汁を回しかける。

4 最後ににらを加えて再びふたをして1分煮る。味をみて薄ければ、しょうゆでととのえる。器に盛っていりごまをふる。

さんまの蒲焼き丼

材料（2人分）

温かいご飯…2人分
さんま（三枚おろし）…2尾
長ねぎ…1本
薄力粉、塩…各適量
a［水…大さじ4
酒、みりん…各大さじ2
しょうゆ…大さじ1と1/2
砂糖…大さじ1/2］
サラダ油…大さじ1と1/2
焼きのり…大1枚
粉山椒…適量

作り方

1 長ねぎは3cm長さに切る。aを混ぜ合わせる。さんまは水けをふいて半分に切る。

2 フライパンを熱してサラダ油大さじ1/2をひく。長ねぎを入れて塩をふり、強火で炒める。焼き目がついたら取り出す。

3 フライパンにサラダ油大さじ1を足す。さんまに薄力粉をまぶして並べて、中火で焼く。両面こんがり焼いたら取り出す。

4 フライパンをサッとふいてaを入れて煮立たせる。②、③を加えてからめる。

5 器にご飯を盛る。のりをちぎってちらして、④をたれごとのせる。好みで粉山椒をふる。

その他のさんまのレシピ

● さんまときのこのバターごはん…P214
● さんまの炊き込みごはん…P337

しらす

→しらす、ちりめんじゃこの項目へ　P296

白身魚

金目だい、たら、むつ、すずき、かれいなど、種類も豊富な白身魚。それぞれ違う風味だけれど、どんな味とも合わせやすく使いやすい。

かれいとねぎの煮つけ（かれい）

材料（2人分）

かれい…2切れ
長ねぎ…1本
しょうが…1かけ
a［水…カップ3/4
しょうゆ…大さじ1と1/2
みりん、酒…各大さじ1
砂糖…大さじ1/2］

作り方

1 ねぎは5cm長さに切る。しょうがは薄切りにする。かれいは水けをふいて皮に斜めに1本またはバッテンに2本切り込みを入れる。

2 鍋にaを合わせて煮立て、①を加える。少しずらしてふたをして中火で7〜8分煮る。たまに煮汁を回しかける。

魚の煮つけ、味をしみ込ませたいときは

煮あがってからいったん完全に冷ますと、味がグッとしみます。

きんめの煮つけ（金目だい）

煮

材料（2人分）

金目だい…2切れ

しょうが…1かけ

a ┌ 水…カップ3/4
│ しょうゆ…大さじ1
│ 酒、砂糖、みりん…各小さじ2
└ サラダ油…少々

万能ねぎ（小口切り）…適量

作り方

1 金目だいは水けをふいて皮に1本切り込みを入れる。しょうがは皮つきのまま薄切りにする。

2 フライパンにaを合わせて煮立て、①を加えてふたをする。たまに煮汁を回しかけながら中火で7分煮る。器に盛って万能ねぎをちらす。

＊14ページ❶参照

写真…34ページ

きんめとねぎのサッと煮（金目だい）

煮

材料（2人分）

金目だい…2切れ

長ねぎ…1本

しょうが…1/2かけ

a ┌ 水…カップ1/2
│ 酒…大さじ2
│ しょうゆ、みりん
│ 　…各大さじ1と1/2
│ 砂糖…大さじ1
└ サラダ油…少々

作り方

1 金目だいは水けをふいて皮に1本切り込みを入れる。長ねぎは6cm長さに斜め切りにする。しょうがは薄切りにする。

2 鍋にaを合わせて火にかけ、沸いてきたら①を加えてふたをする。たまに煮汁を回しかけながら中火で5分煮る。

きんめのラー油煮（金目だい）

煮

材料（2人分）

金目だい…2切れ

長ねぎ…2本

しょうが…1かけ

a ┌ 水…カップ3/4
│ 酒…大さじ2
│ しょうゆ…大さじ1と1/2
│ ラー油…小さじ1
│ みりん、オイスターソース
│ 　…各大さじ1
└ 砂糖…大さじ1/2

ラー油…適量

作り方

1 金目だいは水けをふいて皮に1本切り込みを入れる。長ねぎは5cm長さに切る。しょうがはせん切りにする。

2 フライパンにaを合わせて煮立てて①を加える。ふたをして中火で7〜8分煮る。たまに煮汁を回しかける。器に盛ってラー油をたらす。

きんめの中華蒸し（金目だい）

蒸

材料（2人分）

金目だい…2切れ

長ねぎ…1本

しょうが…2かけ

酒…大さじ2

オイスターソース…小さじ1

しょうゆ、ごま油…各少々

作り方

1 金目だいは水けをふく。長ねぎは5cm長さに切る。しょうがはせん切りにする。

2 器にねぎ、金目だい、しょうがを順に重ねてのせる。酒、オイスターソース、しょうゆを回しかける。蒸し器に入れて強火で10分蒸す（蒸し器のふたにはふきんをかます）。

3 蒸しあがったら、ごま油を回しかける。

たいのさっぱり煮（たい）

煮

材料（2人分）

たい…2切れ

クレソン…1束

a ┌ 水…カップ3/4
│ 酒、みりん…各大さじ1
│ しょうゆ、砂糖…各大さじ1/2
└ 塩…2つまみ

作り方

1 たいは水けをふく。クレソンは根元

を切り落とす。

2 鍋に**a**を入れて強火にかける。沸騰したらたいを入れ、ふたをして強めの中火で5分煮る。たまに煮汁を回しかける。最後にクレソンを加えてサッとひと煮する。

たいのしょうゆ蒸し（たい）

蒸

材料（2人分）

たい…2切れ
新じゃがいも…1個
しょうが…1/2かけ
a
- **酒…大さじ1**
- **しょうゆ、みりん…各大さじ1/2**
- **ごま油…小さじ1**

香菜《シャンツァイ》（刻む）…適量

作り方

1 新じゃがは皮つきのまま薄い輪切りにし、水に3分さらす。しょうがはせん切りにする。たいは水けをふいて皮に1本切り込みを入れる。

2 器に水けをきった新じゃがを並べ、たいをのせ、しょうがをちらす。**a**を次々に回しかける。

3 ②を蒸気のあがった蒸し器に入れ、ふたをして強火で10分蒸す。器に盛って香菜をちらす。

たいの中華蒸し煮（たい）

蒸

材料（4人分）

たい…4切れ
しょうが…1かけ
にんにく…2かけ
万能ねぎ…1/2束
a
- **水…カップ3/4**
- **酒…大さじ2**
- **オイスターソース…大さじ1と1/2**
- **ごま油…大さじ1/2**
- **しょうゆ…小さじ1**
- **砂糖…小さじ1/2**

作り方

1 たいは水けをふく。しょうがはせん切りにする。にんにくは縦半分に切る。万能ねぎは長さを半分に切る。

2 フライパンに**a**を入れてたいを並べ、しょうが、にんにくをちらす。ふたをして7分煮る。

3 7分たったら万能ねぎを加えてふたをしてさらに1分煮る。

ぎんだらの西京焼き風（たら）

焼

材料（2人分）

銀だら…2切れ
長ねぎ…1本
a
- **酒…大さじ3**
- **水…大さじ2**
- **白みそ…大さじ1と1/2**
- **砂糖…大さじ1**
- **しょうゆ…小さじ1/2**

サラダ油…大さじ1と1/2
塩…少々

作り方

1 銀だらは水けをふく。長ねぎは5cm長さに切る。**a**を混ぜ合わせておく。

2 フライパンを熱してサラダ油大さじ1/2をひいて塩を入れて混ぜる。長ねぎを加えて強火で炒める。焼き目がついたら取り出す。

3 フライパンをサッとふいて熱し、サラダ油大さじ1をひいて銀だらを並べる。強めの中火で両面こんがり焼く。焼き目がついたら②を戻し入れて**a**を加え、煮詰めながらからめる。

白身魚のフライ（たら）

揚

材料（4人分）

生だら…4切れ
溶き卵…1個分
薄力粉、パン粉、揚げ油…各適量
タルタルソース
- **玉ねぎ（みじん切り）…大さじ3**
- **にんじん（みじん切り）…大さじ2**
- **ピクルス（みじん切り）…小1本**
- **パセリ（みじん切り）…大さじ1**
- **マヨネーズ…大さじ4**
- **酢…大さじ1と1/2**
- **砂糖…2つまみ**
- **こしょう…適量**

作り方

1 タルタルソースを作る。玉ねぎは水に5分さらして、水けをしっかりきる。その他の材料と合わせてボウルに入れてよく混ぜる。

2 たらは水けをふいて、骨があったら取り除き、一口大に切る。

3 フライパンに揚げ油を深さ2cm入れて中温に熱する。②に薄力粉、溶き卵、パン粉の順に衣をつけてフライパンに入れる。強めの中火で揚げる。まわりが固まってきたら、たまに返しながらうまそうなきつね色になるまで揚げる。器に盛って①を添える。

たらの揚げ焼きタルタルソース（たら） 焼

材料（2人分）

たら…2切れ

タルタルソース

- **ゆで卵…1個**
- **きゅうり…1/2本**
- **にんじん…1/4本**
- **玉ねぎ（みじん切り）…大さじ2**
- **a**
  - **マヨネーズ、酢…各大さじ1強**
  - **みそ…小さじ2**
  - **砂糖…1つまみ**
  - **塩、こしょう…各適量**

薄力粉、サラダ油…各適量

作り方

1 タルタルソースを作る。きゅうりはへたを切り落として細かく切る。玉ねぎは水に5分さらして水けをきる。にんじん（皮をむいてもむかなくてもOK）、ゆで卵はみじん切りにする。

2 ボウルに**a**を混ぜ合わせ、①を加えて混ぜる。

3 たらは水けをふいて、全体に薄力粉をまぶす。フライパンにサラダ油を深さ1cmくらい入れて中温に熱する。たらを入れて揚げ焼きにする。焼き目がついたら返して両面焼く。

4 器に③を盛って②をかける。

むつの中華煮（むつ） 煮

材料（2人分）

銀むつ…2切れ

長ねぎ…5cm

しょうが…1かけ

a
- **水…カップ3/4**
- **酒、オイスターソース…各小さじ1/2**
- **はちみつ、しょうゆ…各小さじ1**

作り方

1 銀むつは水けをふく。しょうがはせん切りにする。長ねぎは白《しら》髪《が》ねぎ*にする。

2 フライパンに**a**、しょうがを入れて中火にかけ、沸いてきたら銀むつを並べる。ふたをして中火で5分煮る。たまに煮汁を回しかける。器に盛って白髪ねぎをのせる。

＊15ページ⑮参照

むつとセロリの煮つけ（むつ） 煮

材料（2人分）

むつ…2切れ

セロリ…2本

セロリの葉…適量

a
- **水…カップ3/4**
- **しょうゆ…大さじ2**
- **酒、みりん…各大さじ1**
- **砂糖…大さじ1/2**

作り方

1 むつは水けをふく。セロリはピーラーで皮をむいて斜め薄切りにする。セロリの葉は数枚をみじん切りにする。

2 鍋に**a**を入れて煮立て、セロリとむつを加え、ふたをして強めの中火で7分煮る。途中、煮汁を回しかける。器に盛ってセロリの葉をちらす。

魚介のトマト煮 煮

材料（2人分）

好みの白身魚（すずきなど）…2切れ

あさり（砂抜きずみ*）…150g

にんにく…3かけ

a
- **ホールトマト缶…1/2缶（200g）**
- **オリーブ（緑）…5〜7個**
- **水…カップ1/2**
- **ワイン（白）…カップ1/4**
- **オレガノ、バジル、タイム（各乾燥）…各小さじ1/2**

オリーブ油…大さじ2

塩、こしょう…各適量

作り方

1 白身魚は水けをふく。あさりは殻をこすり合わせながら洗って水けをきる。にんにくは木べらでつぶす。

2 フライパンを熱してオリーブ油をひき、にんにくを弱火で炒める。薄いきつね色になってきたら、白身魚、あさり、**a**を加える。ふたをして中火で8〜10分煮る。

3 味をみて塩、こしょうでととのえる。

＊16ページ参照

白身魚の カルパッチョ2

生

材料（2人分）

好みの白身の刺身（たい、すずきなど）…150g

ルッコラ…1束

ベビーリーフ…1パック

にんにく…1かけ

a
- レモン汁…1個分
- オリーブ油…大さじ1と1/4
- 粒マスタード…小さじ1
- 塩…小さじ1/4〜1/3
- 砂糖…2つまみ
- こしょう…少々

作り方

1 ルッコラは根元を切り落とす。

2 にんにくは縦薄切りにしてボウルに入れ、**a**を加えて混ぜる。さらに刺身を加えて和え、5分ほどおく。食べる直前にルッコラ、ベビーリーフを加えて和える。

たい

→白身魚の項目へ　P285

たこ

一般的に売られているのはゆでたもの。そのままでも食べられるので重宝する食材。じっくり煮てやわらかくしてもまたおいしい

たこの韓国炒め

材料（2人分）

ゆでたこ…150g

玉ねぎ…1/2個

にら…1/2束

にんにく…1かけ

キムチ…70g

松の実…大さじ3

ごま油…大さじ1

酒…大さじ1

a
- コチュジャン…大さじ1/2
- すりごま（黒）…大さじ1強
- 砂糖…小さじ1/2

しょうゆ…適量

> 料理酒と酒、どっちを選ぶか
>
> 料理酒には「そのままは飲めません」と書いてある。どうも納得いかない。なので普通の酒を使ってます。

作り方

1 たこは水けをふいて一口大のぶつ切りにする。玉ねぎは縦薄切りする。にらは5cm長さに切る。にんにくはみじん切りにする。キムチは大きければ食べやすい大きさに切る。

2 フライパンを熱してごま油をひき、にんにくを弱火で炒める。いい匂いがしてきたら玉ねぎを加えて強火にして炒める。しんなりしたらたこを加えて炒める。

3 たこがプリッとしてきたら酒を加えてザッと混ぜ、**a**、にら、キムチ、松の実を加えて炒め合わせる。味をみてしょうゆでととのえる。

たこと じゃがいもの韓国煮

煮

材料（2人分）

ゆでたこ…120g

じゃがいも…2個

にら…1/2束

キムチ…100g

a
- 水…カップ1
- すりごま（黒）…大さじ1と1/2
- 酒…大さじ1
- しょうゆ、みりん…各大さじ1/2
- 砂糖…小さじ1
- コチュジャン…小さじ1/2

ごま油…少々

作り方

1 たこは水けをふいて一口大のぶつ切りにする。じゃがいもは皮をむいて1cm角の拍子木切りにして水に3分さらす。にらは5cm長さに切る。

2 鍋に**a**、たこ、水けをきったじゃがいもを入れて、ふたをして中火にかける。たまに混ぜながら10分煮る。

3 にら、キムチを加えてひと煮し、仕上げにごま油を回しかける。

＊14ページ❼参照

たこのトマト煮　煮

材料 (2〜3人分)

ゆでたこ…約300g
セロリ…1本
セロリの葉…適量
にんにく…4かけ
オリーブ(黒、緑)…各10個
イタリアンパセリ(粗みじん切り)
…適量
オリーブ油…大さじ1と1/2
a ┌ ホールトマト缶…1缶(400g)
　│ 水…カップ1と1/2
　│ オレガノ、バジル(ともに乾燥)
　└ …各小さじ1
塩、こしょう…各適量

作り方

1 セロリはピーラーで皮をむいて5cm幅に切る。太い部分は縦2〜3等分に切る。セロリの葉は数枚をちぎる。にんにくは木べらでつぶす。**a**のホールトマトは缶にキッチンバサミを突っ込んでザクザク切る。たこは切らずに使う。

2 フライパンを熱してオリーブ油をひき、水けをふいたたこを並べて強火で焼きつけるように炒める。焼き目がついたら、にんにく、セロリの順に加えて炒める。全体に焼き目がついたら、**a**とオリーブを加える。ふたをして弱めの中火で30分煮る。

3 塩小さじ1/4、セロリの葉を加えて混ぜる。味をみて薄ければ塩、こしょうでととのえる。器に盛ってイタリアンパセリをちらし、こしょうをふる。

たこのマリネ　和え

材料 (2〜3人分)

ゆでたこ…200g
玉ねぎ…1/4個
a ┌ おろしにんにく…少々
　│ 酢…大さじ1と1/2
　│ オリーブ油…大さじ1
　│ 粒マスタード…小さじ1
　│ 砂糖…小さじ1/2
　│ 塩…2つまみ
　└ こしょう…適量

作り方

1 玉ねぎは縦薄切りにする。水に5分さらして水けをきる。たこは水けをふいて一口大のぶつ切りにする。

2 ボウルに**a**を混ぜ合わせて、①を加えて和える。

たこと
オリーブのマリネ　漬け

材料 (2〜3人分)

ゆでたこ…120g
セロリ…1/2本
オリーブ(黒、緑)…各5個
a ┌ おろしにんにく…少々
　│ 酢…大さじ1と1/2
　│ オリーブ油…大さじ1
　│ 塩、砂糖…各1つまみ
　└ こしょう…少々

作り方

1 たこは水けをふいて薄い輪切りにする。セロリはピーラーで皮をむいて斜め薄切りにする。

2 ボウルに**a**を混ぜて、①、オリーブを加えて和える。冷蔵庫で30分くらい冷やす。

たこ焼き　粉

材料 (約60個分)

ゆでたこ…300g
たこ焼き粉…カップ3
卵…袋の表示量通り
万能ねぎ…1/2束
紅しょうが…カップ1/2弱
天かす…カップ1
サラダ油…適量
好みのソース(お好み焼き用など)、マヨネーズ、青のり、削り節(ソフトパック)…各適量

作り方

1 ボウルにたこ焼き粉を入れて袋の表示量の水を少しずつ加え、だまにならないように泡立て器でよく混ぜる。さらに卵を袋の表示通りに合わせて溶いて加えて混ぜる。

2 たこは水けをふいて7mm角に切る。万能ねぎは小口切りにする。紅しょうがはみじん切りにする。

3 たこ焼き器をよく熱してサラダ油をひき、①のたねを型の深さの半分まで流し入れ、たこ、万能ねぎ、紅しょうが、天かす各適量をちらす。上から①

のたねを型いっぱいまで足す。強めの中火で焼いて、まわりが固まってきたら串でくるりと回転させてひっくり返す。たまに回転させながら焼く。全体に焼き目がついたらサラダ油少々を回しかけて表面をカラッと仕上げる。器に盛って好みでソース、マヨネーズ、青のり、削り節をかける。

＊14ページ❶参照

その他のたこのレシピ

- 明石焼き風オムレツ…P317
- たこアラビアータ…P330

たら

→白身魚の項目へ　P285

たらこ

→たらこ、明太子の項目へ　P297

ぶり

脂ののったパンチのあるぶりは、肉好きにもうれしい魚だと思う。しっかりした味つけで、ごはんがすすむおかずに仕上げるのが最高

ぶり照り

焼

材料（2人分）

ぶり…2切れ

長ねぎ…1本

a ┌ 酒、みりん、水…各大さじ1
　│ しょうゆ…大さじ1弱
　└ 砂糖…小さじ1/2

サラダ油…大さじ1

七味唐辛子…適量

作り方

1 ぶりは水けをふく。長ねぎは5cm長さに切る。**a**を混ぜておく。

2 フライパンを熱してサラダ油をひき、ぶりを並べる。ふたをして中火で焼く。焼き目がついたら返して、ふたはせずにフライパンの空いたところに長ねぎを入れて一緒に焼く。長ねぎはたまに返しながら焼いて、全体に焼き目がついたら、**a**を加えてからめる。

3 器に長ねぎとぶりを盛って、フライパンに残ったたれを回しかける。好みで七味唐辛子をふる。

ぶり照り しょうが風味

焼

材料（2人分）

ぶり…2切れ

a ┌ おろししょうが…1かけ分
　│ いりごま（白）…大さじ1
　│ しょうゆ…大さじ1/2
　│ 酒…大さじ1
　│ みりん…大さじ1/2
　└ オイスターソース…少々

サラダ油…大さじ1

万能ねぎ（小口切り）…適量

作り方

1 ぶりは水けをふく。**a**を混ぜておく。

2 フライパンを熱してサラダ油をひく。ぶりを並べてふたをして中火で焼く。焼き目がついたらひっくり返す。返してからはふたはせずに両面こんがり焼く。

3 **a**を加えてからめる。器に盛って万能ねぎをちらす。

＊14ページ❶参照

ぶりのごまだれ焼き

焼

材料（2人分）

ぶり…2切れ

大根…5cm

大根の葉…適量

サラダ油…大さじ1

a ┌ いりごま（白、黒）…各大さじ2
　│ 酒…大さじ2
　│ みりん…大さじ1
　└ しょうゆ…大さじ1弱

作り方

1 ぶりは水けをふく。大根は縦細切りにする。大根の葉はやわらかい部分だけをみじん切りにする。

2 フライパンを熱してサラダ油をひき、ぶりを並べて強火で焼く。焼き目がついたらひっくり返して両面をこんがり焼く。キッチンペーパーなどでフライパンの水分や油をふき取り、**a**を加えてからめる。

3 器に大根を盛って②をのせ、大根の葉をちらす。

> **ぶり照りのたれはしみなくていい**
> 調味料につけ込まないので、焦げないし、外はこってり、中は魚本来の味になる。それがいい。

ぶりの
バターじょうゆ焼き

焼

材料（2人分）

ぶり…2切れ

しし唐…10本

a［ おろししょうが…1/2かけ分
　水、みりん…各大さじ1と1/2
　しょうゆ…小さじ2
　バター…大さじ1/2
　砂糖…小さじ1

サラダ油…大さじ1/2

作り方

1 ぶりは水けをふく。しし唐はへたの先を切り落とし、竹串か包丁の先で数ヵ所穴をあける。**a**を混ぜておく（バターは溶けなくていい）。

2 フライパンを熱してサラダ油をひき、ぶりを並べて強めの中火で焼く。焼き目がついたらひっくり返して、フライパンの空いたところにしし唐を入れて一緒に焼く。

3 ぶりの両面に焼き目がついたら**a**を加えてからめる。

＊memo ぶりに焼き目がつく前にしし唐が焦げそうになったら、しし唐はぶりの上にのせます。

ぶりのあら煮

煮

材料（2〜3人分）

ぶりのあら…600g

しょうが…1かけ

a［ 酒、しょうゆ、みりん…各大さじ2
　砂糖、水、サラダ油…各大さじ1

万能ねぎ（小口切り）…適量

作り方

1 鍋に湯を沸かして酒、塩を加え、あらを入れて表面が白くなる程度にサッとゆでる。

2 しょうがは皮つきのまま薄切りにする。

3 鍋に**a**を合わせて煮立て、①、②を入れる。ふたをして中火で8分煮る。たまに煮汁を回しかける。器に盛って万能ねぎをちらす。

＊14ページ❶参照

ぶりのおろし煮

煮

材料（2人分）

ぶり…2切れ

しょうが（薄切り）…1かけ

大根おろし…カップ3/4

a［ 水…カップ1/2
　みりん、酒…各大さじ1
　しょうゆ…小さじ2
　オイスターソース、砂糖
　　…各小さじ1

大根の葉（あれば）…適量

作り方

1 ぶりは水けをふく。

2 フライパンに**a**、しょうが、大根おろしを入れて強火にかける。フツフツしてきたら①を加え、ふたをして中火で7分煮る。たまに煮汁を回しかける。器に盛って好みで大根の葉を刻んでちらす。

カレーぶり大根

煮

材料（2人分）

ぶり…2切れ

大根…6cm

しょうが…1かけ

a［ 水…カップ3/4
　酒…大さじ1
　しょうゆ、みりん…各大さじ1強
　砂糖…大さじ1/2
　カレー粉…小さじ1/2

万能ねぎ（小口切り）…適量

作り方

1 ぶりは水けをふく。大根は皮をむいて縦4等分に切る。竹串がスーッと通るまで下ゆでする。しょうがは薄切りにする。

2 フライパンに**a**を合わせて煮立て、①を入れる。ふたをして中火で10分煮る。たまに煮汁を回しかける。器に盛って万能ねぎをちらす。

＊14ページ❶参照

ぶりと白菜の
重ね煮

煮

材料（2人分）

ぶり…2切れ

白菜…1/8個

にら…1/2束

a［ 水…カップ1/2
　おろしにんにく…1/2かけ分
　おろししょうが…1かけ分
　すりごま（白）、酒…各大さじ2

みそ、みりん…各大さじ1
砂糖、オイスターソース、ごま油…各大さじ1/2
豆板醤《トウバンジャン》…小さじ1

作り方

1 ぶりは水けをふく。白菜は葉と軸に切り分け、葉はザク切り、軸は長さを2〜3等分して縦細切りにする。にらは5cm長さに切る。**a**を混ぜておく。

2 フライパンに白菜とにらの半量ずつをしき、ぶりをのせて残りの白菜とにらを重ねる。**a**を回し入れ、ふたをして中火で6〜8分煮る。

3 にらがしんなりしてきたら、ふたをはずして、ぶりがくずれないように注意しながら全体を混ぜる。

ぶりのみぞれ鍋　鍋

材料（2人分）

ぶり…2切れ
えのきだけ…1/2パック
しいたけ…4個
豆腐（木綿）…1/2丁
大根おろし…12cm分
だし昆布…3×5cm
かつお節…2つかみ
a　しょうゆ…大さじ2
　みりん…大さじ1と1/2
　おろししょうが…少々
塩…適量
万能ねぎ（小口切り）…適量

作り方

1 昆布はサッと洗う。鍋に水を六分目まで入れ、昆布を入れて15分おく。

2 えのきは根元を切り落として小房にわける。しいたけは石づきを切り落としてかさの部分に十文字の切り込みを入れる。豆腐は縦半分に切ってから横1cm幅に切る。ぶりは水けをふいて4等分に切る。

3 ①の鍋を火にかけ、フツフツしてきたら昆布を取り出す。かつお節を加えて弱火で2分煮て、網じゃくしですくい取る。

4 **a**を加えて混ぜ、ぶり、きのこ、豆腐を加えて5分煮る。大根おろしを加えて混ぜてひと煮する。味をみて塩でととのえる。万能ねぎをちらす。

＊14ページ❶参照

ぶり照り丼　米

材料（2人分）

温かいご飯…2人分
ぶり…2切れ
ほうれんそう…1束
a　水…大さじ3
　しょうゆ、みりん、酒…各大さじ1
　砂糖…大さじ1/2
サラダ油…大さじ1

作り方

1 ぶりは水けをふく。ほうれんそうは塩を加えた湯でサッとゆでる。流水でよく洗って水けを絞り、5cm長さに切る。

2 フライパンを熱してサラダ油をひき、ぶりを並べる。ふたをして中火で焼く。焼き目がついたらひっくり返す。返してからはふたはせずに焼く。両面焼いたら**a**を加えてからめる。

3 器にご飯を盛って②をのせ、ほうれんそうを添える。

その他のぶりのレシピ

- ぶりとかぶの煮物…P71
- ぶり大根の煮つけ…P139
- 中華風ぶり大根…P140

まぐろ

→その他の項目へ　P302

むつ

→白身魚の項目へ　P285

明太子

→たらこ、明太子の項目へ　P297

あさり、しじみ

うまみがたっぷりで、スープのだしになる貝。砂抜きずみのものを買うのが手軽だけど、家で砂抜きする場合は塩水につけて暗い場所へ

あさりの酒蒸し　蒸

材料（2人分）

あさり（砂抜きずみ）…250〜300g
長ねぎ（小口切り）…5cm
酒…大さじ3
こしょう…少々

作り方

あさりは殻をこすり合わせながら洗って鍋に入れる。酒を加えてふたをして強火で2〜5分加熱する。あさりの口がすべて開いたら器に盛ってねぎをちらし、こしょうをふる。

＊16ページ参照　＊＊14ページ❶参照

ボンゴレ

麺

材料（2人分）

スパゲッティ…150g
あさり（砂抜きずみ）…250g
にんにく…2かけ
オリーブ油…大さじ2と1/2
塩、こしょう…各適量
イタリアンパセリ（粗みじん切り）
…適量

作り方

1 パスタは塩を加えた湯で表示時間より1分短めにゆでる。

2 あさりは殻をこすり合わせながら洗って水けをきる。にんにくはみじん切りにする。

3 フライパンを熱してオリーブ油をひき、にんにくを弱火で炒める。いい匂いがしてきたらあさりを加えて強火にして炒める。

4 あさりに油がまわったら、①のゆで汁お玉2杯を加えて混ぜる。あさりの口が開いたら、味をみて塩、こしょうでととのえる。

5 ゆであがったパスタを加えて和え、味をみて薄ければ塩、こしょうでととのえる。器に盛ってパセリをちらす。

＊16ページ参照

しじみスープ

汁

材料（2〜3人分）

しじみ（砂抜きずみ）…250g
しょうが…1かけ
岩のり…カップ1/2
ごま油…大さじ1
酒…大さじ2
オイスターソース…少々
しょうゆ、塩…各適量

作り方

1 しじみは殻をこすり合わせながら洗って水けをきる。しょうがはみじん切りにする。

2 鍋を熱してごま油をひき、しょうがを弱火で炒める。いい匂いがしてきたらしじみを加えて強火にして炒める。しじみに油がまわったら、酒とオイスターソースを加えて炒め合わせる。

3 しじみの口が開きはじめたら水カップ4を加え、沸いてきたら火を弱めてあくを取りながら5分煮る。

4 岩のりを加えてザッと混ぜ、味をみて、しょうゆ、塩でととのえる。

＊16ページ参照

その他のあさりのレシピ

● キャベツとあさりのパスタ…P85
● あさりのキャベツスープ…P88
● 魚介のトマト煮…P288
● マンハッタンクラムチャウダー…P331
● あさりの洋風ピラフ…P340
● あさり入り豆乳にゅうめん…P345

帆立て貝

うまみたっぷりの帆立て貝は、生、冷凍はもちろん、缶詰でもじゅうぶん味が出る。生や解凍したものは水けをきっちりふいて使うこと

ホタテと白菜のグラタン

焼

材料（4人分）

帆立て貝柱…8個
白菜…1/4個
にんにく…2かけ
オリーブ油…大さじ3
ワイン（白）…大さじ2
生クリーム…カップ1
パセリ（みじん切り）…大さじ3
ピザ用チーズ…カップ1
塩、こしょう…各適量

作り方

1 白菜は軸の先を少し切り落とし、縦半分に切る。帆立ては水けをふいて半分に切る。にんにくはみじん切りにする。

2 フライパンを熱してオリーブ油大さじ2をひく。白菜を入れて、塩、こしょう各少々をふって強火で両面こんがり焼き目をつけて取り出す。

3 フライパンをサッとふいてオリーブ

油大さじ1を熱し、帆立てを強めの中火で焼く。少し焼き目がついたらにんにくを加えて炒める。いい匂いがしてきたらワインを加えてザッと炒め、生クリームを加えて中火にして煮詰める。少しとろみがついたら味をみて塩、こしょうでととのえる。パセリを加えてザッと混ぜる。

4 耐熱皿をサッとぬらして底に③の1/4量をしいて②を重ねて並べる。上から残りの③をかけてチーズをちらす。250℃に温めたオーブンでチーズが溶けてこんがりと焼き目がつくまで10〜15分焼く。

卵とホタテのにんにくバター炒め

材料（2人分）

帆立て貝柱…4個

にんにく…1かけ

a
- **卵…2個**
- **塩…1つまみ**
- **こしょう…少々**

サラダ油…大さじ1

バター…大さじ1

しょうゆ…小さじ1/3

パセリ（粗みじん切り）…適量

作り方

1 帆立ては水けをふいて半分に切る。にんにくはみじん切りにする。**a**を混ぜておく。

2 フライパンを熱してサラダ油をひき、帆立て、にんにくを入れて強めの中火で炒める。

3 帆立てに焼き目がついたらフライパンの端に寄せる。空いたところに**a**を流し入れて半熟のいり卵にする。

4 火を止めて、味をみながらバター、しょうゆをたらし、全体をザッと混ぜる。器に盛ってパセリをちらす。

ホタテとセロリの煮物

材料（2人分）

帆立て貝柱水煮缶…小1/2缶（約20g）

セロリ…2本

セロリの葉…適量

しょうが…1かけ

a
- **水…カップ1/2**
- **酒、みりん…各大さじ1**
- **オイスターソース…大さじ1/2**
- **しょうゆ…大さじ1/2**

万能ねぎ（小口切り）…適量

いりごま（白）、ラー油……各適量

作り方

1 セロリはピーラーで皮をむき、7〜8cm長さに切って太い部分は縦2〜3等分に切る。セロリの葉は数枚をちぎる。しょうがはせん切りにする。

2 鍋に**a**、帆立て（缶汁ごと）、セロリ、しょうがを入れる。ふたをして中火で10分煮る。

3 最後にセロリの葉を加えて全体をザッと混ぜる。器に盛って、万能ねぎ、いりごまをちらしてラー油をかける。

＊14ページ❶参照

シーフードのミックスフライ

材料（4人分）

帆立て貝柱…4〜6個

えび…4〜6尾

冷凍ロールいか…約100g

溶き卵…2個分

薄力粉、パン粉、揚げ油…各適量

塩…少々

タルタルソース
- **ゆで卵（みじん切り）…1個**
- **玉ねぎ（みじん切り）…大さじ1強**
- **にんじん（みじん切り）…大さじ1強**
- **ピクルス（みじん切り）…小1本**
- **パセリ（みじん切り）…大さじ1**
- **a**
  - **マヨネーズ…大さじ3**
  - **酢…大さじ1**
  - **塩、砂糖…各1〜2つまみ**
  - **こしょう…適量**

作り方

1 えびは殻をむいて洗って水けをふく。背わたを取り除く。いかと帆立ては水けをふく。いかは5cm長さに切ってから4等分に切る。それぞれ塩をふる。

2 えびに薄力粉、溶き卵、パン粉の順に衣をつける。フライパンに揚げ油を深さ2cm入れて中温に熱する。えびをフライパンに入れ強めの中火で揚げる。全体にきつね色になったら取り出す。

3 いか、帆立ても同様に衣をつけて揚げる。

4 タルタルソースを作る。ボウルに**a**

を混ぜ、ゆで卵、にんじん、ピクルス、玉ねぎ、パセリを加えて混ぜる。

＊16ページ参照

ホタテと大根のワサビマヨサラダ サラダ

材料（2〜3人分）

帆立て貝柱水煮缶…1缶（70g）

大根…5cm

a
- おろししょうが…少々
- マヨネーズ…大さじ1と1/2
- わさび…小さじ1/2〜1
- 塩…2つまみ
- 砂糖…1つまみ

塩…適量

作り方

1 大根は皮つきのまま3mm厚さのいちょう切りにする。帆立ては缶汁をきる。

2 ボウルにaを混ぜ合わせ、①を加えて和える。味をみて薄ければ塩でととのえる。

＊14ページ❸参照

ホタテと岩のりの豆乳スープ 汁

材料（2人分）

帆立て貝柱…4個

にんにく、しょうが…各1かけ

ごま油…大さじ1

豆板醤《トウバンジャン》…小さじ1/2

酒…大さじ2

a
- 豆乳（無調整）…カップ2と1/2
- 水…カップ1
- オイスターソース…大さじ1
- しょうゆ…小さじ1

岩のり…大さじ4

塩、こしょう…各適量

作り方

1 にんにく、しょうがはみじん切りにする。帆立ては水けをふいて4等分に切る。

2 鍋を熱してごま油をひき、にんにく、しょうが、豆板醤を入れて弱火で炒める。いい匂いがしてきたら帆立てを加えて強火にして炒める。少し焼き目がついたら酒を加えてザッと炒める。aを加え、フツフツしてきたら火を弱めてあくを取りながら5分煮る。

3 最後に岩のりを加えてひと煮する。味をみて塩、こしょうでととのえる。

その他の帆立て貝のレシピ

- アボカド帆立て…P63
- 里芋のみそグラタン…P112
- フリッター…P129
- そら豆とホタテの冷製パスタ…P137
- ほたてと大根の炒め煮…P139
- チンゲンサイと帆立てのクリーム煮…P150
- フレッシュトマトのパスタ…P155
- 中華スープ…P180
- 帆立てと春野菜ののり炒め…P185
- ブロッコリー帆立てあんかけ…P186
- 魚介のクリームカレー…P210
- ホタテ焼きめし…P263
- 揚げ出しホタテ豆腐…P313
- ほたてと大根のオムレツ…P318

しらす、ちりめんじゃこ

呼び方に明確な定義はないようで、この本では、やわらかいものがしらす、乾いてるものがちりめんじゃこです

しらすと青のりの卵焼き 焼

材料（2〜3人分）

しらす…大さじ2

卵…4個

青のり…大さじ1

砂糖…大さじ1

塩…2つまみ

ごま油…大さじ2

作り方

1 ボウルに卵を割りほぐし、しらす、青のり、砂糖、塩を加えてよく混ぜる。

2 卵焼き器を熱してごま油大さじ1/2をひき、①の1/4量を流し入れ、素早く広げる。表面が乾いてきたら手前からクルクルと巻く。

3 ②を端に寄せ、空いたところにごま油1/2をひいて①の1/4量を流し入れ、②の下にも①がいきわたるように広げる。②にパタンパタンと巻きつける。同様にあと2回繰り返し、最後に火を強めて全体を焼き固める。

魚介（貝類・加工品）

大根としらすのシャキシャキサラダ

サラダ

材料（2〜3人分）

しらす…大さじ3

大根…5cm

万能ねぎ…1/4束

a ［しょうゆ、酢…各大さじ1
　 ごま油…大さじ1/2〜1

削り節（ソフトパック）…1パック（5g）

作り方

1 大根は縦細切りにする。万能ねぎは小口切りにする。

2 ボウルにaを混ぜ合わせ、①、しらす、削り節を加えて和える。

＊14ページ❶参照

写真…47ページ

小松菜としらすの和え物

和え

材料（2〜3人分）

しらす…大さじ3

小松菜…1束

サラダ油、しょうゆ…各小さじ1

塩…適量

作り方

1 小松菜は塩を加えた湯でサッとゆで、水にとって冷ます。水けを絞って5cm長さに切る。

2 ボウルに①、しらす、サラダ油、しょうゆを入れて和え、味をみて塩でととのえる。

じゃこスクランブルエッグのっけご飯

米

材料（2人分）

温かいご飯…茶わん2杯

焼きのり…1枚

いりごま（白）…大さじ1と1/2

しょうゆ…小さじ1弱

a ［卵…2個
　 ちりめんじゃこ…大さじ4
　 塩、砂糖…各1つまみ

ごま油…大さじ1/2

青のり（あれば）…少々

作り方

1 ボウルにご飯、ちぎったのり、いりごま、しょうゆを加え、しゃもじで切るようにサックリと混ぜる。

2 aを合わせてよく混ぜる。フライパンを熱してごま油をひき、aを流し入れて好みの固さのスクランブルエッグにする。

3 器に①を盛って②をのせ、青のりをふる。

その他のしらす、ちりめんじゃこのレシピ

●オクラのじゃこ和え…P69
●キャベツとじゃこのピリ辛サラダ…P83
●たたききゅうり（和風）…P90
●大根サラダ…P141
●チンゲンサイの和え物…P151
●トマト豆腐サラダ…P153
●にらのおひたし…P166
●ほうれんそうのカリカリおひたし…P189
●水菜とじゃこのサラダ1…P192
●水菜とじゃこのサラダ2…P192
●三つ葉の卵焼き…P193
●レタスのオイスター炒め…P201
●レタスのじゃこサラダ…P202
●油揚げとしらすのピザ…P308
●焼き油揚げと大根のサラダ1…P309
●納豆の卵焼き…P315

たらこ、明太子

料理に使うときは薄皮を取り除くとたらこがまんべんなく行き渡っていい。薄皮が好きという人は適当に切って入れていいです、もちろん

たらこクリームもちグラタン

焼

材料（2〜3人分）

じゃがいも…2個

切り餅…3個

a ［たらこ…1腹
　 生クリーム…カップ1
　 砂糖、塩…各1つまみ

ピザ用チーズ…適量

作り方

1 じゃがいもは皮をむき、1cm厚さの輪切りにして水に3分さらす。竹串がスーッと通るくらいまでゆでる。

2 餅は4等分に切る。aのたらこは薄皮を取り除いてほぐし、aをよく混ぜ合わせておく。

3 耐熱皿に①、餅を入れる。a、チー

ズをかける。250℃のオーブンで焼き目がつくまで7〜10分焼く。

たらこの卵焼き

焼

材料（3〜4人分）

卵…6個

砂糖…大さじ1と1/2

塩…3つまみ

a
- たらこ…1腹
- 牛乳…大さじ1
- マヨネーズ…大さじ1/2

サラダ油…適量

作り方

1 ボウルに卵を割りほぐし、砂糖、塩を加えてよく混ぜる。aのたらこは薄皮を取り除いてほぐし、aのその他の材料と混ぜ合わせる。

2 フライパンを熱してサラダ油大さじ1/2をひき、卵液を薄く流し入れて素早く広げる。手前に混ぜたaをのせて手前からクルクルと巻く。

3 ②をフライパンの端に寄せ、空いたところにサラダ油大さじ1/2をひき、卵液を薄く流し入れてパタンパタンと巻きつける。同様に繰り返して最後に火を強めて全体を焼き固める。

オクラのたらこ和え

和え

材料（2人分）

たらこ…1/2腹

オクラ…1/2袋

ごま油、酒…各小さじ1

作り方

1 オクラはへたの先を切り落とし、塩を加えた湯でサッとゆで、縦半分に切る。

2 たらこは薄皮を取り除いてボウルに入れる。ごま油、酒を加えて混ぜ、①を加えて和える。

じゃがタラサラダ

サラダ

材料（4人分）

じゃがいも…4個

たらこ…大1/2腹

青じそ…5枚

a
- マヨネーズ…大さじ2と1/2
- 酢、牛乳…各大さじ1/2

塩…適量

作り方

1 じゃがいもは皮をむいて2cm角に切り、水に3分さらす。鍋にじゃがいも、ひたひたの水を入れ、ふたをしてゆでる。竹串がスーッと通ったらゆで汁を捨て、強火にかけて水分をしっかりとばす。

2 青じそは粗みじん切りにする。たらこは薄皮を取り除いてほぐす。

3 ボウルに①、たらこ、aを合わせて和え、味をみて塩でととのえる。器に盛って青じそをちらす。

明太豆腐

その他

材料（4人分）

明太子…1/2腹

豆腐（絹ごし）…1丁

a
- 牛乳、マヨネーズ…各大さじ1
- ごま油…大さじ1/2
- しょうゆ…少々

青じそ（粗みじん切り）、万能ねぎ（小口切り）…各適量

作り方

1 明太子は薄皮を取り除いてボウルに入れ、aを加えて混ぜる。

2 豆腐は食べやすい大きさに切って器に盛る。①をかけて青じそ、万能ねぎをちらす。

＊14ページ❶参照

たらこのせ焼きうどん

麺

材料（1人分）

ゆでうどん…1玉

たらこ（ほぐす）…大さじ2

万能ねぎ（小口切り）…5本

ごま油…大さじ1/2

しょうゆ…小さじ1/3

すりごま（白）…適量

作り方

1 フライパンを熱してごま油をひき、万能ねぎ、うどんを入れて強火で炒める。うどんに少し焼き目がついたらしょうゆを加えて炒め合わせる。

2 器に盛ってたらこをのせ、すりごまをふる。

＊14ページ❶参照

たらこパスタ

麺

材料（2人分）

スパゲッティ…150g

たらこ…1/2腹

青じそ…5枚

生クリーム…カップ1/2

マヨネーズ…大さじ1強

塩…適量

作り方

1 パスタは塩を加えた湯で表示時間より30秒短めにゆでる。

2 青じそは粗みじん切りにする。

3 たらこは薄皮を取り除いてボウルに入れ、生クリーム、マヨネーズを加えて混ぜる。

4 ゆであがった①を③に加えて和え、味をみて塩でととのえる。器に盛って青じそをちらす。

その他のたらこ、明太子のレシピ

- いんげんの明太子和え…P65
- いかとオクラの明太和え…P69
- かぶと明太の春色和え…P71
- タラモサラダ…P118
- フライドポテト（＋ソース2種）…P120
- 長いもの明太子和え…P156
- 白菜の明太マヨサラダ…P178
- 納豆めんたいじゃこパスタ…P316
- ササミビビンバ（しらたき）…P324

ちくわ

炒める、煮る、揚げる、和える、もちろんそのまま食べてもおいしい素材。ちょっと入れるだけでうまみが増す、あると便利な名脇役

ちくわのチーズ焼き

焼

材料（4人分）

ちくわ…4本

プロセスチーズ（5mm厚さ）…2枚

サラダ油…小さじ1

バター…大さじ1/2

作り方

1 チーズは縦4等分に切って、ちくわの穴に詰める。

2 フライパンを熱してサラダ油をひき、バターを入れる。バターが溶けたら、①を強めの中火で焼き目がつくまで焼く。

おでん

煮

材料（4人分）

焼きちくわ、ちくわぶ…各1本

大根…8cm

こんにゃく…1枚

さつまあげ…6個

つみれ…6個

好みの練り物（はんぺんなど）…6個

ゆで卵…4個

昆布…15cm

煮干し…10尾

かつお節…1つかみ

a
砂糖、しょうゆ、薄口しょうゆ…各大さじ1
塩…小さじ1/2

塩、からし…各適量

作り方

1 鍋に水カップ8と1/2を入れ、頭とわたを取った煮干しと昆布を加えて30分つける。昆布がやわらかくなったら取り出して、長さを半分に切って真ん中に切り込みを入れて結ぶ。

2 大根は2cm厚さの輪切りにして、竹串がやっと通るくらいまで下ゆでする。

3 こんにゃくは長さを半分に切ってから三角に切る。ちくわとちくわぶは長さを半分に切ってから斜めに切る。こんにゃく、ちくわ、ちくわぶ、さつまあげ、つみれ、練り物はサッとゆでる。

4 ①の鍋を火にかけて煮立て、かつお節を加えて弱火で2分煮る。網じゃくしでかつお節をすくい取る。**a**、②、昆布、こんにゃく、ゆで卵を加えて弱めの中火で25〜30分煮る。

5 大根がやわらかくなったら残りのおでんだねを加えて10分煮る。味をみて薄ければ塩でととのえる。好みでからしをつけて食べる。

ちくわ天

揚

材料（2人分）

ちくわ…2本

a
薄力粉…カップ1/2
水…75cc

　青のり…小さじ1
　塩…少々

揚げ油…適量

作り方

1 ちくわは大きければ長さを半分に切り、さらに縦半分に切る。

2 ボウルに**a**を入れて泡立て器でよく混ぜる。

3 フライパンに揚げ油を深さ2cmくらい入れて中温に熱する。①を②にくぐらせて衣をつけ、フライパンに入れて中火で揚げる。衣が固まってきたらたまに返しながらじっくり揚げる。色づいたら強火にしてカラッと仕上げる。

ちくわときゅうりの和え物

和え

材料（2〜3人分）

ちくわ…1本

きゅうり…1本

a　ごま油、しょうゆ…各小さじ1
　いりごま（白）…小さじ2

作り方

1 ちくわときゅうりは5mm厚さの輪切りにする。

2 ボウルに**a**を混ぜ合わせ、①を加えて和える。

ちくわチーズのマヨ和え

和え

材料（2〜3人分）

ちくわ…1本

きゅうり…1本

プロセスチーズ…30g

a　マヨネーズ…大さじ1
　酢…大さじ1/2
　からし…小さじ1/2
　砂糖…1つまみ
　しょうゆ…少々

作り方

1 ちくわ、きゅうり、チーズは食べやすい大きさに切る。

2 ボウルに**a**を混ぜ合わせ、①を加えて和える。

その他のちくわのレシピ

● ごぼうのおかずきんぴら…P102

● ひじきとちくわのきんぴら…P301

● ちくわ天そば…P347

ひじき

乾物の定番。使ったことがない人には少し敷居が高いように感じるかもしれないけれど、使ってみれば何でもない食材です

ひじき卵焼き

焼

材料（2人分）

ひじき（乾燥）…5g（もどして約25g）

万能ねぎ…6本

卵…2個

焼きのり…1枚

ごま油、しょうゆ…各小さじ1

a　牛乳…大さじ1
　砂糖…2つまみ

サラダ油…大さじ1/2

作り方

1 ひじきは袋の表示通りにもどす。万能ねぎは小口切り＊にする。

2 卵、**a**をボウルに入れてよく混ぜる。

3 フライパンを熱してごま油をひき、ひじきを入れて炒める。油がまわったらのりを細かくちぎって炒める。しょうゆを加えてザッと炒め、皿などに取り出す。

4 ③のフライパンをサッとふく。サラダ油をひき、中火に熱する。②を流し入れ、菜箸で2〜3回グルグル混ぜる。その上に③、万能ねぎを全体にちらし、端からパタンパタンと巻いていく。巻き終わったら最後に全体に焼き目をつける。

5 まな板に取り出し、食べやすい大きさに切る。

＊14ページ❶参照

鶏とひじきのカレーバターしょうゆ煮

煮

材料（2人分）

鶏もも肉…1枚

ひじき（乾燥）…15g（もどして約75g）

油揚げ…1/2枚

しょうが…1かけ

a　水…カップ1/2
　しょうゆ…大さじ1強
　みりん…大さじ1

バター…大さじ1/2
砂糖…小さじ2
カレー粉…小さじ1

万能ねぎ(小口切り*)…3本

作り方

1 ひじきは袋の表示通りにもどす。鶏肉は脂身を取り除いて大きめの一口大に切る。油揚げは1cm幅に切る。しょうがは薄切りにする。

2 鍋に**a**を入れて火にかけ、煮立ったら①を加えてふたをする。中火で10分煮る。途中何度か混ぜる。

3 器に盛って万能ねぎをちらす。

＊14ページ❶参照

鶏とひじきの煮物

材料 (4人分)

鶏もも肉…1枚
ひじき(乾燥)…20g(もどして約100g)
にんじん…1/2本
れんこん…小1節(200g)
a みりん、しょうゆ…各大さじ2
砂糖…大さじ1
水…カップ1
ごま油…大さじ1
万能ねぎ(小口切り*)…適量

作り方

1 ひじきは袋の表示通りにもどして水けを絞る。鶏肉は脂身を取り除いて一口大に切る。にんじんは薄い半月切り**にする。れんこんは乱切り***にして酢水に3分さらす。

2 フライパンを熱してごま油をひく。鶏肉を皮を下にして入れて強火で焼く。焼き目がついたら返して両面こんがり焼く。

3 水けをふいたれんこんとにんじんを加えて炒める。全体に油がまわったらひじきを加えてザッと炒める。**a**を加えてふたをしてれんこんに竹串がスーッと通るまで中火で10〜13分煮る。たまに何度か混ぜる。器に盛って万能ねぎをちらす。

＊14ページ❶参照　＊＊14ページ❷参照
＊＊＊14ページ❹参照

ひじきとちくわのきんぴら

材料 (2〜3人分)

ひじき(乾燥)…20g(もどして約100g)
ちくわ…1本
赤唐辛子…1本
ごま油…大さじ1
いりごま(白)…大さじ1
みりん…大さじ1
しょうゆ…大さじ1/2

作り方

1 ちくわは3mm厚さの輪切りにする。赤唐辛子はへたと種を取り除いて適当な大きさにちぎる。ひじきは袋の表示通りにもどして水けを絞る。

2 フライパンを熱してごま油をひき、ちくわを中火で炒める。ちくわに少し焼き目がついたら、ひじきを加えて炒める。ひじきに油がまわったら赤唐辛子、いりごまを加えてザッと炒め、みりん、しょうゆを加えて混ぜる。

かやくごはん

材料 (4人分)

米…2合
ひじき(乾燥)…大さじ2
ごぼう…12cm
にんじん…1/2本
ちくわ…1本
a 薄口しょうゆ…大さじ1弱
みりん、酒…各大さじ1
いりごま(白)…適量

作り方

1 ひじきは袋の表示通りにもどす。ごぼうはたわしで洗って汚れを落とし、ピーラーで削るようにささがき*にして、酢水の入ったボウルに入れて2〜3分さらす。にんじんは縦細切りにする。ちくわは3mm厚さの輪切りにする。

2 米は洗って水けをきり、炊飯器に入れ、目盛りに合わせて水を注ぐ。そこから水大さじ3を取り除き、**a**を加えて混ぜる。

3 上に①をのせて普通に炊く。炊きあがったら5分蒸らし、ぬらしたしゃもじで切るようにサックリと混ぜる。器に盛ってごまをふる。

＊14ページ❺参照

その他のひじきのレシピ

● 和風ミートローフ…P255
● 納豆宝袋…P308

その他

うなぎ、かき、シーフードミックスなど項目立てできなかった魚介を使った料理。定番ものから少し目先が変わったものまでいろいろあります

まぐろとアボカドのタルタル2

サラダ

材料（3〜4人分）

まぐろ（刺身用、赤身）…1さく
アボカド…1個
トマト…1個
セロリ…1本
セロリの葉…適量
玉ねぎ…1/4個
a ［おろしにんにく…少々
　レモン汁…大さじ1〜2
　マヨネーズ、オリーブ油
　　…各大さじ1
　ケチャップ…小さじ1
　塩…小さじ1/3
　タバスコ…適量］
オリーブ油…適量
こしょう…適量

作り方

1 アボカドは縦にぐるりと包丁で切り込みを入れて半分に割り、皮と種を取り除いて1cm角に切る。種は捨てないでとっておく。

2 まぐろは水けをふいて1cm角に切る。トマトは1cm角に切る。セロリはピーラーで皮をむいて粗みじん切りにする。セロリの葉は数枚をちぎる。玉ねぎはみじん切りにして水に5分さらす。

3 ボウルに**a**を混ぜ合わせ、①（種も）、まぐろ、トマト、セロリ、水けをきった玉ねぎを加えて和える。器に盛ってオリーブ油を回しかけてこしょうをふり、セロリの葉をちらす。

まぐろの和風カルパッチョ

生

材料（4人分）

まぐろ（刺身用、赤身）…1さく
長ねぎ…1本
a ［おろししょうが…少々
　酒…大さじ2
　しょうゆ、水…各大さじ1］
サラダ油…大さじ1/2

作り方

1 長ねぎは3cm長さに切る。

2 フライパンを熱してサラダ油をひき、①を強火で炒める。焼き目がついたら**a**を加えてからめる。

3 まぐろは水けをふいて薄いそぎ切り＊にする。②のねぎと一緒に器に盛ってフライパンに残ったたれをかける。

＊15ページ⑫参照

うなぎのオムレツ

焼

材料（2〜3人分）

うなぎ蒲焼き…2串
長ねぎ…2本
しょうが…1/2かけ
ごま油…大さじ1
a ［卵…3個
　砂糖…大さじ1
　塩…1つまみ］
b ［みりん…大さじ1
　酒…大さじ1/2
　しょうゆ…小さじ1〜2］
サラダ油…大さじ1/2

作り方

1 うなぎは横1cm幅に切ってから電子レンジで温める。長ねぎは斜め薄切りにする。しょうがはせん切りにする。**a**を合わせてよく混ぜる。

2 フライパンを熱してごま油をひき、ねぎ、しょうがを中火で炒める。ねぎに少し焼き目がついたら**b**を加え、炒め合わせて取り出す。

3 フライパンをザッとふいてサラダ油を熱し、**a**を流し入れて中火で加熱する。卵が半熟になったら片側にうなぎと②をのせ、パタンと半分に折り、少し焼き固める。

うなぎちらし寿司

米

材料（2人分）

温かいご飯…茶わん2杯強
うなぎ蒲焼き…1串
きゅうり…1/2本
三つ葉…1/4束
a ［酢…大さじ2
　砂糖…小さじ1
　塩…小さじ1/3］
万能ねぎ（小口切り）＊…適量

好みの漬物（しば漬け、たくあんなど刻んだもの）…大さじ2弱

山椒の佃煮…適量

作り方

1 うなぎは竹串を取り除いて1.5cm幅に切り、電子レンジで温めておく。きゅうりは薄い輪切りにする。三つ葉は3cm長さに刻む。

2 **a**はよく混ぜて砂糖と塩を溶かす。器にご飯を盛って**a**をスプーンで回しかける。

3 ②の上に①、万能ねぎ、漬物、山椒の佃煮をちらす。

＊14ページ❶参照

うなぎ押し寿司

材料（4人分）

温かいご飯…茶わん4杯強

うなぎ蒲焼き…2～3串

きゅうり…1本

青じそ…10枚

卵…3個

しば漬け（みじん切り）…適量

いりごま（白）…適量

塩…2つまみ

a
- **水…大さじ2**
- **砂糖…大さじ1と1/2**
- **塩…1つまみ**

b
- **酢…カップ1/4**
- **砂糖…大さじ1強**
- **塩…小さじ1/2**

作り方

1 うなぎは縦半分に切ってから横1cm幅に切り、電子レンジで温める。

2 きゅうりは薄切りにして塩をふって軽くもむ。青じそはせん切りにする。

3 卵は溶きほぐし、**a**を加えてよく混ぜる。フライパンに卵液を流し入れて中火にかけ、菜箸5～6本を持ってグルグル混ぜながら加熱し、いり卵にする。

4 **b**をよく混ぜ合わせる。ボウルにご飯を入れて**b**を回しかけ、ぬらしたしゃもじで切るようにサックリと混ぜる。

5 容器に合わせてラップを切り、交差させてしく。容器の底に①～③、しば漬け、いりごまをそれぞれ半量ずつ美しくちらす。その上に④の1/3量を重ね、ぬらしたスプーンで押さえながら平らにしき詰める。さらにもう一度同様に重ね、最後に残りの④をしいてスプーンで押さえながらなじませる。上からラップかふたをして15分くらいなじませる。

6 ⑤の容器にまな板をのせてひっくり返し、ラップを押さえながら容器を取る。ラップのまま好みの大きさに切って器に盛る。

焼き野菜とうなぎの香ばし丼

材料（2人分）

温かいご飯…2人分

うなぎ蒲焼き…2串

グリーンアスパラガス…1/2束

新玉ねぎ…1/2個

サラダ油…大さじ1/2～1

塩、こしょう…各少々

しば漬け…適量

作り方

1 うなぎはトースターで表面がカリッとするまで焼く。

2 アスパラガスは根元を1cmほど切り落とし、下1/3をピーラーでむき、長さを半分に切ってから縦半分に切る。新玉ねぎは縦4等分に切る。

3 フライパンを熱してサラダ油をひき、②を並べて塩、こしょうをふり、強めの中火で焼く。こんがり焼き目がついたものから取り出す。

4 器にご飯を盛って①と③をのせ、好みで蒲焼きの添付のたれをかけ、しば漬けを添える。

かきのカレー炒め

材料（3～4人分）

かき…400g

大根（しっぽの部分）…適量

ベーコン…4枚

にんにく…2かけ

サラダ油…大さじ1

バター…大さじ1/2

酒…大さじ1

カレー粉…小さじ1/2

しょうゆ…大さじ1弱

作り方

1 大根に包丁で格子状に切り込みを入れる。

2 ボウルにかきを入れて、かぶるくらいの水を加え、①でなでるようにやさしく洗う。水がにごらなくなるまで洗って水けをしっかりふく。

3 ベーコンは2cm幅に切り、にんにくはみじん切りにする。

4 フライパンを熱してサラダ油をひきバターを入れ、にんにくを弱火で炒める。いい匂いがしてきたらベーコンを加えて炒め、油がまわったら、かきを加えてよく炒める。

5 かきの色が変わってプリッとしてきたら酒を加えてザッと炒め、カレー粉、しょうゆを加えて炒め合わせる。

かきフライと3種のソース　揚

材料（4人分）

かき…300g
大根（しっぽの部分）…適量
薄力粉…カップ1/2
溶き卵…1個分
パン粉、揚げ油…各適量
ウスターソース、レモン、マヨネーズ…各適量
タルタルソース（287ページ参照）…適量
大葉みそマヨソース
　大葉…10枚
　みそ…大さじ2
　水、すりごま（白）…各大さじ1
マヨネーズ…大さじ1/2
らっきょうソース
　らっきょう…6粒
　マヨネーズ、ケチャップ…各大さじ1
　中濃ソース…大さじ1/2
　粒マスタード…小さじ1
　こしょう…少々

作り方

1 大根に包丁で格子状に切り込みを入れる。ボウルにかきを入れて、かぶるくらいの水を加え、大根でなでるように混ぜる。水がにごらなくなるまで洗って水けをしっかりふく。

2 ①をボウルに入れて薄力粉をふり入れて全体にまぶす。

3 溶き卵を②に加えて静かに混ぜ、ドロッとした状態にする。

4 ③を1個ずつパン粉をまぶしてしっかりつける。

5 フライパンに揚げ油を深さ2cm入れて中温に熱し、④を入れて中火で揚げる。まわりが固まってきたらたまに返しながら揚げる。全体がきつね色になってきたら火を強めてカラッと仕上げる。

6 ソースを作る。大葉はみじん切りにし、その他の材料と混ぜ合わせる。らっきょうは刻んで、その他の材料と混ぜ合わせる。

7 器に盛ってレモンを添え、タルタルソースや⑥をかけて食べる。

かきの土手鍋　鍋

材料（2人分）

かき…250g
長ねぎ…2本
大根（しっぽの部分）…適量
a 赤みそ…大さじ1と1/2
　酒…大さじ1
　砂糖…大さじ1弱
　みりん…大さじ1/2
粉山椒…適量

作り方

1 大根に包丁で格子状に切り込みを入れる。ボウルにかきを入れて、かぶるくらいの水を加え、大根でなでるように混ぜる。水がにごらなくなるまで洗って水けをしっかりきる。

2 長ねぎは5cm長さの斜め切りにする。**a**をよく混ぜ合わせる。

3 鍋の内側を水でサッとぬらし、鍋の底に**a**を広げる。中火にかけて**a**がフツフツしてきたらかきとねぎを加え、ふたをして中火で煮る。たまに何度か混ぜながら、ねぎがしんなりして、かきに火が通ったらできあがり。山椒をふる。

シーフードドリア　米

材料（2人分）

温かいご飯…茶わん2杯
冷凍シーフードミックス…200g
グリーンアスパラガス…1/2束
にんにく…1かけ
オリーブ油…適量
ワイン（白）…大さじ1
生クリーム…カップ1
粉チーズ…大さじ2

塩、こしょう…各適量

ピザ用チーズ…カップ1/2

作り方

1 アスパラガスは根元を1cmくらい切り落として、下1/3の皮をピーラーでむき、2cm幅に切る。にんにくはみじん切りにする。

2 フライパンを熱してオリーブ油大さじ1をひき、にんにくを弱火で炒める。きつね色になってきたらアスパラガス、シーフードミックスを凍ったまま加えて強火にして炒める。

3 全体に油がまわったらワインを加えてザッと炒め、生クリーム、粉チーズを加えて2分煮る。火を止めてご飯を加えてほぐしながら混ぜる。味をみて塩、こしょうでととのえる。

4 耐熱皿にオリーブ油少々をぬって③を入れる。ピザ用チーズをかけて、250℃に温めたオーブンでこんがり焼き目がつくまで8〜10分焼く。

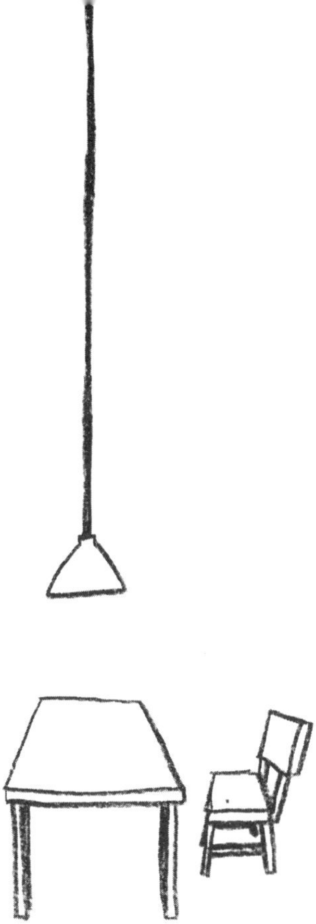

その他

厚揚げ

豆腐のさっぱりしたよさと、揚げ物のうまみとパンチのあるよさを両方持っている厚揚げ。煮物やカレーに入れるとコクが出ます

焼き厚揚げのねぎじょうゆ 【焼】

材料（2〜3人分）

厚揚げ…1枚

長ねぎ…1本

- a
  - ごま油、しょうゆ…各大さじ2
  - おろししょうが…少々

作り方

1 厚揚げはトースターでこんがりと焼いて、1cm幅に切る。

2 長ねぎは斜め薄切りにしてボウルに入れ、**a**を加えてよく混ぜる。

3 器に①を盛って②をかける。

焼き厚揚げの薬味がけ 【焼】

材料（2〜3人分）

厚揚げ…1枚

みょうが…1個

青じそ…4枚

しょうが…1/2かけ

- a
  - しょうゆ…大さじ1
  - みりん…大さじ1/2
  - ごま油…小さじ1

作り方

1 厚揚げはトースターでこんがりと焼いて1cm幅に切る。

2 みょうが、しょうがはせん切りにしてボウルに入れ、**a**を加えて混ぜる。青じそは粗みじん切りにする。器に①を盛ってかけ、青じそをちらす。

みそねぎ焼き厚揚げ 【焼】

材料（2〜3人分）

厚揚げ…1枚

- a
  - おろしにんにく…少々
  - バター、みそ、水…各大さじ1
  - 砂糖…小さじ1

万能ねぎ（小口切り*）…適量

作り方

1 厚揚げはトースターでこんがり焼く。

2 **a**のバターは電子レンジ弱にかけてやわらかくし、**a**のその他の材料と合わせてよく混ぜる。

3 器に①を盛って②をかけ、万能ねぎをちらす。

＊14ページ❶参照

写真…57ページ

麻婆《マーボー》厚揚げ 【煮】

材料（4人分）

豚ひき肉…150g

厚揚げ…2枚

にら…1束

長ねぎ…1本

にんにく、しょうが…各1かけ

ごま油…大さじ2

豆板醤《トウバンジャン》…大さじ1/2

- a
  - 赤みそ、酒、オイスターソース…各大さじ1
  - しょうゆ…大さじ1/2
  - 砂糖、粉山椒…各小さじ1/2
  - 水…カップ1/2

作り方

1 にらは1cm長さに切る。長ねぎ、にんにく、しょうがはみじん切りにする。**a**を混ぜておく。

2 フライパンを熱してごま油をひき、ねぎ、にんにく、しょうがを中火で炒める。いい匂いがしてきたら豆板醤を加えて炒める。なじんだらひき肉を加え、強火にしてほぐしながら炒める。

3 肉の色が変わったらもう一度**a**をよく混ぜてから加えて混ぜ、厚揚げを手で一口大にちぎりながら加える。フツフツしてきたらにらを加えてサッと混ぜる。

手羽元と厚揚げのごま煮 ［煮］

材料（2人分）

手羽元…4本
厚揚げ…1枚
しょうが…1かけ
a
水…カップ1
しょうゆ…大さじ1と1/2
みりん、酒…各小さじ2
砂糖…小さじ1
いりごま（白）…大さじ1と1/2
七味唐辛子…適量

作り方

1 厚揚げは縦半分に切ってから横4等分に切る。しょうがは薄切りにする。手羽元は水けをふく。
2 鍋に**a**、しょうがを入れて強火にかけ、沸いてきたら残りの①を加える。ふたをしてたまに混ぜながら強めの中火で12～13分煮る。
3 器に盛って七味唐辛子をふる。

ひき肉と厚揚げの煮物 ［煮］

材料（2人分）

合いびき肉…100g
厚揚げ…1枚
しし唐…8本
しょうが…1かけ
a
水…カップ1
しょうゆ…大さじ1強
砂糖、みりん、酒…各大さじ1
ごま油…小さじ1

作り方

1 厚揚げは2cm幅に切る。しし唐はへたの先を切り落として、竹串で数ヵ所穴をあける。しょうがはせん切りにする。
2 鍋に**a**を合わせて強火で煮立て、ひき肉を加えてザッと混ぜる。厚揚げ、しょうがを加える。フツフツしてきたらあくを取り、ふたをして中火で5～6分煮る。たまに混ぜる。
3 最後にしし唐を加えてひと煮する。

厚揚げの豚きのこあんかけ ［煮］

材料（2人分）

豚肩ロース薄切り肉…150g
厚揚げ…1枚
しいたけ…3個
しめじ…1パック
にんにく、しょうが…各1かけ
万能ねぎ…1/2束
塩、こしょう…各適量
酒…大さじ1
しょうゆ…大さじ1
ごま油…大さじ1
a
片栗粉…大さじ1
水…大さじ2

作り方

1 厚揚げはトースターでこんがり焼く。豚肉は一口大に切る。しいたけは根元を切り落として4等分に切る。しめじは根元を切り落として小房にわける。にんにくとしょうがはみじん切りにする。万能ねぎは5cm長さに切る。**a**を混ぜておく。
2 フライパンを熱してごま油をひき、にんにくとしょうがを弱火で炒める。いい匂いがしてきたら豚肉を加えて塩、こしょう各少々をふり、強火にして炒める。肉の色が変わったら、きのこを加えて炒め合わせる。きのこがしんなりしたら酒を加えてザッと炒め、水カップ1としょうゆを加えて煮立てる。味をみて塩、こしょうでととのえる。
3 火を止めて**a**をもう一度よく混ぜてから回し入れる。木べらでザッと全体を混ぜてから、中火にかけて混ぜながらとろみをつける。仕上げに万能ねぎを加えてひと煮する。
4 厚揚げを食べやすい大きさに切り、器に盛って③をかける。

厚揚げときのこのベジカレー ［米］

材料（4人分）

温かいご飯…4人分
厚揚げ…1枚
しめじ、エリンギ、まいたけ…各1パック
春菊…1/2束
にんにく、しょうが…各2かけ
ココナッツミルク…カップ2
カレー粉…大さじ1と1/2
サラダ油…大さじ2
砂糖…小さじ1

塩、こしょう…各適量

作り方

1 しめじは根元を落として小房にわける。エリンギは適当な太さにさく。まいたけは小房にわける。厚揚げは5mm幅に切る。春菊は1cm長さに切る。にんにく、しょうがはみじん切りにする。

2 鍋を熱してサラダ油をひき、にんにく、しょうが、きのこを入れて強めの中火でよく炒める。きのこに焼き目がついたら厚揚げを加えて炒める。

3 厚揚げにも少し焼き目がついたら、カレー粉を加えて混ぜる。ココナッツミルク、水カップ1、塩小さじ2を加え、沸騰したら弱火にしてあくを取りながら20分煮る。砂糖を加え、味をみながら塩、こしょうを加えて味をととのえる。最後に春菊を加えてサッと煮る。器にご飯を盛ってかける。

その他の厚揚げのレシピ

油揚げ

煮てしっかり味をしみ込ませたのもうまいし、こんがり焼いた香ばしさもたまらない。熱湯を回しかけて油抜きをすると味がしみやすい

油揚げとしらすのピザ　焼

材料（2人分）

油揚げ…1枚
しらす…大さじ2
いりごま（白）…大さじ1/2
ピザ用チーズ…大さじ3〜4

作り方

1 油揚げにしらす、いりごまをのせてチーズをちらす。

2 トースターで油揚げの縁に焼き目がつくまで10〜15分こんがりと焼く。食べやすい大きさに切る。

宝袋のキムチ煮　煮

材料（2〜3人分）

豚ひき肉…50g
油揚げ…3枚
万能ねぎ…3本
しょうが…1/2かけ
うずらの卵水煮缶…1/2缶（約5個）
ぎんなん水煮缶…1/2缶（約5個）
切り餅…3個
a［キムチ…150g
　水…カップ1と1/2
　しょうゆ…大さじ1
　酒、みりん…各大さじ1/2
　砂糖…小さじ1］
いりごま（白）…適量

作り方

1 油揚げは半分に切って中を袋状に広げる。

2 万能ねぎは3cm長さに切り、しょうがはせん切りにする。うずらの卵、ぎんなんは缶汁をきる。切り餅は半分に切る。

3 油揚げに②と豚ひき肉を等分に詰めて、閉じ口を楊枝で縫うようにとめる。

4 鍋に**a**を合わせて中火にかける。フツフツしてきたら、③を閉じ口を上にして入れ、ふたをして10〜12分煮る。たまに煮汁を回しかける。器に盛ってごまをふる。

納豆宝袋　煮

材料（3人分）

油揚げ…3枚
ひじき（乾燥）…大さじ2
いんげん…1/2袋
切り餅…1個
納豆…小1パック
うずらの卵水煮缶…1/2缶（約5個）
めんつゆ（煮物用の濃さまたはかけつゆの濃さ）…カップ1と1/2

作り方

1 ひじきは袋の表示通りにもどして水けを絞る。いんげんはへたを切り落として小口切りにする。餅は6等分に切る。油揚げは半分に切って中を袋状に広げる。

2 油揚げにひじき、いんげん、餅、納豆、うずらの卵を等分に詰めて、閉じ口を楊枝で縫うようにとめる。

3 鍋にめんつゆを入れて煮立て、②の閉じ口を上にして入れる。少しずらしてふたをして、中火で5分煮る。

＊14ページ❶参照

写真…57ページ

焼き油揚げと大根のサラダ1

サラダ

材料（2〜3人分）

油揚げ…1枚

大根（あれば頭のほう）…8cm

大根の葉…適量

しらす…大さじ3

a
- **すりごま（白）、マヨネーズ…各大さじ1**
- **みそ、ごま油、酢…各大さじ1/2**
- **砂糖…1つまみ**

塩…適量

作り方

1 油揚げはトースターで10〜15分こんがり焼いて1cm幅に切る。

2 大根は皮つきのまま2mm厚さの輪切りにしてから細切りにする。大根の葉はやわらかい部分をみじん切りにする。

3 ボウルに**a**を混ぜ合わせ、②、しらす、油揚げを加えてザッと和える。味をみて塩でととのえる。

焼き油揚げと大根のサラダ2

サラダ

材料（2〜3人分）

油揚げ…1枚

大根…5cm

a
- **梅干し…2個**
- **ごま油…大さじ1**
- **しょうゆ…大さじ1/2**
- **砂糖…小さじ1**

作り方

1 油揚げはトースターで10〜15分こんがり焼いて1cm幅に切る。大根は皮つきのまま縦薄切りにしてから縦細切りにする。

2 **a**の梅干しは種を取り除いて細かく刻んでボウルに入れ、**a**のその他の材料と混ぜ合わせる。①を加えて和える。

パリパリ油揚げのそばサラダ

サラダ

材料（2人分）

そば（乾燥）…120〜150g

油揚げ…1枚

貝割れ菜…1/2パック

リーフレタス…2〜3枚

a
- **おろししょうが…1/2かけ分**
- **めんつゆ（つけつゆの濃さよりやや濃いめ）…カップ1/4**
- **すりごま（白）…大さじ1**
- **マヨネーズ…大さじ1/2**
- **サラダ油…大さじ1/2**

温泉卵…2個

作り方

1 油揚げはトースターで10〜15分こんがり焼いて5mm幅に切る。貝割れ菜は根元を切り落とす。リーフレタスは一口大にちぎる。

2 そばは袋の表示通りにゆで、流水で洗ってから氷水につける。しっかり冷えたら水けをきる。

3 ボウルに**a**を混ぜ合わせ、②、レタスの順に加えて和える。器に盛って貝割れ菜、油揚げをのせ、真ん中に温泉卵を落とす。

いなりずし

米

材料（4人分）

温かいご飯…1と1/2合分

油揚げ…4枚

a
- **酢…大さじ3と1/2**
- **砂糖…大さじ1**
- **塩…小さじ1/2**

いりごま（白）…大さじ3

b
- **水…カップ1と1/2**
- **砂糖…大さじ4と1/2**
- **しょうゆ…大さじ3と1/2**
- **みりん…大さじ2**

練りがらし…適量

作り方

1 油揚げは半分に切って中を袋状に広げ、鍋に湯を沸かして10分くらいゆでる。ざるにあげて水でよく洗い、水けをしっかり絞る。

2 別の鍋に**b**を合わせて煮立てる。①を加えてふたをして、中火で汁けがほとんどなくなるまでじっくり煮る。火を止めて、そのまま冷まして味を含ませる。

3 **a**を合わせてよく混ぜる。ボウルにご飯、ごまを入れて、**a**を回しかける。ぬらしたしゃもじで切るようにサックリと混ぜる。

4 手を水でサッとぬらして、③を8等分する。油揚げに入る大きさの俵形に軽くにぎる。油揚げの汁けをよくきってご飯を詰めて形をととのえる。好みでからしをつけて食べる。

写真…59ページ

いなりちらし寿司　米

材料（2〜3人分）

温かいご飯…茶わん2杯強（350g）
鶏むね肉…1枚
油揚げ…1枚
a［ **水…カップ1**
　砂糖、しょうゆ…各大さじ1
b［ **酢…大さじ1と1/2**
　砂糖…大さじ1弱
　塩…2〜3つまみ
たくあん…3cm
紅しょうが…大さじ1
万能ねぎ（小口切り＊）、いりごま（白）
　…各適量

作り方

1 油揚げは1cm幅に切る。たくあんは5mm角に切る。紅しょうがは水でサッと洗い、水けを絞って粗みじん切りにする。鶏肉は一口大のそぎ切り＊＊する。**b**を混ぜておく。

2 鍋に**a**、油揚げ、鶏肉を入れて火にかけ、ふたをして中火で10分煮る。そのまま冷まして味を含ませる。

3 ボウルにご飯を入れて**b**を回しかけ、ぬらしたしゃもじで切るように混ぜる。

4 皿に③を盛って②を煮汁ごとかけ、たくあん、万能ねぎ、いりごま、紅しょうがをちらす。

＊14ページ**❶参照**　＊＊15ページ**⑫参照**

たぬきつねうどん　麺

材料（2人分）

冷凍うどん…2玉
油揚げ…1枚
小松菜…1/4束
かまぼこ（5mm厚さに切ったもの）
　…2枚
天かす…大さじ4
a［ **めんつゆ（つけつゆの濃さ）**
　　…カップ1/2
　砂糖…大さじ1/2
めんつゆ（かけつゆの濃さ）…カップ3

作り方

1 油揚げは半分に切ってから対角線に切って三角形にする。鍋に**a**、油揚げを入れてふたをして中火で5分煮る。

2 かけつゆ用のめんつゆを温める。小松菜はサッとゆでて水けを絞って5cm長さに切る。

3 うどんは袋の表示通りにゆでて水けをきり、どんぶりに盛る。②のつゆをかけて、小松菜、①、かまぼこ、天かすをのせる。

その他の油揚げのレシピ

- ごぼうのおかずきんぴら…**P102**
- 鶏と大根と油揚げのサッと煮…**P138**
- たけのこごはん…**P146**
- 豚にらみそカレー…**P167**
- 水炊き…**P192**
- 水菜のサラダ…**P193**
- 五目炊き込みご飯…**P337**
- 鶏五目混ぜご飯…**P338**
- 豚五目混ぜご飯…**P338**
- 豚となすのカレーつけだれそば…**P347**

大豆

乾燥豆をもどしてゆでるのは相当時間がかかるけれど、蒸しやゆでの缶詰やパックはとても手軽で便利。どんな味つけにも合う

大豆ときのこのピリ辛炒め

材料（2〜3人分）

大豆蒸し煮缶…1缶（120g）
まいたけ…1パック
長ねぎ…1本
にんにく、しょうが…各1かけ
赤唐辛子…3〜4本
a［ **みそ、酒…各大さじ1**
　しょうゆ…大さじ1/2
　砂糖…小さじ1

ごま油…大さじ1

塩、こしょう…各適量

作り方

1 まいたけは小房にわける。長ねぎは8cm長さの斜め切りにする。にんにく、しょうがはみじん切りにする。赤唐辛子はへたと種を取り除く。**a**を混ぜ合わせる。

2 フライパンを熱してごま油をひき、にんにく、しょうがを弱火で炒める。いい匂いがしてきたら赤唐辛子、長ねぎを加えて中火で炒める。長ねぎがしんなりしたら、まいたけ、大豆を加えて強火で炒める。

3 まいたけが少ししんなりしたら、**a**を加えて炒め合わせ、味をみて塩、こしょうでととのえる。

大豆と小松菜の炒め物

材料（2〜3人分）

大豆水煮缶…1缶（200g）

小松菜…1/2束

豚ひき肉…100g

にんにく、しょうが…各1かけ

ごま油…大さじ1

a
- **しょうゆ、みりん…各大さじ1/2**
- **カレー粉…小さじ1/2**
- **砂糖…1つまみ**

塩、こしょう…各適量

作り方

1 大豆はざるにあけて缶汁をきる。小松菜は5cm長さに切る。にんにく、しょうがはみじん切りにする。

2 フライパンを熱してごま油をひき、にんにく、しょうがを入れて弱火で炒める。いい匂いがしてきたら、ひき肉を加えて強火でほぐしながら炒める。肉の色が変わったら大豆を加えて炒める。

3 全体に油がまわったら、**a**を加える。なじんだら小松菜を加えて、サッと炒める。味をみて塩、こしょうでととのえる。

大豆とれんこんのカレー炒め

材料（2〜3人分）

ベーコン…2枚

大豆蒸し煮缶…1缶（120g）

れんこん…1節（約250g）

にんにく、しょうが…各1かけ

a
- **カレー粉、オイスターソース、ナンプラー…各小さじ1**
- **豆板醤《トウバンジャン》、砂糖…各小さじ1/2**

サラダ油…大さじ1

酒…大さじ1

塩、こしょう…各適量

香菜《シャンツァイ》（あれば）…適量

作り方

1 れんこんはよく洗い、ピーラーで皮をむいて5mm厚さの半月切りにし、酢水に3分さらす。ベーコンは2cm幅に切り、にんにく、しょうがはみじん切りにする。**a**を混ぜ合わせる。

2 フライパンを熱してサラダ油をひき、にんにく、しょうがを弱火で炒める。いい匂いがしてきたらベーコンを加えて中火で炒める。

3 ベーコンに油がまわったられんこんを加え、塩、こしょうをふってよく炒める。

4 れんこんに竹串がスーッと通ったら、大豆を加えて炒める。大豆に油がまわったら酒を加えてザッと炒め、**a**を加えて炒め合わせる。味をみて薄ければ塩、こしょうでととのえる。器に盛って、あれば香菜を添える。

＊14ページ❷参照

大豆と鶏肉の煮物

材料（2〜3人分）

大豆蒸し煮缶…1缶（120g）

鶏骨つきぶつ切り肉…300g

クレソン…1束

しょうが…1かけ

ごま油…大さじ1

a
- **水…カップ1**
- **みりん…大さじ2強**
- **酒、しょうゆ…各大さじ2**
- **砂糖…大さじ1/2**

作り方

1 クレソンは根元を切り落とす。しょうがはせん切りにする。

2 鍋を熱してごま油をひき、鶏肉を並べて強めの中火で炒める。全体に焼き目がついたら大豆を加えてザッと炒める。

3 大豆に油がまわったら**a**としょうが

を加え、ふたを少しずらして、たまに混ぜながら中火で10〜15分煮る。仕上げにクレソンを加えてひと煮する。

大豆サラダ

サラダ

材料（2〜3人分）

大豆蒸し煮缶…1缶（120g）
セロリ…1本
きゅうり…1本
トマト…1個
プロセスチーズ…40g
a［ おろしにんにく…少々
マヨネーズ、オリーブ油…各大さじ1
粒マスタード…小さじ1
カレー粉…小さじ1/4〜1/2
塩…小さじ1/4
砂糖…1つまみ
こしょう…適量

作り方

1 セロリ、きゅうり、トマト、チーズは1cm角に切る。

2 ボウルに**a**を合わせて混ぜ、①と大豆を加えて和える。

大豆とベーコンの炊きこみご飯

米

材料（3〜4人）

米…2合
大豆蒸し煮缶…1缶（120g）
ベーコン…3枚
フライドオニオン…大さじ4
a［ 酒…大さじ1
しょうゆ…大さじ1
塩…1つまみ
こしょう…少々
パセリ（みじん切り）…適量

作り方

1 米は洗って水けをきり、炊飯器に入れ、目盛りに合わせて水を注ぐ。ベーコンは1cm幅に切る。

2 炊飯器から水大さじ2を取り除いてから、**a**を加えて混ぜる。上に大豆、ベーコン、フライドオニオンをちらしてふたをして普通に炊く。

3 炊きあがったらしゃもじでサックリと混ぜ、器に盛ってパセリをちらす。

大豆スープ

汁

材料（3〜4人分）

大豆蒸し煮缶…1缶（120g）
あさり水煮缶…1缶
セロリ…1本
セロリの葉…3〜4枚
にんにく…2かけ
オリーブ油…大さじ1
ワイン（白）…大さじ2
a［ 水…カップ1
ホールトマト缶…1缶（400g）
トマトジュース…小1本（190g）
オレガノ、バジル（ともに乾燥）…各小さじ1/2〜1
塩、こしょう…各適量

作り方

1 セロリはピーラーで皮をむいて斜め薄切りにし、葉はちぎる。にんにくはみじん切りにする。

2 鍋を熱してオリーブ油をひき、にんにくを弱火で炒める。いい匂いがしてきたらセロリを加えて中火で炒め、セロリがしんなりしたら大豆とあさりを缶汁ごと加えて炒め合わせる。ワインを加えてザッと炒め、**a**を加え、木べらでトマトをつぶしながら中火で10分煮る。

3 セロリの葉を加えてひと煮し、味をみて塩、こしょうでととのえる。

その他の大豆のレシピ

● 冬野菜と大豆のカレー…P103

豆腐

木綿、絹ごし、焼き豆腐と、大きくわけて3種類。水きりが必要な料理のときは、ざるに入れて重しをのせて15分以上放置する

豆腐チャンプル

メイン

材料（2〜3人分）

豚ばら薄切り肉…200g
豆腐（木綿）…1丁
玉ねぎ…1/2個
にら…1/2束
にんじん…4cm
にんにく、しょうが…各1かけ
ごま油…大さじ1

泡盛または酒…大さじ2
しょうゆ…大さじ1
砂糖…2つまみ
塩、こしょう、七味唐辛子…各適量

作り方

1 豆腐は水きりをする。玉ねぎは縦薄切りにする。にらは5cm長さに切る。にんじんは薄い半月切りにする。にんにく、しょうがはみじん切りにする。豚肉は一口大に切る。

2 フライパンを熱してごま油をひき、にんにく、しょうがを弱火で炒める。いい匂いがしてきたら豚肉を加え、塩、こしょう各少々をふって強火にして炒める。

3 肉の色が変わったら、玉ねぎ、にんじんを加えて炒め、しんなりしたら豆腐を加えて木べらで一口大にくずしながら炒め合わせる。

4 泡盛を加えてザッと炒め、しょうゆ、砂糖を加えて混ぜる。味をみて塩、こしょうでととのえる。最後ににらを加えてザッと炒め、七味唐辛子をふる。

＊18ページ参照　＊＊14ページ❷参照

写真…56ページ

揚げ出しホタテ豆腐

揚

材料（2〜3人分）
豆腐（絹ごし）…1丁
a ［帆立て貝柱水煮缶…小1缶（45〜65g）
　 だし汁…カップ1/2
　 みりん…小さじ1
　 しょうゆ…小さじ1/2
　 塩…小さじ1/4
b ［片栗粉…大さじ1
　 水…大さじ2
片栗粉、揚げ油…各適量
万能ねぎ（小口切り）…適量

作り方

1 豆腐は水きりをする。

2 小鍋に**a**を合わせて中火にかけ、フツフツしてきたら火を止める。**b**をよく混ぜ合わせてから小鍋に加えてすばやく混ぜ、再び中火にかけて混ぜながらとろみをつける。

3 ①を適当な大きさに切る。バットに片栗粉を入れて豆腐を加え全体にまぶす。フライパンに揚げ油を深さ2cm入れて中温に熱し、豆腐を入れて中火で揚げる。まわりが固まりはじめたらたまに返し、全体をきつね色に揚げる。

4 器に③を盛って②をかけ、万能ねぎをちらす。

＊14ページ❶参照　＊＊18ページ参照

いり豆腐2

レンジ

材料（2〜3人分）
鶏もも肉…1枚
豆腐（木綿）…1丁
にら…1/2束
にんにく、しょうが…各1かけ
削り節（ソフトパック）…1パック（5g）
ごま油…大さじ1強
a ［酒、しょうゆ…各大さじ1
　 みりん…大さじ1/2
　 塩、砂糖…各1つまみ
塩、こしょう…各適量

作り方

1 豆腐は水きりをする。

2 にらは5cm長さに切る。にんにく、しょうがはみじん切りにする。鶏肉は脂身を取り除いて一口大に切る。

3 フライパンを熱してごま油をひく。鶏肉を入れて塩、こしょうをふり、強火で炒める。焼き目がついたらにんにく、しょうがを加えてザッと炒める。

4 いい匂いがしてきたら豆腐を加えて、木べらで好みの大きさにくずしながら炒める。豆腐が熱々になったら、にらを加えてザッと炒め、**a**を加えて炒め合わせる。味をみて薄ければ塩、こしょうを加えてととのえる。器に盛って削り節をふる。

＊18ページ参照

豆腐ステーキ

焼

材料（2人分）
豆腐（絹ごし）…1丁
ほうれんそう…1/2束
にんにく…2かけ
サラダ油…大さじ3
バター…大さじ1/2
片栗粉、しょうゆ、こしょう…各適量

作り方

1 豆腐は水きりをする。

2 ほうれんそうは塩を加えた湯でサッとゆで、水にとってよく洗ってから水けを絞って半分に切る。

3 にんにくは横薄切りにして芽を取り除く。フライパンにサラダ油とにんにくを入れて中火にかける。泡が出てきたら弱火にしてたまに返しながら揚げ焼きにする。きつね色になったらキッチンペーパーの上などに取り出す。

4 ①の全体に片栗粉をまぶしてフライパンに入れ、中火で焼く。両面こんがり焼けたら端に寄せ、空いたところに②を入れてサッと炒める。器に盛ってバターをのせる。しょうゆを回しかけて、③のにんにく、こしょうをふる。

＊18ページ参照

豆腐のだんごトマト煮

煮

材料（2人分）

鶏ひき肉…100g

豆腐（木綿）…1丁

a
- **塩…1つまみ**
- **ナツメグ、こしょう…各少々**

セロリ…1/2本

にんにく…1かけ

ホールトマト缶…1/2缶（200g）

バジル（生、あれば）…5枚

ピザ用チーズ…大さじ2強

ワイン（白）…大さじ1

オリーブ油…大さじ1と1/2

塩、こしょう…各適量

作り方

1 豆腐は水きりをする。セロリはピーラーで皮をむいて斜め薄切りにする。にんにくは縦薄切りにする。

2 ボウルにひき肉、豆腐、**a**を合わせて手でよく混ぜる。フライパンを熱してオリーブ油大さじ1をひき、スプーン2本を使ってだんご状にまとめ、フライパンに並べる。転がしながら強めの中火で全体に焼き目をつけて取り出す。

3 フライパンをサッとふいて熱する。残りのオリーブ油をひいて、にんにくを弱火で炒める。少しきつね色になったら、セロリを加えて強火にして炒める。セロリが透き通ってきたらワインを加えてザッと炒める。

4 ホールトマト、水カップ1/4を加えてトマトをザッとつぶす。②を戻し入れて中火～弱火で3～5分煮る。味をみながら塩、こしょうで調味する。バジルとチーズを加えてふたをして、チーズが溶けるまで少し煮る。

＊18ページ参照

その他の豆腐のレシピ

- キムチチゲ…P100
- セロリと豆腐の和え物…P134
- トマト豆腐サラダ…P153
- 豆腐と豚肉のチゲ…P166
- いり豆腐1…P183
- ほうれんそうの白和え…P189
- 豆腐と水菜のサラダ…P193
- 豆腐の香味野菜サラダ…P198
- 肉豆腐…P220
- 豆腐ハンバーグ…P255
- 麻婆豆腐…P258
- 明太豆腐　…P298
- いり玉えびどうふ…P319
- 豆腐のドライカレー…P333

納豆

そのままだとネバネバすぎると感じるときは、使う前にざるに入れて流水で洗ってぬめりを取るといい。風味は落ちないから心配は無用

納豆おやき

粉

材料（2人分）

豚ばら薄切り肉…50g

納豆…2パック

キャベツ…1/8個

卵…1個

薄力粉…カップ1/2

しょうゆ…小さじ1

塩…1つまみ

サラダ油…大さじ1と1/2

万能ねぎ（小口切り）…適量

作り方

1 キャベツは細切りにする。豚肉は半分に切る。納豆はざるに入れて流水でザッと洗ってしっかり水けをきる。

2 計量カップに卵を割り入れ、水を加えてカップ1にする。ボウルに移して、薄力粉、しょうゆ、塩を加えてよく混ぜる。キャベツ、納豆を加えてザッと混ぜる。

3 フライパンを熱してサラダ油大さじ1をひき、②を流し入れて丸く広げる。

上に豚肉を並べる。ふたをして弱めの中火でじっくり焼く。焼き目がついたら返してフライパンの縁からサラダ油大さじ1/2を流し入れて両面こんがり焼く。

4 焼きあがったら食べやすい大きさに切って器に盛り、万能ねぎをちらす。

＊14ページ❶参照

納豆の卵焼き

材料（2人分）

卵…2個

納豆…1パック

しらす…大さじ2

塩…2〜3つまみ

ごま油…大さじ1

作り方

1 納豆はざるに入れて流水でよく洗ってしっかり水けをきる。

2 ボウルに卵を割りほぐし、①、しらす、塩を加えてよく混ぜる。

3 フライパンを熱してごま油をひき、②を流し入れる。菜箸でグルグルと数回混ぜてから、中火で焼き固める。焼き目がついたらひっくり返して両面を焼く。

4 まな板に取り出して食べやすい大きさに切り、器に盛る。

牛肉と納豆としいたけのオイスター炒め

材料（2人分）

牛肩ロース薄切り肉…150g

納豆…2パック

干ししいたけ…4個

長ねぎ…1本

にんにく、しょうが…各1かけ

ごま油…大さじ1

a ┌ **酒、みりん、オイスターソース…各大さじ1**
　 └ **しょうゆ…大さじ1弱**

塩、こしょう…各適量

作り方

1 干ししいたけは水でもどし、軸を切り落として半分に切る。長ねぎは5mm厚さの斜め切りにする。牛肉は一口大に切る。にんにく、しょうがはみじん切りにする。納豆はざるに入れて流水でザッと洗ってしっかり水けをきる。

2 フライパンを熱してごま油をひき、にんにく、しょうがを弱火で炒める。いい匂いがしてきたら長ねぎ、牛肉を加えて塩、こしょうをふって強火にして炒める。肉の色が変わったら干ししいたけ、納豆を加えて炒める。全体に油がまわったら**a**を加えて炒め合わせる。味をみて薄ければ塩、こしょうでととのえる。

納豆チャーハン

材料（2人分）

温かいご飯…茶わん2杯弱

豚肩ロース薄切り肉…100g

納豆…2パック

万能ねぎ…1/2束

にんにく、しょうが…各1かけ

卵…2個

ごま油…大さじ1

酒…大さじ1

しょうゆ…大さじ1弱

塩、こしょう…各適量

作り方

1 納豆はざるに入れて流水でよく洗ってしっかり水けをきる。豚肉は小さめの一口大に切る。万能ねぎは小口切りにする。にんにく、しょうがはみじん切りにする。卵は溶きほぐす。

2 フライパンを熱してごま油をひき、にんにく、しょうがを弱火で炒める。いい匂いがしてきたら豚肉を加えて強火にして炒める。豚肉に焼き目がついたら万能ねぎを加えて炒める。

3 具をフライパンの端に寄せ、空いたところに溶き卵を加える。すぐに卵の上にご飯をのせ、卵とご飯をよく混ぜる。混ざったら全体を炒め合わせて、パラパラになるまでじっくりじっくり炒める。パラパラになったら納豆を加えて混ぜる。

4 酒を加えてザッと混ぜ、しょうゆを加えて混ぜる。味をみて薄ければ塩、こしょうでととのえる。

＊14ページ❶参照

豚と納豆の和えそうめん　麺

材料（2人分）

そうめん…100g
豚ばら薄切り肉…100g
納豆…2パック
貝割れ菜…1/2パック
みょうが…1個
めんつゆ（つけつゆの濃さ）…カップ3/4
ごま油…大さじ1/2
a［みりん…大さじ2／しょうゆ…大さじ1と1/2］
いりごま（白）…適量

作り方

1 貝割れ菜は根元を切り落とす。みょうがは縦薄切りにする。豚肉は一口大に切る。

2 フライパンを熱してごま油をひき、豚肉を強火で炒める。肉の色が変わったら**a**を加えて炒め合わせる。

3 そうめんは袋の表示通りにゆで、流水でよく洗ってから氷水につけてしっかり冷やす。水けをきって器に盛り、めんつゆをかける。納豆、②、貝割れ菜、みょうがをのせ、いりごまをふる。

写真…57ページ

その他〔豆製品〕

納豆めんたいじゃこパスタ　麺

材料（2人分）

スパゲッティ…150g
納豆…2パック
明太子…1/2腹
ちりめんじゃこ…大さじ3
しょうゆ…大さじ1
万能ねぎ（小口切り）*、塩、こしょう…各適量

作り方

1 パスタは塩を加えた湯で表示時間より1分短くゆでる。

2 ボウルに納豆、ちりめんじゃこ、しょうゆを入れて混ぜる。ゆであがったパスタを加えて和える。

3 器に盛って明太子をほぐしてのせる。万能ねぎをちらして塩、こしょうをふる。

＊14ページ❶参照

納豆汁　汁

材料（2人分）

豚こま切れ肉…80g
納豆…1パック
いんげん…1/2袋
だし汁（かつお節でとったもの）…カップ2と1/2
みそ…大さじ2
七味唐辛子…適量

作り方

1 納豆はざるに入れて流水でザッと洗って水けをきる。いんげんはへたを切り落として2cm幅に切る。

2 鍋にだし汁を入れて温め、豚肉、いんげんを加えてあくを取りながら弱火で2分煮る。納豆を加えて混ぜ、味をみながらみそを溶き入れてととのえる。器に盛って好みで七味唐辛子をふる。

韓国風納豆汁　汁

材料（2〜3人分）

牛切り落とし肉…80g
納豆…1パック
長ねぎ…1本
キムチ…100g
にんにく、しょうが（ともにみじん切り）…各1かけ
ごま油…大さじ1
塩、こしょう…各少々
みそ…大さじ2
一味唐辛子、すりごま（白）…各適量

作り方

1 長ねぎは5cm長さの斜め切りにする。納豆はざるに入れて流水でザッと洗って水けをきる。

2 鍋にごま油、にんにく、しょうがを入れて弱火で炒める。いい匂いがしてきたら牛肉を加えて塩、こしょうをふって強火にして炒める。肉の色が変わったらねぎを加えて炒める。

3 全体に油がまわったら湯（または水）カップ2と1/2を入れてキムチを加える。

4 煮立ったら弱めの中火にして、あくを取りながら3分煮る。納豆を加えて混ぜ、味をみながらみそを溶き入れる。好みで一味唐辛子、すりごまをふる。

その他の納豆のレシピ

- ネバネバ丼…P69
- 納豆オクラの冷や麦…P70
- 納豆とろろ冷や麦…P157
- きのこの納豆炒め…P213
- 納豆宝袋…P308

卵

卵焼きやオムレツを作るとき、卵を割りほぐしたら、ほったらかしは厳禁。卵液のコシがなくなって、せっかくのおいしさも逃げちゃうよ

明石焼き風オムレツ

焼

材料（4人分）

ゆでたこ…100g
卵…4個
万能ねぎ…1/4束
めんつゆ（かけつゆの濃さ）…カップ1
薄力粉…大さじ1
サラダ油…大さじ1

作り方

1 たこは1.5cmの角切りにする。万能ねぎは小口切りにする。

2 ボウルに、卵、めんつゆ大さじ3、薄力粉を入れてよく混ぜる。たこ、万能ねぎ（飾り用に少々とっておく）も加えて混ぜる。

3 フライパンを熱してサラダ油をひき、②を流し入れる。中火でザッと混ぜて弱火にする。ふたをして全体が固まるまで7～8分焼く。器に盛って、残りのめんつゆをかけ、飾り用の万能ねぎをちらす。

＊14ページ❽参照　＊＊14ページ❶参照

かにたま

焼

材料（2～3人分）

かに缶…小1缶（約90g）
a［卵…3個
**　砂糖、塩…各1つまみ**
たけのこ（水煮）…60g
しいたけ…2個
長ねぎ…1/2本
しょうが…1かけ
b［水…カップ1と1/2
**　砂糖…大さじ2**
**　酢…大さじ1**
**　しょうゆ、片栗粉…各大さじ1**
**　オイスターソース…小さじ1/2**
**　ごま油…小さじ1**
ごま油…大さじ1
いりごま（白）…大さじ2
塩、こしょう…各少々

作り方

1 たけのこ、しいたけは5mm角に切る。長ねぎはみじん切りにする。しょうがは半分をみじん切りに、残りをせん切りにする。**a**を混ぜ合わせておく。

2 小鍋にしょうがのせん切り、**b**を入れて、菜箸で混ぜながら中火で煮詰める。とろみがついたら火を止める。

3 フライパンを熱してごま油をひき、しょうがのみじん切り、長ねぎを中火で炒める。ねぎがしんなりしたら、たけのこ、しいたけ、かにを缶汁ごと加えて塩、こしょうをふり、強火で炒める。しいたけが少ししんなりしたら、いりごまを加えて混ぜる。

4 **a**を一気に流し入れて、全体を大きく混ぜる。ふたをして弱火でじっくりと焼く。卵の縁が固まって少し焼き色がついたら、返して両面を焼く。器に盛ってアツアツの②をかける。

桜えびと青のりのたまご焼き

焼

材料（2～3人分）

卵…3個
桜えび…大さじ3
青のり、砂糖…各大さじ1
しょうゆ…小さじ1
ごま油…小さじ4

作り方

1 ボウルに卵を割り入れて青のり、砂糖、しょうゆを加えてよく混ぜる。

2 フライパンを熱してごま油小さじ1をひく。①の1/4量を流し入れて、すばやく薄く広げる。手前か奥の端に桜えびの1/4量をちらして、そこからクルクルと巻く。

3 空いたところにまたごま油小さじ1をひき、①の1/4量を流し入れ、同様に桜えびの1/4量をちらしてパタンパタンと巻く。同様にあと2回繰り返してから、火を強めて全体に焼き目をつける。

桜えびのオムレツ

材料（2人分）

卵…2個

桜えび…大さじ3

万能ねぎ（小口切り）…1/4束

砂糖…大さじ1/2

塩…1つまみ

ごま油…大さじ1/2

作り方

1 ボウルに卵を割り入れて、桜えび、万能ねぎ、砂糖、塩を加えて混ぜる。

2 フライパンを熱してごま油をひき、①を流し入れる。菜箸で大きく混ぜてそのままいじらず少し加熱する。卵の縁が固まりはじめたら、二つ折りにする。強火にして表面にサッと焼き目をつける。

＊14ページ❶参照

スペインオムレツ

材料（4人分）

卵…4個

じゃがいも…1個

ピーマン…1個

トマト…1個

プロセスチーズ…40g

塩…3つまみ

こしょう…適量

サラダ油…大さじ1

ケチャップ…適量

作り方

1 じゃがいもは皮をむいて1.5cm角に切り、水に3分さらす。鍋にじゃがいもとかぶるくらいの水を入れて、やわらかくなるまでゆで、ざるにあげて水けをきる。

2 ピーマン、トマトは1.5cm角に切る。プロセスチーズは1cm角に切る。

3 ボウルに卵、塩、こしょうを入れてよく混ぜる。①、②を加えてさらに混ぜる。

4 フライパンを熱してサラダ油をひき、③を流し入れる。全体を混ぜて少し固まったところが出てきたら、ふたをして弱めの中火でじっくりじっくり焼く。表面が乾いてきたら完成。食べやすい大きさに切って器に盛り、ケチャップをかける。

だし巻きたまご

材料（4人分）

卵…4個

a
- **だし汁…カップ1/2**
- **砂糖…大さじ1**
- **しょうゆ…小さじ1/2**
- **塩…小さじ1/4**

大根おろし、サラダ油、しょうゆ…各適量

作り方

1 ボウルに卵を割り入れて**a**を加えてよく混ぜる。

2 フライパンまたは卵焼き器を熱してサラダ油少々をひき、①の1/5量を流し入れて広げる。まわりが乾きはじめたら端から巻いていく。

3 ②を端に寄せ、空いたところにサラダ油少々をひいて①の1/5量を流し入れ、②の下にもいきわたるように広げる。②に巻きつけるように端から巻いていく。同様にあと3回繰り返す。器に盛って大根おろしを添える。好みで大根おろしにしょうゆをかける。

写真…54ページ

ほたてと大根のオムレツ

材料（4人分）

帆立て貝柱水煮缶…小1缶（45〜65g）

卵…6個

大根…4cm

a
- **しょうゆ…小さじ1と1/2**
- **みりん…小さじ1と1/2**
- **塩…少々**

塩…2つまみ

砂糖…2つまみ

青のり…小さじ1

サラダ油…大さじ1/2

ごま油…大さじ1

作り方

1 帆立ては缶汁をきる。大根は皮をむいて2mm厚さの輪切りにして、さらに細切りにする。ボウルに卵を溶きほぐして塩、砂糖、青のりを加えて混ぜる。

2 フライパンを熱してサラダ油をひき、大根を強火で炒める。しんなりしたら帆立てを加えてザッと炒める。**a**を加えてからめ、取り出す。
3 ②のフライパンを洗って再度熱してごま油をひく。中火にして卵液を流し入れる。すばやく菜箸でグルグル2～3回混ぜて、全体に広げる。
4 卵の縁が乾いてきたら弱火にして、奥に②をのせる。手前から具を包むようにに半分にパタンと折りたたむ。

ポテトオムレツ　焼

材料（2人分）
卵…3個
合いびき肉…70g
じゃがいも…2個
玉ねぎ…1/2個
牛乳…大さじ1
a［**しょうゆ…大さじ1/2**
　みりん、砂糖…各小さじ1
サラダ油…大さじ1と1/2
塩、こしょう、ケチャップ…各適量
作り方
1 じゃがいもは皮をむいて1.5cm角に切って水に3分さらす。やわらかくなるまでゆでて水けをきる。
2 玉ねぎは粗みじん切りにする。フライパンを熱してサラダ油大さじ1/2をひき、玉ねぎを強火で炒める。しんなりしたら合いびき肉を加えて塩、こしょう各少々をふり、ほぐしながら炒める。肉の色が変わったら、①、**a**を加えて炒め合わせる。
3 卵は溶きほぐして、牛乳、塩1つまみを加えて混ぜ合わせる。
4 フライパンを洗って弱火にかけ、サラダ油大さじ1をひく。③を流し入れてすばやく菜箸でグルグル2～3回混ぜて、全体に広げる。卵の縁が固まりはじめたら片側に②をのせ、パタンと二つ折りにする。好みでケチャップをかけて食べる。
写真…42ページ

いり玉えびどうふ　いため

材料（2人分）
卵…1個
むきえび…100g
豆腐(木綿)…1/2丁
長ねぎ…1/2本
にんにく…1かけ
ごま油…大さじ1
しょうゆ…大さじ1
オイスターソース…小さじ1/2
いりごま(白)…大さじ1/2
塩、こしょう…各適量
作り方
1 豆腐は水きりをする*。むきえびは背わたがあれば取り除き**、洗って水けをふく。長ねぎは1cm厚さの斜め切りにする。にんにくはみじん切りにする。卵は溶きほぐす。
2 フライパンを熱してごま油をひき、にんにくを弱火で炒める。少し色づいてきたら、えび、長ねぎを加えて塩、こしょう各少々をふり、強火にして炒める。
3 長ねぎがしんなりしたらフライパンの端に具を寄せ、空いたところに溶き卵を流し入れる。そのまま加熱し、卵の縁が固まりはじめたらいり卵にし、全体を炒め合わせる。
4 豆腐を加えて、木べらで好みの大きさにくずしながら炒め合わせる。豆腐に油がまわったら、しょうゆ、オイスターソースを加えて炒め合わせる。味をみて薄ければ塩、こしょうでととのえる。いりごまを加えてザッと混ぜる。
＊18ページ参照　＊＊16ページ参照

ポーチドエッグ　ゆで

材料（2個分）
卵…2個
作り方
小鍋に湯を沸かして酢を加え、菜箸でけっこう勢いよくグルグル混ぜる。湯が渦《うず》を巻いてきたら中火にし、渦の真ん中に卵1個をそっと割り入れる。卵がひとかたまりになったら、そのまま好みの固さになるまで加熱して網じゃくしで取り出す。残りも同様に作る。

煮たまご　煮

材料（4人分）
ゆで卵…4個
a［**水…カップ1/2**
　酒、しょうゆ、みりん、サラダ油

…各大さじ1
オイスターソース…大さじ1/2
砂糖…小さじ1

和からし…適量

作り方

鍋にaを混ぜ合わせ、殻をむいたゆで卵を加える。少しずらしてふたをして、たまに混ぜながら中火で6分煮る。器に盛ってからしを添える。

写真…55ページ

ゆで卵のピータン風

煮

材料（2人分）

ゆで卵…2個

長ねぎ…5cm

a　おろししょうが…少々
ごま油…大さじ1/2
オイスターソース、しょうゆ、酒
…各小さじ1

作り方

1 殻をむいたゆで卵は縦4等分に切る。長ねぎは白《しら》髪《が》ねぎ*にする。aを混ぜ合わせる。

2 器にゆで卵を盛って白髪ねぎをのせて、aをかける。

＊15ページ⑮参照

オムライス

米

材料（2人分）

温かいご飯…茶わん2杯

鶏胸肉…150g

ソーセージ…3本

玉ねぎ…小1/2個

ピーマン…1個

a　卵…3個
牛乳…大さじ1
砂糖…小さじ1/2
塩…1つまみ

酒…大さじ1

サラダ油、塩、こしょう、ケチャップ
…各適量

作り方

1 玉ねぎ、ピーマンは1cm角に切る。ソーセージは1cm厚さに切る。鶏肉は皮を取り除き、小さめの一口大に切る。aをよく混ぜる。

2 フライパンを熱してサラダ油小さじ1をひき、鶏肉を入れて強火で炒める。肉に焼き目がついたら、玉ねぎ、ピーマンを加えて中火で炒める。玉ねぎが透き通ってきたら、ソーセージを加えて強火で炒める。

3 ピーマンがしんなりしたら、ケチャップ大さじ2〜3を加えて炒め合わせる。ご飯、酒を加え、木べらでほぐしながら炒める。よく混ざったら味をみて塩、こしょうでととのえ、取り出す。

4 フライパンを洗って熱し、サラダ油大さじ1/2をひき、弱火にしてaの半量を流し入れる。中央に③の半量をのせてすばやく卵の両端をかぶせる。

5 フライパンよりひと回り小さい皿をかぶせ、一気にひっくり返す。キッチンペーパーをかぶせて手で押さえながら形をととのえる。ケチャップをかける。もう1人分も同様に作る。

写真…55ページ

カレー卵サンド

パン

材料（2人分）

サンドイッチ用食パン…4枚

かたゆで卵…2個

a　マヨネーズ、牛乳…各大さじ1
カレー粉…小さじ1/4
塩…少々

バター…適量

作り方

1 ボウルにゆで卵を入れ、フォークで粗めにつぶす。aを加えてよく混ぜる。

2 パンの片面にバターをぬって、①を半量ずつのせてはさむ。

煮干しだしのたまごスープ

汁

材料（2人分）

卵…2個

だし汁（煮干しでとったもの）
…カップ2と1/2

オイスターソース…大さじ1弱

塩、こしょう…各適量

ごま油…少々

作り方

1 小さめのボウルなどに卵を割り入れてよく溶きほぐす。鍋にだし汁を入れて軽く沸騰させる。オイスターソースを加え、味をみて塩、こしょうでととのえる。

2 溶き卵を回し入れて、ふんわり固ま

るまで弱火で煮る。器に盛って、ごま油を回しかける。

写真…55ページ

その他の卵のレシピ

切り干し大根

何となくむずかしそうな食材と思っている人もいるかもしれない。でも袋の表示通りもどすだけ。そのまま和えてサラダにしてもうまい

切り干し大根のスクランブルエッグ

メイン

材料（2人分）

切り干し大根…15g

ベーコン…2枚

長ねぎ…1/2本

卵…2個

サラダ油…大さじ1

いりごま(白)…大さじ1

塩、こしょう…各適量

作り方

1 切り干し大根は袋の表示通りにもどして水けを絞る。ベーコンは2cm幅に切る。長ねぎは斜め薄切りにする。卵は溶きほぐす。

2 フライパンを熱してサラダ油をひき、ベーコンを中火で炒める。少し焼き目がついたら長ねぎを加えて炒める。長ねぎがしんなりしたら切り干し大根を加えて炒める。

3 切り干し大根に油がまわったらごまを加えてザッと混ぜ、味をみながら塩、こしょうで調味する。

4 溶き卵を流し入れ、大きく混ぜながら好みの固さのスクランブルエッグにする。

切り干し大根の卵焼き

焼

材料（4人分）

切り干し大根…15g

卵…4個

a
- **砂糖…大さじ1と1/2**
- **しょうゆ…小さじ1/2**

サラダ油…適量

作り方

1 切り干し大根は袋の表示通りにもどして水けを絞る。

2 ボウルに卵を溶きほぐして、①、**a**を加えてよく混ぜる。

3 フライパンを弱火で熱してサラダ油を薄くひき、②の1/3量を流し入れて、すぐに底全体に広げる。表面が完全に乾く前に端からクルクル巻いていく。

4 卵を端に寄せて、空いたところにサラダ油少々を足して同じように卵液を流し入れ、③の下にもいきわたるように広げる。表面が乾かないうちに③に巻きつけるように巻いていく。これをあと1回繰り返す。

切り干し大根とホタテのマヨサラダ

サラダ

材料（2人分）

帆立て貝柱水煮缶…小1缶(45〜65g)

切り干し大根…30g

a
- **酢…大さじ1**
- **牛乳、マヨネーズ…各大さじ1/2**
- **サラダ油…小さじ1**

塩、こしょう…各適量

作り方

1 切り干し大根は袋の表示通りにもどして水けを絞る。

2 ボウルに帆立てを缶汁ごと入れ、**a**を加えて混ぜる。①を加えて和え、味をみて塩、こしょうでととのえる。

切り干し大根のパパイヤ風サラダ

サラダ

材料（4人分）

切り干し大根…40g

a
- **干しえび…大さじ1**
- **酒…大さじ1/2**
- **水…大さじ1**

にんじん…5cm

香菜《シャンツァイ》…2枝

にんにく…1かけ

赤唐辛子…2本

b
- **酢…大さじ3**
- **ナンプラー…大さじ1強**
- **サラダ油…大さじ1**
- **砂糖…小さじ1**

作り方

1 小さめのボウルなどに**a**を合わせて5分おいてから、えびを取り出して粗みじん切りにする。もどし汁はとっておく。切り干し大根は袋の表示通りにもどして水けを絞る。

2 にんじんは皮をむいて縦細切りにする。香菜は1cm長さに刻む。にんにくはみじん切りにする。赤唐辛子はへたを取り除いて種ごと小口切りにする。

3 ボウルに**b**を混ぜ合わせて、②、切り干し大根、干しえびともどし汁を加えて和える。冷蔵庫で30分くらいつける。

＊14ページ❶参照

切り干し大根のツナサラダ

サラダ

材料（2〜3人分）

切り干し大根…30g

ツナ缶…小1缶（60〜80g）

a
- おろししょうが…少々
- マヨネーズ…大さじ1
- レモン汁…大さじ2
- ごま油…大さじ1
- しょうゆ…小さじ1
- 砂糖…小さじ1/2

塩、こしょう…各適量

万能ねぎ（小口切り）、すりごま（黒）…各適量

作り方

1 切り干し大根は袋の表示通りにもどして水けを絞る。ツナは缶汁をきる。

2 ボウルに**a**を混ぜ合わせ、①を加えて和える。味をみて塩、こしょうでととのえる。器に盛って万能ねぎをちらし、すりごまをふる。

＊14ページ❶参照

> 味つけをうまく決めるコツ
>
> 濃すぎるくらいなら薄いほうがいい。塩けは食卓でも足せる。けど、決して抜くことはできないから。

こんにゃく、しらたき

少し手間だけど、使う前に下ゆでしてあくと臭みを取ること。こんにゃくは包丁で切る以外に、スプーンですくって切ると味のしみがいい

こんにゃくの辛炒め

メイン

材料（2人分）

こんにゃく…1枚

赤唐辛子…1本

ごま油…大さじ1

酒…大さじ1

しょうゆ…大さじ1弱

みりん…大さじ1/2

七味唐辛子…適量

作り方

1 こんにゃくは厚みに合わせて角切りにする。鍋に湯を沸かし、こんにゃくをサッと下ゆでする。ざるにあげて水けをきる。赤唐辛子はへたを取って小口切りにする。

2 フライパンを熱してごま油をひき、こんにゃくを強火で炒める。こんにゃくのまわりがチリチリになってきたら、赤唐辛子を種ごと加えて炒める。

3 酒を加えてザッと炒め、水分がとんだらしょうゆ、みりんを加えて炒め合わせる。器に盛って七味唐辛子をふる。

＊14ページ❽参照　＊＊14ページ❶参照

こんにゃくのにんにく炒め

メイン

材料（2人分）

こんにゃく…1枚

おろしにんにく…少々

しょうゆ…大さじ2

サラダ油、みりん…各大さじ1/2

七味唐辛子…適量

作り方

1 こんにゃくはまな板におき、スプーンで一口大にちぎる。鍋に湯を沸かしこんにゃくをサッと下ゆでする。ざるにあげて水けをきる。

2 フライパンを熱してサラダ油をひき、①を入れて強火で炒める。焼き目がついたらしょうゆ、みりんを加えてさらに炒める。

3 火を止めてにんにくを加えてからめ、器に盛って七味唐辛子をふる。

ちぎりこんにゃくのみそ炒め

メイン

材料（1〜2人分）

こんにゃく…1枚

a
- 酒…大さじ1
- みそ…大さじ1/2
- しょうゆ…小さじ1
- 砂糖…小さじ1

ごま油…大さじ1

赤唐辛子…1本

すりごま（白）…適量

作り方

1 こんにゃくは水けをふいて一口大にちぎる。鍋に湯を沸かし、こんにゃくをサッと下ゆでする。ざるにあげて水けをきる。**a**を混ぜ合わせる。

2 フライパンを熱してごま油をひき、こんにゃくと、赤唐辛子はへたを取って種ごと加えて強火で炒める。

3 こんにゃくがアツアツになったら、**a**を加えて炒め合わせる。

4 器に盛って、ごまをふる。

煮しめ（こんにゃく）

材料（4人分）

こんにゃく…1枚
れんこん…1節（約250g）
ごぼう…1/2本
にんじん…1本
ごま油…大さじ1
赤唐辛子…1本
a［酒、しょうゆ…各大さじ2
　砂糖、みりん…各大さじ1強

作り方

1 れんこんは皮をむき、ごぼうはたわしで洗って汚れを落として一口大の乱切りにする。酢水に3分さらす。にんじんも皮をむき、一口大の乱切りにする。こんにゃくはスプーンで一口大にちぎる。

2 鍋にごぼうと水を入れ、強火でゆでる。沸いてきたらその他の①を加えてゆで、再び沸いてきたらざるにあげて水けをきる。

3 鍋を熱してごま油をひき、②、赤唐辛子を入れて強火で炒める。油がまわったら**a**を加えてザッと炒める。水をひたひたまで注ぎ、たまに返しながら強火で13～15分煮る。野菜に竹串がスーッと通って汁けが少なくなってきたらできあがり。

＊14ページ❹参照

ひき肉としらたきのカレー炒め

材料（2人分）

鶏ひき肉…120g
しらたき…1袋
万能ねぎ…1/2束
もやし…1/2袋
にんにく…1かけ
しょうが…1かけ
ごま油…大さじ1/2
a［酒…大さじ1
　オイスターソース…大さじ2
　カレー粉…大さじ1/2
しょうゆ、こしょう…各適量

作り方

1 にらは5cm長さに切る。にんにく、しょうがはみじん切りにする。

2 しらたきは3分ほどゆでて水けをきる。

3 フライパンを熱してごま油をひき、にんにく、しょうがを弱火で炒める。いい匂いがしてきたら鶏ひき肉を加えて、ほぐしながら強火で炒める。肉の色が変わったらもやし、しらたき、にらの順に加えて炒める。

4 全体に油がまわったら、**a**を加えて炒め合わせる。味をみて薄ければしょうゆを加えてととのえる。

5 器に盛ってこしょうをふる。

ササミビビンバ（しらたき）

材料（2人分）

温かいご飯…2人分
ささみ…4本
キャベツ…1/4個
しらたき…1袋
a［おろしにんにく、おろししょうが…各少々
　水、酒…各大さじ1
　しょうゆ…小さじ2
　みりん…大さじ1/2
　オイスターソース…小さじ1
b［明太子（ほぐす）…1/2腹
　ごま油…大さじ1/2
　塩、しょうゆ…各少々
c［おろしにんにく…少々
　すりごま（白）…大さじ1
　ごま油…大さじ1/2
　塩、砂糖…各2つまみ
ごま油…大さじ1
キムチ…適量

作り方

1 キャベツは一口大にちぎる。ささみは食べやすい大きさにそぎ切りにする。

2 **a**、**b**、**c**をそれぞれ混ぜる。

3 鍋に湯を沸かして塩を加え、キャベ

ツを加えてサッと下ゆでして、ざるにとって水けをきる。

4 ③と同じ湯にしらたきを加えて下ゆでし、ざるにあげてしっかり水けをきる。

5 フライパンを熱してごま油をひき、ささみを並べて強火で焼く。焼き目がついたら返して両面をこんがり焼き、**a**を加えてからめる。

6 しらたきは**b**、キャベツは**c**でそれぞれ和える。

7 器にご飯を盛って⑤と⑥をのせ、キムチを添える。

＊15ページ⓬参照

その他のこんにゃく、しらたきのレシピ

- お好み焼き（こんにゃく）…P86
- すいとん鍋（こんにゃく）…P100
- 中華風とりすき（しらたき）…P124
- 筑前煮（こんにゃく）…P205
- まいたけのすき煮（しらたき）…P215
- 牛すじ煮（こんにゃく）…P220
- すき焼き（しらたき）…P222
- 鶏すき鍋…P230
- ひき肉としらたきの炒め物（しらたき）…P256
- おでん（こんにゃく）…P299

コーン缶

そのまま食べられる粒タイプとスープでよく使うクリームタイプ。パンケーキに入れれば、いつもとひと味違うおいしさに。オススメ！

コーンサラダ

サラダ

材料（2〜3人分）

粒コーン缶…小1缶（130g）
きゅうり…1本
トマト…1/2個
プロセスチーズ…30g
a
- **おろしにんにく…少々**
- **レモン汁、マヨネーズ…各大さじ1**
- **オリーブ油…大さじ1/2**
- **ケチャップ…小さじ1**
- **カレー粉、こしょう…各少々**

塩…適量

作り方

1 コーンは缶汁をきる。きゅうりは7mm厚さのいちょう切りにし、トマト、チーズは7mm角に切る。

2 ボウルに**a**を混ぜ合わせて、①を加えて和え、味をみて塩でととのえる。

＊14ページ❸参照

にんじんとコーンのサラダ

サラダ

材料（3〜4人分）

粒コーン缶…小1缶（130g）
にんじん…小1本
a
- **サラダ油、酢…各大さじ1**
- **砂糖…小さじ1**
- **塩…小さじ1/3**

作り方

1 にんじんは5cm長さのせん切りにし、コーンは缶汁をきる。

2 ボウルに**a**を混ぜ、①を加えて和える。

コーンマッシュポテト

その他

材料（3〜4人分）

粒コーン缶…小1缶（約130g）
じゃがいも…3個
サラダ油…大さじ1/2
バター…大さじ1
a
- **バター…大さじ1**
- **生クリーム…カップ1/4**

砂糖…2つまみ
塩、こしょう…各適量

作り方

1 マッシュポテトを作る。じゃがいもは皮をむいて4等分に切り、水に3分さらす。鍋にじゃがいもとひたひたの水を入れて強火でゆで、竹串がスーッと通ったらゆで汁を捨て、再び強火にかけて水分をしっかりとばす。

2 フライパンを熱してサラダ油をひきバターを入れ、バターが溶けたら缶汁をきったコーンを加えて強火で炒める。焼き目がついたら塩少々をふる。

3 ボウルに①を入れて熱いうちに**a**を

加え、マッシャーなどでつぶしながら混ぜる。さらに②と砂糖を加えて混ぜ、味をみて塩、こしょうでととのえる。

コーンパンケーキ　粉

材料（2人分）

クリームコーン缶…小1缶（190g）
ホットケーキミックス…1袋（100g）
牛乳…カップ1/2
卵…1個
サラダ油、バター、メープルシロップ…各適量

作り方

1 ボウルに牛乳、卵、コーンを入れ、泡立て器で混ぜる。ホットケーキミックスを加え、粉っぽさがなくなるまで混ぜる。

2 フライパンを熱してサラダ油少々をひき、①をお玉1杯分丸く流し入れ、ふたをして弱火で焼く。表面にプツプツと穴があいてきたら裏返して両面を焼く。焼きあがったらどんどん皿に重ねていく。

3 器に盛ってバターを落とし、メープルシロップをかける。

コーンスープ　汁

材料（2人分）

クリームコーン缶…小1缶（190g）
牛乳…カップ2
固形スープの素…1/2個
砂糖…2つまみ
塩、こしょう…各適量

作り方

1 鍋にコーンを入れて牛乳を少しずつ加えて溶きのばす。固形スープの素を加えて中火で煮る。

2 混ぜながら、フツフツしてきたら味をみながら砂糖、塩、こしょうでととのえる。

中国コーンスープ　汁

材料（2〜3人分）

クリームコーン缶…小1缶（190g）
牛乳…カップ2
固形スープの素…1/2個
a［片栗粉…大さじ1/2
**　 水…大さじ1**
塩…小さじ1/4
砂糖…1つまみ
こしょう、ごま油…各少々

作り方

1 aを混ぜ合わせる。

2 鍋にコーンを入れて牛乳を少しずつ加えて溶きのばす。固形スープの素を加えて混ぜながら中火で3分煮る。フツフツとしてきたら、味をみながら塩、こしょう、砂糖でととのえる。

3 いったん火を止めて、**a**をよく混ぜてから回し入れ、すぐに混ぜる。再び中火にかけてとろみをつける。仕上げにごま油をたらして混ぜる。

その他のコーン缶のレシピ

● コーンと枝豆のかき揚げ…P67

ツナ缶

缶詰の中でいちばんメジャーといっていいと思う。オイル漬けやスープ漬けなどの種類があるが、使いわけは特になくて好みでかまわない

ツナグラタン　焼

材料（2人分）

ツナ缶…小1缶（60〜80g）
じゃがいも…2個
にんにく…1かけ
サラダ油、バター…各大さじ1
薄力粉…大さじ2と1/2
牛乳…カップ2
ピザ用チーズ…カップ1/2
パセリ（乾燥）…適量
塩、こしょう…各適量

作り方

1 じゃがいもは1.5cm角に切り、水に3分さらす。にんにくはみじん切りにする。

2 フライパンを熱してサラダ油をひきバターを入れ、にんにくを加えて弱火で炒める。いい匂いがしてきたらじゃがいもを加えて強火で炒める。

3 油がまわったら薄力粉を加えて弱火でしっかり炒める。粉っぽさがなくなったら火を止め、牛乳を4回にわけて加え、そのつどよく溶き混ぜる。軽く缶汁をきったツナ、塩小さじ1を加えて混ぜる。

4 中火にかけ、フツフツしてきたら火を弱めて混ぜながら10〜15分煮る。じゃがいもに竹串がスーッと通ったらパセリを加えて混ぜ、味をみて塩、こしょうでととのえる。

5 耐熱皿に④を入れ、ピザ用チーズをちらす。250℃に温めたオーブンでチーズが溶けて焼き色がつくまで7〜10分焼く。

小松菜のツナマヨサラダ

サラダ

材料（2人分）

ツナ缶…小1缶（60〜80g）

小松菜…1/2束

a
- **マヨネーズ…大さじ1**
- **レモン汁…大さじ1/2〜1**
- **ごま油…大さじ1/2**
- **しょうゆ…小さじ1/2〜1**
- **砂糖…1つまみ**

作り方

1 小松菜は塩を加えた湯でゆで、ざるにあげて流水で洗って粗熱をとる。水けを絞って3〜4cm長さに切る。

2 ボウルに缶汁をきったツナ、**a**、①を加えて和える。

じゃがいもとツナとオリーブのサラダ

サラダ

材料（2〜3人分）

ツナ缶…小1缶（60〜80g）

じゃがいも…2個

オリーブ（緑）…8個

ドレッシング
- **マヨネーズ…大さじ1と1/2**
- **牛乳、酢…各小さじ2**
- **オリーブ油…小さじ1**
- **カレー粉…小さじ1/4**
- **砂糖…2つまみ**
- **塩…1つまみ**
- **パセリ（乾燥）…少々**
- **こしょう…適量**

作り方

1 じゃがいもは皮をむいて1.5cm厚さに切り、水に3分さらす。鍋に入れ、水をひたひたに注ぎ、ふたをして強火でやわらかくなるまでゆでる。

2 湯を捨てて再び強火にかけ、水分をしっかりとばして粉ふきいもにする。

3 粗熱をとった②、缶汁をきったツナ、オリーブをボウルに入れて、ドレッシングの材料を次々加えて和える。

マカロニツナサラダ

サラダ

材料（2〜3人分）

マカロニ…80g

ツナ缶…小1缶（60〜80g）

きゅうり…1本

a
- **マヨネーズ…大さじ2**
- **酢…大さじ1**
- **バジル（乾燥、あれば）…小さじ1/2**
- **塩…2〜3つまみ**
- **こしょう、オリーブ油…各少々**

作り方

1 マカロニは表示通りにゆで、水けをきって冷ます。

2 きゅうりはピーラーで縞目に皮をむいて3mm厚さの輪切りにする。

3 ボウルに**a**を混ぜ、缶汁をきったツナを加えて混ぜ、①、②を加えて和える。

新玉ねぎとクリームチーズのディップ

その他

材料（3〜4人分）

ツナ缶…小1缶（60〜80g）

クリームチーズ…80g

新玉ねぎ…1/4個

おろしにんにく…少々

塩、こしょう…各適量

好みのクラッカー…適量

作り方

1 クリームチーズは室温で戻すか、電子レンジ弱に1分かけてやわらかくする。玉ねぎはみじん切りにして水に3分さらす。

2 ボウルにクリームチーズ、水けをきった玉ねぎ、缶汁をきったツナ、おろしにんにくを入れてよく混ぜる。味をみて塩、こしょうでととのえる。

3 器に盛ってクラッカーを添える。

ツナの和風パスタ　麺

材料（2人分）

スパゲッティ（1.6mm）…150g

ツナ缶…小1缶（60〜80g）

万能ねぎ…6本

a
- **おろししょうが…少々**
- **マヨネーズ…大さじ1と1/2**
- **しょうゆ…大さじ1弱**
- **ごま油…大さじ1/2**
- **いりごま（白、黒）…各大さじ1/2**

作り方

1 パスタは塩を加えた湯で表示時間より30秒短めにゆでる。

2 ボウルに**a**を混ぜ、缶汁をきったツナ、5cm長さに切った万能ねぎを加えて混ぜる。

3 ゆであがった①を②に加えて和える。

ツナホットサンド　パン

材料（2人分）

サンドイッチ用食パン…4枚

ツナ缶…小1缶（60〜80g）

キャベツ…1枚

a
- **マヨネーズ…大さじ1**
- **塩…少々**

b
- **薄力粉…大さじ1**
- **水…大さじ1**

バター、からし…各適量

サラダ油…大さじ1

作り方

1 キャベツはせん切りにする。ツナは缶汁をきってボウルに入れ、**a**を加えて混ぜる。

2 **b**をよく混ぜる。パンは片面にバター、からしをぬって2枚ひと組にする。

3 バターをぬった面を上にし、周囲1cmくらいあけてのりしろを作り、①をのせる。縁に**b**をぬり、もう1枚のパンではさんで縁を指で押さえながら閉じる。もうひと組も同様に作る。

4 フライパンを熱してサラダ油大さじ1/2をひき、③を入れてふたをして弱火で焼く。こんがり焼き目がついたら返し、今度はふたを取って焼く。両面こんがり焼けたらできあがり。もうひと組も同様に焼く。食べやすい大きさに切って器に盛る。

その他のツナ缶のレシピ

- カリフラワーのサブジ…P79
- キャベツとツナの和風パスタ…P85
- 小松菜のツナマヨサラダ…P108
- じゃがいもとツナのすりごま和え…P117
- 切り干し大根のツナサラダ…P323
- じゃがいもとカリフラワーのカレー…P335
- キャベツとツナのみそバターパスタ…P351
- ツナサンド…P362

ホールトマト缶

煮込み料理、パスタなどトマトベースのイタリアンを作るなら、かかせないのがホールトマト缶。家に常備しておきたい缶詰のひとつ

もも肉のソテー・トマトソース　焼

材料（4人分）

鶏もも肉…3枚

ホールトマト缶…1缶（400g）

玉ねぎ…小1/2個

にんにく…2〜3かけ

オリーブ油…大さじ1

塩、こしょう…各適量

オレガノ（乾燥）…小さじ1

作り方

1 玉ねぎ、にんにくはみじん切りにする。鶏肉は脂身を取り除く。身に包丁で数本切り込みを入れ、皮は包丁の先でプスプス刺す。ホールトマトはキッチンバサミでザクザク切る。

2 フライパンを熱してオリーブ油をひき、鶏肉を皮を下にして入れる。塩、こしょう各少々をふって、ふたをして中火で焼く。焼き目がついたらふたを取ってひっくり返し、ふたをせずにもう片面を焼く。

3 フライパンの空いているところににんにくを入れて炒める。いい匂いがしてきたら玉ねぎを加えて炒める。

4 玉ねぎがしんなりしたらホールトマ

ト、オレガノを加えて1～2分煮る。味をみて塩でととのえる。

5 器に食べやすい大きさに切った鶏肉を盛ってこしょうをふる。

牛肉のトマト煮　煮

材料（4～6人分）

牛シチュー用かたまり肉（あればひとかたまりのもの）…700～800g
ホールトマト缶…大1缶
玉ねぎ…1個
セロリ…1本
セロリの葉…適量
ローリエ…1枚
好みの豆水煮缶…小1缶（約120g）
サラダ油…大さじ1
ワイン（赤）…カップ1と1/2
バター…大さじ2
塩、こしょう…各適量
生クリーム…適量

作り方

1 玉ねぎは芯を残したまま縦8等分に切る。セロリはピーラーで皮をむいて4～5等分の長さに切る。セロリの葉は適当にちぎる。

2 フライパンを熱してサラダ油大さじ1/2をひき、①を強火で焼く。焼き目がついたら取り出す。

3 フライパンをよく熱してサラダ油大さじ1/2をひき、牛肉を入れて強火で焼きつける。全体に焼き目をつけたら大きめの鍋に入れる。②、セロリの葉、ローリエとたっぷりの水を加えて強火にかける。沸いてきたら火を弱めてあくを取りながら1時間30分ゆでる。

4 ③を煮汁と具にわけ、煮汁カップ2を計量する。

5 再び鍋に煮汁カップ2と具を入れ、ワインとホールトマトをつぶして加えて強火にかける。フツフツしてきたら火を弱め、あくを取りながら1時間30分煮る。

6 ザッと洗った豆、バターを加えてひと煮し、味をみて塩、こしょうでととのえる。

7 肉がひとかたまりの場合は取り出して、食べやすい大きさに切る。器に盛って生クリームを回しかける。

さわらのトマトクリームソース　煮

材料（4人分）

さわら…4切れ
ホールトマト缶…1缶（400g）
グリーンアスパラガス…1束
にんにく…1かけ
オリーブ油…大さじ2
生クリーム…1パック
塩、こしょう…各適量
イタリアンパセリ（粗みじん切り）…適量

作り方

1 アスパラガスは根元を1cmほど切り落として、下1/3の皮をピーラーでむく。にんにくは縦薄切りにする。さわらは水けをふく。ホールトマトはキッチンバサミでザクザク切る。

2 フライパンを熱してオリーブ油大さじ1をひき、アスパラガスを入れて塩1つまみをふって強火で焼く。焼き目がついたら取り出す。

3 フライパンをサッとふいて熱し、オリーブ油大さじ1をひいてさわらを並べる。塩、こしょうをふって強火で焼き、焼き目がついたらひっくり返し、空いているところににんにくを加えて炒める。いい匂いがしてきたらホールトマト、生クリームを加えて中火で3分煮詰める。味をみながら塩、こしょうでととのえる。

4 器に③を盛ってフライパンに残ったソースをかけ、②を添える。イタリアンパセリをちらし、こしょうをふる。

豚肉のトマト煮込み　煮

材料（2～3人分）

豚肩ロース薄切り肉…200g
ホールトマト缶…1缶（400g）
じゃがいも（メークイン）…2個
セロリ…1本
マッシュルーム…1/2パック
にんにく…2かけ
好みの豆水煮缶…小1缶（約120g）
オリーブ油…大さじ2
ワイン（白）…大さじ2
塩、こしょう…各適量
a　水…カップ1
**　オレガノ、バジル（ともに乾燥）**

…合わせて大さじ1/2
砂糖…小さじ1

作り方

1 じゃがいもは縦4等分に切って水に3分さらす。セロリはピーラーで皮をむいて5cm幅に切る。太い部分は縦半分に切る。マッシュルームは根元を切り落として縦半分に切る。にんにくは木べらでつぶす。豚肉は半分に切る。豆はザッと洗って水けをきる。

2 鍋を熱してオリーブ油をひき、にんにくを弱火で炒める。きつね色になったら豚肉を加えて塩、こしょうをふって強火で炒める。肉の色が変わったらじゃがいも、セロリ、マッシュルーム、豆を加えて炒める。

3 全体に油がまわったらワインを加えてザッと炒める。**a**、トマトを加える。木べらでトマトをつぶしながら煮て、沸いてきたら火を弱めてあくを取りながら塩、こしょうでととのえる。

たこアラビアータ 麺

材料（2人分）

スパゲッティ…150g
ゆでたこ…100g
ホールトマト缶…1/2缶（200g）
玉ねぎ…1/2個
にんにく…3〜4かけ
赤唐辛子…2本
オリーブ油…大さじ1
塩…適量

作り方

1 たこは3mm幅の薄切りにする。玉ねぎは縦薄切りにし、にんにくはみじん切りにする。赤唐辛子はへたと種を取る。ホールトマトはキッチンバサミでザクザク切る。

2 パスタは塩を加えた湯で表示時間より1分短めにゆでる。

3 フライパンを熱してオリーブ油をひき、にんにくを加えて弱火で炒める。

4 いい匂いがしてきたら玉ねぎを加え、強めの中火で炒める。玉ねぎがしんなりしたら、たこ、赤唐辛子、ホールトマトを加えて弱火で5分煮る。

5 ④にゆであがったパスタ、塩小さじ1/2を加えて和える。味が薄ければ塩でととのえる。

なすとひき肉のトマトソースパスタ 麺

材料（4人分）

スパゲッティ…300g
牛ひき肉…300g
ホールトマト缶…1缶（400g）
なす…3本
エリンギ…1パック
にんにく…2かけ
オリーブ油…大さじ3
ワイン（白）…大さじ2
オレガノ（乾燥）…小さじ1
塩、こしょう…各適量

作り方

1 なすは7mm厚さの輪切りにして、塩水に3分さらし、水けをしっかりふく。エリンギは適当な太さにさく。にんにくはみじん切りにする。

2 フライパンを熱してオリーブ油をひく。なすを並べて両面強火で焼く。焼き目がついたらにんにく、ひき肉を加え、塩、こしょう各少々をふって、ひき肉をほぐしながら強火で炒める。

3 ひき肉の色がほぼ変わったらエリンギを加えて炒め、さらにワインを加えてザッと混ぜる。ホールトマト、オレガノを加え、木べらでトマトをつぶしながら中火で10分煮詰める。味をみて塩、こしょうでととのえる。

4 パスタは塩を加えた湯で表示時間より1分短めにゆでる。ゆであがったら水けをきって、③に加えて和え、味をみて塩、こしょうでととのえる。

ミートソースリガトーニ 麺

材料（2人分）

リガトーニ…120g
合いびき肉…150g
ホールトマト缶…1/2缶（200g）
マッシュルーム…3個
にんじん…4cm
にんにく…2かけ
オリーブ油…大さじ2
オレガノ（乾燥）…小さじ1
塩、こしょう…各適量
パルメザンチーズ…適量

作り方

1 マッシュルームは根元を切り落として薄切りにし、にんじん、にんにくはみじん切りにする。

2 フライパンを熱してオリーブ油をひき、にんにくを弱火で炒める。少し色づいてきたらひき肉を加えてほぐしながら強火で炒める。

3 肉の色が変わったら、マッシュルーム、にんじんを加えて炒め、油がまわったらホールトマト、オレガノを加え、トマトを木べらでつぶしながら弱めの中火で10分煮詰める。

4 パスタは塩を加えた湯で表示時間よりも1分短めにゆでる。

5 ③に塩小さじ1/2、こしょうを加えて混ぜ、ゆであがった④を加えて和える。味をみて薄ければ塩、こしょうでととのえる。器に盛ってパルメザンチーズを削ってふる。

マンハッタン クラムチャウダー 汁

材料（4人分）

あさり（砂抜きずみ）…400g
ベーコン…4枚
セロリ…1/2本
玉ねぎ…1/2個
マッシュルーム…小1パック
ピーマン…2個
にんにく…3かけ
帆立て貝柱水煮缶…小1缶（約45～65g）
a「ホールトマト缶…1缶（400g）
**　トマトジュース…小1本（約190g）**
**　水…カップ1**
**　オレガノ（乾燥）…小さじ1/2**
オリーブ油…大さじ2
ワイン（白）…大さじ2
塩、こしょう…各適量

作り方

1 あさりは殻をこすり合わせながら流水で洗って水けをきる。ベーコンは2cm幅に切る。

2 セロリはピーラーで皮をむいてから斜め薄切り、玉ねぎは縦薄切り、マッシュルームは根元を切り落として4等分に切り、ピーマンは1.5cm角に切り、にんにくはみじん切りにする。

3 鍋を熱してオリーブ油をひき、にんにくを弱火で炒める。いい匂いがしてきたらベーコンを加えて中火で炒め、ベーコンに焼き色がついたら、あさりを加えて強火で炒める。あさりに油がまわったら、玉ねぎ、セロリ、マッシュルーム、ピーマンを加えて炒める。

4 玉ねぎとセロリが透き通ってきたら、ワインと帆立てを缶汁ごと加えて炒め、アルコール分がとんだら**a**を加える。木べらでトマトをつぶしながら煮て、沸いてきたら火を弱めてあくを取りながら15分煮る。味をみて塩、こしょうでととのえる。

＊16ページ参照

その他のトマトホール缶のレシピ

- かぶのトマトソーススパゲッティ…P73
- 豚肉とアスパラのトマトソース…P94
- たこのそのままトマト煮…P128
- 夏野菜とベーコンのトマトソースパスタ…P130
- チキンと豆のカレートマト煮…P134
- なすとひき肉のパスタ…P162
- ピーマンと鶏肉のトマトシチュー…P182
- ほうれんそうのラザニア…P191
- チキンときのこのトマトクリーム煮…P213
- 牛肉と大根のチーズトマト煮…P220
- 鶏のバジルトマト煮…P229
- 鶏骨つき肉のスパイストマト煮込み…P229
- 豚ヒレ肉のトマトクリームソース…P243
- 簡単ミートソース…P253
- ソーセージと豆のチリトマト煮…P260
- いわしのチリトマト煮…P267
- 魚介のトマト煮…P288
- たこのトマト煮…P290
- 大豆スープ…P312
- 豆腐のだんごトマト煮…P314
- ソーセージのトマトソースペンネ…P351
- チーズトマトソースのリガトーニ…P352
- ペンネアラビアータ…P353
- ニョッキたこのトマトソース…P354

ごはんもの

カレー

じっくりコトコト煮込んでも、ササッと炒めただけでも、野菜、肉、魚の具材がおいしくまとまる最強のメニュー。みんな大好き

じゃがいもとひき肉のドライカレー ［米］

材料（2〜3人分）

温かいご飯…2〜3人分
合いびき肉…200g
じゃがいも…3個
にんにく、しょうが…各1かけ
サラダ油…小さじ1
バター…大さじ1/2
a［酒、カレー粉…各大さじ1
　ウスターソース…大さじ1/2
　塩、ガラムマサラ…各小さじ1/2
　砂糖…2つまみ
　シナモン…少々
塩、こしょう…各適量

作り方

1 じゃがいもは皮をむいて1.5cm角に切り、水に3分さらす。にんにく、しょうがはみじん切りにする。

2 フライパンを熱してサラダ油をひきバターを入れ、にんにく、しょうがを弱火で炒める。いい匂いがしてきたらひき肉を加えて塩、こしょうをふる。ほぐしながら強火にして炒める。

3 肉の色が変わったら、水けをきったじゃがいもを加えてザッと炒め、水カップ1と1/2、**a**を加えてたまに混ぜながら弱めの中火で煮る。

4 じゃがいもに竹串がスーッと通ったら、火を強めて水分をとばし、味をみて塩、こしょうでととのえる。器にご飯を盛ってかける。

ドライカレー ［米］

材料（4人分）

温かいご飯…4人分
豚ひき肉…250g
ピーマン…2個
赤パプリカ…1個
玉ねぎ…1個
にんにく…2かけ
しょうが…1かけ
サラダ油…大さじ1
酒…大さじ1
a［カレー粉、ウスターソース、
　　ケチャップ…各大さじ1
　しょうゆ…小さじ1
　砂糖…2つまみ
塩、こしょう…各適量

作り方

1 ピーマンと赤パプリカは1cm角に切る。玉ねぎ、にんにく、しょうがはみじん切りにする。

2 フライパンを熱してサラダ油をひき、にんにく、しょうがを弱火で炒める。いい匂いがしてきたら玉ねぎを加えて中火にしてよく炒める。

3 玉ねぎがきつね色になってきたらひき肉を加えて、塩、こしょう各少々をふり、強火にしてほぐしながら炒める。肉の色が変わったらピーマン、パプリカを加えて炒める。

4 ピーマンに油がまわったら酒を加えてザッと混ぜ、**a**を加えて炒め合わせる。味をみて塩、こしょうでととのえる。器にご飯を盛ってかける。

チキンドライカレー ［米］

材料（2人分）

温かいご飯…2人分
鶏もも肉…1枚
玉ねぎ…1/2個
ピーマン…1個
にんにく、しょうが（ともにみじん切り）…各1かけ
卵…2個
サラダ油…大さじ1
a［酒…大さじ1
　オイスターソース…大さじ1/2
　カレー粉…小さじ1強
塩、こしょう…各適量

作り方

1 鶏肉は脂身を取り除き、小さめの一口大に切る。玉ねぎは縦薄切りにする。ピーマンは1cm角に切る。卵は溶きほぐす。

2 フライパンを熱してサラダ油をひき、

鶏肉を皮を下にして並べて強火で焼く。焼き目がついたら返して両面を焼く。

3 玉ねぎを加えて炒める。玉ねぎがしんなりしたら、にんにく、しょうが、ピーマンを加え、ピーマンが少ししんなりするまで炒める。**a**を加えて炒め合わせる。

4 具をフライパンの端に寄せ、空いたところに溶き卵を流し入れる。すぐに卵の上にご飯をのせ、まず卵とご飯をよく混ぜ合わせる。混ざったら全体を炒め合わせて、パラパラになるまでじっくりじっくり炒める。味をみて塩、こしょうでととのえる。

豆腐のドライカレー 米

材料（2〜3人分）

温かいご飯…2〜3人分
豚ひき肉…100g
豆腐（木綿）…1丁
玉ねぎ…1/2個
ピーマン…1個
赤パプリカ…1/2個
にんにく…1かけ
サラダ油…大さじ1
a
- **ウスターソース…大さじ1と1/2**
- **カレー粉、酒…各大さじ1**
- **しょうゆ…大さじ1/2**
- **砂糖…2つまみ**

塩、こしょう…各適量

作り方

1 豆腐はしっかり水きりをする。ピーマン、パプリカは1cm角に切る。玉ねぎ、にんにくはみじん切りにする。

2 フライパンを熱してサラダ油をひき、にんにくを弱火で炒める。少しきつね色になってきたら、玉ねぎを加えて強火にして炒める。玉ねぎがしんなりしたら、ひき肉を加えて塩、こしょう各少々をふり、ほぐしながら炒める。

3 肉の色が変わったら豆腐を入れ、木べらでくずしながら炒める。豆腐がポロポロになったらピーマン、パプリカを加えて炒め、ピーマン、パプリカに油がまわったら**a**を次々加えて炒め合わせる。味をみて薄ければ塩、こしょうでととのえる。器にご飯を盛ってかける。

＊18ページ参照

なすと鶏肉のドライカレー 米

材料（2人分）

温かいご飯…2人分
鶏もも肉…1枚
なす…2本
ピーマン…2個
にんにく、しょうが…各1かけ
サラダ油…適量
酒…大さじ1
カレー粉…大さじ1/2
オイスターソース、しょうゆ…各大さじ1と1/2
塩、こしょう…各適量

作り方

1 なすは2cm角に切って塩水に3分さらす。ピーマンは1cm角に切る。にんにく、しょうがはみじん切りにする。鶏肉は脂身を取り除いて一口大に切る。

2 フライパンを熱してサラダ油大さじ1をひき、水けをふいたなすを入れて強火で炒める。少し焼き目がついてしんなりしたら取り出す。

3 フライパンに油少々を足して熱し、鶏肉を皮を下にして入れる。強めの中火で炒め、全体に焼き目がついたら、にんにく、しょうがを加えて炒める。いい匂いがしてきたら②、ピーマンを加えてザッと炒める。

4 酒を加えて混ぜ、カレー粉、オイスターソース、しょうゆを加えて炒め合わせる。味をみて薄ければ塩、こしょうでととのえる。器にご飯を盛ってかける。

豆のドライカレー 米

材料（4人分）

温かいご飯…4人分
合いびき肉…250g
セロリ…1本
玉ねぎ…1個
にんじん…1/2本
にんにく…2かけ
豆蒸し煮缶（キドニー、ガルバンゾーなどミックス）…大1缶（240g）
サラダ油…大さじ1/2

バター…大さじ1

酒…大さじ1

a
- 水…カップ1/2
- カレー粉…大さじ1と1/2
- オイスターソース…大さじ1
- ウスターソース、ケチャップ …各大さじ1/2
- しょうゆ、ガラムマサラ …各小さじ1
- 砂糖…小さじ1/2

塩、こしょう…各適量

作り方

1 セロリ、玉ねぎ、にんじんは粗みじん切りにする。にんにくはみじん切りにする。

2 フライパンを熱してサラダ油をひきバターを入れて、にんにくを弱火で炒める。いい匂いがしてきたら玉ねぎを加えて、薄いきつね色になるまで炒める。セロリ、にんじんを加えて炒める。

3 野菜がしんなりしたら、ひき肉を加えて塩、こしょう各少々をふってほぐしながら強火で炒める。

4 肉の色が変わったら豆、酒を加えてザッと炒め、**a**を加えて汁けがなくなるまで煮る。味をみて塩、こしょうでととのえる。器にご飯を盛ってかける。

炒め野菜カレー ［米］

材料（2人分）

温かいご飯…2人分

ベーコン…4枚

キャベツ…1/8個

しめじ…1パック

にんにく…1かけ

カレールウ…1/3箱（約2皿分）

サラダ油…適量

しょうゆ、塩、こしょう…各少々

作り方

1 ベーコンは2cm幅に切る。キャベツはザク切りにする。しめじは根元を切り落として小房にわける。にんにくはみじん切りにする。

2 カレールウの箱の表示量の水を小鍋に入れ、カレールウを入れて弱めの中火にかける。たまに混ぜながら、少しとろみがつくまで煮詰める。

3 フライパンを熱してサラダ油をひき、にんにくを弱火で炒める。いい匂いがしてきたらベーコンを加えて強火にして炒める。ベーコンに焼き目がついてきたらキャベツ、しめじを加えて炒め、野菜にも焼き目がついたら、しょうゆ、塩、こしょうをふって混ぜる。

4 器にご飯を盛って③をのせ、②をかける。

牛すじカレー ［米］

材料（4人分）

温かいご飯…4人分

牛すじ肉…500g

赤パプリカ…1個

黄パプリカ…1個

なす…3本

玉ねぎ…2個

にんにく…2かけ

しょうが…1かけ

サラダ油…大さじ2

バター…大さじ2

ローリエ…1枚

カレールウ…1箱（約6皿分）

みそ…大さじ1

塩、こしょう…各少々

作り方

1 牛すじは大きければ半分に切る。

2 鍋にサラダ油大さじ1を熱し、牛すじを入れて塩、こしょうをして強火で炒める。焼き目がついたらローリエと水を鍋の七分目まで加える。沸いてきたら弱火であくを取りながら2～4時間煮る。水分が少なくなったら水を適宜足す。

3 パプリカは1.5cm角に切る。なすは縦4等分に切って塩水に3分さらす。玉ねぎは縦薄切りにする。にんにく、しょうがはみじん切りにする。

4 フライパンにサラダ油大さじ1をひきバターを入れて、にんにく、しょうがを弱火で炒める。いい匂いがしてきたら玉ねぎを加えて強火にして炒める。玉ねぎがしんなりしたら火を弱めてきつね色になるまでよく炒める。水けをきったなす、パプリカを加えてザッと炒める。

5 ②を牛すじとスープにわけ、スープを、カレールウの箱の表示量の分を計量して鍋に戻す（足りなければ水を足す）。牛すじと④も加えてひと煮する。カレールウ、みそを加えて混ぜながらとろみがつくまで弱火で煮込む。器にご飯を盛ってかける。

根菜カレーライス 米

材料（4人分）

温かいご飯…4人分
豚肩ロース薄切り肉…200g
れんこん…1/2節（約150g）
ごぼう…1/2本
にんじん…8cm
玉ねぎ…1個
にんにく、しょうが…各1かけ
サラダ油…大さじ1/2
バター…大さじ1
カレールウ…1箱（約6皿分）

作り方

1 れんこんは皮をむいて1.5cm厚さのいちょう切りにする。ごぼうはたわしで洗って3cm長さに切ってから縦半分に切る。れんこんと一緒に酢を加えた水に5分さらす。にんじんは1.5cm厚さの半月切りにする。玉ねぎは縦薄切りにする。にんにく、しょうがはみじん切りにする。豚肉は一口大に切る。

2 鍋を熱してサラダ油をひき、バターを入れ、にんにく、しょうがを弱火で炒める。少し色づいてきたら玉ねぎを加えて強火にして炒める。玉ねぎがしんなりしたら弱火にしてきつね色になるまで炒める。

3 豚肉を加えて強火にして炒める。肉の色が変わったられんこん、ごぼう、にんじんを加えてザッと炒める。油がまわったら、カレールウの箱の表示量＋カップ1の水を加え、沸いてきたら火を弱めてあくを取りながら20分煮る。

4 野菜に竹串がスーッと通るようになったらカレールウを溶き入れ、たまに混ぜながらとろみがつくまで弱めの中火で煮詰める。器にご飯を盛ってかける。

＊14ページ❸参照　＊＊14ページ❷参照

ザ・ポークカレー 米

材料（4人分）

温かいご飯…4人分
豚肩ロースかたまり肉…約600g
玉ねぎ…2個
セロリ…1本
にんじん…1本
にんにく…3かけ
サラダ油…大さじ2
カレー粉…大さじ2
塩、こしょう…各適量

作り方

1 豚肉は4等分に切る。玉ねぎは横薄切りにする。セロリは3cm幅に、にんじんは3cm長さに切る。

2 フライパンを熱してサラダ油をひき、豚肉を強火で焼きつける。全面に焼き目をつけたら鍋に入れ、玉ねぎ、セロリ、にんじん、にんにくはそのまま加え、水カップ6を加えて強火にかける。沸いてきたら火を弱めてあくを取りながら1時間30分くらい煮る。

3 カレー粉、塩小さじ1を加えてさらに10分煮る。

4 豚肉を取り出して鍋の中身をミキサーにかける。なめらかになったら鍋に戻し、豚肉も戻して中火にかける。たまに混ぜながら4〜5分煮る。味をみて塩、こしょうでととのえる。器にご飯を盛ってかける。

じゃがいもとカリフラワーのカレー 米

材料（2〜3人分）

温かいご飯…2〜3人分
じゃがいも…2個
カリフラワー…1/2株
にんにく…1かけ
ツナ缶…小1缶（60〜80g）
サラダ油…大さじ1
カレー粉…大さじ1
砂糖…2つまみ
塩、こしょう…各適量

作り方

1 じゃがいもは1.5cm角に切り、水に5分さらす。カリフラワーも同じくらいの大きさに切り分ける。にんにくはみじん切りにする。

2 フライパンを熱してサラダ油をひき、にんにくを弱火で炒める。いい匂いがしてきたらじゃがいも、カリフラワーを加えて強火にして炒める。全体に焼き目がついたらツナを缶汁をきって加えてザッと炒める。

3 カレー粉を加えて炒め、なじんだら水カップ2、塩小さじ1/2、砂糖を加え、たまに混ぜながら弱めの中火で8〜10分煮る。
4 水分が少なくなってきたら、味をみて塩、こしょうでととのえる。器にご飯を盛ってかける。

チキンカレー3

米

材料（4人分）
温かいご飯…4人分
鶏骨つきぶつ切り肉…500〜600g
玉ねぎ…2個
にんにく、しょうが…各1かけ
マッシュルーム…特大4個
カレールウ…1箱（約6皿分）
サラダ油…大さじ2
バター…大さじ1
板チョコレート…1〜2かけ
フライドオニオン…適量

作り方
1 鍋を熱してサラダ油大さじ1をひき、鶏肉を強火で焼きつける。全体にがっちり焼き目がついたら、たっぷりの水、にんにく、しょうがをともに半分に切って加える。沸いてきたら火を弱めて、あくを取りながら弱火で1時間煮る。水分が少なくなったら水を適宜足す。
2 マッシュルームは縦6〜8等分に切る。玉ねぎは縦薄切りにする。
3 フライパンを熱してサラダ油大さじ1をひき、バターを入れ、玉ねぎを強火で炒める。しんなりしてきたら火を弱めて、きつね色になるまでしっかり炒める。
4 玉ねぎが濃いきつね色になったら、マッシュルームを加えて少ししんなりするまで炒める。
5 ①の鍋から鶏肉を取り出して、ゆで汁をカレールウの箱の表示量分計量して鍋に入れる。④、カレールウ、チョコレートを加えて混ぜながら弱火で5分煮る。とろみがついてきたら鶏肉を戻し入れてひと煮する。器にご飯を盛ってかける。好みでフライドオニオンをちらす。

チキンの
ヨーグルトカレー

米　粉

材料（4人分）
温かいご飯またはナン…4人分
鶏骨つきぶつ切り肉…700〜800g
玉ねぎ…1個
サラダ油…大さじ2
じゃがいも（メークイン）…3個
ほうれんそう…1束
オリーブ油…大さじ2
a ┌ **カレー粉…大さじ1と1/2**
　│ **ガラムマサラ…小さじ1**
　└ **チリペッパー…小さじ1/2**
プレーンヨーグルト…適量
砂糖…小さじ1
塩、こしょう…各適量

作り方
1 玉ねぎは縦薄切りにする。フライパンにサラダ油をひいて中火できつね色になるまで炒め、**a**を加えて混ぜる。
2 鍋を熱してオリーブ油をひき、鶏肉を強火で焼く。焼き目がついたら、水カップ4、塩小さじ1、砂糖、①を加え、沸騰するまでは強火、沸騰してからは弱火にして、あくを取りながら45分煮る。
3 じゃがいもは皮をむいて2〜4等分に切ってゆでる。ほうれんそうはサッと塩ゆでして流水でよく洗い、水けを絞ってみじん切りにする。
4 ②にヨーグルトカップ1を加え、5〜10分煮る。最後にほうれんそうを加えて味をみて塩、こしょうでととのえる。
5 器に温かいご飯またはナンを盛って④をかけ、ゆでたじゃがいもを添える。好みでヨーグルトを添え、こしょうをふる。

その他のカレーのレシピ

- チキンインドカレー…P69
- かぼちゃのドライカレー…P75
- カリフラワーのサブジ…P79
- 冬野菜と大豆のカレー…P103
- さつま芋とひき肉のドライカレー…P111
- チキンカレー1…P120
- 大根とひき肉のカレー…P143
- えびとたけのこのココナッツミルクカレー…P145
- なすカレー…P161
- 豚にらみそカレー…P167
- チキンとほうれんそうのインドカレー…P190
- ほうれんそうのココナッツミルクのカレー…P190

- 根菜ドライカレー…P207
- 魚介のクリームカレー…P210
- ひき肉ときのこのドライカレー…P211
- チキンときのこのカレー…P214
- ビーフカレー…P223
- チキンカレー2…P236
- ポークハヤシカレー…P248
- キーマカレー…P252
- なすのドライカレー…P252
- レッドカレー…P274
- 厚揚げときのこのベジカレー…P307

炊き込みご飯、混ぜご飯

米と具材と調味料を一緒に炊く炊き込みご飯と、炊いたご飯に具を混ぜる混ぜご飯。それぞれおいしい

さんまの炊き込みごはん　［米］

材料（4人分）

米…2と1/2合

さんま…2尾

しょうが…1かけ

しょうゆ…大さじ2

酒…大さじ4

塩…少々

万能ねぎ（小口切り）…適量

> さんまのわた
> わたがあるときはそのまま炊き込んで、炊きあがってほぐすときに取り除く。ない場合はそのままで。

作り方

1 さんまは水けをふいて塩をふり、グリルでこんがり焼く。半分に切って頭と内臓を取り除く。しょうがはせん切りにする。

2 米は洗って炊飯器に入れ、目盛りに合わせて水を注ぎ、そこから水大さじ6を取り除く。

3 しょうゆ、酒、①のしょうがを加えて混ぜ、上に①のさんまをのせて炊く。

4 炊きあがったらさんまを取り出し、骨を取り除いてほぐす。身を炊飯器に戻してサックリと混ぜる。器に盛って好みで万能ねぎをちらす。

＊14ページ❶参照

五目炊き込みご飯　［米］

材料（4人分）

米…2合

鶏もも肉…1枚

ごぼう…1/2本

油揚げ…1枚

にんじん…3cm

しょうが…1/2かけ

うずらの卵水煮缶…1缶（約10個）

ぎんなん水煮缶…1缶（約10個）

a［酒、しょうゆ、みりん…各大さじ1
**　塩…3つまみ**

青のり、いりごま（白）…各適量

作り方

1 米は洗ってざるにあげて水けをきる。

2 ごぼうはたわしで洗ってピーラーで薄く削るようにしてささがきにし、酢水に3分さらす。油揚げは縦半分に切ってから5mm幅に切る。にんじんは薄い半月切りにする。しょうがはせん切りにする。うずらの卵、ぎんなんは缶汁をきってザッと洗って水けをきる。鶏肉は脂身を取り除いて3cm角に切る。

3 炊飯器に米を入れて目盛りに合わせて水を注ぎ、そこから水大さじ4を取り除く。**a**を加えて混ぜる。

4 米の上に②を平らにちらし、普通に炊く。

5 器に盛って好みで青のり、いりごまをふる。

＊14ページ❺参照　＊＊14ページ❷参照

豆ご飯　［米］

材料（4人分）

米…2合

そら豆（さやつき）…260g

グリーンピース（さやつき）…160g

塩…2〜3つまみ

作り方

1 そら豆、グリーンピースはさやから取り出す。そら豆の薄皮をむく。

2 炊飯器に米を入れて目盛りに合わせて水を注ぐ。①、塩を加えて普通に炊く。

3 炊きあがったらしゃもじでサックリと混ぜる。

鶏五目混ぜご飯

材料（4人分）

温かいご飯…2合分
鶏もも肉…1枚
油揚げ…1枚
にんじん…5cm
しいたけ…2個
しょうが…1/2かけ
うずらの卵水煮缶…1缶（約10個）
a ┌ 水…カップ1/2
　│ しょうゆ、酒、みりん…各大さじ1
　│ 砂糖…小さじ1/2
　└ ごま油…少々
しょうゆ…適量
万能ねぎ（小口切り）*…適量

作り方

1 油揚げは縦半分に切ってから横7mm幅に切る。にんじんは縦細切りにする。しいたけは根元を切り落として縦薄切りにする。しょうがはせん切りにする。鶏肉は脂身を取り除いて小さめの一口大に切る。うずらの卵は缶汁をきる。

2 鍋に**a**を合わせて煮立て、①を加える。ふたをして中火で10分煮る。たまに何度か混ぜる。ふたを取り、火を強めて汁けをとばしながら、少し煮汁が残るくらいまで煮る。

3 ボウルにご飯を入れて②を加えサックリと混ぜる。味をみて薄ければしょうゆでととのえる。器に盛って万能ねぎをちらす。

＊14ページ❶参照

豚五目混ぜご飯

材料（4人分）

温かいご飯…1と1/2合分
豚肩ロース薄切り肉…100g
油揚げ…1枚
にんじん…3cm
しょうが…1かけ
うずらの卵水煮缶…1/2缶（約5個）
a ┌ 水…カップ1/2
　│ しょうゆ…大さじ1
　│ 酒…大さじ1
　│ みりん…大さじ1と1/2
　└ 砂糖…小さじ1
ごま油…小さじ1
いりごま（白、黒）…各大さじ1
万能ねぎ（小口切り）*、塩…各適量

作り方

1 油揚げは縦半分に切ってから横5mm幅に切り、にんじんは薄い半月切り**にし、しょうがはせん切りにする。豚肉は小さめの一口大に切り、うずらの卵は缶汁をきる。

2 鍋に**a**を合わせて煮立て①を加える。ふたをして中火で7〜8分煮る。たまに何度か混ぜる。

3 ボウルにご飯、②の汁けをきって入れ、ごま油、いりごまを加えてサックリ混ぜる。味をみて薄ければ塩でととのえる。器に盛って万能ねぎをちらす。

＊14ページ❶参照　＊＊14ページ❷参照

パエリア

材料（4人分）

米…2合
a ┌ サフラン…1つまみ
　└ ぬるま湯…大さじ1
チョリソソーセージ…3本
ピーマン…2個
トマト…1個
にんにく…2かけ
ムール貝…6個
いか…1杯
えび…8尾
あさり（砂抜き済み）…300g
オリーブ油…大さじ1
ワイン（白）…大さじ1
b ┌ 塩…小さじ1/2
　│ 湯…380cc
　│ ローリエ…1枚
　└ こしょう…少々
パセリ（みじん切り）…大さじ1〜2
こしょう…適量

作り方

1 ソーセージは1cm幅に切る。ピーマンとトマトは1cm角に切る。にんにくはみじん切りにする。

2 いかは足と内臓を引き抜く。内臓を切り落として胴と足は洗って水けをふく。胴は1cm幅に切り、足は食べやすく切り分ける。

3 えびは殻をむいて洗って水けをふき、背開きにして背わたを取り除く*。あさりは殻をこすりあわせながら流水で洗って水けをきる。ムール貝は殻の表面をタワシでこすって洗い、足糸をはずす。**a**を合わせておく。

4 鍋を熱してオリーブ油をひき、にんにくを弱火で炒める。いい匂いがしてきたらソーセージを加えて強火で炒める。

5 ソーセージに焼き色がついたら米を加えてよく炒める。米が透き通ってきたらピーマンを加えてザッと炒め、**a**、**b**、トマトを加えて混ぜる。

6 表面を平らにして、②、③を美しく並べる。ふたをして炊く。沸騰してきたら弱めの中火にして15分くらい炊く。表面が乾いていたらできあがり。ふたをしたまま5分蒸らす。パセリをちらし、こしょうをふる。

＊16ページ参照

その他の炊き込みご飯、混ぜご飯のレシピ

- 炊き込みごはん…P103
- 肉じゃが炊き込みご飯…P120
- 豚肉と大根の混ぜご飯…P143
- たけのこごはん…P146
- たけのこの混ぜご飯…P146
- にんじん炊き込みごはん…P171
- 鮭と三つ葉の混ぜご飯…P194
- きのことチャーシューの炊き込みご飯…P210
- さんまときのこのバターごはん…P214
- 鮭バター炊き込みごはん…P279
- かやくごはん…P301
- 大豆とベーコンの炊き込みご飯…P312

チャーハン、ピラフ

チャーハンを作るときは急いで作らず、しっかり水分をとばしながらパラパラを目指そう

キムチチャーハン 〔米〕

材料（2人分）

温かいご飯…茶わん2杯
豚ばら薄切り肉…100g
えのきだけ…1/2パック
万能ねぎ…6本
にんにく…1かけ
キムチ…150g
卵…2個
ごま油…大さじ1
酒…大さじ1
しょうゆ…小さじ1
塩、こしょう…各適量

作り方

1 えのきは根元を切り落として長さを3等分に切る。万能ねぎは小口切りにする。にんにくはみじん切りにする。豚肉は一口大に切る。卵は溶きほぐす。

2 フライパンを熱してごま油をひき、にんにく、豚肉を中火で炒める。肉の色が変わったらえのきを加えて炒める。

3 えのきがしんなりしたら具をフライパンの端に寄せ、空いたところに溶き卵を入れる。すぐに卵の上にご飯をのせ、まず卵とご飯をよく混ぜる。混ざったら全体を炒め合わせて、パラパラになるまでじっくりじっくり炒める。

4 パラパラになったら、酒、キムチ、しょうゆ、万能ねぎを加えて炒め合わせ、味をみて塩、こしょうでととのえる。

＊14ページ❶参照

正しいチャーハン 〔米〕

材料（2人分）

温かいご飯…茶わん2杯
チャーシュー…80g
なると…50g
長ねぎ…1/2本
にんにく…1かけ
卵…2個
ごま油…大さじ1と1/2
しょうゆ…大さじ1
塩、こしょう…各適量

作り方

1 チャーシュー、なるとは適当な大きさにコロコロに切る。長ねぎ、にんにくはみじん切りにする。卵は溶きほぐす。

2 フライパンを熱してごま油をひき、長ねぎ、にんにくを入れて弱火で炒める。色づいてきたらチャーシュー、なるとを加えて火を強めてザッと炒める。

3 具をフライパンの端に寄せ、空いたところに溶き卵を流し入れる。すぐに卵の上にご飯をのせ、まず卵とご飯をよく混ぜる。混ざったら全体を炒め合わせて、パラパラになるまでじっくりじっくり炒める。しょうゆを回し入れて、味をみて塩、こしょうでととのえる。

写真…58ページ

海鮮チャーハン

材料（2人分）

温かいご飯…茶わん2杯
むきえび…150g
帆立て貝柱水煮缶…小1缶（45g）
万能ねぎ…1/2束
にんにく…1かけ
卵…2個
ごま油…大さじ1
酒…大さじ1
しょうゆ…大さじ1/2
塩、こしょう…各適量

作り方

1 えびは背わたがあれば取り除く*。万能ねぎは小口切り**にする。にんにくはみじん切りにする。帆立ては缶汁をきる。卵は割りほぐす。

2 フライパンを熱してごま油をひき、にんにくを入れて弱火で炒める。いい匂いがしてきたらえびを加えて強火にして炒める。えびの色が変わったら帆立てを加えて炒める。

3 具をフライパンの端に寄せ、空いたところに溶き卵を流し入れる。すぐに卵の上にご飯をのせ、まず卵とご飯をよく混ぜる。混ざったら全体を炒め合わせて、パラパラになるまでじっくりじっくり炒める。

4 万能ねぎ、酒、しょうゆを加えてザッと混ぜ味をみて塩、こしょうでととのえる。

＊16ページ参照　＊＊14ページ❶参照

あさりの洋風ピラフ

材料（2人分）

温かいご飯…茶わん2杯
あさり（むき身）…120g
にんにく…1かけ
玉ねぎ…1/2個
スライスマッシュルーム缶
…小1缶（45g）
パセリ（粗みじん切り）…適量
サラダ油…大さじ1
バター…大さじ1
こしょう…たっぷり
塩、しょうゆ…各適量

作り方

1 あさりはザッと洗って水けをきる。玉ねぎ、にんにくはみじん切りにする。マッシュルームは缶汁をきる。

2 フライパンを熱してサラダ油をひき、にんにく、玉ねぎを中火で炒める。玉ねぎがしんなりしたらあさり、マッシュルームを加えて強火にして炒める。

3 全体に油がまわったら、ご飯を加えて炒め合わせ、バター、こしょうを加えて炒める。全体がなじんだらパセリを加えて混ぜ、塩、しょうゆで味をととのえる。

きのこピラフ

材料（2人分）

温かいご飯…茶わん2杯
ベーコン…3枚
しめじ…1パック
まいたけ…1パック
にんにく…2かけ
サラダ油…大さじ1
酒…大さじ1
しょうゆ…大さじ1/2
バター…大さじ1/2
塩、こしょう…各適量

作り方

1 しめじは根元を切り落として小房にわける。まいたけは小房にわける。ベーコンは2cm幅に切る。にんにくはみじん切りにする。

2 フライパンを熱してサラダ油をひき、ベーコンを中火で炒める。少し焼き目がついたら、しめじ、まいたけを加えてよく炒める。全体に焼き目がついたらにんにくを加えて、にんにくが少し色づくまで炒める。酒を加えてザッと炒め、しょうゆを加えて炒める。

3 ボウルにご飯を入れ、②、バターを加えてサックリと混ぜる。味をみて、塩、こしょうでととのえる。

写真…53ページ

魚介のピラフ

材料（4人分）

米…2合

えび…大8尾
帆立て貝柱…4個
かに缶…大1缶(100g)
にんじん…5cm
玉ねぎ…1/2個
にんにく…2かけ
オリーブ油…大さじ1と1/2
ワイン(白)…大さじ1
a サフラン…1つまみ
　ローリエ…1枚
　水…340cc
　塩…小さじ1/4〜1/3
　こしょう…適量
パセリ(みじん切り)…適量

作り方

1 米は洗ってざるにあげて水けをきる。
2 にんじんは3mm角に切る。玉ねぎ、にんにくはみじん切りにする。えびは背開きにして背わたを取り除く＊。帆立ては水けをふいて4等分に切る。
3 鍋を熱してオリーブ油をひき、にんにくを弱火で炒める。少し焼き色がついてきたら玉ねぎを加えて強火にして炒める。玉ねぎが透き通ってしんなりしたらえび、帆立て、にんじん、かにを缶汁ごと加えて炒める。
4 魚介の表面の色が変わったらワインを加えてザッと炒め、米を加えて1分くらい炒める。米が透き通ってきたら**a**を加えてふたをする。沸騰したら弱めの中火で15分炊く。
5 炊きあがったらぬらしたしゃもじで切るようにサックリと混ぜる。器に盛ってパセリをちらす。

＊16ページ参照

鮭ときのこのピラフ

米

材料（4人分）
米…2合
甘塩鮭…2切れ
マッシュルーム…1パック
バター…大さじ1と1/2
おろしにんにく…少々
a みりん、酒…各大さじ1
　しょうゆ…大さじ1/2
　塩…小さじ1/3
万能ねぎ(小口切り)＊…適量
こしょう…適量

作り方

1 甘塩鮭は塩、酒を加えた湯で表面の色が変わる程度にサッとゆでる。マッシュルームは縦4等分に切る。
2 米は洗ってざるにあげて水けをきり、炊飯器に入れる。目盛りに合わせて水を注ぎ、そこから水大さじ4を取り除く。**a**を加えて混ぜ、①をのせて普通に炊く。
3 炊きあがったら鮭を取り出して皮と骨を取り除き、炊飯器に戻す。バター、おろしにんにくを加え、ぬらしたしゃもじで切るようにサックリと混ぜる。器に盛って万能ねぎをちらし、こしょうをふる。

＊14ページ❶参照

その他のチャーハン、ピラフのレシピ

● ひき肉カレーチャーハン…P66
● ベーコンと春菊のチャーハン…P125
● ハムチャーハン…P173
● ひき肉とバジルのタイ風チャーハン…P259
● エビピラフ…P274

うどん、そば、そうめん

温麺、冷麺、変幻自在のおいしい日本の麺。そうめんは温麺で食べるときも、水で洗うとコシが出る

焼きうどん

麺

材料（2人分）
冷凍うどんまたはゆでうどん…2玉
豚ばら薄切り肉…150g
キャベツ…1/8個
もやし…1/2袋
おろしにんにく…1/2かけ分
ごま油…大さじ1
酒…大さじ1
しょうゆ…大さじ1
塩、こしょう…各少々
紅しょうが、七味唐辛子…各適量

作り方

1 キャベツ、豚肉は一口大に切る。
2 フライパンを熱してごま油をひく。豚肉を入れて塩、こしょうをふり、強火で炒める。肉の色が変わったらもやしを加えて炒める。もやしが透き通ってきたらキャベツを加えザッと炒める。

3 うどんは袋の表示通りにゆで、麺がほぐれたらすぐにざるにあげて水けをきる（ゆでうどんの場合はゆでなくていい）。

4 ②のキャベツが少ししんなりしたら③を加えて炒め合わせる。油がまわったら酒を加えてザッと混ぜ、しょうゆを加えて炒め合わせる。全体に調味料がなじんだら、火を止め、おろしにんにくを加えて和える。器に盛って紅しょうがをのせ、好みで七味唐辛子をふる。

肉みそ和えうどん　麺

材料（2人分）

冷凍うどん…2玉
牛肩ロース薄切り肉…150g
万能ねぎ…1/4束
しょうが…1/2かけ
a［ 酒…大さじ2
**　 しょうゆ…大さじ1と1/2**
**　 みそ、みりん、砂糖…各大さじ1**
サラダ油…大さじ1
半熟ゆで卵…2個

作り方

1 万能ねぎは小口切りにする。しょうがはせん切りにする。牛肉は一口大に切る。**a**を合わせてよく混ぜる。

2 うどんは袋の表示通りにゆでて水けをきる。

3 フライパンを熱してサラダ油をひき、しょうが、牛肉を強火で炒める。肉の色が変わったら**a**を加えて炒め合わせる。

4 ボウルに②、③、万能ねぎを入れて和える。器に盛って半熟ゆで卵をのせ、混ぜながら食べる。

＊14ページ❶参照

ごまだれうどん　麺

材料（2人分）

冷凍うどん…2玉
長ねぎ…1本
桜えび…大さじ3
ねりごま（白）…大さじ2
めんつゆ（つけつゆの濃さ）…カップ2
ごま油…大さじ1/2〜1
おろししょうが…1/2かけ分

作り方

1 長ねぎは斜め薄切りにする。フライパンを熱してごま油をひき、長ねぎを強火で炒める。長ねぎに焼き目がついたら桜えびを加えてザッと炒め、ねりごまを加えて炒め合わせる。

2 なじんだら火を止め、めんつゆを少しずつ加えて溶き混ぜる。中火にかけ、おろししょうがを加えて、あくも取りながらひと煮する。

3 うどんは袋の表示通りにゆで、流水で洗って氷水に入れて冷やし、水けをきって器に盛る。

4 ③を②につけながら食べる。

ごまだれ肉うどん　麺

材料（3人分）

冷凍うどん…3玉
豚ばら薄切り肉…250g
きゅうり…1本
みょうが…2個
ねりごま（白）…大さじ3
めんつゆ（つけつゆの濃さ）…カップ6
ごま油…大さじ1
a［ しょうゆ…大さじ1/2
**　 みりん…大さじ1**
万能ねぎ（小口切り）、いりごま（白）…各適量

作り方

1 きゅうりは縦半分に切ってから斜め薄切りにする。みょうがはせん切りにする。豚肉は一口大に切る。

2 ボウルにねりごまを入れ、めんつゆを少しずつ加えて溶きのばす。

3 フライパンを熱してごま油をひき、豚肉を強火で炒める。肉の色が変わったら**a**を加えて炒め合わせる。

4 うどんは袋の表示通りにゆで、流水でよく洗ってから氷水につけてしっかり冷やす。器に盛って、③、きゅうり、みょうがをのせ、②をかける。万能ねぎ、いりごまをちらす。

＊14ページ❶参照

カレーうどん　麺

材料（2人分）

冷凍うどん…2玉
豚ばら薄切り肉…100g
厚揚げ…1/2枚
長ねぎ…1本
a「 片栗粉…大さじ2〜2と1/2

水…大さじ3〜4
ごま油…大さじ1
カレー粉…大さじ1
しょうが（せん切り）…1かけ
めんつゆ（かけつゆの濃さ）
…カップ3と1/2
すりごま（白）、七味唐辛子…各適量

作り方

1 豚肉は一口大に切る。厚揚げは厚みを半分に切って、1cm幅に切る。長ねぎは6〜7cm長さ、縦4等分に切る。**a**はよく混ぜ合わせておく。

2 鍋を熱してごま油をひき、豚肉と長ねぎを強めの中火で炒める。肉に焼き目がついたら、厚揚げを加えて炒める。

3 厚揚げに油がまわったらカレー粉を加えて混ぜ、しょうがとめんつゆを加える。沸騰したら火を弱めてあくを取りながら10分ほど煮る。

4 いったん火を止め、**a**をもう一度よく混ぜてから加えて全体を混ぜ、再度火にかけてとろみをつける。すりごまを加える。

5 別の鍋でうどんを袋の表示通りにゆでる。ゆであがったら水けをきって④の鍋に加えてサッと混ぜる。器に盛って七味唐辛子をふる。

そうめんチャンプルー

麺

材料（2人分）
そうめん…2束（100g）
ハム…3枚
ピーマン…1個
玉ねぎ…1/2個
にんにく、しょうが…各1かけ
もやし…1/2袋
桜えび…大さじ3
ごま油…大さじ1と1/2
泡盛または酒…大さじ1
塩…小さじ1/3〜1/2
砂糖…2つまみ
こしょう…少々

作り方

1 ハムは1cm幅に切る。ピーマンは縦細切りにする。玉ねぎは縦薄切りにする。にんにく、しょうがはみじん切りにする。

2 そうめんは袋の表示通りにゆで、流水でよく洗って水けをきる。

3 フライパンを熱してごま油をひき、にんにく、しょうがを弱火で炒める。いい匂いがしてきたら玉ねぎ、ハムを加えて強火にして炒める。

4 玉ねぎがしんなりしたらもやしを加えて炒め、もやしが透き通ってきたら、ピーマン、②、桜えびの順に加えて炒め合わせる。泡盛を加えてザッと混ぜ、味をみて塩、砂糖、こしょうでととのえる。

タイ風トマト麺

麺

材料（2人分）
そうめん…3束（150g）
トマト…1個
赤唐辛子…1本
a［干しえび…大さじ1と1/2
ぬるま湯…大さじ1
酒…大さじ1/2］
b［おろしにんにく…少々
ナンプラー…大さじ1と1/2
レモン汁…大さじ1と1/2
砂糖、オイスターソース
…各大さじ1/2］
香菜《シャンツァイ》（刻む）、フライドオニオン
…各適量

作り方

1 **a**の干しえびは**a**のその他の材料と合わせて5分ほどおいてやわらかくし、粗みじん切りにする。トマトは横7mm幅に切る。赤唐辛子はへたを取って種ごと小口切りにする。

2 ボウルに①、**b**を入れてよく混ぜる。

3 そうめんは袋の表示通りにゆでる。流水でよく洗ってから氷水につけ、冷えたら水けをしっかりきる。②のボウルに加えて和える。

4 器に盛って香菜とフライドオニオンをちらす。

＊14ページ❶参照

ひき肉和えそうめん

麺

材料（2人分）
そうめん…3束（150g）
豚ひき肉…120g
レタス…3〜4枚
長ねぎ…1/2本
a［水…大さじ2
みそ、みりん…各大さじ1

 しょうゆ…大さじ1/2
 カレー粉…小さじ1/2

ごま油…大さじ1/2

一味唐辛子…適量

作り方

1 レタスは一口大にちぎる。長ねぎは5mm厚さの斜め切りにする。aを混ぜておく。

2 フライパンを熱してごま油をひき、ひき肉、長ねぎを中火で炒める。長ねぎに焼き目がついたらaを加えて炒め合わせる。

3 そうめんは袋の表示通りにゆで、よく洗ってから氷水に入れてしっかり冷やす。水けをきって器に盛り、②をのせる。レタスを添えて一味唐辛子をふる。よく混ぜながら食べる。

キムチ冷麺 麺

材料（2人分）

そうめん…3束（150g）

豚しゃぶしゃぶ用肉…150g

きゅうり…1/2本

キムチ…150g

a おろしにんにく…少々
 ごま油、しょうゆ…各大さじ1
 オイスターソース…大さじ1弱
 コチュジャン…小さじ1/2〜1
 砂糖…小さじ1/2

万能ねぎ（小口切り）、いりごま（白）
 …各適量

塩、酒…各少々

作り方

1 きゅうりは縦半分に切ってから斜め薄切りにする。

2 鍋に湯を沸かして塩、酒を加え、豚肉をゆでる。ざるにあげて水けをきる。

3 ボウルにaを合わせて混ぜ、キムチ、①、②を加えて和える。

4 そうめんは袋の表示通りにゆでる。よく洗ってから氷水につけてしっかり冷やす。水けをしっかりきって③に加えて和える。器に盛って万能ねぎ、いりごまをちらす。

＊14ページ❶参照

豚しゃぶみそだれそうめん 麺

材料（2人分）

そうめん…3束（150g）

豚ばら薄切り肉…120g

きゅうり…1本

みょうが…2個

青じそ…5枚

a すりごま（白）…大さじ2〜3
 みそ…大さじ1/2
 おろししょうが…少々

めんつゆ（つけつゆの濃さ）
 …カップ1と1/2

七味唐辛子…適量

作り方

1 きゅうりは斜め2mm厚さに切ってから細切りにする。みょうがはせん切りにする。青じそは粗みじん切りにする。

2 豚肉は小さめの一口大に切って、色が変わるまでゆでる。

3 ボウルにaを混ぜ合わせ、めんつゆを少しずつ加えて溶き混ぜる。混ざったら①、②を加えて混ぜる。

4 そうめんは袋の表示通りにゆでる。よく洗ってから氷水につけ、冷えたら水けをしっかりきる。器に盛って③をかけ、好みで七味唐辛子をふる。

めかぶごまだれそうめん 麺

材料（2人分）

そうめん…3束（150g）

めかぶ…50g

焼きのり…1枚

a すりごま（白）、ねりごま（白）
 …各大さじ1
 おろししょうが…少々

めんつゆ（つけつゆの濃さ）
 …カップ1と1/2

万能ねぎ（小口切り）、いりごま（白）、
 七味唐辛子…各適量

作り方

1 めかぶはざるに入れて流水でザッと洗って水けをきる。焼きのりは細かくちぎる。

2 ボウルにaを入れて混ぜ、めんつゆを少しずつ加えて溶き混ぜる。①を加えてさらに混ぜる。

3 そうめんは袋の表示通りにゆで、流水でよく洗ってから氷水につけてしっかり冷やす。水けをきって器に盛る。

椀や小さい鉢に②を盛って、万能ねぎ、いりごま、七味唐辛子を添える。好みで薬味を加えてそうめんをつけながら食べる。

＊14ページ❶参照

桜えびとあおさのつけだれそうめん　麺

材料（2人分）

そうめん…3束(150g)

桜えび…大さじ3～4

あおさ…カップ1/4～1/2

長ねぎ…1本

おろししょうが…1/2かけ分

めんつゆ(つけつゆの濃さよりやや薄め)…適量

ごま油…大さじ1

作り方

1 長ねぎは5mm厚さの斜め切りにする。

2 フライパンを熱してごま油をひき、長ねぎ、桜えびを入れて中火で炒める。長ねぎに焼き目がついたらめんつゆカップ2と1/2を加えて、あくを取りながら弱火で5分煮る。

3 あおさを加えてひと煮する。味をみて薄ければめんつゆを加え、濃ければ水を適量足す。

4 そうめんは袋の表示通りにゆで、よく洗ってから氷水につけてしっかり冷やす。水けをきって器に盛る。椀や小さい鉢にアツアツの③を盛って、そうめんをつけながら食べる。

鶏肉と空心菜のカレーつけめん　麺

材料（2～3人分）

そうめん…3束(150g)

鶏もも肉…1枚(250g)

空心菜《くうしんさい》…1束

しょうが…1かけ

ごま油…大さじ1

酒…大さじ1

カレー粉…大さじ1

めんつゆ(つけつゆの濃さよりやや薄め)…カップ2と1/2

いりごま(白、黒)…各大さじ1

作り方

1 空心菜は根元を切り落として2cm幅に切る。しょうがはせん切りにする。鶏肉は脂身を取り除いて半分に切り、さらに1cm幅に切る。

2 フライパンを熱してごま油をひき、鶏肉を皮を下にして並べて強めの中火で焼く。焼き目がついたら、しょうが、空心菜を加えて炒める。

3 空心菜に油がまわったら、酒、カレー粉を加えてザッと混ぜ、めんつゆを加える。沸いてきたら火を弱めて、あくを取りながら5分煮る。いりごまを加えて混ぜる。

4 そうめんは袋の表示通りにゆでる。流水でよく洗ってから氷水につけ、冷えたら水けをしっかりきって器に盛る。椀や小さい鉢にアツアツの③を盛って、そうめんをつけながら食べる。

あさり入り豆乳にゅうめん　麺

材料（1人分）

そうめん…1束(100g)

あさり(砂抜きずみ＊)…150g

豆乳(無調整)…カップ1

酒…大さじ2

オイスターソース…小さじ1強

おろししょうが…1/2かけ分

青のり…大さじ1/2

万能ねぎ(小口切り＊＊)、塩、こしょう…各適量

作り方

1 あさりは殻をこすり合わせてよく洗い、鍋に入れる。酒をふりかけて中火にかける。

2 口が開いてきたら豆乳、水カップ1、オイスターソース、塩小さじ1/2を加えて弱火で5分煮る。

3 そうめんは袋の表示通りにゆで、よく洗って水けをきる。②に加えてサッと温め、おろししょうが、青のりを加えて混ぜる。味をみて薄ければ塩でととのえる。器に盛って万能ねぎをちらし、こしょうをふる。

＊16ページ参照　＊＊14ページ❶参照

にゅうめん　麺

材料（1人分）

そうめん…1束(50g)

鶏胸肉…50g

かまぼこ…2枚

三つ葉（刻む）…適量

ゆずの皮（せん切り）…少々

だし汁…カップ1と3/4

薄口しょうゆ、みりん…各小さじ2

塩、いりごま（白）…各適量

作り方

1 鶏肉は5mm厚さのそぎ切りにする。

2 鍋にだし汁を入れて沸かし、①、薄口しょうゆ、みりんを加えて5分煮る。味をみて塩でととのえる。

3 そうめんは袋の表示通りにゆでる。よく洗って水けをきり、②に加えてひと煮する。

4 器に盛って、かまぼこ、三つ葉、ゆずの皮をのせ、ごまをふる。

＊15ページ⓬参照

ピリ辛豆乳そうめん　麺

材料（4人分）

そうめん…5束（250g）

豚ひき肉…220g

にんにく、しょうが…各1かけ

ごま油…大さじ1

豆板醤《トウバンジャン》…大さじ1/2

酒…大さじ1

a
- **豆乳（無調整）…カップ3**
- **水…カップ2**
- **オイスターソース…大さじ2**
- **塩…小さじ1/2**

塩、こしょう、長ねぎ（小口切り）…各適量

作り方

1 にんにく、しょうがはみじん切りにする。

2 鍋を熱してごま油をひき、①、豆板醤を弱火で炒める。いい匂いがしてきたらひき肉を加えて強火にしてほぐしながら炒める。

3 肉の色が変わったら酒を加えてザッと炒め、**a**を加える。沸いてきたら火を弱めて、あくを取りながら5分煮る。

4 そうめんは袋の表示よりも少し固めにゆでて、よく洗ってから水けをしっかりきる。③に加えてひと煮し、味をみながら塩、こしょうでととのえる。器に盛って長ねぎをちらす。

＊14ページ❶参照

桜えびと海苔のごまだれそば　麺

材料（2人分）

そば…2束

長ねぎ…1本

桜えび…大さじ2

焼きのり…大1枚

ねりごま（白）…大さじ2

めんつゆ（つけつゆの濃さ）…カップ2

ごま油…大さじ1/2

おろししょうが…1/2かけ分

七味唐辛子…適量

作り方

1 長ねぎは斜め薄切りにする。のりはちぎる。

2 フライパンを熱してごま油をひき、長ねぎを強火で炒める。長ねぎに焼き目がついたら桜えびを加えてザッと炒め、ねりごまを加えて混ぜる。

3 めんつゆを少しずつ加えて溶き混ぜ、水大さじ2、のり、おろししょうがを加えてひと煮する。

4 そばは袋の表示通りにゆで、よく洗ってから氷水につけてしっかり冷やす。水けをきって器に盛る。小さめの鉢などに③を盛って、好みで七味唐辛子をふる。そばをつけながら食べる。

こっくり豚野菜つけそば　麺

材料（2人分）

そば…2束

豚ばら薄切り肉…120g

にんじん…3cm

めんつゆ（つけつゆの濃さ）…カップ1と1/4

ごま油…大さじ1

酒…大さじ1/2

すりごま（白）…大さじ1と1/2

万能ねぎ（小口切り）、わさび、おろししょうが…各適量

作り方

1 にんじんは薄い半月切りにする。豚肉は一口大に切る。

2 フライパンを熱してごま油をひき、豚肉を強火で炒める。肉の色が変わったらにんじんを加えて炒める。油がまわったら酒を加えてザッと炒め、めんつゆを加える。沸いてきたら火を弱めてあくを取りながら7分煮る。すりごま、万能ねぎを加えて混ぜる。

3 そばは袋の表示通りにゆで、よく洗ってから氷水につけてしっかり冷やす。水けをきって器に盛る。小さめの鉢などに②を盛って、わさび、おろししょうがを添える。好みで薬味を加えて、そばをつけながら食べる。

＊14ページ❶参照　＊＊14ページ❷参照

豚となすのカレーつけだれそば　麺

材料（2人分）

そば…2束

豚ばら薄切り肉…120g

なす…1本

油揚げ…1/2枚

しょうが…1かけ

めんつゆ（つけつゆの濃さ）…カップ2

サラダ油…大さじ1

カレー粉…大さじ1

わさび…適量

作り方

1 なすは縦半分に切ってから3mm厚さの斜め切りにして、塩水に3分さらす。油揚げは縦半分に切ってから1cm幅に切る。しょうがはせん切りにする。豚肉は一口大に切る。

2 フライパンを熱してサラダ油をひき、水けをふいたなすを強火で炒める。少し焼き目がついたら取り出す。

3 フライパンに豚肉を入れて強火で炒める。色が変わったら油揚げを加えて炒める。②を戻し入れて、カレー粉を加えてザッと炒める。めんつゆ、しょうがを加え、沸いてきたらあくを取りながら5分煮る。

4 そばは袋の表示通りにゆで、よく洗ってから氷水につけてしっかり冷やす。水けをきって器に盛る。小さめの鉢などに③を盛って、わさびを添える。好みでわさびを加えてそばをつけながら食べる。

鶏せいろ　麺

材料（2人分）

そば…2束

鶏もも肉…2枚（500g）

長ねぎ…1本

めんつゆ（つけつゆの濃さ）…カップ3

サラダ油…大さじ1/2～1

すりごま（白）、わさび…各適量

作り方

1 鶏肉は脂身を取り除いて1cm幅に切る。長ねぎは1cm幅の小口切りにする。

2 フライパンを熱してサラダ油をひく。鶏肉を皮を下にして並べ、ねぎも加えて強火で焼きつけるように炒める。たまに木べらで返しながらじっくり炒める。

3 全体に焼き目がついたらめんつゆを加え、沸いてきたら火を弱めてあくを取りながら5分煮る。

4 そばは袋の表示通りにゆで、よく洗ってから氷水につけてしっかり冷やす。水けをきって器に盛る。小さめの鉢などに③を盛って、すりごま、わさびを添える。好みで薬味を加えてそばをつけながら食べる。

＊14ページ❶参照

ちくわ天そば　麺

材料（2人分）

そば…2束

ちくわ…大2本

a
- **薄力粉…カップ3/4**
- **水…カップ3/5**
- **塩…1つまみ**
- **青のり…大さじ1**

めんつゆ（つけつゆの濃さ）…カップ1と1/2

揚げ油…適量

おろししょうが、わさび、万能ねぎ（小口切り）、いりごま（白）…各適量

作り方

1 ちくわは大きければ長さを半分に切り、さらに縦半分に切る。

2 ボウルに**a**を入れて泡立て器でよく混ぜ、①を加えてからめる。フライパンに揚げ油を深さ2cm入れて中温に熱し、ちくわを入れて中火で揚げる。衣が固まってきたらたまに返しながらじっくり揚げる。色づいてきたら強火にしてカラッと仕上げる。

3 そばは袋の表示通りにゆで、よく洗ってから氷水につけてしっかり冷やす。水けをきって器に盛る。小さめの鉢などにめんつゆを入れて、②、おろししょうが、わさび、ねぎ、ごまを添える。好みでつゆに薬味を加え、そばとちくわ天をつけながら食べる。

＊14ページ❶参照

その他のうどん、そうめん、そばのレシピ
- 牛肉とごぼうの焼きうどん…p104
- 豚しゃぶサラダうどん…p199
- たらこのせ焼きうどん…p298
- パリパリ油揚げのそばサラダ…p309
- たぬきつねうどん…p310
- 豚と納豆の和えそうめん…p316

中華麺

蒸し麺、乾麺、生麺、いろいろあるけど好みのものでOK！ 蒸し麺を炒めるときは、すぐほぐそうとしないことがきれいに仕上げるコツ

担《タン》々《タン》麺《メン》

材料（2人分）

- 中華麺…2玉
- 豚ひき肉…150g
- しいたけ…2個
- たけのこ（水煮）…50g
- 長ねぎ…1/2本
- もやし…1/3袋
- にんにく…2かけ
- しょうが…1かけ
- 花椒《ホワジャオ》…大さじ1〜2
- 添付のスープ（しょうゆ味）…2食分
- ごま油…大さじ1
- 豆板醤《トウバンジャン》…大さじ1〜1/2
- ねりごま（白）…大さじ4
- 万能ねぎ（小口切り）＊…適量

作り方

1 たけのこ、しいたけは5mm角に切る。長ねぎ、にんにく、しょうがはみじん切りにする。花椒は水少々をふって刻む。

2 添付のスープは袋の表示通りに溶いて、さらに水カップ1/2を足す。

3 鍋を熱してごま油をひき、豆板醤、長ねぎ、にんにく、しょうがを弱火で炒める。いい匂いがしてきたらひき肉を加えてほぐしながら強火にして炒める。肉の色が変わったらもやし、しいたけ、たけのこを加えて炒める。

4 もやしが少ししんなりしたら、ねりごま、花椒を加えて混ぜる。②を加えてひと煮する。

5 麺は袋の表示通りにゆでて、水けをきって器に盛る。④を注いで万能ねぎをちらす。

＊14ページ❶参照

ジャージャー麺

材料（2人分）

- 冷やし中華麺…2玉
- 豚ひき肉…150g
- きゅうり…1本
- レタス…2枚
- 長ねぎ…1/2本
- にんにく、しょうが…各1かけ
- a
  - 水…大さじ2
  - みそ（あれば赤みそ）、砂糖…各大さじ1と1/2
  - 酒、オイスターソース…各大さじ1
  - 酢…小さじ1
- ごま油…大さじ1/2

作り方

1 きゅうりは斜め2mm厚さに切ってから細切りにする。レタスは太めのせん切りにする。長ねぎ、にんにく、しょうがはみじん切りにする。**a**を混ぜておく。

2 フライパンを熱してごま油をひき、長ねぎ、にんにく、しょうがを弱火で炒める。いい匂いがしてきたらひき肉を加えて強火にし、ほぐしながら炒める。肉の色が変わったら**a**を加えて炒め合わせる。

3 中華麺は袋の表示通りにゆで、流水で洗ってから氷水に入れて冷やす。水けをきって器に盛り、レタス、きゅうり、②をのせる。

あんかけ かた焼きそば

材料（2人分）

- 揚げ麺…2玉
- 豚肩ロース薄切り肉…100g
- 白菜…小1/8個（約330g）
- にんじん…3cm
- にんにく、しょうが…各1かけ
- a
  - 片栗粉…大さじ1と1/2
  - 水…大さじ3
- ごま油…大さじ1
- 酒…大さじ2

オイスターソース…大さじ1

しょうゆ…適量

塩、こしょう…各少々

作り方

1 白菜は葉と軸に切り分け、葉はザク切り、軸は長さを2〜3等分にして縦細切りにする。にんじんは皮をむいて3mm厚さの半月切りにする。豚肉は一口大に切る。にんにく、しょうがはみじん切りにする。**a**を混ぜておく。

2 フライパンを熱してごま油をひき、にんにく、しょうがを弱火で炒める。いい匂いがしてきたら豚肉を加えて強火にする。塩、こしょうをふって炒める。

3 肉の色が変わったらにんじん、白菜の軸、葉の順に加えて炒める。白菜が少ししんなりしたら、水カップ1、酒、オイスターソースを加えて混ぜる。フツフツしてきたら味をみてしょうゆでととのえる。

4 いったん火を止めて**a**をもう一度よく混ぜてからフライパンに回し入れ、すばやく木べらで混ぜる。中火にかけて混ぜながらとろみをつける。

5 麺を器に盛って④をジャーッとかける。

＊14ページ❷参照

あんかけ焼きそば 〔麺〕

材料（2人分）

焼きそば用麺…2玉

豚肩ロース薄切り肉…120g

きくらげ（乾燥）…大さじ1

たけのこ（水煮）…約35g

にんじん…3cm

小松菜…1/3束

にんにく、しょうが…各1かけ

うずらの卵水煮缶…1/2缶（約5個）

帆立て貝柱水煮缶…小1缶（45〜65g）

a
- **水…カップ2**
- **片栗粉…大さじ2**
- **オイスターソース…大さじ1と1/2**
- **酒、しょうゆ…各大さじ1**

サラダ油…大さじ3

ごま油…大さじ1

オイスターソース、しょうゆ、酢、からし…各適量

作り方

1 フライパンを熱してサラダ油大さじ1と1/2をひき、麺、水カップ1/4を入れてほぐしながら強火で軽く炒める。丸く形作り、そのままいじらずに弱めの中火でじっくり焼き固める。こんがり焼き目がついたら返し、フライ返しで軽く押して平らにする。フライパンの縁から残りのサラダ油を回し入れて、裏にも焼き目をつける。

2 きくらげは水に浸してやわらかくもどす。たけのこは縦3mm厚さに切る。にんじんは皮をむいて3mm厚さの半月切りにする。小松菜は5cm長さに切る。にんにく、しょうがはみじん切りにする。うずらの卵は缶汁をきる。豚肉は一口大に切る。**a**を混ぜておく。

3 フライパンを熱してごま油をひき、にんにく、しょうがを弱火で炒める。いい匂いがしてきたら豚肉を加えて強火にして炒める。肉の色が変わったら、にんじん、たけのこ、小松菜、うずらの卵の順に加えて炒める。

4 全体に油がまわったら、**a**をもう一度よく混ぜてから加えて、混ぜながら中火で煮る。とろみがついたら、缶汁をきった帆立て、きくらげを加えて混ぜる。味をみて薄ければオイスターソース、しょうゆを加えてととのえる。

5 ①を食べやすく割りながら器に盛る。熱々の④をかけてからしを添える。好みで酢をかけて食べる。

＊14ページ❷参照

冷やし中華 〔麺〕

材料（2人分）

冷やし中華麺…2玉

きゅうり…1本

もやし…1/2袋

ハム…3枚

a
- **水…カップ1**
- **酢…大さじ2**
- **しょうゆ、オイスターソース…各大さじ1と1/2**
- **砂糖…大さじ1/2**

錦糸卵
- **卵…2個**
- **塩、砂糖…各1つまみ**
- **サラダ油…大さじ1**

いりごま（白）、紅しょうが、からし…各適量

作り方

1 ボウルに**a**を混ぜ合わせて冷蔵庫でしっかり冷やす。

2 きゅうり、ハムは細切りにする。もやしは塩を加えた湯でゆでる。

3 錦糸卵を作る。卵を溶いて、塩、砂糖を加え、よく混ぜる。フライパンを熱してサラダ油大さじ1/2をひき、卵液の半量を流し入れて素早く広げ、弱めの中火で焼く。表面が乾いたらまな板に取り出す。もう半量も同様に焼く。半分に切ってから細切りにする。

4 中華麺は袋の表示通りにゆで、ザッと洗ってから氷水に入れてしっかり冷やす。

5 器に④を水けをしっかりきって盛る。①をかけて、②、③を美しくのせ、いりごまをふる。紅しょうがとからしを添える。

タイ風ひき肉あえ麺

麺

材料（2人分）

冷やし中華麺…2玉

豚ひき肉…150g

レタス…大3枚

にんにく、しょうが…各1かけ

香菜《シャンツァイ》…1枝

ごま油…大さじ1

a

- **ねりごま(白)…大さじ1と1/2**
- **酒…大さじ2**
- **ナンプラー…大さじ1/2**
- **オイスターソース…小さじ1**
- **砂糖…小さじ1**

塩、こしょう…各少々

一味唐辛子…適量

作り方

1 レタスは太めのせん切りにする。にんにく、しょうがはみじん切りにする。香菜は根元を切り落としてザク切りにする。**a**を混ぜ合わせておく。

2 フライパンを熱してごま油をひき、にんにく、しょうがを弱火で炒める。いい匂いがしてきたらひき肉を加えて塩、こしょうをふる。強火にしてほぐしながら炒める。肉の色が変わったら**a**を加えて炒め合わせる。

3 中華麺は袋の表示通りにゆで、流水でザッと洗ってから氷水に入れてしっかり冷やす。

4 麺を水けをきって器に盛り、レタス、②をのせる。香菜をちらし、好みで一味唐辛子をふる。

その他の中華麺のレシピ

- 枝豆とかにの冷やし麺…P67
- ソース焼きそば…P85
- さきいかのマヨ焼きそば…P86
- 広島風お好み焼き…P86
- 春菊の中華和え麺…P126
- トマトと干しえびの冷麺…P154
- 海鮮塩焼きそば…P167
- 豚にら焼きそば…P167
- ココナッツミルク担々つけ麺…P167
- 豆乳担々つけ麺…P168
- もやしとハムの塩焼きそば1…P197

パスタ、ニョッキ

メニューにもよるけど、パスタをゆでるときは表示より少し短めがアルデンテに仕上げるコツ。ソースにはゆで汁を使うのがポイント

かにとキャベツのパスタ

麺

材料（2人分）

フェデリーニ
…150g

かに缶
…小1缶(55g)

キャベツ…1/8個

にんにく…1かけ

オリーブ油…大さじ1

塩、こしょう…各適量

> パスタをゆでるときの塩
>
> 沸点を上げるためと、下味をつけるための両方。ソースがからみにくいものは塩を多めに。

作り方

1 キャベツは一口大に切る。にんにくはみじん切りにする。

2 パスタは塩を加えた湯で表示時間より1分短めにゆでる。

3 フライパンを熱してオリーブ油をひき、にんにくを弱火で炒める。少し色づいてきたら、かにを缶汁ごと加え、②のゆで汁お玉1杯強を加えて混ぜて火を止める。

4 パスタがゆであがる20秒前に、ゆでている鍋にキャベツを加えてパスタと一緒にサッとゆでる。ゆであがったらパスタとキャベツを③に加えて強火で和える。味をみて塩、こしょうでととのえる。

きのことゴルゴンゾーラのフェトチーネ　麺

材料（2人分）

フェトチーネ…120～130g
しめじ…1パック
ゴルゴンゾーラチーズ…50g
にんにく…1かけ
オリーブ油…大さじ1
生クリーム…カップ1/2
牛乳…カップ1/4
塩、こしょう…各適量
イタリアンパセリ（あれば、粗みじん切り）…適量

作り方

1 しめじは根元を切り落として小房にわける。にんにくはみじん切りにする。チーズは適当な大きさに切る。

2 パスタは塩を加えた湯で表示時間より1分短めにゆでる。

3 フライパンを熱してオリーブ油をひき、にんにくを弱火で炒める。いい匂いがしてきたらしめじを加えて強火にして炒める。しめじがしんなりしたら生クリーム、牛乳、チーズを加える。

4 チーズが溶けたら、ゆであがったパスタを加えて和える。味をみて塩、こしょうでととのえる。器に盛ってイタリアンパセリをちらす。

キャベツとアンチョビのパスタ　麺

材料（2人分）

スパゲッティ…150g
キャベツ…小1/4個
アンチョビ…3切れ
a［おろしにんにく…少々
**　オリーブ油…大さじ2**
塩、こしょう…各適量

作り方

1 パスタは塩を加えた湯で表示時間より1分短めにゆでる。

2 キャベツは太めのせん切りにする。アンチョビは粗みじん切りにしてボウルに入れ、**a**を加えて混ぜる。

3 パスタがゆであがる20秒前に、ゆでている鍋にキャベツを加えてパスタと一緒にサッとゆでる。ゆであがったらパスタとキャベツを②のボウルに加えて和える。味をみて塩、こしょうを加えてととのえる。

キャベツとツナのみそバターパスタ　麺

材料（2人分）

スパゲッティ（1.6mm）…140g
キャベツ…1/4個
にんにく…2かけ
ツナ缶…小1缶（約60～80g）
サラダ油…大さじ1
みそ…大さじ1と1/2
バター…大さじ1
パルメザンチーズ、こしょう…各適量

作り方

1 キャベツは一口大にちぎる。にんにくはみじん切りにする。ツナは缶汁をきる。

2 パスタは塩を加えた湯で表示時間より1分短めにゆでる。

3 フライパンを熱してサラダ油をひき、キャベツを強火で炒める。少し焼き目がついたらにんにくを加えて炒める。にんにくが少し色づいたらツナを加えてザッと炒める。

4 ②のゆで汁お玉1杯半を加え、みそを加えて溶きながら混ぜる。ゆであがった②を加えて和える。最後にバターを加えてサッと混ぜる。器に盛ってパルメザンチーズを削ってちらし、こしょうをふる。

ソーセージのトマトソースペンネ　麺

材料（2人分）

ペンネ…120g
ソーセージ…3本
玉ねぎ…1/2個
にんにく…2かけ
オリーブ(黒)…6個
オリーブ油…大さじ1と1/2
ワイン（白）…大さじ1
ホールトマト缶…1/2缶（200g）
オレガノ（乾燥）…小さじ1
塩、こしょう…各適量

> ホールトマトの簡単下ごしらえ
> レシピではつぶしながら、と書くことも多いけれど、入れる前に缶にハサミを突っ込んで刻んでおくとラク。

作り方

1 ソーセージは3mm厚さの輪切りにする。玉ねぎ、にんにくはみじん切りにする。

2 パスタは塩を加えた湯で表示時間より30秒短めにゆでる。

3 フライパンを熱してオリーブ油をひき、にんにくを弱火で炒める。いい匂いがしてきたら玉ねぎを加えて強火にして炒める。玉ねぎが薄いきつね色になったらソーセージを加えて炒める。

4 ソーセージに油がまわったらオリーブ、ワインを加えてザッと混ぜる。ホールトマト、オレガノを加え、トマトをつぶしながら弱火で5〜7分煮詰める。味をみて塩、こしょうでととのえる。

5 ゆであがったパスタを加えて和え、味をみて薄ければ塩、こしょうでととのえる。

チーズトマトソースのリガトーニ

麺

材料（2人分）

リガトーニ…120g

にんにく…2かけ

赤唐辛子…2本

ホールトマト缶…1缶（400g）

オリーブ油…大さじ2

オレガノ（乾燥）…小さじ1

ピザ用チーズ…大さじ3

塩、こしょう…各適量

作り方

1 にんにくはみじん切りにする。赤唐辛子はへたと種を取り除く。

2 鍋を熱してオリーブ油をひき、にんにくを弱火で炒める。いい匂いがしてきたら、赤唐辛子、ホールトマト、オレガノを加えてトマトをつぶしながら弱めの中火にして8分煮詰める。

3 パスタは塩を加えた湯で表示時間より30秒短めにゆでる。

4 ②にゆであがった③、ピザ用チーズを加えて和え、味をみて塩、こしょうでととのえる。

なすとベーコンのパスタ

麺

材料（2人分）

スパゲッティ…150g

ベーコン…4枚

なす…3本

青じそ…5枚

にんにく（みじん切り）…1かけ

オリーブ油…大さじ1と1/2

しょうゆ、こしょう…各適量

作り方

1 なすは1cm厚さの輪切りにし、塩水に3分さらす。ベーコンは一口大に切る。青じそは粗みじん切りにする。

2 パスタは塩を加えた湯で表示時間より1分短めにゆでる。

3 フライパンを熱してオリーブ油大さじ1をひき、水けをふいたなすを中火で焼く。両面焼き日がついてしんなりしたら取り出す。

4 フライパンにオリーブ油大さじ1/2を足して、にんにくを弱火で炒める。いい匂いがしてきたらベーコンを加えて強火にして炒める。ベーコンに少し焼き目がついたらなすを戻し入れて、ゆであがったパスタを加えて混ぜる。味をみてしょうゆでととのえる。器に盛ってこしょうをふり、青じそをちらす。

ナポリタン

麺

材料（2人分）

スパゲッティ…150g

ハム…3枚

ピーマン…1個

玉ねぎ…小1/2個

スライスマッシュルーム缶
…小1缶（45g）

サラダ油…大さじ1

バター…大さじ1/2

ケチャップ…大さじ4

粉チーズ、塩、こしょう…各適量

作り方

1 ハムは1cm幅に切る。ピーマンは縦細切りにする。玉ねぎは薄切りにする。マッシュルームは缶汁をきる。

2 パスタは塩を加えた湯で表示時間より1〜2分長めにゆでる。

3 フライパンを熱してサラダ油をひきバターを入れ、玉ねぎを中火で炒める。しんなりしたらハム、ピーマン、マッシュルームを加えて強火にして炒める。

4 ピーマンが少ししんなりしたらケチャップを加えて炒め合わせ、なじんだら火を止めてゆであがった②を加えて和える。味をみて薄ければ塩、こしょうでととのえる。

5 全体が混ざったら粉チーズ大さじ2を加えてザッと混ぜる。器に盛って好みで粉チーズをかける。

ペペロンチーノ　麺

材料（2人分）

フェデリーニ…120g
にんにく…2かけ
赤唐辛子…2本
オリーブ油…大さじ2
塩、こしょう…各適量

作り方

1 にんにくはみじん切りにする。赤唐辛子はへたを取って種ごと小口切り*にする。

2 パスタは塩を加えた湯で表示時間より1分短めにゆでる。

3 フライパンを熱してオリーブ油をひき、にんにく、塩2〜3つまみを入れて弱火で炒める。色づいてきたら赤唐辛子を種ごと加えて混ぜる。

4 ゆであがった②とゆで汁お玉1杯を加えて和え、味をみて薄ければ塩を加えてととのえる。器に盛ってこしょうをふる。

*14ページ❶参照

ペンネアラビアータ　麺

材料（2人分）

ペンネ…150g
にんにく…2かけ
赤唐辛子…2本
ホールトマト缶
…1缶（400g）
オリーブ油…適量
オレガノ（乾燥）…小さじ1
塩、こしょう…各適量

> パスタをゆでるとき塩の量
>
> 湯の量にもよるのでこのぐらいとは決められないけれど、大きなパスタ鍋でかるーく1つかみぐらい。

作り方

1 にんにくはみじん切りにする。

2 フライパンを熱してオリーブ油大さじ2をひき、にんにくを弱火で炒める。色づいてきたらホールトマト、オレガノ、赤唐辛子はへたを取って種ごと加え、トマトをつぶしながら中火で2〜3分煮詰める。塩、こしょうでととのえる。

3 パスタは塩を加えた湯で表示時間より30秒短めにゆでる。ゆであがったら②に加えて和える。味をみて薄ければ塩、こしょうでととのえる。器に盛ってオリーブ油を回しかける。

ミートソース　麺

材料（2人分）

スパゲッティ（1.7mm）…150g
合いびき肉…150g
玉ねぎ…1/2個
にんにく…2かけ
マッシュルーム缶…小1缶（45g）
オリーブ油…大さじ1
a［トマトピューレ…カップ1/2
水…カップ1/4
ローリエ…1枚
オレガノ（乾燥）…小さじ1
b［塩…小さじ1/2
ケチャップ…大さじ1
サラダ油…少々
粉チーズ…適量

作り方

1 玉ねぎ、にんにくはみじん切りにする。

2 フライパンを熱してオリーブ油をひき、にんにくを弱火で炒める。いい匂いがしてきたら、玉ねぎを加えて強火にして炒める。

3 玉ねぎが透き通ったら、ひき肉を加えてほぐしながら炒める。肉の色が変わったら、マッシュルームを缶汁ごと加えて混ぜる。**a**を加えて混ぜながら弱火で5分煮て、**b**を加える。

4 パスタは塩を加えた湯で表示時間より1分短めにゆでる。ゆであがったらサラダ油で和える。

5 器に④を盛り、③をかけて粉チーズをふる。

写真…43ページ

ゴルゴンゾーラのニョッキ　その他

材料（4人分）

じゃがいも…1個
卵黄…1個分

塩…小さじ1/4
粉チーズ…大さじ2
薄力粉…カップ1と1/2〜2
打ち粉(強力粉)…適量
ソース

ゴルゴンゾーラチーズ…40g
にんにく…1かけ
オリーブ油…大さじ1
ワイン(白)…大さじ1
生クリーム…カップ1/2
牛乳…カップ1/4
塩、こしょう…各適量

作り方

1 じゃがいもは皮をむいて3cm角に切り、水に3分さらす。鍋にじゃがいもとひたひたの水を入れてゆでる。竹串がスーッと通ったらゆで汁を捨て、強火にかけて水分をしっかりとばす。

2 ボウルに①、卵黄、塩、粉チーズを入れてマッシャーやフォークでつぶしながらよく混ぜる。混ざったら薄力粉を様子をみながら加え、手で混ぜていく。手にくっつかなくなったら粉を加えるのをやめて、全体をねるようによく混ぜる。表面がなめらかになったら、ひとまとめにしてラップをして10分くらい休ませる。

3 まな板か調理台の上に打ち粉を少々ふり、②を直径2cmくらいにちぎって丸める。さらに真ん中を指で押さえてへこませる。全体に打ち粉をまぶしておく。

4 ソースを作る。にんにくはみじん切りにする。フライパンを熱してオリーブ油をひき、にんにくを弱火で炒めて少し色づいたらワインを加えてザッと混ぜる。生クリーム、牛乳を加え、ゴルゴンゾーラチーズを小さくちぎって加えてチーズが溶けるまで中火で煮る。味をみて塩、こしょうでととのえて火を止める。

5 鍋にたっぷりの湯を沸かして③のニョッキを入れ、4〜6分ゆでる。ざるにあげて水けをきり、④に加えてザッと和える。

ニョッキの空豆チーズクリームソース

その他

材料 (4人分)

じゃがいも…1個
卵黄…1個分
塩…小さじ1/4
粉チーズ…大さじ1と1/2
薄力粉…カップ1と1/2〜2
打ち粉(強力粉)…適量
ソース

そら豆(さやつき)…1袋(約300g)
にんにく…1かけ
オリーブ油…大さじ2
ワイン(白)…大さじ2
a 生クリーム…カップ1/2
牛乳…カップ1/4〜1/2
パルメザンチーズ(すりおろす)…20〜30g
塩、こしょう…各適量

作り方

1「ゴルゴンゾーラのニョッキ (353ページ)」の作り方①〜③を参照。

2 ソースを作る。そら豆はさやから取り出して薄皮をむく。にんにくはみじん切りにする。

3 フライパンを熱してオリーブ油をひき、そら豆を入れて強火で炒める。少し焼き目がついたらにんにくを加えて炒める。にんにくが色づいてきたらワインを加えてザッと炒め、**a**を加える。たまに混ぜながら中火で1〜2分煮詰める。味をみて塩、こしょうでととのえる。

4 鍋にたっぷりの湯を沸かしてニョッキを入れ4〜6分ゆでる。ざるにあげて水けをきり、③に加えてザッと和える。

ニョッキ たこのトマトソース

その他

材料 (4人分)

じゃがいも…1個
卵黄…1個分
塩…小さじ1/2
粉チーズ…大さじ4
薄力粉…カップ1と1/2〜2
打ち粉(強力粉)…適量
ソース

ゆでたこ…300g
セロリ…1本
にんにく…2かけ
オリーブ(黒)…10個
オリーブ油…大さじ2
ワイン(白)…大さじ2
ホールトマト缶…1缶(400g)

オレガノ（乾燥）…小さじ1
塩、こしょう…各適量

作り方

1「ゴルゴンゾーラのニョッキ（353ページ）」の作り方①〜③を参照。

2 ソースを作る。セロリはピーラーで皮をむいて斜め薄切りにする。にんにくは薄切りにする。たこは一口大のぶつ切りにする。

3 鍋を熱してオリーブ油をひき、にんにくを弱火で炒める。いい匂いがしてきたらセロリを加えて強火にして炒める。セロリがしんなりしたらたこを加えて炒める。たこに油がまわったらワインを加えてザッと混ぜ、ホールトマト、オリーブ、オレガノを加える。トマトをつぶしながら中火で7〜8分煮る。味をみて薄ければ塩、こしょうでととのえる。

4 鍋にたっぷりの湯を沸かしてニョッキを入れ4〜6分ゆでる。ざるにあげて水けをきり、③に加えてザッと和える。

その他のパスタ、ニョッキのレシピ

- カリフラワーとベーコンのパスタ…P79
- キャベツとあさりのパスタ…P85
- キャベツとツナの和風パスタ…P85
- キャベツとアスパラのパスタ…P96
- 鮭とごぼうのクリームパスタ…P104
- ミネストローネ…P135
- そら豆とホタテの冷製パスタ…P137
- 大根とかにの冷製パスタ…P143
- トマトと帆立ての冷たいパスタ…P155
- フレッシュトマトのパスタ…P155
- なす入りラザニア…P162
- なすとひき肉のパスタ…P162
- さわらと菜の花のクリームパスタ…P164
- ほうれんそうのラザニア…P191
- きのこのフェトチーネ…P210
- 干ししいたけとベーコンのフェトチーネ…P211
- マカロニグラタン…P237
- カルボナーラ…P263
- ボンゴレ…P294
- たらこパスタ…P299
- 納豆めんたいじゃこパスタ…P316
- ツナの和風パスタ…P328
- たこアラビアータ…P330

ビーフン、フォー

中国、台湾生まれのビーフン、ベトナムからきたフォー。どちらもお米から作られていて日本人にもピッタリ。ゆであげたら早めに調理すれば、くっつき防止に

焼きビーフン　麺

材料（2人分）

ビーフン…100g
チャーシュー（スライス）…100g
キャベツ…1/8個
にら…1束
にんにく…2かけ
ごま油…大さじ1強
酒…大さじ2
オイスターソース、しょうゆ…各小さじ1
塩、こしょう…各適量

作り方

1 ビーフンは袋の表示通りにもどす。チャーシューは1.5cm幅に切り、キャベツは一口大に切る。にらは6cm長さに切る。にんにくはみじん切りにする。

2 フライパンを熱してごま油をひき、にんにくを弱火で炒める。少しきつね色になってきたらチャーシューを加えて強火にして炒める。チャーシューに油がまわったらキャベツを加えて炒める。キャベツが少ししんなりしたら、にら、ビーフンを加えて炒める。

3 ビーフンに油がまわったら酒、水カップ1/4を加えてザッと混ぜ、オイスターソース、しょうゆを加えて炒め合わせる。味をみて塩、こしょうでととのえる。

焼きビーフン（カレー風味）　麺

材料（2人分）

ビーフン…100g
合いびき肉…80g
キャベツ…3枚
玉ねぎ…1/2個
にんにく、しょうが…各1かけ
ごま油…大さじ1/2
a　ナンプラー、酒…各大さじ2
**　カレー粉…大さじ1/2**
**　砂糖…小さじ1/2**
目玉焼き…2個

作り方

1 ビーフンは袋の表示通りにもどす。キャベツは少し太めのせん切りにする。玉ねぎは縦薄切りにする。にんにく、しょうがはみじん切りにする。

2 フライパンを熱してごま油をひき、にんにく、しょうが、玉ねぎを入れて弱火で炒める。いい匂いがしてきたらひき肉を加えてほぐしながら強火にして炒める。

3 肉の色が変わったら**a**を加えて炒め合わせる。ビーフン、水カップ1/2を加えて混ぜる。

4 器に③を盛ってキャベツをのせ、目玉焼きをのせる。

和えビーフン

麺

材料（2人分）

ビーフン…100g
むきえび…120g
にら…1/2束
もやし…1/2袋
にんにく、しょうが…各1かけ
a［酒、オイスターソース…各大さじ1
**　しょうゆ…大さじ1/2**
ごま油…大さじ1
しょうゆ、こしょう…各適量

作り方

1 ビーフンは袋の表示通りにもどす。2〜3分ゆでて、ざるにあげて水けをきる。

2 えびは水けをふき、背わたを取り除く。にらは6cm長さに切る。にんにく、しょうがはみじん切りにする。

3 フライパンを熱してごま油大さじ1をひき、にんにく、しょうがを弱火で炒める。いい匂いがしてきたらえびを加えて強火にして炒める。色が変わったら、もやし、にらの順に加えて炒める。野菜が少ししんなりしたら**a**を加えて炒め合わせる。

4 ボウルに①、③、ごま油大さじ1/2を入れて和える。味をみて薄ければしょうゆでととのえる。器に盛ってこしょうをふる。

＊16ページ参照

汁ビーフン（牛）

麺

材料（2人分）

ビーフン…60g
牛薄切り肉…200g
干しえび…大さじ1
にんにく、しょうが…各1かけ
a［酒、オイスターソース…各大さじ1
**　カレー粉…小さじ1弱**
塩、こしょう…各適量
万能ねぎ（小口切り）…適量

作り方

1 ビーフンは袋の表示通りにもどす。干しえびは湯大さじ1につけてもどす。

2 鍋に湯カップ4を沸かしてにんにく、しょうがはそのまま入れ、牛肉を加える。再び沸いてきたら火を弱めてあくを取りながら15分煮る。

3 **a**、干しえび、ビーフンを加えてひと煮する。味をみて塩、こしょうでととのえる。器に盛って万能ねぎをちらし、こしょうをふる。

＊14ページ❶参照

汁ビーフン（鶏）

麺

材料（2人分）

ビーフン…80g
手羽元…6本
にら…1/2束
香菜《シャンツァイ》…1枝
もやし…1/2袋
しょうが…1かけ
ごま油…大さじ1
オイスターソース…大さじ1
ナンプラー…大さじ1
しょうゆ…大さじ1/2
フライドオニオン、こしょう、ラー油…各適量

作り方

1 にらは6cm長さに切る。香菜は1cm長さに刻む。しょうがはせん切りにする。ビーフンは袋の表示通りにもどす。

2 鍋を熱してごま油をひき、手羽元を入れて強火で焼きつけるように炒める。焼き目がついたらしょうがを加えてザッと炒め、水カップ4、オイスターソースを加える。沸いてきたら火を弱めてあくを取りながら10分煮る。

3 もやし、ナンプラー、しょうゆを加えて6分煮る。ビーフン、にらを加えてひと煮する。

4 器に盛って、香菜、フライドオニオンをちらし、こしょうをふってラー油をかける。

豚にらビーフン 麺

材料(4人分)

ビーフン…150g
豚ばら薄切り肉…200g
にら…1束
しいたけ…2個
にんにく、しょうが…各1かけ
ごま油…大さじ1
a［水…カップ2
酒…大さじ1
オイスターソース…大さじ1/2〜1
カレー粉…小さじ1強
しょうゆ…小さじ1］
塩、こしょう…各適量

作り方

1 ビーフンは袋の表示通りにもどす。豚肉は一口大に切る。しいたけは根元を切り落として薄切りにする。にらは6cm長さに切る。にんにく、しょうがはみじん切りにする。

2 フライパンを熱してごま油をひき、にんにく、しょうがを弱火で炒める。いい匂いがしてきたら豚肉を加えて炒め、肉の色が変わったらしいたけ、にらを加えてザッと炒める。

3 ビーフンを加えて炒め、なじんだら**a**を加えて炒め合わせる。味をみて薄ければ塩、こしょうでととのえる。

えびビーフン 麺

材料(2人分)

ビーフン…100g
むきえび…120g
にら…1/2束
もやし…1/2袋
にんにく、しょうが…各1かけ
a［酒、オイスターソース…各大さじ1
しょうゆ…大さじ1］
ごま油…大さじ1
しょうゆ、こしょう…各適量

作り方

1 ビーフンは袋の表示通りにもどして2〜3分ゆでる。ざるにあげて水けをきる。

2 むきえびは水けをふいて、背わたが*あれば竹串で取り除く。にらは5cm長さに切る。にんにく、しょうがはみじん切りにする。

3 フライパンを熱してごま油大さじ1/2をひき、にんにく、しょうがを弱火で炒める。いい匂いがしてきたら、むきえびを加えて強火にして炒める。えびの色が変わったら、もやし、にらの順に加えて炒める。野菜が少ししんなりしたら**a**を加えて炒め合わせる。

4 ボウルに①、③、残りのごま油を入れてよく混ぜる。味をみて薄ければしょうゆでととのえる。器に盛ってこしょうをふる。

*16ページ参照

フォーガー(鶏) 麺

材料(2人分)

フォー…160g
a［手羽元…8本
水…カップ5と1/2
にんにく…2かけ
レモングラス(乾燥)…8本
こぶみかんの葉(乾燥)…4枚
カー(乾燥)…2枚］
ナンプラー…大さじ2
砂糖…2つまみ
塩…適量
レタス…2枚
トマト…1個
香菜《シャンツァイ》、フライドオニオン、こしょう…各適量

作り方

1 鍋に**a**を入れて強火にかける。沸いてきたら火を弱めて、あくを取りながら30分煮る。

2 レタスは一口大にちぎる。トマトは2cm角に切る。香菜は刻む。

3 30分たったら①にナンプラー、砂糖を加えて混ぜる。味をみながら塩でととのえる。

4 フォーは袋の表示通りにゆでて、流水で洗ってから水けをきる。器に盛って③を注ぐ。レタス、トマト、香菜をのせ、フライドオニオンをちらしてこしょうをふる。

パン

サンドイッチは包丁を軽くあぶるときれいに切れる。乾いたパンは少し水をかけてホイルに包んで焼くと、ふんわりカリッとなる

パングラタン

パン

材料（2〜3人分）

バゲット…小1/2本
ソーセージ…3〜4本
ブロッコリー…1/2株
マッシュルーム…4個
にんにく…1かけ
オリーブ油…適量
ワイン（白）…大さじ1
生クリーム…カップ1
牛乳…カップ1/2
塩、こしょう…各適量
ピザ用チーズ…大さじ5

作り方

1 ブロッコリーは小房に切り分ける。茎は皮を削るように厚めにむいて適当な大きさに切る。サッとゆでて水けをきる。

2 バゲットは2cm厚さに切ってから半分に切る。マッシュルームは縦5mm厚さに切る。ソーセージは1cm厚さの輪切りにする。にんにくはみじん切りにする。

3 フライパンを熱してオリーブ油大さじ1をひき、にんにくを弱火で炒める。少しきつね色になってきたらソーセージ、マッシュルームを加えて中火にして炒める。

4 全体に油がまわったらワインを加えてザッと混ぜ、生クリーム、牛乳を加えて中火で煮詰める。とろみがついたら味をみながら塩、こしょうでととのえる。

5 耐熱皿にオリーブ油少々をぬり、バゲット、①を並べ、④をかけてチーズをちらす。250℃のオーブンでチーズが溶けて焼き目がつくまで5〜6分焼く。

ピロシキ

パン

材料（8個分）

サンドイッチ用食パン…8枚
合いびき肉…100g
春雨…20g
玉ねぎ…1/2個
にんにく…1かけ
サラダ油…大さじ1
酒…大さじ1
ケチャップ…大さじ1弱
砂糖…小さじ1
塩、こしょう…各適量
a［薄力粉…大さじ2
**　 水…大さじ2**
揚げ油…適量

作り方

1 春雨は袋の表示通りにもどし、水けをきってザク切りにする。玉ねぎ、にんにくはみじん切りにする。

2 フライパンを熱してサラダ油をひき、にんにくを弱火で炒める。いい匂いがしてきたら玉ねぎを加えて強火にして炒める。

3 玉ねぎがしんなりしたらひき肉を加える。塩、こしょう各少々をふってほぐしながら炒める。肉の色が変わったら、春雨、酒、ケチャップ、砂糖を加えて炒め合わせ、味をみて塩、こしょうでととのえる。バットなどに取り出して冷まし、8等分にする。

4 パンは耳があれば切り落とす。**a**を混ぜ合わせる。パンの縁に**a**をぬって、③をのせて包むように半分に折ってはさむ。閉じ口を指でしっかり押さえてピッチリ閉じる。全部で8個作る。

5 フライパンに揚げ油を深さ2cm入れて中温に熱し、④の半量を入れて強火で揚げる。たまに返しながら、全体がきつね色になるまで揚げる。最後に火を強めてカラッと仕上げる。油をよくきって取り出す。残りも同様に揚げる。

なすのブルスケッタ

パン

材料（4〜6人分）

バゲット…小1/2本
なす…3本
にんにく…1かけ
オリーブ油…大さじ1と1/2
ワイン（白）…大さじ2
バジル（乾燥）…小さじ1/2
塩、こしょう…各少々

作り方

1 なすはピーラーで皮をむいて1cm角

に切り、塩水に3分さらす。にんにくはみじん切りにする。

2 フライパンを熱してオリーブ油をひき、にんにくを弱火で炒める。いい匂いがしてきたら水けをきったなすを加える。塩、こしょうをふって中火にしてよく炒める。

3 なすがクタッとしてきたらワイン、バジルを加えて炒め合わせる。水分がとんだら火を止める。

4 バゲットは1cm厚さに切ってトースターでこんがり焼く。上に③をのせる。

アボカドとエビのマヨサンド　パン

材料（2人分）

サンドイッチ用胚芽食パン…4枚
ゆでえび…6尾
アボカド…1/2個
a ［ レモン汁、マヨネーズ…各大さじ1
**　　塩…3つまみ**
**　　わさび、こしょう…各少々**
バター…適量

作り方

1 アボカドは種と皮を取り除いて5mm幅に切る。えびは殻があればむいて厚さを半分に切る。

2 ボウルに①、**a**を合わせて和える。

3 パンの片面にバターをぬり、②を半量ずつはさむ。

アボカドとかにのホットサンド　パン

材料（2人分）

サンドイッチ用食パン…4枚
アボカド…1/2個
バター…大さじ2
a ［ かに缶…小1缶(55g)
**　　マヨネーズ…大さじ1**
**　　塩…1つまみ**
**　　こしょう…適量**
b ［ 薄力粉、水…各大さじ1
からし、サラダ油…適量

作り方

1 アボカドは種と皮を取り除いて3mm幅に切る。**a**、**b**をそれぞれ混ぜておく。

2 パンは片面にバターとからしをぬる。**a**を半量ずつ平らにのせて、その上にアボカドを並べる。縁に**b**をぬってはさむ。指で縁を押さえながらしっかり閉じる。

3 フライパンを熱してサラダ油大さじ1をひき、②を並べてふたをして弱火で焼く。油が足りなくなったら適宜足す。

4 焼き目がついたらひっくり返す。返してからはふたはせずに焼いて、両面焼き目をつける。

あんバターサンド　パン

材料（2人分）

サンドイッチ用食パン…4枚
a ［ 薄力粉…大さじ2
**　　水…大さじ1**
粒あん…適量
クリームチーズ…適量
バター…適量

作り方

1 **a**をよく混ぜる。クリームチーズは電子レンジ弱でやわらかくする。

2 パンは片面にバターをぬる。縁に**a**をぬり、粒あんとクリームチーズをのせる。もう1枚のパンではさみ、指で縁を押さえながらしっかり閉じる。もうひと組も同様に作る。

3 トースターで、こんがり焼き目がつくまで5～10分焼く。食べやすい大きさに切って器に盛る。

かじきのタルタルサンド　パン

材料（2人分）

ホットドッグ用パン…2個
かじき…2切れ
キャベツ…1枚
サラダ油…大さじ1
a ［ ピクルス（みじん切り）…小1本
**　　玉ねぎ（みじん切り、水にさらす）…大さじ1と1/2**
**　　にんじん（みじん切り）…大さじ1と1/2**

a
- マヨネーズ…大さじ3
- 酢…大さじ1/2
- 砂糖…2〜3つまみ
- 塩、こしょう…各適量

塩、こしょう…各少々
薄力粉…適量
バター…適量

作り方

1 かじきは水けをふいて半分に切る。塩、こしょうをふって薄力粉をまぶす。

2 フライパンを熱してサラダ油をひき、かじきを並べてふたをして中火で焼く。焼き目がついたら返して両面をこんがり焼く。

3 キャベツはせん切りにする。**a**を混ぜておく。

4 パンは包丁で縦に切り込みを入れ、軽くトーストして切り口にバターをぬる。キャベツ、②、**a**をはさむ。

ガーリックトースト

パン

材料（4人分）

バゲット…小1本

a
- **おろしにんにく…1/2かけ分**
- **オリーブ油…大さじ2**
- **塩…1つまみ**
- **こしょう…適量**

> パンを上手に切る
>
> まず、包丁よりはパン切りナイフのほうが当然切りやすい。コンロの火で刃を温めてから切る手もある。

作り方

1 バゲットは食べやすく切り、断面に**a**を混ぜ合わせてスプーンでぬる。

2 トースターで焼き目がつくまでこんがり焼く。

カレーチキンサンド

パン

材料（2人分）

イングリッシュマフィン…2個
鶏もも肉…1枚(250g)
リーフレタス…適量

a
- **おろしにんにく…少々**
- **酒、水…各大さじ1**
- **みりん…大さじ1/2**
- **ナンプラー、カレー粉…各小さじ1弱**

サラダ油…大さじ1/2
塩、こしょう…各少々
フライドオニオン(あれば)…大さじ2
バター…適量

作り方

1 鶏肉は脂身を取り除く。皮全体に包丁の先でプスプスと穴をあけて、身のほうは包丁で数本切り込みを入れる。レタスは水けをふいてパンの大きさに合わせてちぎる。**a**を混ぜておく。

2 フライパンを熱してサラダ油をひく。鶏肉を皮を下にして入れ、塩、こしょうをふって、ふたをして中火で焼く。焼き目がついたら返して両面じっくり焼いて、火が通ったら**a**を加えてからめる。まな板に取り出して半分に切る。

3 マフィンは厚みを半分に切り、軽くトーストして切り口にバターをぬる。レタス、②、フライドオニオンを半量ずつはさむ。

コンビーフキャベツホットサンド

パン

材料（2人分）

サンドイッチ用食パン(耳なし)…4枚
コンビーフ缶…1/3缶(約30g)
キャベツ…1枚

a
- **マヨネーズ…大さじ1/2**
- **カレー粉、こしょう…各少々**

サラダ油…大さじ1
バター…適量

作り方

1 キャベツはせん切りにする。コンビーフはほぐしてボウルに入れ、**a**を加えてよく混ぜる。

2 食パンの片面にバターをぬる。周囲1cmほどあけて①を半量ずつのせ、はさんで四方を指で軽く押さえて閉じる。

3 フライパンを熱してサラダ油をひき、②を入れる。ふたをして弱めの中火で両面をこんがり焼く。

クロックマダム

パン

材料（2人分）

食パン(10枚切り)…4枚
ハム…4枚
卵…2個
スライスチーズ(溶けないタイプ)…4枚
サラダ油…大さじ1/2
バター…適量
こしょう…少々

作り方

1 食パンの片面にバターをぬる。バターをぬっていない面を内側にしてハム、スライスチーズを2枚ずつはさむ。

2 フライパンを熱して①を並べ、ふたをして弱めの中火で焼く。こんがり焼き目がついたら返し、ふたを取って裏も焼く。

3 別のフライパンを熱してサラダ油をひき、好みの固さの目玉焼きを作る。

4 器に②を盛って③をのせ、こしょうをふる。

しょうが焼きサンド

パン

材料（2人分）

サンドイッチ用食パン…4枚

豚肩ロース薄切り肉…120g

リーフレタス…2枚

a
- **おろししょうが…1/2かけ**
- **酒…大さじ1と1/2**
- **みりん…大さじ1/2**
- **しょうゆ…小さじ1**
- **オイスターソース…小さじ1/2〜1**

サラダ油…大さじ1弱

マヨネーズ、バター…各適量

作り方

1 豚肉は半分に切る。レタスは水けをふいてパンの大きさに合わせてちぎる。**a**を混ぜ合わせておく。

2 フライパンを熱してサラダ油をひき、豚肉を広げながら並べて強火で炒める。肉の色が変わったら**a**を加えてからめる。

3 パンはトーストして片面にバターをぬり、レタス、②を半量ずつのせてマヨネーズをかけてはさむ。

スモークサーモンといり卵のサンド

パン

材料（2人分）

サンドイッチ用胚芽食パン…4枚

スモークサーモン…4枚

卵…2個

クレソン…1/4束

サラダ油…少々

バター、マスタード、こしょう…各適量

作り方

1 クレソンは水けをふいて2cm長さに切る。卵は溶きほぐす。

2 フライパンを熱してサラダ油とバター小さじ1を入れ、溶き卵を流し入れる。木べらで混ぜながら強火でいり卵にする。

3 パンの片面にバターとマスタードをぬる。サーモン、クレソン、②を半量ずつのせてこしょうをふり、はさむ。

たまごサンド

パン

材料（2人分）

サンドイッチ用食パン…4枚

かたゆで卵…2個

a
- **マヨネーズ、牛乳…各大さじ1**
- **塩…少々**

バター…適量

作り方

1 ゆで卵は殻をむいてボウルに入れ、フォークで粗めにつぶす。**a**を加えてなめらかになるまで混ぜる。

2 パンの片面にバターをぬり、①を半量ずつはさむ。

チキンサンド

パン

材料（2人分）

食パン（8枚切り）…4枚

鶏もも肉…1枚（250g）

玉ねぎ…1/8個

リーフレタス…大2枚

卵…2個

a
- **みりん…大さじ1/2**
- **しょうゆ…大さじ1弱**
- **砂糖…小さじ1/2**

サラダ油…大さじ1

バター、からし、マヨネーズ、こしょう…各適量

作り方

1 玉ねぎは縦薄切りにして水に5分さらし、水けをきる。リーフレタスは水けをふいてパンに合わせてちぎる。鶏肉は脂身を取り除き、1cm幅に切る。**a**を混ぜておく。

2 パンはトースターでこんがり焼いて、片面にバターとからしをぬる。

3 フライパンを熱してサラダ油大さじ1/2をひき、卵を割り入れて目玉焼きを作る。返して両面焼く。

4 フライパンをサッとふいて熱し、サラダ油大さじ1/2をひく。鶏肉を入れて強火で焼く。全体に焼き目がついたら**a**を加えてからめる。

5 ②のパンにレタスをしいて④、③、①の玉ねぎをのせる。マヨネーズをかけ、こしょうをふってはさむ。

チョコチップクリームサンド

材料（2人分）

サンドイッチ用食パン…4枚
板チョコレート（刻む）…1枚
a［生クリーム…カップ1/2
**　砂糖…大さじ1弱**
**　ココア、ラム酒…各小さじ1/2**

作り方

ボウルに**a**を混ぜ合わせ、泡立て器で七分立てに泡立てる。チョコレートを加えてザッと混ぜる。パンに半量ずつのせてはさむ。

ツナサンド

材料（2人分）

サンドイッチ用食パン…4枚
ツナ缶…小1缶（約60〜80g）
玉ねぎ（みじん切り）…大さじ1
a［マヨネーズ…大さじ1
**　牛乳、こしょう…各少々**
バター…適量

作り方

1 ツナは缶汁をきる。玉ねぎは水に5分さらしてしっかり水けをきる。

2 ボウルに、①、**a**を入れてよく混ぜる。

3 パンの片面にバターをぬり、②を半量ずつはさむ。

バナナとピーナッツバターのオープンサンド

材料（2人分）

サンドイッチ用胚芽食パン…4枚
バナナ…1本
ピーナッツバター、シナモン、
**　はちみつ…各適量**

作り方

1 バナナは1cm厚さの輪切りにする。

2 パンは軽くトーストし、ピーナッツバターをたっぷりぬる。上にバナナを並べ、シナモンをふり、はちみつをかける。

フレンチトースト

材料（1〜2人分）

食パン（6枚切り）…2枚
a［卵…1個
**　牛乳…カップ1/2**
**　砂糖…大さじ1/2**
サラダ油…大さじ1
バター、メープルシロップ、シナモン
**　…各適量**

作り方

1 バットに**a**を入れてよく混ぜる。パンを入れて返しながら両面を浸し、たっぷりしみ込ませる。

2 フライパンを熱してサラダ油大さじ1/2をひく。①を1枚入れてふたをして、弱めの中火で両面をこんがり焼く。もう1枚も同様に焼く。

3 器に盛って熱いうちにバターを落としてメープルシロップとシナモンをかける。

写真…59ページ

りんごとブルーチーズのブルスケッタ

材料（2〜3人分）

バゲット…小1/2本
りんご…1/2個
ブルーチーズ（ゴルゴンゾーラなど）
**　…30g**
a［マヨネーズ…大さじ1
**　牛乳…大さじ1**
**　オリーブ油…大さじ1/2**
**　塩…1つまみ**
くるみ…大さじ2
こしょう…少々

作り方

1 バゲットは1cm厚さに切ってトースターでカリッと焼く。

2 りんごは8等分のくし形に切ってさらに横5mm厚さに切る。くるみはフライパンで軽く空いりする。

3 ボウルに**a**を入れて混ぜる。ブルーチーズを細かくちぎって加え、②のりんごも加えてよく混ぜる。①のバゲットに等分にのせて、くるみをくだいてちらし、こしょうをふる。

＊14ページ❻参照

その他のパンのレシピ

- ホットサンド…P88
- ハムサンドきゅうりサンド…P92
- トマトのブルスケッタ　カマンベールとくるみのブルスケッタ…P154
- ブレッドサラダ…P199
- ハンバーガー…P254
- ホットドッグ…P262
- ピーナッツバターサンド…P263
- カレー卵サンド…P320
- ツナホットサンド…P328

INDEX

おでんが作りたい、エビチリの材料が知りたい。今日のサラダはなんにしよう。そんなときにお役に立ちます

焼き物

炒め物

煮 炒め煮・煮物

ゆで ゆで物

鍋 鍋物

蒸し物

揚げ物

生もの

おひたし

和え物

サラダ サラダ

漬け 漬物

ソース

その他

米

麺

粉物

パン

汁 汁物

ブックデザイン◉細山田デザイン事務所
撮影◉木村拓（東京料理写真）
スタイリング◉ケンタロウ
メニュー構成協力◉下条美緒（ロック）
料理アシスタント◉下条美緒／粂井真紀／都原亜有（ロック）
イラスト◉フジマツミキ（P14〜19）
企画・編集◉安武晶子

著者略歴

ケンタロウ

1972年東京都生まれ。料理家。武蔵野美術大学中退。テレビ、ラジオ、雑誌、商品企画など多方面にわたって活躍。料理のモットーは「簡単でおいしく、かつ洒落っ気があって現実的なもの」。見た目も実際作っても、簡単で、かつおいしい！　と世代、性別問わず幅広く信頼を得ている。多忙を極めながらも、事務所の改装を自分で手がけたり、キャンプや車など日々を楽しむそのライフスタイルやセンスにも定評がある。
著書には30万部突破したムズカシイことぬき! シリーズでおなじみの『ケンタロウの和食　ムズカシイことぬき!』『ケンタロウのいえ中華　ムズカシイことぬき!』『ケンタロウの「魚!」　ムズカシイことぬき!』（いずれも講談社）など多数。

講談社のお料理BOOK
ケンタロウ1003レシピ

2010年 4 月20日　第 1 刷発行
2020年11月 2 日　第15刷発行

著者　ケンタロウ

発行者　渡瀬昌彦
発行所　株式会社講談社

東京都文京区音羽2-12-21　〒112-8001
電話　編集（03）5395-3527
　　　販売（03）5395-3606
　　　業務（03）5395-3615

印刷所　　凸版印刷株式会社
製本所　　大口製本印刷株式会社

落丁本・乱丁本は、購入書店名を明記のうえ、小社業務あてにお送りください。
送料小社負担にてお取り替えいたします。
なお、この本の内容についてのお問い合わせは、withあてにお願いいたします。
ISBN978-4-06-278444-3
定価はカバーに表示してあります。